Die Finanzierung von politischen Parteien in Europa

Regensburger Beiträge zum Staats- und Verwaltungsrecht

Herausgegeben von Gerrit Manssen

Band 9

PETER LANG

Frankfurt am Main · Berlin · Bern · Bruxelles · New York · Oxford · Wien

Gerrit Manssen (Hrsg.)

Die Finanzierung von politischen Parteien in Europa

Bestandsaufnahme
und europäische Perspektive

PETER LANG
Internationaler Verlag der Wissenschaften

Bibliografische Information der Deutschen Nationalbibliothek
Die Deutsche Nationalbibliothek verzeichnet diese Publikation in der Deutschen Nationalbibliografie; detaillierte bibliografische Daten sind im Internet über <http://www.d-nb.de> abrufbar.

ISSN 1860-319X
ISBN 978-3-631-57515-4

www.peterlang.de

Vorwort

Vom 27. September 2006 bis zum 01. Oktober 2006 fand in Vilnius in Zusammenarbeit mit der Juristischen Fakultät der Universität Vilnius und dem Obersten Wahlausschuss des Parlaments der Republik Litauen ein rechtsvergleichendes Symposium zum Thema „Die Finanzierung von politischen Parteien in Europa – Nationale Bestandsaufnahme und europäische Perspektive" statt. Ermöglicht wurde die Durchführung der Tagung zunächst durch eine Bewilligung der VolkswagenStiftung im Rahmen des Programms „Einheit in der Vielfalt? Grundlagen und Voraussetzungen eines erweiterten Europas". Des Weiteren hat das Parlament der Republik Litauen in Gestalt des Obersten Wahlausschusses die Durchführung der Tagung maßgeblich unterstützt.

Die gehaltenen Referate werden im vorliegenden Tagungsband zusammengefasst. Der Schwerpunkt der Darstellungen liegt auf der Parteienfinanzierung, ergänzend werden ausgewählte Aspekte des allgemeinen Parteienrechts in die Darstellung einbezogen.

Ein besonderer Dank gebührt Herrn Prof. Dr. Egidijus Šileikis für die maßgebliche Organisation der Tagung vor Ort. Weiterhin danke ich meinen Mitarbeitern am Lehrstuhl in Regensburg für die sprachliche und redaktionelle Überarbeitung der Beiträge.

Regensburg, Juni 2007 Gerrit Manssen

Inhaltsverzeichnis

Zenonas Vaigauskas

Einführungsvortrag

Es ist mir sehr angenehm einen einführenden Kurzvortrag über die Finanzierung der politischen Parteien aus der Sicht der Republik Litauen zu halten. Ich habe überlegt eine Übersicht anhand von Zahlen zu geben, zumal die litauische Oberste Wahlkommission befugt ist, Informationen über die politische Aktionen, Kosten der politischen Parteien und Spenden anzusammeln und diese Information zu veröffentlichen. Dabei sollte man aber wohl auch von Problemen sprechen, die in Litauen bestehen und diskutiert werden.

Am 10. September 2004 wurde in Litauen das neue Gesetz über die Finanzierung und die Finanzierungskontrolle der politischen Parteien und der politischen Aktionen erlassen. Dieses Gesetz ist unter drängenden Umständen zustande gekommen, als im Lichte der vorstehenden Parlamentswahlen ein Skandal bei der Finanzierung einiger Parteien entstand. Die Staatspolitiker haben also keine gesetzlichen Neuerungen beabsichtigt. Das neue Gesetz wurde nach Einberufung einer Sondersitzung des Parlamentes beschlossen.

Das neue Gesetz legt strenge Regeln der Finanzierung politischer Aktionen fest, auch die Höhe der Spenden ist beschränkt. Eine politische Partei kann jährlich von einer natürlichen oder juristischen Person nicht mehr als 12.000 EUR bekommen. Die Oberste Wahlkommission muss nun die Berechnung der gesamten Parteiwerbung - per Radio, TV Sendungen - vornehmen, die Preise ungefähr einschätzen und vergleichen, ob die tatsächlichen Kosten den angemeldeten Kosten und den angesammelten Quellen entsprechen. Von Bedeutung ist, dass TV, Radio und Printmedien der Obersten Wahlkommission die Information über die politische Werbung vorzulegen haben.

Was die Geschichte der gesetzlichen Regelung angeht, so möchte ich kurz darauf hinweisen, dass im November 1997 das Gesetz über die Finanzierung der politischen Aktionen erlassen wurde. Es wurde am Vorabend der Präsidentenwahl, also auch unter nicht einfachen Umständen erlassen, wobei es einige Zweifler gab, ob man eine solche gesetzliche Finanzierungskontrolle der Parteien brauche, zumal nicht klar war, wer diese Kontrolle durchführen sollte. Laut dem „alten" Gesetz müssten die politischen Parteien nur anmelden, welche Kosten sie während der Wahlen gehabt haben. Sie brauchten nicht die detaillierten Quellen ihrer politischen Aktionen offen zu legen. Die Sache wurde letztlich durch das damalige Niveau der politischen Kultur und der großen Spannung des politischen Kampfes entschieden.

In Anbetracht dessen würde ich behaupten, dass inzwischen die wesentlichen Veränderungen in unserem Staat wirklich erfolgt sind, weil man jetzt versteht, dass das Offenlegen der Quellen der politischen Parteien eine ganz klare und verbindliche Sache ist, welche im Zusammenhang mit entsprechenden Garantien keineswegs bedeutet, dass eine Partei die Spender der Gegnerpartei verfolgen kann. Wenn irgendeine Partei dieser Bestimmung nicht befolgt, dann werden die anderen Parteien und die Öffentlichkeit das als eine ernste und deutliche Verletzung der Gesetze betrachten.

Die Unterstützung aus dem staatlichen Budget gibt es erst seit dem Jahr 2001. Seitdem werden relativ kleine Beträge verteilt, d.h. normalerweise unter acht oder neun Parteien nach den Ergebnissen der letzten Parlaments- und Kommunalwahlen. Es gilt die Regelung, dass die staatliche Dotation nur den Parteien zusteht, die über 3% der Stimmen erhalten haben, wobei die sog. Sperrklausel bei den Parlamentswahlen bei 5% (und bei den Kommunalwahlen 4%) liegt.

Im diesem Zusammenhang haben wir mit einem neuen Problem zu tun. Es geht darum, dass sich die erfolgreichsten Parteien nach den Wahlen spalten und so neue Parteien entstehen, die sogar größer als die früheren sein können, die Dotation jedoch die Partei bekommt, welche die Rechte der früheren Partei besitzt. Dabei kann man sehen, dass sich die Popularität der erfolgreichsten Parteien nach den Wahlen stark wechselt, Dotationen jedoch gleich bleiben.

Der Ersatz der Kosten des Wahlkampfes der Partei und der Parteikandidaten ist nach geltendem Gesetz bis zu 25% möglich. Während der Wahlen im Jahre 2004 haben die Kosten der Parteien insgesamt ca. 20 Mio. Litas betragen (1 EUR = 3,4528 Litas), wovon ca. 5 Mio. Litas hättet erstattet werden können. Das Parlament hat jedoch bei Erlass des Haushalts 2005 1,6 Mio. Litas als Obergrenze der Kostenerstattung festgesetzt, d.h. nicht 5 Mio. Litas, sondern einen niedrigeren Betrag. Demnach wurden nicht 25 %, sondern 8% der Kosten erstattet. Diese Erstattung haben viele (über 15) Parteien bekommen, wobei Beträge von 248 Litas bis einer halben Million ausgezahlt wurden. Einige Parteien haben also nur eine Art symbolische Erstattung erhalten.

Was die Spenden an Parteien anbetrifft, so wird durch die Medien und in der Öffentlichkeit beklagt, dass zahlreiche Personen, welche Spenden an Parteien vergeben, im Prinzip arme Leute sind und wahrscheinlich als Strohmänner anderer Personen bzw. Unternehmen auftreten, um so die Herkunft der Spenden zu verschleiern. Das Finanzamt hat solche Sachverhalte untersucht, aber keine Rechtsverletzungen feststellen können. Dabei geht es vor allem um Spenden juristischer Personen. Dabei überlegt man folgendes: Wenn jetzt juristischen Personen verboten wird, Parteien zu finanzieren, dann brauchen die Parteien, welche die Gesetze wirklich befolgen, sehr gut funktionierende Mechanismen, die sicher stellen, dass keine Möglichkeit besteht, illegale Unterstützung zu bekommen und Spender zu verschleiern.

Eine Arbeitsgruppe zur Novellierung der Regelung der Parteieinfinanzierung wurde inzwischen gebildet, welche vom Präsidenten des Parlaments geleitet wird. Es werden verschiedene Neuerungen besprochen. Dies betrifft z. B. den

Umstand, dass jeder Steuerzahler heute 2% von seinen gezahlten Steuern den Schulen, den Kindergärten oder anderen Organisationen spenden kann, was jedoch nicht für die politischen Parteien gilt. Man diskutiert deswegen neue Regelungen, und zwar in Bezug auf eine zusätzliche 1%ige Steuer für Parteien. Das würde ca. 50 Mio. Lt pro Jahr betragen. Auf diese Weise würde eine neue Möglichkeit der Parteienfinanzierung entstehen. Es ist allerdings fraglich, ob die Wähler einen solchen Geldbetrag spenden würden. Ungeachtet dessen, ist es offenkundig, dass die Möglichkeit der Finanzierung der Parteien direkt aus gezahlten Steuern sicher stellt, die Parteiengleichheit zu gewährleisten, d.h. die neuen Parteien oder die Parteien, welche während der letzten Wahlen nicht besonders populär waren, jährlich operativ einzuschätzen.

Es versteht sich von selbst, dass es dabei gewisse Bedenken gibt. Man muss darauf achten, dass die besprochene Unterstützung der Wähler nicht zur Unterstützung der Arbeitgeber wandelt, d. h. die Arbeitnehmer nicht gedrängt würden, die Parteien illegal zu unterstützen. Diese Unterstützung muss vertraulich sein.

Die Reduzierung der Mittel, welche für die Kosten der Wahlkampagne bestimmt sind, ist auch sehr wichtiger Aspekt, der diskutiert wird und Aufsehen erregt. Es wird zum Beispiel die Möglichkeiten der Reduzierung der Finanzierung des Wahlkampfes im TV und im Radio besprochen, wonach nur die Diskussionssendungen bleiben und die sog. Kurzfilme, welche nicht die Partei, sondern Künstler drehen, nicht übertragen werden, zumal diese Kurzfilme manchmal sehr wenig echte Programmpunkte der Parteien widerspiegeln.

Außerdem wird ein neues Verbot der bezahlten politischen Werbung erörtert, so dass nur kostenlose politische Werbung in den Medien verbleiben würde. Sie würde entweder von Oberste Wahlkommission bezahlt oder entsprechend zugeteilt. Daraus folgt, dass die Kandidaten und die Parteien für diese politische Werbung nicht bezahlen müssten. Dieses System funktioniert z.B. in Kanada, in England ist es nach meiner Meinung ähnlich, was die TV- und Radiosender jedoch nicht gerne hören.

Im diesem Zusammenhang möchte ich ein erfolgreich gelöstes Problem der Reduzierung der Kosten des Wahlkampfes anmerken, und zwar in Bezug auf die sog. Geschenke für die Wähler. Nach Auslegung des litauischen Verfassungsgerichts und darauf gestützte Gesetzesregelung ist es heute verboten, Geschenke während der Wahlagitation an die Wähler zu geben. Die einzig akzeptablen Geschenke stellen die in den Druckereien gedruckten Programme der Kandidaten und die extra für die Wahlen hergestellten Agitationszeichen dar. Konzerte und ähnliche Sachen sind jedoch verboten, wofür strenge Sanktionen vorgesehen sind. Im Jahre 2004 waren Geschenke an Wähler ein großes Problem gewesen. Am Anfang sah dies wie ein unschuldiges Spiel aus, das vielleicht sogar die Findigkeit der Parteikandidaten bewies - wer das findigere Geschenk hat, z. B. eine Schuhbürste oder ein nicht zu teures

Souvenir, und dadurch das Programm der Partei oder eine Position des Kandidaten mehr oder weniger zum Ausdruck bringt. Diese Sache musste man jedoch beenden, weil die Geschenke nicht nur zur Last für die Kandidaten, sondern auch für die Wähler wurden, weil angefangen wurde Bier und andere Sachen zu verschenken, die mit den Wahlen überhaupt nichts zu tun haben.

Erwähnungswert ist auch die verstärkte Überwachung der Parteienfinanzierung, was einen wichtigen Teil der Tätigkeit der Obersten Wahlkommission darstellt. Die Art und Weise, wie die Oberste Wahlkommission die Information sammelt, befriedigt weder die Politiker, noch die Kandidaten und ebenso wenig die Oberste Wahlkommission selbst. Wir bestimmen mit etwa 20 -30% Genauigkeit, wie viel Geld die Kandidaten und die Parteien ausgegeben haben. Die Politiker sind jedoch der Ansicht, dass die Genauigkeit der Überwachung hundertprozentig sein muss. Wir erarbeiten jetzt Maßnahmen, um alle Kosten der Wahlagitation zu ermitteln, damit wir die Kosten, welche für Wahlagitation bestimmt sind, mit den in den Berichten der Kandidaten angegebenen Kosten vergleichen können. Wir planen ein detailliertes Überwachungssystem der politischen Werbung zu entwickeln, was durch die heutigen Möglichkeiten der EDV erleichtert wird.

Ein ungelöstes Problem liegt dabei auf der Hand. Sollte all dies, was oben angesprochen wurde, während der Wahlen in Erfüllung gehen, so muss man, offen gesagt, erkennen, dass immer noch politische Werbung und Geschenke für die Wähler *in der Zeit zwischen den Wahlen* möglich sind.

Ein gewisses Problem besteht auch im Zusammenhang mit der Ungültigerklärung des Wahlergebnisses. Wenn grobe Verletzungen der Parteienfinanzierung festgestellt würden, dann würden sie von der Öffentlichkeit zwar verurteilt, mit den verschiedenen verwaltungsrechtlichen Strafen geahndet und vielleicht sogar strafrechtlich verfolgt. Dies hätte jedoch im Prinzip keinen Einfluss auf die Gültigkeit der Ergebnisse der Wahl, da nach der heutigen Regelung die Berichte über die Kosten für die politische Aktion und die Spender bei der Obersten Wahlkommission *erst nach den Wahlen eingereicht werden müssen*. Daher wird jetzt diskutiert, dass für den Fall, dass sehr grobe Verletzungen der Finanzierung erst nach den Wahlen, (nach Erklärung bzw. Inkrafttreten der abschließenden Wahlergebnisse) festgestellt werden, die Oberste Wahlkommission verpflichtet ist, Neuwahlen festzusetzen. In diesem Fall müsste auch das Finanzamt handeln. Es müsste die wesentlichen Schlussfolgerungen ziehen, ob es zu Verstößen gekommen ist.

Ich möchte zu einigen Schlussfolgerungen kommen. In den letzten Jahren wurden die Grundlagen der Überwachung der Tätigkeit der Finanzierung der politischen Parteien, besonders in der Zeit der Wahlen, geschaffen, wobei die wichtigsten Zwecke Transparenz der politischen Aktion und die Stärkung des Vertrauens in die Parteien darstellen. Es ist eine Datei erstellt, wie viel Geld die Kandidaten ausgegeben haben und wer ihre Spender sind. Anhand dieser Daten kann nachvollzogen, ob Politiker beeinflusst werden. Ich würde behaupten, dass der Anspruch der Gesellschaft auf vollständige Transparenz der Finanzierung der politischen Parteien und Intoleranz gegenüber unannehmbarer Sachen und Gaunereien während Wahlen gewachsen ist.

Traurig ist, dass die Oberste Wahlkommission bzw. ihre Rolle jetzt kritisiert wird. In Anbetracht dessen kann man darauf hinweisen, dass die sog. Rechtsbehörden anfangen, ihre Bedeutung und Einfluss auf die Sache der Finanzierung der politischen Aktionen einzusehen. Offen gesagt, erinnere ich mich an die Situation vor einigen Jahren, als die oben besprochenen Gesetze erarbeitet wurden. Mehrere Rechtsbehörden haben die Position gehabt, dass sie sich in die Finanzierung der politischen Parteien nicht einmischen können, weil dies ein unerlaubtes Einmischen in die Politik wäre, wobei die Tätigkeit der politischen Parteien auf keine Weise kontrolliert werden könne. Mit der Zeit hat sich der Standpunkt der Öffentlichkeit und der Rechtsbehörden verändert. Jetzt herrscht der Standpunkt, dass die Tätigkeit der politischen Parteien, wenn sie den Gesetzen nicht entspricht, von den Rechtsbehörden überwacht werden muss.

Ich danke den Teilnehmern und den Veranstaltern der Konferenz für den Austausch von Meinungen und Erfahrungen, wie man die Fragen der Finanzierung der politischen Parteien in anderen Staaten löst.

Stefan Korioth

Die Rechtsprechung des Bundesverfassungsgerichts zur Parteienfinanzierung in der Bundesrepublik Deutschland

I. Das Recht der Parteienfinanzierung als (Verfassungs-)Richterrecht

Es gibt nur wenige Rechtsgebiete, die sich mit besseren Gründen als wesentlich von verfassungsrichterlicher Gestaltung und Vorgaben an den Gesetzgeber geprägt bezeichnen lassen als das Recht der Parteienfinanzierung. Parteienfinanzierungsrecht ist weitgehend Richterrecht. Regelmäßig ist es zu einer engen Verzahnung von Parteiengesetzgebung und vorausgegangener verfassungsgerichtlicher Entscheidung gekommen. Seit 1957 erging eine Vielzahl von Urteilen des Bundesverfassungsgerichts, darunter sieben Grundsatzentscheidungen, zur Finanzausstattung der politischen Parteien. Der Gesetzgeber hat zumeist im Anschluß an diese Entscheidungen die Parteienfinanzierung geregelt (oder neu regeln müssen). Das Gericht war häufig die einzige wirkliche Kontrollinstanz gegenüber den Parteien, die in den Parlamenten auf eine Ausdehnung der Parteienfinanzierung drängten. Vielfach sah sich die jeweilige Rechtsprechung des Bundesverfassungsgerichts aber auch starker Kritik ausgesetzt; von mangelnder Kontinuität in den Judikaten, fehlender Abschätzung der Folgen geforderter Regelungen bis zur Mitverantwortung für verfassungswidrige Normierungen des Gesetzgebers durch mißverständliche Urteilsformulierungen reichen die Einschätzungen.[1] Gleichzeitig läßt sich den Urteilen eine wechselnde Akzentsetzung zum Verhältnis von Staat und Parteien entnehmen.[2]

II. Parteien und Parteienfinanzierung

Das im Jahre 1949 in Kraft getretene Grundgesetz enthält mit Art. 21 GG als erste Verfassung der Welt normative Aussagen zu den politischen Parteien. Danach haben die Parteien die Aufgabe, „bei der politischen Willensbildung des Volkes" mitzuwirken. Die innere Ordnung der Parteien muß demokratischen Grundsätzen entsprechen. Über eine Finanzierung der Parteien sagt Art. 21

---

1 Vgl. etwa Jörn Ipsen, in: Sachs, GG, Art. 21 Rdnr. 133; Robert Horn, Die Rechtsprechung des Bundesverfassungsgerichts zur Parteienfinanzierung, Gießen, Univ. Diss., 1992, S. 2.

2 Klaus Stern, Das Staatsrecht der Bundesrepublik Deutschland, Bd. I, 2. Aufl. 1984, S. 457, spricht von einer „eher schlingernden Entscheidungspraxis" des Bundesverfassungsgerichts.

Abs. 1 GG nur soviel, daß die Parteien über die Herkunft und Verwendung ihrer Mittel und über ihr Vermögen öffentlich Rechenschaft geben müssen. Die Inkorporierung der politischen Parteien in das Verfassungsrecht durch eine grundsätzliche Aufgabenbestimmung und zumindest in Ansätzen festgelegte Anforderungen steht am Ende einer langen Entwicklung, die im 19. Jahrhundert begonnen hat. Während das Staatsrecht zunächst die in der politischen Wirklichkeit immer wichtiger werdenden Parteien ignorierte, hat es das Grundgesetz unternommen, ihnen einen Platz der Vermittlung zwischen Gesellschaft und Staat auch rechtlich zuzuweisen.[3]

1. Parteienentwicklung in Deutschland bis zum Grundgesetz

Die Entwicklung der politischen Parteien setzte in Deutschland relativ spät ein. Die Anfänge ihrer Entstehung liegen in der Zeit des sog. Vormärz, also in der ersten Hälfte des 19. Jahrhunderts.[4] Nur sehr langsam bewirkte die Einfügung von Volksvertretungen in den monarchischen Staat die Herausbildung von Gruppierungen mit bestimmten politischen Zielen. Nach ihrer ursprünglichen Rolle und nach damaligem Verständnis waren Parteien ohne jede Bedeutung für den staatlichen Bereich; sie waren Vereinigungen zur Diskussion politischer Fragen und organisierten sich als nichtrechtsfähige Vereine – eine Rechtsform, die sie im übrigen, trotz veränderter Stellung, bis heute überwiegend beibehalten haben. Ihre Finanzierung erfolgte ausschließlich aus privaten Mitteln, sei es über Mitgliedsbeiträge (wie bei den Arbeiterparteien), über Spenden (wie bei den bürgerlichen Honoratiorenparteien) oder über parteinahe Nebenorganisationen.[5] Trotz fortschreitender Organisation der Parteien im Vorfeld der Reichsgründung änderte die Reichsverfassung von 1871 nichts an der Einschätzung der Parteien als rein gesellschaftliche Phänomene.

Auch die Weimarer Reichsverfassung erwähnte die Parteien nur am Rande, in der negativen, abgrenzenden Formulierung des Art. 130 Abs. 1: die Beamten seien „Diener der Gesamtheit, nicht einer Partei“. Mit der Festlegung des allgemeinen Wahlrechts (Art. 22 WRV) und der Verhältniswahl hatte man indes de facto den Schritt zu einer Staatsorganisation getan, die auf die Existenz von Parteien angewiesen war. So konstatierte etwa der Weimarer Strafrechtslehrer und

---

[3] Kritisch im Hinblick auf eine Überbewertung von Art. 21 GG als ein staatsrechtlich „epochales Ereignis“ Karl-Heinz Seifert, Die politischen Parteien im Recht der Bundesrepublik Deutschland, 1975, S. 61 f. Die Verfassung des Landes Baden vom 22.5.1947 hatte in ihren Art. 118-121 den Parteien schon zuvor einen eigenen Abschnitt gewidmet.

[4] Näher Ernst Rudolf Huber, Deutsche Verfassungsgeschichte seit 1798, Bd. II, 3. Aufl. 1988, S. 309 ff.; ausführlich zur Geschichte der Parteienfinanzierung in Deutschland Friedhelm Boyken, Die neue Parteienfinanzierung. Entscheidungsprozeßanalyse und Wirkungskontrolle, 1998.

[5] Dazu Gregor Stricker, Der Parteienfinanzierungsstaat, 1998, S. 77.

zeitweilige Reichsjustizminister *Gustav Radbruch*, die Weimarer Reichsverfassung setze Existenz und Funktion der Parteien voraus.[6] *Hans Kelsen* bezeichnete die Parteien als Wesenselement parlamentarischer Demokratie.[7]

Schon in der Kaiserzeit, seit 1906, war eine staatliche Entschädigung für Abgeordnete des Reichstages vorgesehen, hingegen gab es keine staatlichen Zuwendungen an Parteien. Wegen der durch Inflation und Wirtschaftskrise rückläufigen Parteieinnahmen wurden zum Ende der Weimarer Republik Forderungen nach einer staatlichen Parteienfinanzierung laut, ohne jedoch Erfolg zu haben.[8] Überhaupt blieb es in der Weimarer Republik strittig, ob der Staat den Parteien, die nach wie vor als private Gruppierungen mit ausschließlich gesellschaftlichem Wirkungskreis verstanden wurden, finanzielle Zuwendungen gewähren dürfe.

Nach der Machtübernahme durch die Nationalsozialisten erfolgte rasch die Festschreibung der Einparteienherrschaft der nunmehr als Körperschaft des öffentlichen Rechts organisierten NSDAP.[9] Die NSDAP finanzierte sich über Mitgliedsbeiträge und Spenden, darüber hinaus wurde ihr aber staatlicherseits im Wege von Steuererleichterungen eine mittelbare staatliche Parteifinanzierung gewährt.[10]

Das Grundgesetz von 1949 sicherte mit Art. 21 den Parteien erstmals verfassungsrechtlichen Status. Indem die Verfassung die Parteien als zentrale Faktoren der „politischen Willensbildung des Volkes" erfaßt, reagiert sie nicht lediglich auf die schon von *Radbruch* für die Weimarer Republik konstatierte soziologische Wirklichkeit des auf Parteien angewiesenen Staates, sondern betrachtet sie auch rechtlich als für die repräsentative Demokratie des Grundgesetzes unentbehrlich. Das ergibt sich auch aus der Stellung des Art. 21 GG unmittelbar anschließend an die Staatsfundamentalnorm des Art. 20 [11] im Abschnitt über den Bund und die Länder.[12]

---

6 Gustav Radbruch, Die politischen Parteien, in: Anschütz/Thoma, HDStR I, 1930, S. 288.

7 Hans Kelsen, Vom Wesen und Wert der Demokratie, 2. Aufl. 1929, S. 107 f.; Ernst Rudolf Huber, Deutsche Verfassungsgeschichte seit 1798, Bd. IV, 2. Aufl. 1982, S. 9, bezeichnet aus der Rückschau die Stellung der Parteien in der konstitutionellen Zeit als „so stark gesichert, daß sich [durch die Vereins-, Versammlungs- und Pressefreiheit] geradezu eine institutionelle Garantie des freien Parteiwesens ergab".

8 Theodor Eschenburg, Probleme der modernen Parteifinanzierung. Rede bei der feierlichen Rektoratsübergabe am 9. Mai 1961, 1961, S. 11.

9 Vgl. § 1 Gesetz zur Sicherung der Einheit von Partei und Staat vom 1.12.1933 (RGBl. I S. 1016).

10 Vgl. G. Stricker, Der Parteienfinanzierungsstaat (Fn. 5), S. 82.

11 Bodo Pieroth, in: Jarass/Pieroth, GG, Art. 21 Rdnr. 1.

12 Vgl. K. Stern, Staatsrecht I (Fn. 2), S. 456 f.; K.-H. Seifert, Die politischen Parteien

2. Parteienfinanzierung unter dem Grundgesetz

Zum rechtlichen Rahmen, den das Grundgesetz der Parteienfinanzierung nach Art und Umfang zieht, läßt sich Art. 21 GG keine ausdrückliche Aussage entnehmen. Wenngleich die in Art. 21 Abs. 1 S. 4 GG statuierte Rechenschaftspflicht der Parteien immerhin das Bewußtsein des Verfassungsgebers widerspiegelt, daß die Finanzquellen der Parteien angesichts ihrer Aufgaben von öffentlichem Interesse sein können, verwundert die „normative Enthaltsamkeit“[13] des Grundgesetzes zu Fragen der Beschaffung von Finanzmitteln durch die Parteien. Insbesondere wird bis heute kontrovers beurteilt, ob Art. 21 GG ein Anspruch der Parteien auf finanzielle Zuwendungen von staatlicher Seite entnommen werden kann.[14] Aus der verfassungsrechtlichen Funktionsgarantie für das Parteienwesen wollen manche eine Verpflichtung des Staates ableiten, den Parteien eine die Eigenfinanzierung ergänzende Mindestausstattung zu gewähren,[15] wobei der Gesetzgeber insbesondere die für das Parteienrecht wesentlichen Verfassungsprinzipien der Parteienfreiheit, der Parteiengleichheit, der Öffentlichkeit und der Bürgergleichheit zu beachten habe.[16]

Vorab ist zu klären, was als in diesem Zusammenhang relevante „Parteienfinanzierung“ zu verstehen ist. Nach einer weiten Definition wird als Parteienfinanzierung jede Art der Bereitstellung von Mitteln verstanden, die in irgendeiner Form und aus jeder denkbaren Quelle den Akteuren der Politik zugute kommt. Ein engeres Begriffsverständnis umfaßt hingegen nur die Einnahmen der Parteien als Organisationseinheiten der politischen Willensbildung i. S. v. Art. 21 GG.[17] § 24 Abs. 4 PartG enthält in seinen Nummern 1-10 eine dem engeren Verständnis entsprechende Aufstellung aller Einnahmeformen der politischen Parteien: neben – erstens – Einnahmen aus Vermögen, aus Veranstaltungen, dem Vertrieb von Druckschriften und Veröffentlichungen und aus sonstigen mit Einnahmen verbundenen Tätigkeiten (§ 24 Abs. 4 Nr. 5-7) bilden – zweitens –

(Fn. 3), S. 63 f.

13 Dieter Grimm, Politische Parteien, HVerfR, 2. Aufl. 1994, § 14 Rdnr. 49.

14 Dagegen z. B. J. Ipsen, in: Sachs, GG, Art. 21 Rdnr. 94 ff.; bejahend (in unterschiedlicher Abstufung) etwa Martin Morlok, in: Dreier, GG, Art. 21 Rdnr. 44; Ingo von Münch, in: von Münch/Kunig, GG, Art. 21 Rdnr. 31; Rudolf Streinz, in: von Mangoldt/Klein/Starck, GG, Art. 21 Rdnr. 181 f.

15 Hans H. Klein, in: Maunz/Dürig, GG, Art. 21 Rdnr. 434.

16 Vgl. näher Wilhelm Henke, in: BK, Art. 21 Rdnr. 317 ff. bzw. H. H. Klein, in: Maunz/Dürig, GG, Art. 21 Rdnr. 435.

17 Für ein weites Verständnis Hans Herbert von Arnim, Parteienfinanzierung. Eine verfassungsrechtliche Untersuchung, 1982, S. 24 f. Das BVerfG legt seit jeher (BVerfGE 8, 51 [62]) ein engeres Begriffsverständnis zugrunde, vgl. Jörg Geerlings, Verfassungs- und verwaltungsrechtliche Probleme bei der staatlichen Finanzierung parteinaher Stiftungen, 2003, S. 25.

Mitglieds- und Mandatsträgerbeiträge (Nr. 1 u. 2), Spenden (Nr. 3 u. 4) und drittens schließlich Zuwendungen aus staatlichen Mitteln (Nr. 8) die „drei Säulen der Parteienfinanzierung“[18].

Die wesentliche Bedeutung kommt für die vorliegende Thematik den Formen staatlicher Parteienfinanzierung zu. Dabei ist zwischen unmittelbaren (direkten) und lediglich mittelbaren (indirekten) Finanzierungsformen zu unterscheiden. Zur unmittelbaren staatlichen Parteienfinanzierung rechnen alle den Parteien direkt zugewendeten staatlichen Mittel. Mittelbare staatliche Parteienfinanzierung erfolgt dagegen im wesentlichen durch staatlichen Steuerverzicht bei Zuwendungen Privater an die Parteien, sei es bei Mitgliedsbeiträgen oder Spenden. Daneben ist auch an staatliche Zuwendungen zur politischen Bildungsarbeit an parteinahe Stiftungen sowie Zahlungen aus dem Bundeshaushalt an die Bundestagsfraktionen zu denken.[19]

III. Die Rechtsprechung des Bundesverfassungsgerichts zur Parteienfinanzierung

Bis 1954 gab es (mit Ausnahme der sog. „Wählerkredite“, die vor der ersten Bundestagswahl den Parteien durch die Finanzminister der Länder in Höhe von 5 Pfg. pro bei der letzten Landtagswahl erreichter Stimme gewährt wurden) keinerlei finanzielle Förderung der Parteien durch den Staat. Einen Anfang (mittelbarer) staatlicher Parteienfinanzierung setzte das Steuerneuordnungsgesetz vom 16. Dezember 1954; dieses enthielt mit § 10b EStG eine Regelung über die steuerliche Abzugsfähigkeit von „Ausgaben zur Förderung staatspolitischer Zwecke“ bis zu maximal 10 % der für die Einkommensteuer relevanten Gesamteinkünfte.[20] Nach § 49 Nr. 1a EStDV (1955) umfaßte diese Privilegierung, soweit davon Parteien als erfaßt galten, jedoch nur Spenden an solche Parteien, auf deren Wahlvorschlag bei der letzten Bundestags- oder Landtagswahl mindestens ein Abgeordneter gewählt worden war.

Schon bald nach Erlaß dieser Vorschriften ging beim Bundesverfassungsgericht eine Verfassungsbeschwerde gegen § 49 Nr. 1a EStDV ein, welche vortrug, die angegriffene Norm begünstige im Fall von Parteispenden im wesentlichen die schon im Bundestag vertretenen Parteien. Das Bundesverfassungsgericht erklärte in seinem Beschluß vom 21. Februar 1957[21] § 49 Nr. 1a EStDV wegen Verstoßes gegen Art. 3 Abs. 1 GG iVm. Art. 21 Abs. 1 GG für nichtig. Aus der Bedeutung der Freiheit der Parteiengründung und des Mehrparteienprinzips für eine freiheitliche Demokratie folge das Gebot der Chancengleichheit der politi-

---

18 H. H. Klein, in: Maunz/Dürig, GG, Art. 21 Rdnr. 407.

19 Vgl. K. Stern, Staatsrecht I (Fn. 2), S. 454.

20 Eine entsprechende Regelung enthielt § 11 Nr. 5 KStG.

21 BVerfGE 6, 273.

schen Parteien, welche durch § 49 Nr. 1a EStDV verletzt werde: zwar könnten andere, aus der Verfassungsstruktur sich ergebende Gründe dem Gesetzgeber ein Abgehen von der Gleichbehandlung aller Parteien gestatten, doch reiche die Schwierigkeit, Parteien von anderen politischen Gruppen zu sondern, (trotz des Fehlens eines Parteiengesetzes) nicht aus, eine Bestimmung zu rechtfertigen, die mit diesen politischen Gruppierungen zugleich einen Teil der Parteien von der Steuervergünstigung ausschließe. Das Gericht konkretisierte dabei das Verhältnis dieser Chancengleichheit der Parteien zum allgemeinen Gleichheitssatz des Art. 3 GG.[22] Gleichzeitig deutete es in einem obiter dictum an, daß „schon grundsätzlich gegen die Anwendung (...) des § 10b EStG 1955 auf politische Parteien (...) vielleicht auch verfassungsrechtliche Bedenken geltend gemacht werden könnten".[23]

1. BVerfGE 8, 51 ff.: Das erste Parteienfinanzierungsurteil vom 24.6.1958

Dieser deutliche Hinweis auf die verfassungsrechtliche Problematik mittelbarer staatlicher Unterstützung politischer Parteien im Wege einkommensteuerrechtlicher Begünstigungen blieb nicht ungehört. Schon im Juli 1957 erhob die Hessische Landesregierung Normenkontrollantrag nach Art. 93 Abs. 1 Nr. 2 GG, §§ 13 Nr. 6, 76 ff. BVerfGG mit dem Ziel, die Verfassungswidrigkeit aller steuerrechtlichen Normen, die Spenden an politische Parteien begünstigten, festzustellen. Jede Art der staatlichen Finanzierung politischer Parteien sei grundgesetzwidrig. Das Bundesverfassungsgericht qualifizierte in seiner als erstes Parteienfinanzierungsurteil[24] bekannt gewordenen Entscheidung die angegriffenen Regelungen zunächst ausdrücklich als mittelbare staatliche Parteienfinanzierung, da der Staat zugunsten der Parteien auf einen Teil der an sich anfallenden Einkommensteuer (oder Körperschaftsteuer) verzichte.[25] Es bejahte dann jedoch die grundsätzliche verfassungsrechtliche Zulässigkeit staatlicher Parteienfinanzierung. Die prozentuale Abzugsgrenze des § 10b EStG verwarf es im wesentlichen deshalb, weil sie die Chancengleichheit verletze. Die Regelung begünstige einseitig die kapitalkräftigen Kreisen nahestehenden Parteien (also die CDU, CSU und die FDP); zwar sei der Gesetzgeber nicht verpflichtet, faktische Unterschiede der Parteien zu beseitigen, doch hindere ihn die Verfassung an Regelun-

---

[22] BVerfGE 6, 273 (280 ff.).

[23] BVerfGE 6, 273 (281 f.).

[24] BVerfGE 8, 51. Die Terminologie im Schrifttum ist nicht einheitlich, teils wird zwischen Parteienfinanzierungsurteilen und Parteispendenurteilen differenziert. Hier wird der größeren Klarheit wegen durchgehend der Begriff Parteienfinanzierungsurteil verwendet.

[25] Heute nicht mehr verständliche Kritik an dieser Einschätzung findet sich z. B. bei Georg Stickrodt, Steuergesetze als Instrument staatspolitischer Maßnahmen, FR 1958, S. 448 (449), und U. Scheuner, Die Parteien und die Auswahl der politischen Leitung im demokratischen Staat, DÖV 1958, S. 641 (645 Fn. 34).

gen, die eine schon faktische Ungleichheit der Wettbewerbschancen der Parteien verschärften. Weiterhin liege ein Verstoß gegen die Wahlrechtsgleichheit vor, da aufgrund des progressiven Einkommensteuertarifs Besserverdienende größere Spenden als weniger gut Verdienende leisten könnten, ohne hierfür höhere Beträge aufbringen zu müssen.[26] Die Vorschriften räumten dem spendenwilligen Bürger also einen unterschiedlich großen Einfluß auf die politische Willensbildung ein.[27]

Damit hatte das Gericht für die grundsätzlich als möglich erachtete staatliche Finanzierung einen doppelten Kontrollmaßstab (der Chancen- und Wahlrechtsgleichheit) festgelegt und Grundaussagen zur Position der Parteien im Staat des Grundgesetzes getroffen. Weiterhin postulierte das Bundesverfassungsgericht in einem für die zukünftige Rechtsprechung bedeutsamen obiter dictum: „Da die Abhaltung von Wahlen eine öffentliche Aufgabe ist und den Parteien bei der Durchführung dieser öffentlichen Aufgabe von Verfassungs wegen eine entscheidende Rolle zukommt, muß es auch zulässig sein, nicht nur für die Wahlen selbst, sondern auch für die die Wahlen tragenden politischen Parteien finanzielle Mittel von Staats wegen zur Verfügung zu stellen."[28] Das Gericht hob damit zwar zutreffend die besondere, durch Art. 21 GG zum Ausdruck kommende Stellung der Parteien in der Bundesrepublik hervor; mit der Akzentuierung der Parteien als „Wahlvorbereitungsorganisationen" wurde aber ein fehlerhaftes, zumindest problematisches, allerdings für knapp 30 Jahre tragendes Dogma der verfassungsgerichtlichen Kontrolle erstmals genannt. Mit der en passant vorgebrachten Betonung der aus Art. 21 Abs. 1 GG gefolgerten zentralen Stellung der Parteien im Verfassungsleben, wonach diese – in den Worten des Bundesverfassungsgerichts – die „Funktion eines Verfassungsorgans"[29] ausübten, ohne selbst Verfassungsorgan zu sein, war der Grund für die sich anschließende langdauernde Problematik der Zulässigkeit der staatlichen Wahlkampfkostenerstattung bereitet. Die Qualifizierung der politischen Parteien als funktionale Verfassungsorgane war insbesondere auf den Staatsrechtler und Richter des Bundesverfassungsgerichts[30] *Gerhard Leibholz* zurückzuführen. Als maßgebli-

---

[26] BVerfGE 8, 47 (63 ff., 68 ff.).

[27] Da nach der (teilweisen) Nichtigerklärung der angegriffenen Normen das Steuerrecht keine Vorschriften zur steuerlichen Begünstigung von Parteispenden enthielt, ging in der Folge das Spendenaufkommen, besonders der mitgliederschwachen Parteien, stark zurück (und zwar von 41,3 Mio. DM [1957] auf 33,5 Mio. DM [1961]; CDU und FDP verzeichneten Rückgänge um bis zu ein Drittel). – Zahlen nach F. Boyken, Die neue Parteienfinanzierung (Fn. 4), S. 58, bzw. Horn, Rechtsprechung des BVerfG (Fn. 1), S. 32.

[28] BVerfGE 8, 47 (62).

[29] BVerfGE 4, 27 (30).

[30] Amtszeit vom 07.09.1951 bis zum 08.12.1971.

cher Vertreter der Lehre vom „Parteienstaat“[31] hielt er im modernen „massendemokratischen Parteienstaat liberaler Prägung“ eine Gegenüberstellung von Volk und Partei für irreführend. Im „Parteienstaat“ ließen die Parteien das Volk erst als handelnde Einheit real existent erscheinen.[32] Sie erweisen sich für *Leibholz* statt dessen als in das Staatsgefüge eingebaut, eben als „Elemente des staatlichen Bereichs“.[33]

Mit der verfassungsrechtlichen Verortung der Parteien in Art. 21 GG waren diese von privaten politischen Vereinen zu Trägern einer öffentlichen Aufgabe aufgerückt; um die Parteien von privaten Spenden unabhängiger zu machen, lag somit eine Finanzierung über unmittelbare staatliche Zuschüsse nahe. Hatten die früheren Entscheidungen des Bundesverfassungsgerichts sich nur auf die mittelbare Parteienfinanzierung bezogen, kam es nun folgerichtig zur ersten gesetzgeberischen Initiative zur Einführung unmittelbarer staatlicher Zuwendungen. Die zitierte Formulierung aus der Entscheidung vom 24. Juni 1958[34] wurde von der Politik als verfassungsrechtliche Unbedenklichkeitserklärung einer direkten Parteienfinanzierung aufgefaßt und führte dazu, daß Deutschland 1959 als erster europäischer Staat eine unmittelbare staatliche Parteienfinanzierung einführte.[35] Ab dem Haushaltsjahr 1959 waren im Bundeshaushalt Mittel als „Zuschüsse zur Förderung der politischen Bildungsarbeiten der Parteien“ und als „Sondermittel für die Aufgaben der Parteien nach Art. 21 GG“ vorgesehen,[36] die lediglich der Kontrolle des Präsidenten des Bundesrechnungshofes unterlagen. Die Aufteilung an die vier im Parlament vertretenen Parteien erfolgte entsprechend der Stärke der Parteien im Bundestag. Von ursprünglich 5 Mio. DM stiegen diese Mittel in kurzer Zeit auf bis zu 38 Mio. DM (1964-1966) an, was einer Zunahme von 760 % binnen sechs Jahren entsprach. Außer der haushaltsgesetzlichen Ermächtigung gab es für die Zuschüsse an die Parteien keine weiteren Rechtsgrundlagen.

Mit Blick auf die beschriebene Haushaltspraxis der Jahre 1958-1965 konnte dem BVerfG – auch wenn es später hervorheben sollte, durch staatliche Zuschüsse ließe sich der Abhängigkeit der Parteien von privaten Spenden entgegenwir-

---

31 Begriff nach Otto Koellreutter, Der deutsche Staat als Bundesstaat und Parteienstaat, 1927.

32 Gerhard Leibholz, Volk und Partei im neuen deutschen Verfassungsrecht (1950), in: ders., Strukturprobleme der modernen Demokratie, 3. Aufl. 1967, S. 70 (75 f.); ders., Der Strukturwandel der modernen Demokratie (1952), ebd., S. 78 (90 ff.)

33 Zur Kritik dieser Ansicht vgl. die Nachweise etwa bei K. Stern, Staatsrecht I (Fn. 2), S. 458 Fn. 135.

34 BVerfGE 8, 51 (62) und LS 1.

35 Weltweit gesehen nahm die Vorreiterrolle übrigens Costa Rica (1954) ein, vgl. J. Geerlings, Probleme (Fn. 17), S. 102.

36 Einzelplan 06, Kap. 02, Titel 620; ab dem Rechnungsjahr 1962: Titel 612.

ken[37] – zum Vorwurf gemacht werden, die Tragweite seines obiter dictums zur Zulässigkeit einer unmittelbaren staatlichen Parteienfinanzierung[38] verkannt zu haben. Jedenfalls hatte es das Gericht versäumt, Grund und Grenzen der Finanzierung näher zu begründen.

2. BVerfGE 20, 56 ff./119 ff./134 ff.: Die Urteile vom 19.7.1966 zur unmittelbaren staatlichen Parteienfinanzierung

Schon 1966 nahm das Bundesverfassungsgericht eine Neubestimmung seines Verständnisses der politischen Parteien im Staat des Grundgesetzes vor. Statt der bisherigen Betonung ihrer Nähe zu den Staatsorganen, die eine Parteienfinanzierung rechtfertige, stellte das Gericht die Parteien nunmehr mit dem Begriff der „Staatsfreiheit" den verfaßten Staatsorganen gegenüber.[39] Anläßlich eines weiteren von der Hessischen Landesregierung initiierten Normenkontrollverfahrens[40] gab das Gericht seine frühere Ansicht ausdrücklich auf und untersagte eine allgemeine Parteienfinanzierung aus Staatsmitteln. Der Entscheidung vorausgegangen war die (als solche umstrittene) Selbstablehnung und Ablehnung des in den Verfahren als Berichterstatter vorgesehenen Richters *Leibholz* wegen Befangenheit.[41] *Leibholz*, der prägende Vertreter der erwähnten Lehre vom „Parteienstaat",[42] wonach die moderne Demokratie zwangsläufig auf Parteien angewiesen sei, was deren Anerkennung im Verfassungsgefüge bedinge, hatte nach der mündlichen Verhandlung über den Antrag der Hessischen Landesregierung in einem Referat auf der Staatsrechtslehrertagung 1965 die Zulässigkeit staatlicher Parteienfinanzierung befürwortet und bei diesem Anlaß im Hinblick auf gegenläufige Bestrebungen von einem „unheiligen Bündnis" gegen die staatliche Parteienfinanzierung gesprochen.[43]

---

37 Vgl. BVerfGE 12, 20.

38 Vgl. zu unterschiedlichen Positionen Heiko Plate, Parteifinanzierung und Grundgesetz. Rechtsfragen von Rechenschaftspflicht und Staatszuschüssen, 1966, insbes. S. 58 ff.

39 Zur Problematik der bis 1959 beibehaltenen Bezeichnung der Parteien als „Verfassungsorgane" in der Rechtsprechung des Bundesverfassungsgerichts vgl. Konrad Hesse, Die verfassungsrechtliche Stellung der politischen Parteien im modernen Staat, VVDStRL 17 (1952), S. 11 (40 f. mit Fn. 78)

40 Sowie in entsprechenden Organstreitverfahren dreier nicht im Bundestag vertretener Parteien, der DP/BHE, der Bayernpartei und der NPD.

41 BVerfGE 20, 1 und BVerfGE 20, 9: Ablehnung in den Organstreitverfahren; BVerfGE 20, 26: Selbstablehnung im Normenkontrollverfahren; zur berechtigten Kritik an diesen Entscheidungen Ernst Friesenhahn, Beschlußanmerkung, JZ 1966, S. 704 ff.

42 Vgl. u. a. Gerhard Leibholz, Das Wesen der Repräsentation und der Gestaltwandel der Demokratie im 20. Jahrhundert, 3. Aufl. 1966; näher H. H. Klein, in: Maunz/Dürig, GG, Art. 20 Rdnr. 181 ff.

43 Gerhard Leibholz, Staat und Verbände, VVDStRL 24 (1966), S. 5 (19).

Das Bundesverfassungsgericht – ohne Mitwirkung von *Leibholz* – erklärte in seiner Entscheidung § 1 des Bundeshaushaltsgesetzes 1965 insoweit für nichtig, als der Bundesinnenminister ermächtigt wurde, für das Rechnungsjahr 1965 insgesamt 38 Mio. DM an die Parteien auszugeben. Das Gericht räumte ein, seine früheren Äußerungen[44] hätten dahingehend verstanden werden können, es sei verfassungsrechtlich zulässig, den Parteien Haushaltsmittel für ihre gesamte Tätigkeit im Bereich der politischen Meinungs- und Willensbildung zu bewilligen. Es schränkte diese Ansicht jedoch 1966 stark ein.[45] Politische Parteien dürften nicht überwiegend aus öffentlichen Mitteln finanziert werden, eine völlige oder überwiegende Deckung ihres Geldbedarfes aus öffentlichen Mitteln sei unvereinbar mit dem aus dem Verfassungsprinzip der freiheitlichen Demokratie abgeleiteten Grundsatz der Staatsfreiheit. Es müsse „der Prozeß der Meinungs- und Willensbildung grundsätzlich ‚staatsfrei' bleiben"[46]. Zwar seien die Willensbildung des Volkes und die Bildung des staatlichen Willens in den Verfassungsorganen vielfach miteinander verschränkt, doch müsse sich die Willensbildung vom Volk zu den Staatsorganen und nicht umgekehrt vollziehen. Eine teilweise Staatsfinanzierung der Parteien würde die Parteien staatlicher Vorsorge überantworten. Eine solche Einwirkung des Staates auf den Prozeß der Meinungs- und Willensbildung bedürfe stets eines besonderen Grundes. Ein solcher Grund liege weder im Rang der Parteien als verfassungsrechtliche Institutionen noch in der Schwierigkeit, ihre Aufgaben ohne staatliche Zuschüsse zu erfüllen.[47] Hingegen sei es verfassungsrechtlich gerechtfertigt, den Parteien unter Beachtung der Parteienfreiheit und der Chancengleichheit die notwendigen Kosten eines angemessenen Wahlkampfes zu ersetzen. Der Wahlkampf lasse sich nämlich, insbesondere wegen seiner zeitlichen Begrenzung, von der sonstigen Tätigkeit einer Partei abgrenzen; auch seien seine Kosten von der Sache her bestimmbar. Ob der Gesetzgeber eine solche Wahlkampfkostenerstattung vorsehen solle, stelle eine Frage des gesetzgeberischen Ermessens dar. Wenn er sich dafür entscheide, müsse er einen objektiven Maßstab für die in Zusammenhang mit der Wahl entstandenen Kosten vorsehen. Neben der Beachtung der den Parteien durch Art. 21 GG gewährleisteten Freiheit müsse ein Verteilungsschlüssel gefunden werden, der nicht mit dem Grundsatz der Chancengleichheit in Konflikt gerate. Es seien alle Parteien zu berücksichtigen, die an den Wahlen teilgenommen haben.[48] Verboten sei aber nicht jede Differenzierung. So sollte etwa eine verschiedene Behandlung der Parteien zur Verhinderung einer Stimmenzersplitterung möglich bleiben. Der so festzusetzende Stimmen-Mindestanteil der an-

---

[44] BVerfGE 8, 51 (62) und LS 1.

[45] BVerfGE 20, 56 (96 ff.).

[46] BVerfGE 20, 56 (99).

[47] BVerfGE 20, 56 (101 ff.).

[48] BVerfGE 20, 56 (116 ff.).

spruchsberechtigten Partei müsse jedenfalls „erheblich unterhalb der 5 v. H.-Grenze liegen".[49] Obwohl das Gericht es also nicht als seine Aufgabe ansah, eine verfassungsgemäße Regelung zu schaffen, lieferte es gleichwohl genaue Vorgaben für eine mögliche Ausgestaltung der Wahlkampfkostenerstattung.

Das Urteil, insbesondere seine Konstruktion der Parteien als „Wahlvorbereitungsorganisationen", wurde und wird kontrovers aufgefaßt.[50] Die vom Gericht postulierte Trennung der Bereiche von Staat und Gesellschaft erwies sich schon zur damaligen Zeit als überaus problematisch, da der Staat den Parteien gerade nicht als von ihnen zu trennende Organisationsform gegenübertritt, sondern diese in der Parteiendemokratie als Mittler zwischen Volks- und Staatswillen fungieren.[51]

Die öffentliche Diskussion beschleunigte jedoch den Erlaß des Parteiengesetzes, das 1967 nach langem Anlauf in Kraft trat: Schon ab 1951 hatten erste Vorarbeiten eingesetzt, dem grundgesetzlichen Regelungsauftrag des Art. 21 Abs. 3 GG zu entsprechen; Ende 1959 lag dem Bundestag ein Regierungsentwurf zu einem Parteiengesetz vor, gelangte jedoch 1960 nicht über die erste Lesung hinaus und verfiel schließlich ebenso der Diskontinuität wie drei weitere Entwürfe aus den Jahren 1964/65. Das Parteiengesetz von 1967 regelte in seinen §§ 18 ff., wie die notwendigen Kosten eines im Sinne der Entscheidung des Bundesverfassungsgerichts „angemessenen Wahlkampfs" vom Staat zu erstatten waren. Das Gesetz sah eine Wahlkampfkostenpauschalierung von 2,5 DM pro Wahlberechtigtem bei der Bundestagswahl vor. Diese Wahlkampfpauschale wurde auf die von Parteien aufgestellten Einzelbewerber verteilt, die nach dem amtlichen Endergebnis in einem Wahlkreis mindestens 10 v. H. der Erststimmen erreicht hatten, sowie auf diejenigen Parteien, die mindestens 2,5 % der abgegebenen gültigen Zweitstimmen erreicht hatten. Diese Regelung erfüllte die Forderung des Bundesverfassungsgerichts, die Erstattung der Wahlkampfkosten dürfe nicht auf die Parteien beschränkt bleiben, welche die wahlrechtliche 5 %-Hürde überschritten hätten.[52] § 20 PartG legte die Auszahlungsweise fest. Parteien, die bei der jeweils vorausgegangenen Wahl einen Anspruch auf Kostenerstattung besessen hatten, konnten auf Antrag während der laufenden Wahlperiode Abschlagszahlungen erhalten. Diese Zahlungen durften im zweiten Jahr der Wahlperiode 10 %, im dritten 15 % und im Wahljahr 35 % des Erstattungsbetrages nicht übersteigen. Bei der – durchaus üppigen – unmittelbaren staatlichen Parteienfinanzierung ließ es das Gesetz indes nicht bewenden. Es führte – erstmals seit

---

49 BVerfGE 20, 56 (118).

50 Vgl. näher D. Grimm, HVerfR (Fn. 13), § 14 Rdnr. 52 m. w. N.

51 Näher Jörn Ipsen, Globalzuschüsse statt Wahlkampfkostenerstattung. Perspektiven der Parteienfinanzierung nach dem Urteil des BVerfG v. 9.4.1992 – 2 BvE 2/89, JZ 1992, S. 753 (756); J. Geerlings, Probleme (Fn. 17), S. 38 f. m. zahlr. N.

52 BVerfGE 20, 56 (117).

den verfassungswidrigen Regelungen der 1950er Jahre – erneut steuerliche Begünstigungen von Parteispenden als mittelbare staatliche Parteienfinanzierung ein. § 10b EStG sah nunmehr vor, daß für Einzelpersonen Kleinspenden an Parteien in Höhe von 600 DM pro Kalenderjahr (bei steuerlich zusammenveranlagten Ehepartnern 1.200 DM) steuerlich abzugsfähig waren. Auch bestand nunmehr die Pflicht zur Rechnungslegung (§§ 23 ff. PartG [1967]): nach Art. 21 Abs. 1 S. 4 GG sind die Parteien verpflichtet, über Herkunft und Verwendung ihrer Mittel (sowie über ihr Vermögen) öffentlich Rechenschaft zu geben; in Umsetzung dieser verfassungsrechtlichen Vorgabe verlangte § 25 PartG (1967), daß Großspenden mit Nennung von Namen und Anschrift des Spenders, bei natürlichen Personen ab 20.000 DM und bei juristischen Personen ab 200.000 DM, offengelegt werden mußten.

3. BVerfGE 24, 300 ff.: Das dritte Parteienfinanzierungsurteil (Parteiengesetz-Urteil) vom 3.12.1968

Auf die Anträge mehrerer kleiner Parteien im Wege des Organstreitverfahrens hin hatte sich das Bundesverfassungsgericht bereits im folgenden Jahr mit den §§ 18 ff. PartG zu befassen.

Prozessual lag dem die problematische, jedoch ständige Rechtsprechung[53] zugrunde, wonach politische Parteien im Organstreit nach Art. 93 Abs. 1 Nr. 1 GG, §§ 13 Nr. 5, 63 ff. BVerfGG parteifähig sind, wenn und soweit sie gegen ein Verfassungsorgan Rechte geltend machen, die sich aus ihrem besonderen verfassungsrechtlichen Status ergeben.[54] Diese unzutreffende Rechtsprechung erklärt sich aus zwei Wurzeln; zum einen historisch aus der Tatsache, daß das Verfassungsprozeßrecht des Weimarer Staatsgerichtshofs, der Vorläuferinstitution des Bundesverfassungsgerichts, eine Verfassungsbeschwerde noch nicht kannte und die Parteien der Weimarer Republik daher auf die Eröffnung des Organstreitverfahrens angewiesen waren. Zum anderen hat das Bundesverfassungsgericht früh ausgeführt, es widerspräche dem Rang der politischen Parteien in der heutigen parlamentarischen Demokratie, sie lediglich auf die Verfassungsbeschwerde als den letzten Rechtsbehelf, der dem Bürger gegen den Staat eingeräumt ist, zu verweisen.[55] Ersichtlich wird damit die von Leibholz postulierte (verfassungs)organschaftliche Qualität der Parteien in Bezug genommen.[56]

---

[53] Seit BVerfGE 1, 208; grundlegend die Plenarentscheidung BVerfGE 4, 27.

[54] Ausführlich Wilhelm Henke, Das Recht der politischen Parteien, 2. Aufl. 1972, S. 279 ff.; J. Ipsen, in: Sachs, GG, Art. 21 Rdnr. 49 m. w. N.

[55] BVerfGE 1, 208 (226).

[56] J. Ipsen, in: Sachs, GG, Art. 21 Fn. 116 zu Rdnr. 50, verweist darauf, daß mit der Plenarentscheidung BVerfGE 4, 27 neben der Frage der statthaften Verfahrensart auch die Entscheidung über die Senatszuständigkeit getroffen wurde: Mit der Bejahung der Parteifähigkeit der

Wie wenig konsistent diese Rechtsprechung aber ist, zeigt sich auch und gerade daran, daß das Bundesverfassungsgericht im zweiten Parteienfinanzierungsurteil die Parteien noch 1966 als „frei gebildete, im gesellschaftlich-politischen Bereich wurzelnde Gruppen“ qualifiziert hatte und auch in folgenden Entscheidungen auf die Staatsferne der Parteien abstellte.[57]

Hatte das Gericht in den vorausgegangenen Parteienfinanzierungsurteilen das gesetzliche Regelungskonzept jeweils komplett abgelehnt, beschränkte es sich in seiner Entscheidung vom 3. Dezember 1968[58] lediglich auf Korrekturen. Die in § 18 PartG (1967) vorgesehene Wahlkampfkostenpauschalierung (2,5 DM pro Wahlberechtigtem), die dem innerpolitischen Frieden diene, hielt das Gericht grundsätzlich für ebenso sachgerecht wie das Kriterium, die Erstattung von der Anzahl der Wahlberechtigten abhängig zu machen.[59] Jedoch ging das Bundesverfassungsgericht von einer Verletzung des Rechts der politischen Parteien auf Gleichbehandlung gem. Art. 21 Abs. 1 iVm. Art. 3 Abs. 1 GG bei der Beschränkung auf Parteien mit einem Zweitstimmenanteil von 2,5 % aus und legte nahe, das Quorum auf 0,5 % festzulegen.[60] Ein solches Wahlergebnis signalisiere bereits die Ernsthaftigkeit der Kandidatur und schließe einen Mißbrauch dergestalt aus, daß sich Parteien ausschließlich wegen der Kostenerstattung an einem Wahlkampf beteiligten. Nicht beanstandet wurde vom Bundesverfassungsgericht die Vorschrift des § 20 Abs. 1 PartG (1967), die den Parteien auf Antrag die Gewährung von Abschlagszahlungen auf die Wahlkampfkostenerstattung während der laufenden Wahlperiode in Höhe von 60 % des letzten Erstattungsbetrages ermöglichte,[61] obwohl gerade durch diese Vorschrift die Begrenzung auf einen kurzen Wahlkampf praktisch aufgegeben worden war, der Begriff der Wahlkampfkosten stark ausgedehnt werden konnte und eine Abgrenzung zu sonstigen Ausgaben der Parteien fast unmöglich wurde.[62] Bei der Regelung der mittelbaren Parteienfinanzierung in § 25 PartG (betreffend die steuerliche Abzugsfähigkeit von Parteispenden) sah das Gericht die Differenzierung bei der Nennung des Spenders nach natürlichen oder juristischen Personen als mit Art. 21 Abs. 1 S. 4, Art. 3 Abs. 1 GG unvereinbar an. Es sei nicht einzusehen,

---

politischen Parteien im Organstreitverfahren war die Zuständigkeit des Zweiten Senats, und seines Mitglieds Gerhard Leibholz, für das Parteienrecht gegeben.

57 Näher zur Kritik Klaus Schlaich/Stefan Korioth, Das Bundesverfassungsgericht, 6. Aufl. 2004, Rdnr. 92.

58 BVerfGE 24, 300.

59 BVerfGE 24, 300 (335 f.).

60 BVerfGE 24, 300 (342).

61 BVerfGE 24, 300 (350).

62 Kritisch etwa Hans Herbert von Arnim, Die Partei, der Abgeordnete und das Geld. Parteienfinanzierung in Deutschland, 1996, S. 83; vgl. auch H. H. Klein, in: Maunz/Dürig, GG, Art. 21 Rdnr. 442: auch im Rückblick „bemerkenswert“.

warum eine juristische Person erst durch eine Zuwendung ab 200.000 DM erheblichen Einfluß auf eine Partei gewinnen könne, eine natürliche Person jedoch bereits ab 20.000 DM.

Der Gesetzgeber reagierte noch 1969 auf dieses Urteil und senkte das Quorum des § 18 Abs. 2 PartG auf 0,5 %. Spenden an eine Partei oder an mehrere ihrer Gebietsverbände mußten angezeigt werden, sofern sie in einem Kalenderjahr 20.000 DM überstiegen. Im Jahre 1974 schließlich erfolgte eine Erhöhung der Wahlkampfkostenpauschale um immerhin 40 % von 2,50 DM auf 3,50 DM je Wahlberechtigtem. Die Möglichkeit zu dieser Erhöhung hatte bereits die Entscheidung aus dem Jahre 1966 eröffnet: erstattungsfähig seien die Kosten eines Wahlkampfs, der „unter den jeweiligen politischen und sozialen Verhältnissen einer angemessenen Darstellung der Programme und Ziele und der notwendigen Auseinandersetzung der um die politische Macht kämpfenden Parteien dient“.[63]

Hatten die Regelungen des Parteiengesetzes, umgerechnet auf das einzelne Jahr, in den ersten Jahren nach 1966 eine Senkung gegenüber den vorherigen staatlichen Ausgaben für den Wahlkampf gebracht, was die Parteien zu einer Senkung ihrer zuvor übermäßig großen Wahlkampfbudgets zwang, so ermächtigte das Parteiengesetz auch die Länder, eine Wahlkampfkostenerstattung vorzusehen, die nach einer Übereinkunft der Landtagspräsidenten 60 % des Bundesniveaus betragen sollte. Im Lauf der Zeit wurden die Länderbeträge jedoch zunehmend dem Bundesniveau angeglichen.[64] Das System staatlicher Parteienfinanzierung in einer Mischung unmittelbarer und mittelbarer Komponenten war nunmehr gefestigt.

Der Erfolg der Verfassungsbeschwerde eines parteiunabhängigen Wahlkreisbewerbers, der sich in seinem Recht auf chancengleiche Teilnahme an den Wahlen durch die Nichteinbeziehung in die Regelung der Wahlkampfkostenerstattung verletzt sah,[65] veranlaßte den Gesetzgeber, wenngleich mit dreijähriger Verzögerung, zu einer weiteren Änderung des § 18 PartG. Nach § 18 Abs. 4 PartG wurden aber auch ab 1979[66] unabhängige Wahlkreisbewerber in den Kreis der Empfänger der Wahlkampfkostenpauschale einbezogen, sofern sie 10 % der in ihrem Wahlkreis abgegebenen gültigen Erststimmen erreichten. In der vorausgegangenen Entscheidung hatte das Bundesverfassungsgericht keinen Grund gesehen, von seiner Konzeption zulässiger staatlicher Erstattung von Wahlkampfkosten abzugehen.

---

63 BVerfGE 20, 56 (115 f.).

64 H. H. von Arnim, Die Partei, der Abgeordnete (Fn. 62), S. 84 f.

65 BVerfGE 41, 399.

66 Drittes Gesetz zur Änderung des Gesetzes über die politischen Parteien vom 21.12.1979, BGBl. I S. 2358.

4. BVerfGE 52, 63 ff.: Das vierte Parteienfinanzierungsurteil vom 24.7.1979

Das Parteiengesetz von 1967 hatte durch seinen § 34 die Abzugsfähigkeit von Parteispenden/-beiträgen in Höhe von 600 DM (bei Zusammenveranlagung von Ehepaaren: 1.200 DM) in § 10b EStG vorgesehen. Die Niedersächsische Landesregierung wandte vor dem Bundesverfassungsgericht ein, dies gefährde die Funktionsfähigkeit der Parteien, da mit der Beschränkung der steuerlichen Abzugsfähigkeit Spenden als Einnahmequelle der Parteien praktisch bedeutungslos geworden seien und große Parteien wie die CDU ihren gesamten laufenden Parteibetrieb über Kredite finanzieren müßten. Das Bundesverfassungsgericht[67] erklärte die Regelung unter Bestätigung des Parteienfinanzierungsurteils von 1968 jedoch für verfassungsgemäß. Das Grundgesetz habe den Parteien das Risiko von Fehlschlägen bei der Finanzierung ihrer Arbeit nicht abgenommen.[68] Es sei verfassungsrechtlich weder geboten noch verboten, die Abzugsfähigkeit von Parteispenden großzügiger zu gestalten. Eine solche politische Frage sei vom Gesetzgeber zu beantworten, eine gewisse Anhebung der abzugsfähigen Spendenbeträge könne verfassungsrechtlich aber hingenommen werden.[69] Mit der Aussage, eine steuerrechtliche Regelung dürfe nicht Parteien mit „größerer Anziehungskraft auf kapitalkräftige Kreise“ bevorzugen, rekurrierte das Bundesverfassungsgericht auf Maßstäbe aus seinem ersten Parteienfinanzierungsurteil von 1958.[70]

Erwartungsgemäß erhöhte der Bundesgesetzgeber daraufhin 1980 die Freigrenzen der steuerlichen Abzugsfähigkeit bei der Ermittlung des steuerpflichtigen Einkommens in § 10b EStG auf 1.800 DM (3.600 DM bei Zusammenveranlagung). Mit dem am 1. Januar 1984 in Kraft getretenen Gesetz zur Änderung des Parteiengesetzes und anderer Gesetze wurde die Wahlkampfkostenpauschale der unmittelbaren Parteienfinanzierung auf nunmehr 5 DM je Wahlberechtigtem angehoben. In Bezug auf die mittelbare Parteienfinanzierung kehrte man zur 1954 geschaffenen und 1958 vom Bundesverfassungsgericht verworfenen Rechtslage zurück. Ein Grund dafür war, daß sich zwischenzeitlich ein System der Umwegfinanzierung entwickelt hatte. Spenden gingen z. B. an eine als gemeinnützig anerkannte Fördervereinigung, was die steuerliche Abzugsfähigkeit gewährleistete, und wurden dann satzungswidrig an die entsprechende Partei weitergeleitet. Dies sollte zukünftig verhindert werden. Die Neuregelung von 1984 ermöglichte steuerlich abzugsfähige Spenden an politische Parteien bis zur Höhe von insgesamt 5 v. H. des Gesamtbetrags der Einkünfte.[71] Spenden ab einer Höhe von

---

[67] BVerfGE 52, 63.

[68] BVerfGE 52, 63 (86).

[69] BVerfGE 52, 63 (94).

[70] BVerfGE 52, 63 (91).

[71] Bzw. bei Körperschaften 2 v. T. der gesamten Umsätze und im Kalenderjahr aufgewendeten Löhne und Gehälter.

20.000 DM mußten jedoch ordnungsgemäß im Rechenschaftsbericht der Partei aufgeführt sein. Als neues Element der unmittelbaren Parteienfinanzierung führte der Gesetzgeber den sogenannten Chancenausgleich ein, der eine Relation von Mitgliedsbeiträgen/Spenden zu den bei einer Wahl erreichten Zweitstimmen einer Partei herstellte. Mit dem Ziel, einen Teil der Steuervergünstigungen, die den Parteispendern zukamen, rechnerisch auf alle Parteien gemäß ihren Wahlerfolgen zu verteilen, erhielt jede Partei einen Ausgleichsbetrag, der dem mit dem Zweitstimmenanteil multiplizierten Referenzwert abzüglich 40 v. H. der tatsächlichen Spenden einer Partei entsprach. Mit § 18 Abs. 6 PartG begrenzte das Gesetz erstmals den Anteil unmittelbarer staatlicher Parteienfinanzierung an der Gesamtfinanzierung auf die Hälfte. Auch war mit § 23a PartG eine Sanktion für den Fall rechtswidrig erlangter Spenden vorgesehen.

5. BVerfGE 73, 40 ff.: Fünftes Parteienfinanzierungsurteil (Parteispenden-Urteil) vom 14.7.1986

Das Parteispenden-Urteil vom Juli 1986 billigte die Neuregelung teilweise. Den Chancenausgleich bewertete das Bundesverfassungsgericht als verfassungsrechtlich unbedenkliche Kompensation der erweiterten Abzugsfähigkeit von Parteispenden. Die Begrenzung der unmittelbaren staatlichen Parteienfinanzierung auf 50 v. H. der Gesamteinnahmen bringe das verfassungsgebotene Vorrangverhältnis der Staatsfreiheit vor der Chancengleichheit in nicht zu beanstandender Weise zum Ausdruck.[72] Einen Verstoß gegen das Recht des Bürgers auf Teilhabe am politischen Willensbildungsprozeß sah das Gericht aber in der Errichtung einer je nach Einkommenshöhe unterschiedlichen, prozentual bemessenen Höchstgrenze für die steuerliche Abzugsfähigkeit von Parteispenden, wie sie in § 10b EStG und § 9 Nr. 9 KStG in der Fassung des Jahres 1984 vorgesehen war. Daß Bürger mit hohem Einkommen für ungleich höhere Zuwendungen an Parteien steuerlich begünstigt würden als Bezieher geringer Einkommen, führe zu einer krassen Ungleichbehandlung.[73] Trotz der Flankierung der erhöhten steuerlichen Begünstigung von Spenden durch den Chancenausgleich sei diese nicht unbegrenzt möglich: Als verfassungsrechtlich noch zulässigen Höchstbetrag für eine steuerliche Spendenbegünstigung nahm der Senat im Hinblick auf die im Bundestag vertretenen Parteien maximal 100.000 DM an.[74]

Das Sondervotum des Richters *Böckenförde*, dem sich der Richter *Mahrenholz* anschloß,[75] kritisierte, daß juristische Personen überhaupt mittels steuerbegünstigter Parteispenden Einfluß auf die politische Willensbildung nehmen dürften,

---

72 BVerfGE 73, 40 (89 bzw. 96 f.).

73 BVerfGE 73, 40 (79).

74 BVerfGE 73, 40 (84).

75 BVerfGE 73, 40 (103 ff.).

obwohl sie keine politischen Mitwirkungsrechte besäßen. Die von der Senatsmehrheit befürwortete Höchstgrenze von 100.000 DM sei als das 2,5- bis 3fache des damaligen jährlichen Durchschnittseinkommens außerdem deutlich zu hoch angesetzt: Bezieher niedrigerer Einkommen könnten demnach nicht in gleicher Weise als Parteispender tätig werden und so nicht in gleicher Weise politisch Einfluß nehmen wie Besserverdiener.[76]

Als Reaktion auf die gerichtlichen Monita der Ungleichbehandlung führte der Gesetzgeber 1988 mit dem Fünften Gesetz zur Änderung des Parteiengesetzes[77] in § 18 Abs. 6 PartG einen Sockelbetrag als Teil der Wahlkampfkostenerstattung ein. Parteien, die 2 v. H. der Zweitstimmen erreichten, erhielten danach zusätzlich zu dem auf sie entfallenden Anteil der Wahlkampfkostenpauschale gem. § 18 Abs. 1 PartG (mittlerweile 5 DM je Wahlberechtigtem) einen Sockelbetrag in Höhe von 6 v. H. der gesamten Erstattung. Das Berechnungsverfahren für den Chancenausgleich wurde dahingehend modifiziert, daß nunmehr getrennt die Verhältnisse zwischen Mitgliedsbeiträgen und Mitgliedern sowie zwischen Spenden und Zweitstimmen zugrunde zu legen waren. Außerdem wurde die Publizitätsgrenze des § 25 Abs. 2 PartG, bei deren Überschreitung der Spender von Großspenden im Rechenschaftsbericht der Partei namentlich aufzuführen war, von 20.000 auf 40.000 DM um 100 % nach oben gesetzt. Die steuerliche Abzugsfähigkeit von Spenden wurde auf 60.000 DM (auf 120.000 DM bei zusammenveranlagten Ehegatten) begrenzt. Mit dieser Festsetzung blieb der Gesetzgeber deutlich unter der von der Senatsmehrheit als noch zulässig erachteten Höchstsumme von 100.000 DM.

6. Die Wende der Rechtsprechung im sechsten Parteienfinanzierungsurteil vom 9.4.1992 (BVerfGE 85, 264 ff.)

Eine grundsätzliche Neuausrichtung seiner Rechtsprechung nahm das Bundesverfassungsgericht vor, als es in einem weiteren von der Partei der Grünen angestrengten Organstreitverfahren 1992 die Regelungen zur Parteienfinanzierung des Fünften Gesetzes zur Änderung des Parteiengesetzes zu überprüfen hatte, darunter insbesondere den Chancenausgleich nach § 22a PartG, den Sockelbetrag nach § 18 Abs. 6 PartG, die Erhöhung der Publizitätsgrenze für die Veröffentlichung von Parteispenden auf 40.000 DM und die Normen der § 10b EStG bzw. § 9 Nr. 3b KStG zur Abzugsfähigkeit von Parteispenden. Nach mehreren Jahrzehnten verabschiedete das Gericht die Einschätzung der Parteien als „Wahlvorbereitungsorganisationen", woraus sich die Zulässigkeit einer allgemeinen staatlichen (Teil-)Finanzierung der Parteien bei der Erfüllung aller ihnen nach dem Grundgesetz, über die Wahlvorbereitung und -durchführung hinaus,

---

76 BVerfGE 73, 40 (104 f.).

77 Fünftes Gesetz zur Änderung des Parteiengesetzes und anderer Gesetze vom 22.12.1988, BGBl. I S. 2615.

zukommenden Aufgaben ergab. Der Grundsatz der Staatsfreiheit erfuhr eine Neuinterpretation: Da Staat und Parteien aufgrund vielfacher Durchdringung nicht problemlos trennbare Größen bildeten, wird die Staatsfreiheit nunmehr als Sicherung gegen eine Verselbständigung der Parteien verstanden.[78]

In einer deutlichen Abkehr von seiner bisherigen Rechtsprechung stellte das Bundesverfassungsgericht in den genannten Normen einen Verstoß gegen Art. 21 und Art. 3 GG fest. Die Einführung eines Sockelbetrages nach § 18 Abs. 6 PartG verstoße sowohl gegen Art. 21 GG als auch gegen die verfassungsgebotene Staatsfreiheit der Parteien. Durch die angegriffene Regelung würden den Parteien staatliche Mittel ohne Berücksichtigung eines erfolgreichen Bemühens der Parteien um finanzielle Unterstützung aus anderen Quellen zugewiesen; eine solche erfolgsunabhängige Basisfinanzierung widerspreche der Staatsfreiheit der Parteien.[79] Unter ausdrücklicher Aufgabe seiner vorherigen Ansicht aus dem Jahre 1986 stellte das Bundesverfassungsgericht fest, der durch § 22a PartG eingeführte Chancenausgleich verstoße in seinem gesamten Regelungskonzept gegen die grundgesetzliche Chancengleichheit. Da die derart vorgesehenen unterschiedlichen Zuwendungen an die politischen Parteien die Wettbewerbslage zwischen den Parteien beeinträchtigten, sei die Regelung an dem strengen Gleichheitssatz zu messen. Dabei erweise sie sich jedoch als nicht geeignet, das Ausgleichsziel zu erreichen; sie gleiche vorhandene Unterschiede zwischen den Parteien nämlich nicht aus, sondern schaffe neue Ungleichheiten.

Zur mittelbaren Parteienfinanzierung stellte das Gericht, ebenfalls im Gegensatz zum fünften Parteienfinanzierungsurteil, fest: Auch wenn Parteispenden in beliebiger Höhe zulässig seien, so lasse der Grundsatz der Chancengleichheit eine steuerliche Abzugsfähigkeit nur bis zu einer Höhe zu, die grundsätzlich im Bereich der Möglichkeiten eines jeden Bürgers liege. Spenden von Körperschaften dürften steuerlich nicht begünstigt werden, da die steuerliche Begünstigung den hinter den Körperschaften stehenden Personen eine zusätzliche Möglichkeit verschaffe, vom Staat gefördert auf die politische Willensbildung Einfluß zu nehmen.[80] Mit der Anhebung der Publizitätsgrenze auf 40.000 DM habe der Gesetzgeber gegen die aus Art. 21 Abs. 1 S. 4 GG folgende Rechenschaftspflicht verstoßen.

Das Gericht stellte sodann detaillierte Voraussetzungen auf, unter denen dem Schutzgedanken des Art. 21 Abs. 1 S. 4 GG Genüge getan werde.[81] Unter ausdrücklicher Aufgabe des Dogmas der allein zulässigen staatlichen Wahlkampf-

---

78 J. Ipsen, in: Sachs, GG, Art. 21 Rdnr. 99, spricht von einer Überlagerung der subjektivrechtlichen Dimension der Staatsfreiheit durch eine institutionelle Sicht.

79 BVerfGE 85, 264 (295).

80 BVerfGE 85, 264 (315).

81 BVerfGE 85, 264 (322).

kostenerstattung entwickelte das Bundesverfassungsgericht den Grundsatz der Staatsfreiheit der Parteien fort, um eine verfassungsrechtliche Grundlage für eine unmittelbare staatliche Parteienfinanzierung unabhängig von Wahlkampfkosten zu erhalten.[82] Dieser Grundsatz stehe einer generellen Zulässigkeit staatlicher Parteienfinanzierung nicht entgegen, erfordere aber ihre Begrenzung. Dazu entwickelte das Gericht die relative wie die absolute Obergrenze. Eine relative Obergrenze ergebe sich daraus, daß Vorkehrungen gegen eine Abhängigkeit der Parteien vom Staat geschaffen werden müßten. Das Gesamtvolumen staatlicher Zuwendungen an eine Partei dürfe daher nicht die Summe ihrer selbst erwirtschafteten Einnahmen übersteigen. Weiterhin müsse sich die Höhe der staatlichen Finanzierung auf das beschränken, was zur Aufrechterhaltung der Funktionsfähigkeit der Parteien unerläßlich sei und von ihnen selbst nicht aufgebracht werden könne.[83] Aus den Zuwendungen des Staates an die Parteien aus den Jahren 1989-1992 bestimmte das Bundesverfassungsgericht das Gesamtvolumen der Mittel, die den Parteien maximal zugewendet werden dürften (absolute Obergrenze).[84]

Das Bundesverfassungsgericht begründet die Staatsfreiheit der Parteien in seiner bislang letzten grundlegenden Entscheidung also damit, daß die Parteien sich ihrer mitgliedschaftlichen Basis in der Bürgerschaft insgesamt nicht entfremden dürften, weil sie infolge der staatlichen Parteienfinanzierung auf Mitgliedsbeiträge oder Spenden nicht mehr angewiesen sind. Außerdem hat das Gericht nach langer Zeit die Einschätzung der Parteien als Wahlvorbereitungsorganisationen endgültig aufgegeben. Die Tätigkeit der Parteien zur Wahlvorbereitung lasse sich nur organisatorisch als selbständige Aufgabe begreifen, materiell sei sie aber in die ständige Wirksamkeit der Parteien bruchlos eingefügt. Darüber hinaus konnte mit den vielfältigen Abschlagszahlungen an die Parteien anläßlich von Bundestags-, Landtags- und Europawahlen, die in den Jahren vor der Wahl gezahlt und verbraucht wurden, viel weniger von der Erstattung der Kosten eines Wahlkampfs die Rede sein als von einer wahlkampf-unabhängigen Basisfinanzierung der Parteien.[85]

Daß das Bundesverfassungsgericht die im sechsten Parteienfinanzierungsurteil 1992 enthaltene Neuqualifizierung des Verhältnisses der Parteien zum Staat beibehält, läßt sich etwa dem zwölf Jahre später ergangenen Beschluß zum fehlerhaften Rechenschaftsbericht der CDU entnehmen, in dem das Gericht als Aufgabe der Parteien insbesondere die „Transformation des durch sie integrierten und kanalisierten Bürgerwillens zum Staatswillen" nennt und betont, das

[82] BVerfGE 85, 264 (387 ff.).

[83] BVerfGE 85, 264 (289/290).

[84] BVerfGE 85, 264 (291 f.).

[85] BVerfGE 85, 264 (286 f.). Ausführlich J. Ipsen, Globalzuschüsse (Fn. 51), JZ 1992, S. 753 (756) sowie ders., in: Sachs, GG, Art. 21 Rdnr. 130 ff.

Grundgesetz vertraue die politische Willensbildung der Aktivität und Urteilskraft der Staatsbürger an.[86] Die Staatsfreiheit der Parteien und der mit ihr korrespondierende Vorrang der Selbstfinanzierung vor einer Staatsfinanzierung soll also nicht nur ein Verbot der Abhängigkeit der Parteien vom Staat, sondern gleichzeitig ein Gebot der Abhängigkeit der Parteien von Parteibasis und den Bürgern bilden.[87]

Nach der „einschneidenden Kehrtwende in [d]er mäandernden Rechtsprechung"[88] des Bundesverfassungsgerichts im Jahre 1992 erfuhr die Parteienfinanzierung mit Wirkung vom 1. Januar 1994 eine umfassende Neuregelung. Das Bundesverfassungsgericht hatte dem Gesetzgeber ausdrücklich nahegelegt, sich zur Vermeidung einer „Gesetzgebung in (scheinbar) eigener Sache"[89] des „Rates unabhängiger Sachverständiger" zu bedienen, woraufhin der Bundespräsident zur Erarbeitung von Vorschlägen für eine künftige Regelung der mit der Parteienfinanzierung zusammenhängenden Fragen 1993 eine Parteienfinanzierungskommission einberief, der unter dem Vorsitz des früheren Präsidenten des Bundesverwaltungsgerichts *Horst Sendler* u. a. die Staatsrechtler *von Arnim, Schneider* und *Stern* angehörten. Das Sechste Gesetz zur Änderung des Parteiengesetzes und anderer Gesetze vom 28. Januar 1994[90] versuchte, den Maßgaben des Urteils des Bundesverfassungsgerichts aus dem Jahre 1992[91] nachzukommen. Es führte dazu, nur teils den Vorschlägen der Kommission folgend, ein weithin neues System der Parteienfinanzierung ein. Anstelle der bisherigen Wahlkampfkostenerstattung sieht § 18 PartG eine nicht zweckgebundene Teilfinanzierung der den Parteien *allgemein nach dem Grundgesetz obliegenden Tätigkeit* aus staatlichen Mitteln vor. Der Maßstab der Zuteilung dieser Mittel ist der Erfolg, den die jeweilige Partei bei den Wahlen zu den Parlamenten auf den drei Ebenen von Bund, Land sowie Europa erzielt hat; berücksichtigt werden ferner die Einnahmen aus Spenden und Mitgliedsbeiträgen. Für jede gültige Wählerstimme erhält eine Partei 0,7 Euro, für die ersten vier Millionen gültiger Stimmen 0,85 Euro; für jeden Euro, den die Parteien als Mitglieds-/Mandatsträgerbeitrag bzw. als rechtmäßig erlangte Spende (in Höhe von bis zu 3.300 Euro je natürliche Person) einnehmen, erhalten sie weiterhin 0,38 Euro. Die Ge-

---

[86] BVerfGE 111, 54 (98 f.).

[87] So der Bericht der von Bundespräsident Rau im Februar 2000 eingesetzten Kommission unabhängiger Sachverständiger zu Fragen der Parteienfinanzierung vom 19.7.2001, BTDrs. 14/6710, S. 20.

[88] Hans Michael Heinig/Thilo Streit, Die direkte staatliche Parteienfinanzierung. Verfassungsrechtliche Grundlagen und parteigesetzliche Rechtsfragen, Jura 2000, S. 393 (394).

[89] Josef Isensee, Zwischen Amtsethos und Parteibindung – Entscheidungen des Parlaments in eigener Sache, ZParl 2000, S. 402 (415).

[90] BGBl. I S. 142.

[91] BVerfGE 85, 264.

samtsumme staatlicher Leistungen an die Parteien ist gemäß den Forderungen des Bundesverfassungsgerichts doppelt begrenzt: Nach § 18 Abs. 2, Abs. 6 S. 2 PartG darf das Gesamtvolumen der jährlich zur Ausschüttung gelangenden Mittel die absolute Obergrenze von 133 Mio. Euro nicht überschreiten. Darüber hinaus darf gemäß der relativen Obergrenze des § 18 Abs. 5 S. 1 PartG bei keiner Partei die Höhe der staatlichen (Teil-)Finanzierung die Summe ihrer jährlich selbst erwirtschafteten Einnahmen überschreiten. Der Anspruch auf staatliche Mittel besteht jedoch nach § 18 Abs. 4 S. 1 PartG nur, wenn eine Partei bei Bundestags- oder Europawahlen mindestens 0,5 v. H., bei Landtagswahlen mindestens 1,0 v. H. der für die Listen abgegebenen gültigen Stimmen erreicht hat.

Die Festsetzung und Auszahlung der staatlichen Mittel erfolgt durch den Präsidenten des Bundestages, und zwar nach näherer Maßgabe des § 19a PartG auf der Grundlage der Rechenschaftsberichte der Parteien.[92] Legt eine Partei diesen nicht rechtzeitig innerhalb der Fristen des § 19a Abs. 3 PartG vor, verliert sie den Zuwendungsanteil nach § 18 Abs. 3 S. 1 Nr. 3 PartG. Erfolgt die Einreichung nicht bis zum 31. 12. des auf das Anspruchsjahr folgenden Jahres, verliert die Partei auch den Wählerstimmenanteil nach § 18 Abs. 3 S. 1 Nr. 1 PartG.

Die mittelbare Parteienfinanzierung regeln §§ 10b, 34g EStG abschließend. Eine steuerliche Förderung von Spenden juristischer Personen ist nicht mehr vorgesehen. § 10b EStG erklärt Zuwendungen an Parteien in Höhe von 1.650 Euro (3.300 Euro bei Zusammenveranlagung) im Kalenderjahr für abzugsfähig; nach der progressionsunabhängigen Begünstigung des § 34g EStG vermindert sich die Einkommensteuer bei Zuwendungen an Parteien um 50 v. H. der Ausgaben, höchstens jedoch um 825 Euro (1.650 Euro bei Zusammenveranlagung).

Die Publizitätsgrenze für Parteispenden legt § 25 Abs. 3 PartG bei 10.000 Euro pro Kalenderjahr fest; höhere Summen sind, auch wenn sie auf verschiedene Gebietsverbände aufgeteilt werden, unter Angabe von Namen und Anschrift des Spenders im Rechenschaftsbericht zu verzeichnen. Verstöße gegen die Offenlegungspflicht sind mit einem Zahlungsanspruch in Höhe des Zwei- bzw. Dreifachen des inmitten stehenden Betrages sanktioniert, § 31c Abs. 1 PartG. Die Vorschriften über die Rechenschaftslegung gemäß den §§ 23 ff. PartG dienen im wesentlichen zur Erhöhung der Transparenz der Parteifinanzen, wie sie die Sachverständigenkommission 1993 gefordert hatte. Nach § 24 PartG haben die Parteien ihren Rechenschaftsberichten auch eine Vermögensbilanz samt Erläuterungsteil beizufügen, worin etwa alle Unternehmensbeteiligungen der Parteien ausgewiesen werden müssen.

---

92 Die Entscheidung BVerfGE 111, 54 erging im Hinblick auf die Rückforderung von Zuwendungen in Höhe von knapp 36 Mio. DM durch den Präsidenten des Deutschen Bundestages nach §§ 19 Abs. 4 S. 3, 23 Abs. 4 S. 3 PartG (1994) wegen der Vorlage eines fehlerhaften Rechenschaftsberichts der CDU. – § 19a PartG entstammt einer weiteren Novelle des Parteiengesetzes durch das Achte Gesetz zur Änderung des Parteiengesetzes vom 28.6.2002 (BGBl. I S. 2268).

IV. Ausblick

Bereits im Jahre 2000 wurde die Neufassung des Parteiengesetzes im Spannungsverhältnis von Parlament und Bundesverfassungsgericht als prinzipiell konfliktträchtig bewertet: „Es ist nicht davon auszugehen, daß die gegenwärtige Regelung der staatlichen Parteienfinanzierung von langer Dauer sein wird.“[93] Wie zutreffend diese Einschätzung war, zeigt eine Entscheidung des Bundesverfassungsgerichts vom 26. Oktober 2004[94], in der das sog. Drei-Länder-Quorum, das am 1. Januar 2005 in Kraft treten sollte, für verfassungswidrig erklärt wurde. Nach diesem in § 18 Abs. 4 S. 3 PartG vorgesehenen Quorum sollte eine Partei, die an Landtagswahlen teilnimmt, staatliche Zuschüsse zu den eingenommenen Beiträgen und Spenden nur noch erhalten, wenn sie bei mindestens der jeweils letzten Landtagswahl 1,0 v. H. (oder bei einer der jeweils letzten Landtagswahlen 5,0 v. H.) der für die Listen abgegebenen gültigen Stimmen erreicht hat. Das Bundesverfassungsgericht hielt dieses Drei-Länder-Quorum für ungeeignet, ein bestehendes Mißverhältnis zwischen dem Wählerstimmenanteil und dem Zuwendungsanteil im Einzelfall auszugleichen, da eine an ihm scheiternde Partei im Sinne eines „Alles-oder-Nichts“-Prinzips überhaupt keinen Zuwendungsanteil mehr erhalten würde. Außerdem beschränke die Regelung in unzulässiger Weise die Chancengleichheit im politischen Prozeß.

Das Bundesverfassungsgericht hält damit seine 1992 eingeschlagene Linie weiter ein. Es zieht als zentralen Punkt bei der Beurteilung der Verfassungsmäßigkeit von Normen zur Parteienfinanzierung die politische Chancengleichheit heran, argumentiert jedoch bei Bedarf weiterhin mit dem Topos der Staatsfreiheit der Parteien. Ganz außer Zweifel steht bei alledem die Unverzichtbarkeit der politischen Parteien für die Existenz und Funktionsfähigkeit der modernen Repräsentativdemokratie.[95]

Bemerkenswert an der Rechtsentwicklung unter der Geltung des Art. 21 GG ist, daß ein inzwischen fünf Jahrzehnte andauernder und konfliktträchtiger Dialog zwischen Verfassungsgericht und Gesetzgeber nicht zu einer befriedigenden Lösung des Komplexes staatlicher finanzieller Unterstützung der politischen Parteien geführt hat. Die naheliegende Überlegung, gesetzgeberische Fehlentscheidungen schon im Vorfeld verfassungsgerichtlicher Klärung auszuschließen, verspricht wenig Erfolg. Zu groß ist der Geldbedarf der politischen Parteien, zu verlockend die parlamentarische Selbstbedienung. Andererseits ist es unausweichlich, daß die demokratisch legitimierten Parlamente über diese Frage entscheiden. Die hier wie in anderen Rechtsgebieten in den letzten Jahren versuchte

---

93 Sebastian Lovens, Stationen der Parteienfinanzierung im Spiegel der Rechtsprechung des Bundesverfassungsgerichts, ZParl 2000, S. 285 (298).

94 BVerfGE 111, 382.

95 Vgl. das Sondervotum der Richter Di Fabio und Mellinghoff zu BVerfGE 111, 54 – 98 (112).

Auslagerung von Entscheidungen auf Sachverständigengremien ist nur begrenzt möglich und sinnvoll. Die rechtliche Ordnung der Parteienfinanzierung wird auch in Zukunft auf das Bundesverfassungsgericht als den „wichtigsten Garanten eines fairen Ausgleichs“[96] nicht verzichten können.

96 Siegfried Jutzi, Zur Verfassungswidrigkeit des „Drei-Länder-Quorums“ bei der Parteienfinanzierung, ZParl 2005, S. 375 (382).

Agnieszka Malicka/Ryszard Balicki

Die Bildung und Finanzierungsgrundlagen politischer Parteien in Polen

A. Einführende Bemerkungen

Das Bestehen politischer Parteien ist notwendig für eine parlamentarische Demokratie. Gegenwärtig wird auch die Notwendigkeit einer rechtlichen Regelung der Gründung und des Funktionierens der Parteien, insbesondere deren Finanzierung, immer offensichtlicher.

In Polen kam es nach 1989, also nach der sog. demokratischen Wende, zu wesentlichen Änderungen in diesem Bereich. In den Zeiten des sog. realen Sozialismus hatten wir in dem politischen System mit der Hegemonie der kommunistischen Partei zu tun, dabei war das Bestehen von anderen Parteien grundsätzlich verboten. Eine Ausnahme waren zwei Parteien, die mit der Polnischen Vereinigten Arbeiterpartei[1] zusammen gearbeitet hatten.[2] Dieses Parteimonopol wurde erst während der Sitzung des „Runden Tisches“[3] gebrochen. Damals erklärte man, dass sich das neue politische System auf Parteienpluralismus stützen soll. Dies bedeutete, dass seitdem mehrere politische Parteien existieren konnten.[4]

B. Gesetzliche Regelungen der Parteitätigkeit in der Republik Polen

Heute wird das Funktionieren von politischen Parteien in Polen sowohl auf der verfassungsrechtlichen als auch einfachgesetzlichen Ebene geregelt. Die Vorschriften, die die Freiheit der Parteigründung gewährleisten und die Vorschriften über die Einschränkungen dieser Freiheit befinden sich im ersten Kapitel der Verfassung vom 2. April 1997[5], in dem die Grundgesetze des polnischen Staatssystems geregelt werden. Diese herausgehobene Stellung ist ein wichtiger Hinweis darauf, dass der polnische Verfassungsgeber die Parteien als einen bedeu-

---

1 PZPR – Polska Zjednoczona Partia Robotnicza.

2 Vereinigte Volkspartei (ZSL Zjednoczone Stronnictwo Ludowe) und Demokratische Partei (SD Stronnictwo Demokratyczne).

3 Die sog. Gespräche am Runden Tisch dauerten vom 6.02. bis zum 5.04.1989. Die Opposition wurde zum ersten Mal Gesprächs- und Vertragspartner der staatlichen Macht. Folge dieser Gespräche war u.a. die Legalisierung der Tätigkeit von den Gewerkschaften Solidarność”, freie Wahlen zum Senat und teilweise freie Wahlen zum Sejm.

4 nach der Verabschiedung des ersten Gesetzes über politische Parteien sind in Polen über 200 Parteien entstanden.

5 Dz.U. (Gesetzblatt der Republik Polen) 1997 Nr. 78, Pos.483.

tenden Bestandteil des politischen Lebens in Polen betrachtet.[6] Im Rahmen der einfachen Gesetzgebung hat das Gesetz über politische Parteien vom 27. Juni 1997[7] die wesentlichste Rolle, darüber hinaus findet man entsprechende, sich auf politische Parteien beziehenden Bestimmungen u.a. in Steuergesetzen.

Gemäß Art. 11 Abs.1 der Verfassung gewährleistet die Republik Polen die Freiheit der Bildung und Betätigung politischer Parteien. Politische Parteien vereinigen sich auf der Grundlage der Freiwilligkeit und Gleichheit der polnischen Bürger mit dem Ziel, mit demokratischen Mitteln auf die Gestaltung der Staatspolitik Einfluss zu nehmen.

In der Rechtslehre wird betont, dass die Bildung von politischen Parteien zu dem Bereich der Verfassungsfreiheiten gehört, was zugleich die Notwendigkeit der verfassungsrechtlichen Bestimmung der Einschränkungen der Gründung von Parteien erforderlich macht. Es gibt sowohl Einschränkungen, die direkt in dem Grundgesetz enthalten sind, sowie durch die Anwendung allgemeiner Einschränkungen bei der Ausübung der Verfassungsfreiheiten. Im Fall der in der Verfassung direkt enthaltenen Einschränkungen handelt es sich um den Art. 13, nach dem das Bestehen politischer Parteien und anderer Organisationen, die sich in ihren Programmen auf totalitäre Methoden und Praktiken des Nazismus, des Faschismus und des Kommunismus berufen, verboten ist. Verboten ist auch das Bestehen solcher Parteien, deren Programm oder Tätigkeit Rassen- und Nationalitätenhass, die Anwendung von Gewalt zum Zweck der Machtübernahme oder Einflussnahme auf die Staatspolitik voraussetzt oder zulässt oder eine Geheimstruktur oder Mitgliedschaft vorsieht.[8] Die allgemeinen Einschränkungen bei der Ausübung der Verfassungsfreiheiten dürfen nur in einem Gesetz festgelegt werden und nur dann, wenn sie in einem demokratischen Staat für seine Sicherheit oder öffentliche Ordnung oder für den Schutz der Umwelt, Gesundheit und der öffentlichen Moral oder der Freiheiten und Rechte anderer Personen notwendig sind. Diese Einschränkungen dürfen das Wesen der Freiheiten und Rechte anderer Personen nicht verletzen.[9]

C. Die Definition der politischen Partei im polnischen Recht

In den Vorschriften des Gesetzes über politische Parteien ist die Definition einer Partei enthalten, sowie die Mitgliedschafts- und Tätigkeitsgrundsätze bestimmt.

---

[6] J. Majchrowski, Partie polityczne w świetle nowej Konstytucji (Politische Parteien in der neuen Verfassung), Państwo i Prawo 1997, Nr. 11-12, S. 169

[7] Dz.U. 2001 Nr. 79, Pos. 857, letzte Änderung am 2. März 2006

[8] Mehr über die Einschränkungen der Parteibildung: A. Ławniczak, Swoboda działalności partii politycznych (Die Freiheit der Tätigkeit politischer Parteien) in: B. Banaszak, A. Preisner (Hrsg.) Prawa i wolności obywatelskie w Konstytucji RP (Rechte und Freiheiten der Bürger in der Verfassung der RP), Warszawa 2002, S. 608 ff

[9] Art. 31. Abs.3 der Verfassung der Republik Polen

Nach der gesetzlichen Definition ist eine politische Partei eine freiwillige Organisation, die unter einem bestimmten Namen vorkommt und deren Ziel die Teilnahme am öffentlichen Leben durch die Einflussnahme auf die Gestaltung der Staatspolitik oder Machtausübung mit demokratischen Mitteln ist. Die im Gesetz vorgesehenen Rechten stehen einer Partei erst nach deren Eintragung zu.[10]

Die Verbindung von drei wichtigen Merkmale, nämlich der freiwilligen Mitgliedschaft der polnischen Staatsbürger in einer Partei mit dem Zweck der Einflussnahme auf die Gestaltung der Staatspolitik mit demokratischen Methoden und die Machtausübung im Staat unterscheidet politische Parteien von anderen Organisationen, die auch im politischen Leben aktiv sein können.[11]

D. Bildung politischer Parteien

Nach dem Gesetz über politische Parteien können die Parteien ihre sich aus diesem Gesetz und anderen sich auf die Parteien beziehenden Vorschriften erst nach dem Erwerb der Rechtspersönlichkeit, also nach der Eintragung ausüben.

Es gibt keine Vorschriften, in denen Voraussetzungen für die Bildung einer Partei, wie z.B. die Zahl der Gründungsmitglieder, die Bestimmung der Ziele und der Organisationsstruktur bestimmt wurden. So kann man zwischen Parteien, die Rechtspersönlichkeit haben und anderen Parteien unterscheiden. Die Rechtspersönlichkeit stellt also keine für das Bestehen einer Partei notwendige Bedingung dar. Die Eintragung einer Partei ist also nur für die Möglichkeit der Ausübung von, den Parteien zustehenden, Rechten notwendig und bedeutsam.[12] Die Vorschriften des Gesetzes über politische Parteien beziehen sich auf die Eintragung von bereits bestehenden Parteien in das beim Bezirksgericht Warschau geführte Parteienverzeichnis.

Der Antrag auf die Eintragung einer Partei soll folgende Angaben enthalten: den Namen der Partei (sowie dessen Abkürzung), die Vornamen, Namen und Anschriften der Personen, die gemäß der Satzung zur Außenvertretung der Partei und zur Eingehung von Vermögensverbindlichkeiten berechtigt sind. Weiter soll in der Anmeldung die Anschrift des Parteisitzes angegeben werden und eventuell auch das Muster des graphischen Symbols der Partei beigefügt werden. Der Anmeldung zum Register sollen auch die enummerativ im Gesetz genannten Unterlagen beigefügt werden und zwar: die Satzung der Partei und das Ver-

---

[10] Art. 1 des Gesetzes über politische Parteien

[11] L. Garlicki, Polskie prawo konstytucyjne. Zarys wykładu (Polnisches Verfassungsrecht. Grundriss), Warszawa 2004, S. 68

[12] M. Granat (Hrsg.), Ustawa o partiach politycznych. Komentarz. 2 wydanie (Gesetz über politische Parteien. Kommentar. 2. Auflage), S. 29, mehr dazu: M. Zubik, Glosa do postanowienia Sądu Apelacyjnego w Warszawie z 2 czerwca 1999, syg. IA Cz 753/99, (Glosse zum Beschluss des Appelationsgerichts in Warschau vom 2. Juni 1999, Az. IA Cz 753/99), Przegląd Sejmowy 2000, Nr. 4, S. 107

zeichnis von Vornamen, Namen, Anschriften, sowie die Identifikationsnummern (PESEL) und eigenhändigen Unterschriften der die Anmeldung der Partei unterstützenden Personen. Dieses Verzeichnis muss mindestens 1000 Personen zählen, dabei handelt es sich um polnische Staatsbürger, die das 18. Lebensjahr vollendet haben und geschäftsfähig sind. Jede Seite des Verzeichnisses soll zusätzlich eine Anmerkung mit dem Namen der zum Register anzumeldenden Partei enthalten.[13]

Falls die Anmeldung mit den Rechtsvorschriften übereinstimmt, wird vom Bezirksgericht Warschau unverzüglich ein Beschluss über die Eintragung der politischen Partei gefasst.

In dem Gesetz wird auch das Verfahren für den Fall vorgesehen, dass bei der Anmeldung die Rechtsvorschriften verletzt werden. Falls der Verstoß sich auf die formellen Bestimmungen des Gesetzes über politische Parteien (Art. 11 Abs. 2-6) bezieht, fordert das Gericht zur Behebung der Mängel in einer, durch das Gericht festgelegten Frist (max. drei Monate), auf; nach deren ergebnislosem Ablauf verweigert das Gericht die Eintragung der Partei.

Falls das Gericht Zweifel bezüglich der verfassungsrechtlichen Zulässigkeit der Ziele oder der Tätigkeitsgrundsätze der Partei, die in der Satzung oder in dem Programm[14] der Partei enthalten sind, hat, wird das Eintragungsverfahren eingestellt und das Gericht wendet sich an den Verfassungsgerichtshof mit dem Antrag auf Entscheidung über die Vereinbarkeit der Ziele der Partei mit der Verfassung. Sollten die Ziele der Partei nach Auffassung des Verfassungsgerichtshofes verfassungswidrig sind, lehnt das Registergericht den Antrag auf Eintragung der Partei ab. Gegen einen solchen Beschluss des Registergerichts stehen der Partei keine Anfechtungsmittel zu.[15] Im Fall einer rechtskräftigen Eintragung der Partei erfolgt eine unentgeltliche Bekanntmachung der Eintragung in dem „Gerichts- und Wirtschaftsmonitor“ (Monitor Sądowy i Gospodarczy) und der Beschluss wird der Staatlichen Wahlkommission übergeben. Mit der Eintragung der Partei erwirbt sie die Rechtspersönlichkeit. Die Eintragung hat also einen konstitutiven Charakter.[16]

---

[13] Art. 11 des Gesetzes über politische Parteien

[14] Diese Bestimmung ist leider mit der Vorschrift des Art. 11 nicht kohärent, weil unter den zur Eintragung notwendigen Unterlagen das Programm der Partei nicht genannt worden ist. Nach der Rechtsprechung des Verfassungsgerichtshofes ist aber das Gericht berechtigt, bei der Eintragung der Partei auch andere als die, im Gesetz genannten Unterlagen zu verlangen, wenn es notwendig ist für die Verifizierung der im Antrag enthaltenen Angaben. Der Beschluss des VGH vom 24. April 1996, OTK (Rechtsprechung des VGH) 1996, Nr. 2, S. 144. Das Programm der Partei bildet auch die Grundlage der Kontrolle der Verfassungsmäßigkeit der Parteitätigkeit – Art. 14.4 des Gesetzes über politische Parteien.

[15] Art. 14 des Gesetzes über politische Parteien

[16] Art. 16 und Art. 1 Abs.2 des Gesetzes über politische Parteien

E. Finanzierung politischer Parteien

Bei der Analyse der Tätigkeitsgrundsätze politischer Parteien ist es sehr wichtig auch die Grundsätze deren Finanzierung zu besprechen. Die Bedeutung dieses Problems hatte auch der polnische Verfassungsgeber bemerkt und in Art. 11 Abs. 2 der Verfassung bestimmt, dass die Finanzierung politischer Parteien öffentlich ist. So wurden auch die Möglichkeiten der freien Aufnahme von Finanzmitteln durch die politischen Parteien eingeschränkt.[17]

Dieser Grundsatz wurde auch in Art. 23a des Gesetzes über politische Parteien wiederholt; dieser Bestimmung nach ist a contario das Verbergen von Finanzierungsquellen politischer Parteien verboten. Zu betonen ist, dass das Gesetz nach seinem Wortlaut nur die Öffentlichkeit der Finanzierungsquellen der Parteien verlangt, die Verfassungsbestimmung ist aber erweiternd auszulegen und zwar als ein Gebot, das sich auf die gesamten Finanzen der Partei bezieht, also auch auf die Ausgaben der Parteien. In der Rechtslehre herrscht die Meinung, dass Art. 11 Abs. 2 der Verfassung keinen Unterschied zwischen den Parteien, die Geldmittel vom Staatshaushalt erhalten und solchen die vom Staatshaushalt keine Mittel bekommen, vorsieht und dies bedeutet, dass sich die Verpflichtung zur Berichterstattung über die Einnahmen und Ausgaben der Parteien auf alle Parteien bezieht, was auch ermöglicht, dass sich mit der finanziellen Lage der Parteien nicht nur die Staatsorgane sondern auch die Staatsbürger vertraut machen können.

In Art. 24 des Gesetzes über politische Parteien werden die Vermögensbestandteile politischer Parteien bestimmt. So kann das Vermögen einer Partei ausschließlich aus den Beiträgen der Parteimitglieder, Spenden,[18] Erbschaften,[19] Vermächtnissen[20] und aus den Vermögenseinnahmen, sowie aus den gesetzlich vorgesehenen Zuwendungen und Subventionen bestehen.[21]

Die Vermögenseinnahmen dürfen nach dem Gesetz nur aus folgenden Quellen stammen:

- Verzinsung der auf Bankkonten und Bankanlagen gesammelten Geldmittel,
- Handel mit Schatzobligationen und Schatzanweisungen,
- Verkauf der zum Vermögen einer Partei gehörenden Vermögensbestandteile und

---

17 M. Granat (Hrsg.), Ustawa..., allgemeine Bemerkungen, S. XLVI f

18 In den gesetzlichen Bestimmungen wird der Begriff „Schenkungen“ im Sinne Art. 888 §1 des polnischen Zivilgesetzbuches gebraucht

19 geregelt in Art. 922 §1 des polnischen Zivilgesetzbuches

20 geregelt in Art. 968 §1 des polnischen Zivilgesetzbuches

21 A. Ławniczak, Swoboda..., S. 620 ff

- eigene Tätigkeit der Partei, die z.B. auf dem Verkauf des Textes der Satzung oder des Programms der Partei, sowie Gegenstände, die die Parteisymbole darstellen oder der Veröffentlichungen zu Tätigkeit und Zielen der Partei, beruhen oder
- von den entgeltlich geleisteten kleinen Dienstleistungen zugunsten von Dritten, bei denen die der Partei gehörende Bürogeräte genutzt werden.

Für die Erfüllung der Satzungsziele kann die Partei Bankkredite aufnehmen. Gleichzeitig wird im Gesetz das Verbot der Wirtschaftstätigkeit politischer Parteien bestimmt.[22]

In Art. 25 werden die legalen Methoden des Erwerbs von Finanzmitteln durch eine Partei bestimmt. Die Parteien dürfen die Geldmittel ausschließlich von natürlichen Personen annehmen. Die Annahme von Geldmitteln von juristischen Personen, sowie ausländischen natürlichen Personen, unabhängig davon, ob sie ihren Wohnsitz im Ausland oder auf dem Gebiet der Republik Polen haben, ist gesetzlich verboten. Eine Ausnahme bilden polnische Staatsbürger, die im Ausland wohnen. Dieses Verbot bezieht sich auch auf die nicht geldlichen Werte. Gesetzlich wird auch die Höhe der Spenden bestimmt. Der Gesamtbetrag einer Spende durch eine natürliche Person zugunsten der Partei darf die 15-fache minimale Arbeitsvergütung pro Jahr nicht überschreiten; dabei werden allerdings Beiträge und Zahlungen für den Wahlfonds der Partei ausgeschlossen. Die Höhe der minimalen Arbeitsvergütung wird aufgrund anderer Vorschriften festgelegt und durch das Hauptamt für Statistik bekannt gegeben. Die Höhe der jährlichen Beiträge eines Parteimitgliedes darf die Höhe der minimalen Arbeitsvergütung nicht überschreiten.[23]

Das Gesetz bestimmte nicht nur die Höhe der Einzahlungen, sondern auch die Form der Einzahlung. Eine einmalige Einzahlung, die die Höhe der minimalen Arbeitsvergütung überschreitet, kann nur durch Scheck, Banküberweisung oder mittels Zahlungskarte erfolgen. Die gesamten Geldmittel der Partei müssen auf einem Bankkonto gesammelt werden; eine Ausnahme bilden die Mitgliedsbeiträge – diese sind für die laufenden Ausgaben der Partei bestimmt.[24]

Neben den strengen Vorschriften über Einschränkungen der Finanzierung politischer Parteien wurde im Gesetz auch die Möglichkeit der Finanzierung durch öffentliche Mittel, in Form von Subventionen und Zuwendungen vor-gesehen.[25]

---

22 M. Granat (Hrsg.), Ustawa ..., S. 86 ff

23 mehr dazu in: M. Granat, Ustawa ..., S. 96 ff

24 Art. 26a des Gesetzes über politische Parteien

25 A. Ławniczak, Swoboda…, S. 620, M. Granat, Ustawa…., allgemeine Bemerkungen, S. XL

I. Subventionen

Das Recht auf staatliche Subventionen wurde in dem Gesetz über politische Parteien vorgesehen[26] und steht denjenigen Parteien zu, die an den Wahlen zum Sejm teilnahmen und landesweit mindestens 3% der gültig abgegebenen Stimmen bekamen. Parteien, die nicht selbständig, sondern im Rahmen einer Wahlkoalition sich an den Wahlen beteiligten müssen 6% der Stimmen erreichen.

Die Subvention wird für die ganze Amtszeit des Sejms gewährt – ab dem 1. Januar des Jahres nach den Wahlen bis zum Ende des Jahres, in dem die Neuwahlen stattfinden. Im Fall der Abkürzung der Amtsperiode des Sejms, erlischt das Recht auf Subvention am Ende des Quartals, in dem die Amtsperiode verkürzt worden ist.

Der Gesetzgeber hat für die Berechnung der Höhe der einer Partei zustehenden Subvention den Grundsatz der stufenweise Degression, also Verminderung des Subventionssatzes im Verhältnis zu den erhaltenen Stimmen festgelegt.[27]

Die Grundlage für die Auszahlung der jährlichen Subvention ist die Beantragung bis zum 31. März des Jahres. Die jährliche Subvention wird in vier gleichen Quartalsraten ausgezahlt. Die erste Quartalszahlung der gewährten Subvention erfolgt spätestens bis zum 30. Tag nach der Bekanntmachung der Information der Staatlichen Wahlkommission über die angenommenen und abgelehnten Wahlberichte der Wahlkomitees. Diese Information wird im Amtsblatt der Republik Polen „Monitor Polski“ (Polnischer Monitor) veröffentlicht. Die Mittel werden auf einem separaten Bankkonto der Partei gesammelt.

Bis zum 31. März jeden Jahres müssen die Parteien der Staatlichen Wahlkommission eine Finanzinformation über die erhaltene Subvention und über Ausgaben von dieser Subvention für das vergangene Jahr vorlegen. Die genauen Grundsätze für diese Information werden von dem Finanzminister im Wege einer Verordnung bestimmt. Sollte die Partei die Information in der vorgeschriebenen Frist nicht vorlegen oder die Information durch die Staatliche Wahlkommission abgelehnt werden, verliert die betroffene Partei für ein Jahr das Recht auf die Subvention. Im Fall der Ablehnung der Information, kann die Entscheidung der Staatlichen Wahlkommission beim Obersten Gericht angefochten werden.

---

26 Art. 29 des Gesetzes über politische Parteien

27 Die Formel der Subventionsberechnung – im Anhang

II. Zuwendungen

Die zweite Möglichkeit, Geldmittel aus dem Staatsschatz zu bekommen, bilden die Zuwendungen. Diese Möglichkeit wurde aber nicht in dem Gesetz über politische Parteien, sondern im Art. 128 der Wahlordnung zum Sejm und Senat der Republik Polen vorgesehen.[28]

Die Zuwendungen stehen einer Partei zu, die an den Wahlen selbständig oder im Rahmen einer Wahlkoalition teilgenommen hat und mindestens ein Mandat im Sejm oder im Senat gewonnen hat. Die Zuwendung wird für jedes erhaltene Mandat ausbezahlt. Für die Berechnung der Höhe der Zuwendung werden alle im Wahlbericht enthaltenen Ausgaben der Wahlkomitees, die infolge der Wahlen mindestens ein Mandat gewonnen haben, zusammengerechnet. Für die Höhe der Ausgaben wird gesetzlich eine Höchstgrenze festgelegt. Diese Summe von Ausgaben wird dann durch 560 geteilt und dann mit der Zahl der durch ein bestimmtes Wahlkomitee erhaltenen Mandate multipliziert.[29] Die Zuwendung wird innerhalb von 6 Monaten nach Feststellung der Gültigkeit der Wahlen auf das durch die Partei angegebene Bankkonto überwiesen. Die Grundlage für die Feststellung, welchen Parteien das Recht auf die Zuwendung zusteht, ist die Information der Staatlichen Wahlkommission.

III. Finanzierung von Wahlen

Separate Vorschriften regeln die Finanzierung von Wahlen (zum Sejm, Senat, zum Europäischen Parlament, zu den Organen der territorialen Selbstverwaltung und Präsidentenwahlen). In diesem Fall bilden politische Parteien einen ständigen Wahlfonds.[30] Die Geldmittel von diesem Fonds werden auf einem separaten Bankkonto gesammelt und die Partei ist verpflichtet die staatliche Wahlkommission über die Gründung oder Auflösung dieses Fonds zu informieren.

Die Mittel des Wahlfonds stammen aus Eigenmitteln der Partei, von Spenden, Erbschaften und Vermächtnissen. In diesem Fall gilt auch die oben erwähnte Begrenzung für die Höhe von Spenden (15-fache minimale Arbeitsvergütung oder 25-fache minimale Arbeitsvergütung, wenn innerhalb eines Kalenderjahres mehrere Wahlen stattfinden). Auch in diesem Fall muss die gesetzlich vorgesehene Form der Einzahlung eingehalten werden, also Scheck, Banküberweisung oder Zahlung mit einer Zahlungskarte. Über die Einnahmen und Ausgaben des Wahlfonds müssen die Parteien der Staatlichen Wahlkommission jährlich einen Bericht vorlegen. Falls der Bericht abgelehnt wird, verliert die Partei für drei

---

[28] Dz.U. von 2001, Nr. 46, Pos. 499 Gesetz vom 2. April 2001 über die Wahlordnung zum Sejm der Republik Polen und zum Senat der Republik Polen

[29] Die genaue Formel der Berechnung von Zuwendungen befindet sich im Anhang.

[30] Art. 35 des Gesetzes über politische Parteien

Jahre das Recht auf staatliche Subventionen[31] und wenn die Partei ihren Bericht nicht termingerecht vorlegt, wird sie aus dem Parteienregister gestrichen.[32]

IV. Expertenfonds

Laut Gesetz über politische Parteien bilden die Parteien auch einen Expertenfonds.[33] Die Mittel dürfen ausschließlich Eigenmitteln der Partei stammen und die Parteien, die eine Subvention erhalten, bestimmen für den Expertenfonds 5% bis 15% der Subvention. Die Mittel von dem Expertenfonds kann die Partei für Rechtsgutachten, sowie politische, soziologische oder wirtschaftliche Gutachten und die Ausbildungstätigkeit und Veröffentlichungen, die mit in der Satzung der Partei vorgesehenen Tätigkeiten verbunden sind, ausgeben.

F. Schlussbemerkungen

In der Praxis hat vor allem die Finanzierung durch öffentliche Mittel die wesentliche Bedeutung für politische Parteien. In diesem Bereich weichen die polnischen Lösungen nicht von den Regelungen in anderen Staaten ab. Die Parteien sind mit dieser Lösung auch einverstanden. In der Rechtslehre wird aber betont, dass diese Situation dazu führt, dass die Parteien ihre Autonomie und Tätigkeitsfreiheit verlieren und de facto zu den Bestandteilen des staatlichen Apparates werden.[34] Die ständig wachsenden Kosten der Tätigkeit politischer Parteien überzeugen deren führende Organe, dass die traditionellen Methoden der Geldmittelgewinnung durch Schenkungen der Anhänger nicht ausreichen und nicht so sicher sind, wie die staatliche Finanzierung. Die Folge ist, dass die Parteien sich in letzter Zeit vor allem auf dem Wahlkampf konzentrieren, um sich dank guter Wahlergebnisse möglichst hohe staatliche Subventionen zu sichern.

---

31 Art. 38d des Gesetzes über politische Parteien

32 Art. 38c des Gesetzes über politische Parteien

33 Art. 30 des Gesetzes über politische Parteien

34 A. Ławniczak, Swoboda…., S. 620 ff

ANHANG:

Berechnung der Subvention
(Art. 29 Abs. 1 des Gesetzes über politische Parteien, Gesetzblatt der RP 01.79.857 mit späteren Änderungen)

$$S = W_1 \times M_1 + W_2 \times M_2 + W_3 \times M_3 + W_4 \times M_4 + W_5 \times M_5$$

S - die Höhe der jährlichen Subvention

$W_{1\text{-}5}$ – die Zahl der Stimmen, die der Reihe nach für jede Zeile der Tabelle berechnet werden; sie wurden separat für jede Prozentsatzstufe angegeben infolge der Teilung der Gesamtzahl der landesweit gültig abgegebenen Stimmen auf die Bezirkslisten der Kandidaten für Abgeordneten einer Partei oder einer Parteienkoalition

$M_{1\text{-}5}$ - die Höhe des Betrages für die weiteren Zeilen der Tabelle

Stufe	Stimmenanteil einer Partei oder Parteienkoalition		Betrag pro Stimme ($M_{1\text{-}5}$)
	Prozentsatz	Stimmenzahl ($W_{1\text{-}5}$)	
1	Bis 5 %		10,83 PLN
2	Über 5 % bis 10 %		8,66 PLN
3	Über 10 % bis 20 %		7,58 PLN
4	Über 20 % bis 30 %		4,33 PLN
5	Über 30 %		1,62 PLN

Berechnung der Zuwendung
(Art. 128 Abs. 3 des Gesetzes über die Wahlordnung zum Sejm und Senat der Republik Polen, Gesetzblatt der RP 01.46.499 mit späteren Änderungen)

$$Dp = \frac{W}{560} \times M$$

Dp = die Höhe der Zuwendung

W = die Ausgabensumme für den Wahlkampf der einzelnen Wahlkomitees, die mindestens ein Mandat erhalten haben (bis zu der für die Wahlkomitees bestimmten Höchstgrenzen)

M = Zahl der Abgeordneten- und Senatorenmandate die von dem bestimmten Wahlkomitee erhalten wurden

Rudolf Thienel

Die Finanzierung politischer Parteien in Österreich

I. Rechtspolitischer Hintergrund und verfassungsrechtliche Vorgaben

Das österreichische System der Finanzierung politischer Parteien ist durch hohe Komplexität gekennzeichnet: Bedingt durch die bundesstaatliche Struktur Österreichs erfolgt die Finanzierung politischer Parteien sowohl auf Bundes- wie auch auf Landes- und Gemeindeebene; auf Landesebene erfolgt die Förderung z.T. im Wege der Privatwirtschaftsverwaltung ohne ausdrückliche gesetzliche Regelung.[1] Verschiedene Regelungen wurden als Reaktion auf konkrete Missstände (Skandale) erlassen, sodass man es mit punktuellen und unsystematischen Bestimmungen zu tun hat. Die konkrete Ausgestaltung vieler Regelungen ist legistisch wenig gelungen und führt zu erheblichen Auslegungsschwierigkeiten.

Grundsätzlich kann man bei der Parteienfinanzierung zwischen *staatlicher* und *nichtstaatlicher* Finanzierung unterscheiden.[2] *Staatliche* Finanzierung kann einerseits in der Gewährung unmittelbarer Zuwendungen an politische Parteien oder bestimmte ihnen nahe stehende Organisationen bestehen, anderseits aber auch in der Gewährung steuerlicher Vergünstigungen, etwa für Spenden oder Beiträge an politische Parteien. Die *nichtstaatliche* Finanzierung umfasst insbesondere Mitgliedsbeiträge, Spenden, „Parteisteuern" von Abgeordneten oder Erträge aus eigener wirtschaftlicher Tätigkeit. Die Grenzen sind freilich fließend: So stehen insbesondere „Parteisteuern" von Parteifunktionären staatlicher Finanzierung deshalb nahe, weil diese Beträge durch Abzug von staatlichen Zuwendungen entrichtet werden und steuerlich abgesetzt werden können;[3] auch Spenden überschreiten die Grenze privater Finanzierung, wenn der Staat sie durch steuerliche Begünstigungen fördert und derart Einnahmenentfälle hinnimmt.

---

1 Das gilt insb. in Vorarlberg und in Wien, wo für die Parteien- und Klubförderung nur interne Förderrichtlinien bestehen; vgl. dazu Sickinger, Politikfinanzierung in Österreich. Ein Handbuch (1997), 214 f.

2 Vgl. dazu insb. Wieser, in: Korinek/Holoubek (Hrsg.), Österreichisches Bundesverfassungsrecht (5. Lfg. 2002), Rz. 76 zu § 1 ParteienG, m.w.N. Aus rechtsvergleichender Sicht insb. van Biezen, Financing political parties and election campaigns – guidelines (2003), 17 ff.; Frowein/Bank, Financing Political Parties, ZaöRV 61, 2001, 29 ff.; Tsatsos (Hrsg.), Parteienfinanzierung im europäischen Vergleich (1992), und darin insb. den zusammenfassenden Beitrag von Schefold, Parteienfinanzierung im europäischen Vergleich, 509 ff., alle m.w.N.

3 Vgl. schon eingehend Sickinger/Nick, Politisches Geld (1990), 35; Sickinger, Politikfinanzierung, 88 ff.; vgl. auch Frowein/Bank, ZaöRV 61, 2001, 32 f.

Die *Sinnhaftigkeit staatlicher Parteienfinanzierung* wurde in Österreich seit den 60er-Jahren des 20. Jahrhunderts diskutiert;[4] insbesondere die Bedeutung der politischen Parteien für das Funktionieren eines parlamentarisch-demokratischen Systems sowie der damit zusammenhängende steigende Finanzierungsbedarf für die Erfüllung der Wirkfelder politischer Parteien im demokratischen Diskurs sprechen für die Schaffung bzw. Beibehaltung staatlicher Parteienfinanzierung. Auch die Verringerung der Abhängigkeit politischer Parteien von „Großspendern" und eine gewisse *„Chancengleichheit"* der Parteien werden genannt, womit auch solchen Gruppen die Beteiligung an der politischen Willensbildung möglich wird, hinter denen keine wirtschaftlich potenten Organisationen oder Interessen stehen. Nicht zuletzt kann man auch eine Verminderung der Korruptionsanfälligkeit (durch ein „Diktat der leeren Kassen") ins Treffen führen. Anderseits wurde natürlich auch die Gefahr einer schiefen Optik gesehen, dass eine staatliche Parteienfinanzierung als ein „Selbstbedienungsladen" der (etablierten) Parteien erscheinen und das Vertrauen der Öffentlichkeit in die Politik beeinträchtigen kann; ein weiteres Problem liegt in der Verfestigung bestehender (Macht-)Positionen der etablierten Parteien.

Das österreichische *Verfassungsrecht* enthält keine expliziten Vorgaben über eine (staatliche) Parteienfinanzierung: Obwohl die Erlassung des ParteienG im Jahr 1975[5] wesentlich von dem Motiv getragen war, eine gesetzliche Grundlage für die staatliche Parteienfinanzierung auf Bundesebene zu schaffen,[6] findet sich in dem in Verfassungsrang stehenden Art. I (§ 1) ParteienG nur eine marginale Bestimmung über die Möglichkeit, den Rechnungshof zur Entgegennahme von Listen der Spenden an die politischen Parteien zu ermächtigen. Alle konkreteren Regelungen über die staatliche Parteienfinanzierung werden nur durch einfaches

---

[4] Vgl. insb. Bachmann, Öffentliche Finanzierung politischer Parteien – „conditio sine qua non" für die Demokratie? JRP 1996, 107; Dachs, Vom öffentlichen Parteiengeld in Österreichs Bundesländern, ÖJP 1992, 718 ff.; Ermacora, Österreichische Verfassungslehre[2] (1998), 134 f.; Khol, Krise der Parteien – Krise der Demokratie?, ÖJP 1980, 404 ff.; Koja, Allgemeine Staatslehre (1993), 239; Mantl, Plaidoyer für Parteienfinanzierung, FORUM XIV, 1967, 604 ff.; Mantl, Staatliche Parteienfinanzierung und Bundesverfassung, ÖJZ 1969, 421 ff., 458 ff.; Sickinger, Politikfinanzierung, 307 ff.; Sickinger/Nick, Geld, 148 ff.; SWA-Rechtsgutachten Nr. 51: Die Parteien und ihre Finanzierung. Überlegungen zum Thema der Parteienfinanzierung (oJ). Rechtsvergleichend insb. van Biezen, guidelines, 11 ff.; Frowein/Bank, ZaöRV 61, 2001, 38 ff.; Schefold, in: Parteienfinanzierung, 485 ff., alle m.w.N.

[5] BGBl. 1975/404.

[6] Vgl. dazu Sickinger Politikfinanzierung, 298 ff.; Wieser, Rz. 10 zu § 1 ParteienG, alle m.w.N. Bereits vor Erlassung des ParteienG hatte es die Klubförderung, die Förderung der Parteiakademien und auf Ebene der Länder z.T. auch eine direkte Parteienförderung gegeben, doch gerieten die politischen Parteien vor 1975 in eine zunehmende Finanzkrise; vgl. dazu insb. Bachmann, JRP 1996, 108 f.; Klee-Kruse, Öffentliche Parteienfinanzierung in westlichen Demokratien (1993), 72 ff., 88 ff.; Mantl, ÖJZ 1969, 422 ff.; Sickinger/Nick, Geld, 67 ff., alle m.w.N.

Gesetz getroffen. In diesem Sinne hat auch der VfGH in seinem Erk. VfSlg. 14.803/1997 *positive Gewährleistungspflichten* des Gesetzgebers hinsichtlich der Förderung politischer Parteien ausdrücklich *verneint*.[7]

Umgekehrt ist eine staatliche Parteienfinanzierung verfassungsrechtlich aber auch *nicht ausgeschlossen*, doch bestehen nach h.A. bestimmte Grenzen: In dem zitierten Erk. VfSlg. 14.803/1997 leitet der VfGH aus § 1 Abs. 1 und 2 ParteienG – die ein Bekenntnis zur Vielfalt politischer Parteien enthalten und als deren Aufgabe insbesondere die Mitwirkung an der politischen Willensbildung normieren – i.V.m. mit der Deklaration des demokratischen Prinzips in Art. 1 B-VG ab, dass der Gesetzgeber die *Chancengleichheit* politischer Parteien auch hinsichtlich der staatlichen Parteienfinanzierung zu wahren hat. Dieses Gebot der *Chancengleichheit* kann daher schon als Ausfluss des Demokratieprinzips des B-VG bzw. des Pluralitätsgebots des ParteienG angesehen werden.[8] Gleichzeitig kann man dies als spezifischen Ausdruck des *allgemeinen Gleichheitssatzes* ansehen, wonach (auch) bei der Zuerkennung staatlicher Leistungen nach sachlichen Kriterien vorgegangen werden muss. In dieselbe Richtung geht auch schon das Erk. VfSlg. 4527/1963, wo der VfGH gemeint hat, eine wirtschaftliche Begünstigung einer Partei gegenüber anderen Parteien im Zuge der Wahlwerbung könne gegen den Grundsatz des *freien Wahlrechts* (Art. 8 StV v. Wien) verstoßen.[9] Insofern kann man aus dem Gleichheitsgrundsatz bzw. dem Gebot der Chancengleichheit allerdings auch *derivative Leistungsansprüche* ableiten: Das *Verbot* der unsachlichen Begünstigung einzelner Parteien kann nämlich umgekehrt auch als *Gebot* verstanden werden, andere in vergleichbarer Situation befindliche Parteien in ähnlicher Weise zu fördern.[10] Das bedeutet allerdings nicht, dass eine schematische Gleichbehandlung geboten wäre, sondern erlaubt durchaus *sachlich gerechtfertigte Differenzierungen*. Aus der Sicht des Gleichheitssatzes ist *Chancengleichheit* gefordert, nicht eine Gleichheit des Ergebnis-

---

7 Zustimmend Wieser, Rz. 79 zu § 1 ParteienG; ebenso Sickinger, Politikfinanzierung, 138 f.

8 Stelzer, Parteienfinanzierung und Chancengleichheit – in der Rechtsprechung des österreichischen Verfassungsgerichtshofes, in: FS Tsatsos (2003), 666 f.

9 Im konkreten Fall hat der VfGH einen solchen Verstoß – trotz einer Begünstigung einzelner Parteien durch die unentgeltliche Überlassung von Plakatflächen – verneint, weil die Wahlwerbung der anderen Partei nicht behindert worden sei. Den Aspekt des freien Wahlrechts als verfassungsrechtliche Determinante betonen insb. Mayer/Stöger, Zur Abgrenzung von Parteienförderung und Wahlkampfkostenerstattung am Beispiel des Kärntner Parteienförderungsgesetzes, JRP 2004, 178 f.

10 Vgl. dazu insb. Thienel, Überlegungen zur Ausgestaltung sozialer Grundrechte, FS Schäffer (2006), 861 f.; aus der Rspr. – die sich allerdings nicht auf die Parteienförderung bezieht – z.B. VfSlg. 5319/1966, 8793/1980, 8871/1980, 11.054/1986, 11.155/1986, 12.839/1991, 13.436/1993, 15.961/2000, 17.199/2004; VfGH 29. 9. 2004, G 25/04.

ses.[11] Als sachliches Differenzierungskriterium sieht die h.A. die politische Bedeutung einer Partei an, die sich in der Stimmen- oder Mandatszahl niederschlägt, die diese bei Wahlen erlangt (hat).[12] Das gilt sowohl dafür, welche Parteien überhaupt zur Parteienförderung zugelassen werden, wie auch für die Höhe der Parteienförderung.[13] So hat es der VfGH als zulässig angesehen, die Parteienförderung nur jenen Parteien zuzuerkennen, die nach einer Wahl im Parlament vertreten sind; indem der Gesetzgeber an das im Wahlergebnis zum Ausdruck kommende größere politische Gewicht anknüpfe, differenziere er sachgerecht.[14] Es sei aber auch nicht unsachlich, abweichend von diesem System jene politischen Parteien in einem Wahljahr in die Förderung einzubeziehen, die zwar nicht in das Parlament eingezogen sind, aber doch einen gewissen Stimmenanteil erreicht haben.[15] Dabei lässt der VfGH dem Gesetzgeber aber einen weiten Spielraum; so hält er es z.B. für zulässig, dass Parteien, die den Einzug in das Parlament nicht erreichen, zwar auf Grund ihrer Beteiligung an den Wahlen zum Nationalrat (idF: NR) gefördert werden, nicht aber wegen ihrer Beteiligung an den Wahlen zum Europäischen Parlament (idF: EP).[16] Dieses Gebot der Chancengleichheit gilt – wie der VfGH in VfSlg. 14.803/1997 überzeugend judiziert hat – im Übrigen nicht nur für die *inhaltliche* Ausgestaltung der Parteienförderung, sondern auch für deren verfahrensrechtliche Durchsetzung, die nicht so gestaltet werden darf, dass einzelne politische Gruppen um ihren Anspruch gebracht werden.

Auch hinsichtlich der *Höhe* der Parteienförderung – zu der es noch keine einschlägige Rspr. gibt – kommt es nach h.A. auf die sich im Wahlergebnis manifestierende politische Bedeutung einer Partei an, ohne dass deswegen eine Verteilung nach strikter Proportionalität geboten wäre; da jede Partei bestimmte Grundkosten hat, ist es daher z.B. unbedenklich, einen *Sockelbetrag* vorzusehen, der tendenziell kleinere Parteien bevorzugt.[17] Ähnliche Überlegungen gelten

---

11 Sickinger, Politikfinanzierung, 143 f.

12 Mantl, ÖJZ 1969, 428 f.; Mayer/Stöger, JRP 2004, 178 f.; Sickinger, Politikfinanzierung, 142 ff.

13 Wieser, Rz. 85 ff. zu § 1 ParteienG.

14 VfSlg. 11.944/1989 (zu Wahlen in den NR); VfGH 18.6.2005, W I-9/04 (zu Wahlen in den Landtag), VfSlg. 15.534/1999 (zu Wahlen in das EP); vgl. auch VfSlg. 11.572/1987 zur Gewährung von Belangsendungen im öffentlich-rechtlichen Rundfunk; zustimmend Mayer/Stöger, JRP 2004, 178. Kritisch und teilweise aA Mantl, ÖJZ 1969, 430; Mayer/Stöger, JRP 2004, 177 ff.; Stelzer, FS Tsatsos 670 f.: Diese Autoren halten zumindest eine Beschränkung der Wahlkampfkostenerstattung auf die (schon bisher) im Parlament vertretenen aus gleichheitsrechtlicher Sicht für problematisch.

15 VfSlg. 11.944/1989.

16 VfSlg. 15.534/1999.

17 Vgl. schon Mantl, ÖJZ 1969, 431; Wieser, Rz. 86 zu § 1 ParteienG.

auch für die Finanzierung *parlamentarischer Klubs*[18] und wohl auch für die Förderung von Vorfeldorganisationen der politischen Parteien.

Obergrenzen für die Parteienförderung sind in Österreich weder ausdrücklich normiert noch ausjudiziert. In der Lit. wird allerdings z.T. – ähnlich wie in der deutschen Rspr.[19] – eine *„Vollfinanzierung"* politischer Parteien aus öffentlichen Mitteln als unzulässig angesehen: Dadurch würden sie zu „Staatsparteien", die von ihren Mitgliedern unabhängig wären, was ihrem Charakter als im privaten Bereich wurzelnden *freiwilligen* Gesinnungs- und Interessengemeinschaft widerspräche; dafür werden auch der Grundsatz des freien Mandats (Art. 56 B-VG) und allgemein das Demokratieprinzip ins Treffen geführt.[20] Die noch weitergehende Auffassung, wonach selbst eine „überwiegende" Finanzierung der politischen Parteien durch die öffentliche Hand unzulässig wäre,[21] hat sich hingegen nicht durchgesetzt.[22] *Wieser* nimmt in diesem Sinne daher an, dass staatliche Parteienfinanzierung immer nur eine *Teilfinanzierung* sein dürfe, wobei staatliche und sonstige Zuwendungen in einem sachlichen Verhältnis stehen müssen, ohne dass eine starre Grenze angegeben werden könnte.[23]

Die Problematik dieser Auffassungen liegt allerdings darin, dass sich positivrechtlich keine klaren Anhaltspunkte für derartige Begrenzungen der Parteifinanzierung finden; allenfalls könnte man den Gleichheitssatz ins Treffen führen,[24] weil eine übermäßige Förderung einzelner – etablierter – Parteien den erwähnten Grundsatz der Chancengleichheit beeinträchtigen und den Zugang neuer Parteien zum politischen Diskurs unverhältnismäßig beschränken würden. Allgemein könnte eine übermäßige Parteiförderung im Hinblick auf die damit verfolgten Ziele als unverhältnismäßig angesehen werden.

---

18 Sickinger, Politikfinanzierung, 145.

19 Vgl. insb. BVerfGE 65, 264.

20 Vgl. dazu näher Wieser, Rz. 80 ff. zu § 1 ParteienG, m.w.N; vgl. auch schon Mantl, ÖJZ 169, 427; im Ergebnis ebenso ohne eigene Begründung Mayer/Stöger, JRP 2004, 178.

21 Koja, Staatslehre, 239; Pernthaler, Allgemeine Staatslehre und Verfassungslehre² (1996), 87.

22 Diese Auffassung vermag schon aus praktischen Gründen nicht zu überzeugen, weil unklar bleibt, welche Zuwendungen an Parteien oder ihnen nahe stehenden Organisationen überhaupt zu berücksichtigen wären; auch stünde dies mit dem Ziel der Parteienförderung in Konflikt, Chancengleichheit zu fördern: Bei Parteien, hinter denen keine finanzstarken Verbände/Interessen stehen, wäre eine solche relative Größe wohl rascher erreicht als bei solchen, die starke Interessen repräsentieren: vgl. zutreffend in diesem Sinn Wieser, Rz. 82 zu § 1 ParteienG; gegen eine solche Schranke auch Schäffer, VVDStRL 44, 1986, 60.

23 Wieser, Rz. 82 zu § 1 ParteienG; vgl. auch Stelzer, Die Parteiinstitution in Österreich, in: Tsatsos (Hrsg.), 30 Jahre Parteiengesetz in Deutschland (2002), 154.

24 Auf diesen beruft sich etwa Koja, Staatslehre, 239.

Allerdings gibt es auch Stimmen, die derartige Schranken für die Parteienfinanzierung ablehnen: So erblickt etwa *Bachmann* in der Verfassungsbestimmung des § 1 Abs. 3 ParteienG – wonach die Tätigkeit *politischer Parteien* keinen Beschränkungen durch *besondere* gesetzliche Vorschriften unterworfen werden darf – sogar einen Anhaltspunkt für die Unzulässigkeit derartiger Beschränkungen.[25] Dieses Argument erscheint allerdings nicht überzeugend: § 1 Abs. 3 ParteienG verbietet nämlich nicht *Begünstigungen* der politischen Parteien, wie sie etwa auch durch die Regelungen über die Parteienförderung getroffen werden. Nichts zwingt aber dazu, dass derartige Begünstigungen *ohne jede Begrenzung* gewährt und nie zurückgenommen werden dürfen; im Gegenteil wurden gleichzeitig mit der Verfassungsbestimmung in § 1 ParteienG *einfachgesetzlich* im ParteienG Regelungen über die Parteienförderung, deren Begrenzung und damit verbundene akzessorische Nebenpflichten der Parteien – über Aufzeichnungen – getroffen. Man kann dem Verfassungsgesetzgeber schon deshalb nicht zusinnen, *Begrenzungen* der Parteienförderungen ausschließen zu wollen.[26] Zudem verbietet § 1 Abs. 3 ParteienG nur Beschränkungen „ihrer Tätigkeit" durch besondere Gesetze, dh der *Tätigkeit der politischen Parteien* selbst. Dieser Wortlaut, sowie der Umstand, dass gleichzeitig mit der Verfassungsbestimmung auch besondere Steuerregelungen für Parteispenden erlassen wurden, spricht dafür, dass § 1 Abs. 3 ParteienG nur solche Regelungen ausschließt, die *unmittelbar* die Tätigkeit der Partei betreffen.[27] Regelungen, die die Höhe von Förderungen begrenzen, betreffen aber nicht unmittelbar die Tätigkeit der politischen Partei, sondern jene der sie fördernden Einrichtungen; gleiches gilt auch für Beschränkungen von Spenden. Derartige gesetzliche Beschränkungen sind daher durch § 1 Abs. 3 ParteienG nicht ausgeschlossen.

---

25 Bachmann, JRP 1996, 119. Gegen Schranken der Parteienfinanzierung auch Ermacora, Österreichische Verfassungslehre (1970), 126.

26 Vgl. in diesem Sinne insb. Heindl, Parteispenden: Transparenz versus Parteifreiheit, ZfV 2000, 384 f.; Wieser, Rz. 74 zu § 1 ParteienG.

27 In diesem Sinne Kostelka, Politische Parteien in der österreichischen Rechtsordnung, FS Floretta (1983), 48 f. AA Wieser, Rz. 73 zu § 1 ParteienG, der bei teleologischer Auslegung auch indirekte Beschränkungen als unzulässig ansieht; allerdings hält auch Wieser Begrenzungen der staatlichen Parteienförderung – als Beschränkung einer Begünstigung – und damit verbundene akzessorische Nebenpflichten für zulässig.

Was das Verbot besonderer gesetzlicher Regelungen im Einzelnen bedeutet, ist in der Lit. strittig; entgegen verschiedenen Stimmen, die alle für politische Parteien geltenden Sonderregelungen als unzulässig ansehen, haben insb. Berka, Das allgemeine Gesetz als Schranke der grundrechtlichen Freiheit, FS Koja (1998), 227, und Heindl, ZfV 2000, 381 ff., mit beachtlichen Argumenten dargelegt, dass nur solche Regelungen ausgeschlossen sind, die die politischen Parteien einem diskriminierenden, nicht durch ihren verfassungsrechtlichen Status gerechtfertigten Regime unterwerfen.

Nach dieser Verfassungslage hat der Gesetzgeber somit einen weiten Gestaltungsspielraum bei der Regelung der (staatlichen) Parteienfinanzierung, wobei als sachliches Differenzierungskriterium insbesondere die im Wahlergebnis zum Ausdruck kommende politische Bedeutung der Parteien in Betracht kommt. Als unzulässig kann allenfalls eine „Vollfinanzierung" politischer Parteien angesehen werden.

Aus *kompetenzrechtlicher Sicht* stellt sich schließlich die Frage, wie die Kompetenz zur Parteienförderung zwischen Bund und Ländern verteilt ist. Die h.L. qualifiziert das Parteienrecht kompetenzrechtlich als Teil des Vereinsrechts nach Art. 10 Abs. 1 Z. 7 B-VG, und nimmt an, dass dies auch für die Parteienförderung gilt. Die Parteienförderung in *hoheitlicher* Form sei demnach dem Bund vorbehalten, die Länder dürften hingegen direkte Förderungen an die Parteien nur im Wege der Privatwirtschaftsverwaltung nach Art. 17 B-VG gewähren und gesetzliche Regelungen nur als „Selbstbindungsgesetze" ohne Einräumung subjektiver Rechte gestalten.[28] Ähnliches müsste man bei dieser Sicht auch für die Förderung der „politischer Akademien" der Parteien annehmen.

Die dargestellte h.L. zur Parteienförderung ist allerdings fragwürdig: Das Vereinsrecht enthielt nie Regelungen über die Vereinsförderung, sodass nach der in Österreich für die Auslegung von Kompetenztatbeständen primär maßgeblichen „Versteinerungstheorie"[29] eine Zuordnung hoheitlicher Förderungsmaßnahmen zum Vereinswesen nicht nahe liegt. Vielmehr dürfte es sich bei der Parteienförderung und bei der Förderung politischer Akademien um eine Angelegenheit des *Verfassungsrechts* handeln, weil es um die Förderung der Beteiligung am Prozess der politischen Willensbildung geht, deren Regelung typischerweise eine Angelegenheit des Verfassungsrechts ist. Geht man von dieser Sicht aus – die auch wiederholt in den Materialien zu Änderungen des ParteienG und der PubFG aufzufinden ist[30] – dürften sowohl Bund (Art. 10 Abs. 1 Z. 1 B-VG) wie auch Länder (Art. 15 i.V.m. Art. 99 B-VG) jeweils für ihren Bereich eine hoheitlich zu vollziehende Förderung vorsehen bzw. durchsetzbare Ansprüche auf Förderungen begründen; die Abgrenzung wird darin zu finden sein, ob die För-

---

[28] Vgl. Mantl, ÖJZ 1969, 462; Sickinger, Politikfinanzierung, 137 f.; Wieser, Rz. 90 zu § 1 ParteienG (FN 392). Vgl. in diesem Sinne z.B. § 1 nö ParteienförderungsG, LGBl 0301-11.

[29] Vgl. dazu Öhlinger, Verfassungsrecht^6 (2005), Rz. 275, 132 f. Nach dieser Auffassung sind die Kompetenztatbestände im Lichte der unterverfassungsrechtlichen Rechtslage im Zeitpunkt ihrer Erlassung auszulegen.

[30] Vgl. insb. 742 BlgNR 21. GP 22; 59 BlgNR 22. GP 223. Verschiedentlich wird neben Art. 10 Abs. 1 Z. 1 allerdings auch Art. 17 B-VG als Kompetenzgrundlage für die einschlägigen Bundesregelungen, insb. das PubFG genannt: 887 BlgNR 20. GP 20; 61 BlgNR 21. GP 25. Dies ist deshalb nicht überzeugend, weil diese Gesetze keine bloßen „Selbstbindungsnormen" enthalten, sondern durchsetzbare Rechtsansprüche begründen und z.T. hoheitlich zu vollziehen sind.

derung an die Tätigkeit der Partei auf Gemeinde- bzw. Landesebene einerseits oder auf Bundesebene bzw. bei Wahlen zum EP anderseits anknüpft.

Auch Regelungen über *parlamentarische Klubs* und ihrer Förderung wird man aus denselben Gründen als Angelegenheit der Bundes- bzw. Landesverfassungsrechts ansehen müssen, die sich somit jeweils danach zu richten haben, um welches parlamentarische Gremium es geht: Die Finanzierung der *Landtagsklubs* die Länder fällt danach in die Landeskompetenz, jene der Parlamentsklubs auf Bundesebene in die Bundeskompetenz.[31] Förderungen auf Gemeindeebene wird man – weil die Gemeindeorganisation in die Landeskompetenz fällt – ebenfalls als Angelegenheit der Länder ansehen müssen.

Die *Rspr.* hat diese kompetenzrechtlichen Fragen bislang allerdings – soweit ersichtlich – nicht ausdrücklich thematisiert; der VfGH hat jüngst judiziert, dass über die Parteienförderung nach dem ktn. ParteienförderungsG durch Bescheid zu entscheiden sei – was eine Kompetenz des Landes zur hoheitlichen Vollziehung impliziert –, ohne die Kompetenzfrage anzusprechen;[32] auch der OGH hat ohne weitere Begründung angenommen, dass landesrechtliche Regelungen über die Förderung politischer Parteien – sogar rein interner Natur – einen *Rechtsanspruch* für die Partei begründen.[33]

Parteienfinanzierung ist natürlich auch ein *europäisches Thema*: Art. 6 EUV verpflichtet die Mitgliedstaaten unter anderem auf das Prinzip der *Demokratie*, womit unzweifelhaft auch die (staatliche) Finanzierung der Parteien verknüpft ist.[34] Art. 191 EGV qualifiziert politische Parteien auf europäischer Ebene als wichtigen Faktor der Integration der Union und ermächtigt den Rat insbesondere zur Regelung der Parteienfinanzierung; diese Ermächtigung beschränkt sich auf die europäische Ebene und berechtigt nicht zu einer unmittelbaren Finanzierung politischer Parteien auf einzelstaatlicher Ebene.[35] Die Regelungen über die Parteien auf europäischer Ebene, die auch deren Finanzierung umfassen, finden sich in der VO (EG) 2004/2003.[36] Deren Art. 7 sieht ausdrücklich ein Verbot vor, Mittel, die den politischen Parteien auf europäischer Ebene zufließen, zur unmittelbaren oder mittelbaren Finanzierung der politischen Parteien auf nationaler Ebene zu verwenden. Nach der Entscheidung des EuGH im Fall *Les Verts* fällt

---

31 So auch Sickinger, Politikfinanzierung, 137.

32 VfGH 25.4.2006, A 14/05.

33 OGH 28.3.2000, 1 Ob 69/00d.

34 So auch Stelzer, FS Tsatsos, 656 f.

35 Vgl. die 11. Erklärung zum Vertrag von Nizza zu Art. 191 EGV.

36 Vgl. dazu z.B. von Arnim/Schurig, Die EU-Verordnung über die Parteienfinanzierung (2004); vgl. ferner den zur Durchführung dieser VO ergangenen Beschluss des Präsidiums des EP, ABl. 2004 C 155/1.

insbesondere die Regelung der Wahlkampfkostenerstattung bei Wahlen zum EP nicht in die Kompetenz der EG, sondern ist von den Mitgliedstaaten zu regeln.[37] Zur Erhöhung der *Chancengleichheit* der politischen Parteien und zur Verhinderung der Korruption wurden schließlich von verschiedenen Organen des Europarates Empfehlungen über die Finanzierung politischer Parteien auf nationaler Ebene erlassen.[38] Da die europäische Dimension in einem eigenen Beitrag behandelt wird, bleibt sie hier ausgeklammert.

II. Die möglichen Empfänger der Parteienfinanzierung: Politische Parteien und ihr Umfeld

Um das österreichische System der Parteienfinanzierung und die dadurch hervorgerufenen Probleme verstehen zu können, muss man sich zunächst die österreichische „Parteienlandschaft" vergegenwärtigen, die *rechtliche* und *faktische* Eigenarten aufweist.

In *rechtlicher* Hinsicht ist zu beachten, dass es mehrere Arten von „Parteien" gibt, die jeweils eine eigene Rechtsstellung haben, aber funktionell aufeinander bezogen sind.[39]

1. Die *politische Partei*; deren Rechtsgrundlage ist das *ParteienG*. Dieses Gesetz wurde 1975 erlassen; bis dahin bestand zwar grundsätzlich die Möglichkeit, politische Parteien auf der Grundlage des VereinsG zu konstituieren; die traditionellen Parteien (ÖVP, SPÖ, KPÖ) haben davon aber wegen der Möglichkeiten der Vereinsaufsicht nicht Gebrauch gemacht, sodass im Ergebnis erhebliche Rechtsunsicherheit bestand.[40] Das ParteienG sieht nunmehr ein sehr einfaches

---

[37] EuGH, Les Verts, Slg 1986, 1339 Rz. 51 ff.; vgl. damals Art. 7 Abs. 2 Direktwahlakt, jetzt Art. 8 Abs. 1; vgl. auch die Ermächtigung zur Begrenzung der Wahlkampfkosten bei den Wahlen zum EP in Art. 4 Direktwahlakt.

[38] Vgl. insb. die Empfehlung der Parlamentarischen Versammlung 1516 (2001) betreffend die Finanzierung der politischen Parteien, sowie die Empfehlung des Ministerkomitees 4 (2003) über gemeinsame Regeln gegen die Korruption und die Finanzierung politischer Parteien sowie von Wahlkämpfen; vgl. auch schon die Entschließung des Ministerkomitees 24 (1997) über 20 Richtlinien zum Kampf gegen die Korruption. Vgl. dazu auch van Biezen, guidelines, passim.

[39] Vgl. z.B. Kostelka, FS Floretta, 40; Öhlinger, Verfassungsrecht, Rz. 368; Raschauer, Der Rechtsstellung politischer Parteien, in: Pelinka/Plasser (Hrsg.), Das österreichische Parteiensystem (1988), 564 f.; Sickinger, Politikfinanzierung, 136 f.; Wieser, Rz. 4 ff. zu § 1 ParteienG, alle m.w.N; zur Rechtslage vor dem ParteienG vgl. schon VfSlg. 266/1924, 2802/1955, 3114/1956; Koja, Die Rechtsfähigkeit der Wahlparteien und der politischen Parteien, JBl 1958, 487 ff.; Mantl, ÖJZ 1969, 422.

[40] Nur die FPÖ und ihr Vorgänger, der VdU, wurden als Vereine konstituiert. Auch vor dem ParteienG wurde die Rechtsfähigkeit der traditionellen politischen Partein anerkannt, obwohl sie sich nicht nach dem VereinsG konstituiert haben; die Begründungen dafür waren allerdings uneinheitlich. Teilweise stützte man sich auf den Umstand, dass die traditionellen Par-

Verfahren zur Gründung politischer Parteien durch *Hinterlegung einer Satzung* beim Bundesminister für Inneres und deren Kundmachung in einer periodischen Druckschrift vor (§ 1 Abs. 4 ParteienG).[41] Das ParteienG enthält allerdings keine Definition der politischen Partei; der in Verfassungsrang stehende § 1 ParteienG erklärt lediglich in seinem Abs. 1 die Existenz und Vielfalt politischer Parteien zu einem wesentlichen Bestandteil der demokratischen Ordnung Österreichs (Art. 1 B-VG), und legt in Abs. 2 als Aufgabe politischer Parteien insbesondere die Mitwirkung an der politischen Willensbildung fest. Die Bildung politischer Parteien ist – soweit bundesverfassungsrechtlich nichts anderes bestimmt ist – „frei" (§ 1 Abs. 3 ParteienG); nach h.A. besteht ein verfassungsrechtliches Verbot inhaltlicher Natur derzeit nur für die Bildung nationalsozialistischer Parteien.[42] Die Tätigkeit politischer Parteien darf auch nicht Beschränkungen durch besondere Rechtsvorschriften unterworfen werden. Politische Parteien – die entsprechend den Regeln des ParteienG gegründet wurden – sind juristische Personen des Privatrechts.[43] Das ParteienG enthält insgesamt nur rudi-

teien – ÖVP, SPÖ und KPÖ – 1945 die staatsgründende Unabhängigkeitserklärung erlassen und von der Vorläufigen Verfassung 1945 anerkannt worden seien, andere Meinungen stützten sich auf § 26 ABGB, wonach „erlaubten" Gesellschaften Rechtspersönlichkeit zukommt. Vgl. insb OGH SZ 21/24; Koja, JBl 1958, 494 ff.; Ostheim, Zur Rechtsfähigkeit der politischen Parteien nach bürgerlichem Recht, JBl. 1964, 533 ff.; Stelzer, in: Parteiengesetz, 143 f.; Wieser, Rz. 7 ff. zu § 1 ParteienG, m.w.N. Zur Entwicklung des Parteienrechts vgl. überblicksweise z.B. Schäffer, Parteienstaatlichkeit – Krisensymptome des demokratischen Rechtsstaats?, VVDStRL 44, 1986, 48 ff.; Schambeck, Die Stellung der politischen Parteien nach österreichischem Verfassungsrecht, FS Hermens (1976), 61 ff.; Schambeck, Politische Parteien und österreichische Staatsrechtsordnung, FS Walter (1991), 621 ff.

41 Derzeit bestehen knapp 800 (!) politische Parteien: Öhlinger, Verfassungsrecht, Rz. 364.

42 Dies ergibt sich aus der Verfassungsbestimmung des § 3 VerbotsG, der die NS-Wiederbetätigung verbietet. Vgl. dazu VfSlg. 9648/1983, 10.705/1985; Stelzer, in: Parteiengesetz, 148 ff.; die weitergehende Auffassung von Wieser, Rz. 54 ff. zu § 1 ParteienG, ist dogmatisch unzutreffend; dazu auch Thienel, Wehrlose oder streitbare Demokratie?, JRP 2005, 163 ff.. Vgl. jüngst aber auch – weitergehend – Stelzer, Innerparteiliche Demokratie, FS Schäffer (2006), 787 f.

43 Vgl. grundlegend OGH SZ 51/154; Wieser, Rz. 67 zu § 1 ParteienG. Der OGH leitet nunmehr aus den Regelungen des ParteienG ab, dass ohne Einhaltung des im ParteienG vorgesehenen Weges neue politische Parteien nicht rechtswirksam entstehen können: OGH 10.10.1989, 4Ob 600/88. Hinsichtlich der traditionellen (älteren) Parteien nimmt der OGH SZ 63/216 zwar ebenfalls die Pflicht zur Hinterlegung der Satzung an; diese sei aber nicht sanktioniert. Unterlasse eine solche Partei (oder eine ihrer Unterorganisationen), die schon vor Erlassung des ParteienG Rechtspersönlichkeit hatte, die Satzungshinterlegung, verliere sie dadurch nicht ihre Rechtsfähigkeit. Zustimmend Vonkilch, Zur Rechtsfähigkeit von Landesparteien, ecolex 2000, 415; vgl. auch schon Schambeck, FS Walter, 614. Auf die strittige Frage, inwieweit sich auch (neue) Unterorganisationen einer bundesweiten politischen Partei zur Erlangung der Rechtspersönlichkeit gesondert nach dem ParteienG konstituieren müssen (vgl. dazu die unterschiedlichen Auffassungen von OGH SZ 63/216; Vonkilch, ecolex 2000, 412 ff.; Wieser, Rz. 68 ff. zu § 1 ParteienG, alle m.w.N), wird hier nicht weiter eingegangen.

mentäre Regelungen über Stellung und Organisation der Parteien und regelt vornehmlich Fragen der staatlichen Parteienfinanzierung.[44]

2. Die *wahlwerbende Partei („Wahlpartei“)*; darunter ist eine Wählergruppe zu verstehen, die sich unter Führung einer unterscheidenden Parteibezeichnung durch Erstattung eines Wahlverschlages an einer Wahl beteiligt. Ihre Rechtsgrundlage ist die jeweilige Wahlordnung, für Wahlen zum NR also die NRWO, für Wahlen zu den Landtagen die LTWO etc. Die wahlwerbende Partei hat eine – zeitlich[45] und sachlich auf die Geltendmachung der in den Wahlordnungen eingeräumten Rechte[46] und (zivilrechtlicher) Ansprüche im Zusammenhang mit diesem Hauptzweck[47] – beschränkte Rechtsfähigkeit, insbesondere ist sie zur Wahlanfechtung legitimiert.[48] Die *wahlwerbende Partei* ist von der politischen Partei grundsätzlich zu unterscheiden.

3. Der *parlamentarische Klub* („Parlamentspartei“); dabei handelt es sich um Vereinigungen der Abgeordneten einer oder mehrerer wahlwerbender Partei(en), die sich auf Grund der Geschäftsordnung des betreffenden parlamentarischen Körpers konstituieren. Für den NR ist die Bildung solcher Klubs in § 7 NR-GO, für den Bundesrat (idF: BR) ist die Bildung von Fraktionen in § 14 BR-GO vorgesehen; ähnliche Bestimmungen finden sich für die Landtage der österreichischen Bundesländer. Parlamentarische Klubs sind juristische Personen des Privatrechts, die eine von den „dahinter stehenden“ politischen Parteien oder wahlwerbenden Parteien unabhängige Rechtspersönlichkeit aufweisen.[49] Auf

---

[44] In der Lit. wurde diese Regelung wiederholt als unzulänglich kritisiert; vgl. z.B. Schäffer, VVDStRL 44, 1986, 54; Schambeck, FS Walter, 611 ff., insb. 623; Stelzer, in: Parteiengesetz, 145 ff.; vorsichtig kritisch auch Kostelka, FS Floretta, 42 ff.

[45] Mit Abschluss des Wahlverfahrens und allfälliger Wahlanfechtung geht die Wahlpartei nach Auffassung der Rspr. unter: OGH 10.10.1989, 4Ob 600/88.

[46] Vgl. insb. VfSlg. 3193/1957; ferner VfSlg. 10.348/1985, 13.169/1992; gegen die Rechtsfähigkeit der Wahlparteien noch die ältere Rspr. des VfGH, insb. VfSlg. 494/1925, 2049/1950, 2501/1953, 2615/1953.

[47] Zur zivilrechtlichen Rechtsfähigkeit vgl. insb. OGH SZ 50/152; OGH 10.10.1989, 4Ob 600/88.

[48] Zur beschränkten Rechtsfähigkeit der wahlwerbenden Parteien vgl. insb. Koja, JBl 1958, 487 ff.; Kostelka, FS Floretta, 53.

[49] Zur Rechtspersönlichkeit parlamentarischer Klubs vgl. grundlegend und überzeugend Vonkilch, Zur privatrechtlichen Rechtsfähigkeit und Vertretung von Klubs und Fraktionen in den allgemeinen Vertretungskörpern, JBl 2000, 77 ff., m.w.N., der ihre Rechtsfähigkeit aus § 26 ABGB (als „erlaubte Gesellschaften“) ableitet und die Klubs zu Recht als juristische Personen des Privatrechts qualifiziert; ferner Atzwanger/Zögernitz, Nationalrat-Geschäftsordnung[3] (1999), 78; Sickinger, Politikfinanzierung, 137; so nun auch grundsätzlich OGH 29.11.2001, 6 Ob 270/01a; kritisch zur Rechtsfähigkeit der Klubs aber Paul Doralt, Ein kleiner Blumenstrauß, RdW 1999, 263 ff.

Grund des KlubFG kommt auf Bundesebene auch den *Parlamentsklubs* – die sich aus den einer Partei zuzurechnenden Abgeordneten zum NR, den Mitgliedern des BR und den Angeordneten zum EP zusammensetzen – eigene Rechtspersönlichkeit zu.[50]

Die rechtliche Differenzierung zwischen diesen verschiedenen Arten politischer Gruppierungen entspricht allerdings nicht den faktischen Zuständen, vielmehr besteht zwischen ihnen ein enger funktioneller Zusammenhang; auch in der rechtlichen Terminologie wird der Ausdruck „Partei" nicht immer präzise verwendet.[51] Für die hier zu erörternde Thematik ist insbesondere der Zusammenhang zwischen *politischen Parteien* und *wahlwerbenden Parteien* von Bedeutung: Zu den Aufgaben der politischen Parteien gehört nach § 1 Abs. 2 ParteienG „die Mitwirkung an der politischen Willensbildung", d.h. insbesondere auch die *Beteiligung an Wahlen zu den gesetzgebenden Körperschaften.* Dem entspricht auch die politische Realität: Zwar können sich an den Wahlen auch Wahlparteien beteiligen, hinter denen *keine* politische Partei steht, doch kommt dies i.d.R. nur auf unteren Ebenen, insbesondere im kommunalen Bereich vor. Auf Landes- und Bundesebene treten üblicherweise die politischen Parteien als wahlwerbende Parteien auf, was auch zulässig ist.[52]

An diese Realität knüpfen auch die Regelungen über die Parteienförderung an, insbesondere die §§ 2 ff. ParteienG: Die Parteienförderung kommt nämlich den *politischen Parteien* zu, allerdings nur jenen, die „im Nationalrat vertreten" sind.[53] Die Regelung der Parteienförderung geht also von dem Regelfall aus,

---

Der OGH nimmt zutreffend an, dass durch die Beendigung der Funktionsperiode eines parlamentarischen Gremiums die Klubs zwar aufgelöst, nicht aber voll beendet werden, und daher weiterhin grundsätzlich rechts- und parteifähig sind, sodass insb. gegen sie geführte Zivilprozesse nicht mit Ende der Legislaturperiode wegen Wegfalls des Beklagten beendet werden müssen: OGH 20.3.2003, 6 Ob 287/02b. Ähnlich judiziert der VfGH (zu den Klubs im Wiener Gemeinderat), dass der Klub über das Ende einer Funktionsperiode des parlamentarischen Gremiums hinaus Rechtspersönlichkeit hat, soweit es um die Durchsetzung der Klubförderung geht.

50 VfSlg. 13.640/1993; Atzwanger/Zögernitz, Nationalrat-Geschäftsordnung, 110.

51 So weist Wieser, Rz. 6 zu § 1 ParteienG, darauf hin, dass das B-VG insb im Zusammenhang mit der Beschickung von Ausschüssen (Art. 55, Art. 52a und 52b) mit dem Begriff „Partei" die Parlamentspartei, also den jeweiligen Klub meint.

52 Funk, Wahlwerbungskosten-Beitrag nach dem Parteiengesetz, JRP 1996, 81; Walter, Wahlwerbungskosten-Beitrag gemäß § 2a des Parteiengesetzes, JRP 1996, 87.

53 Kostelka, FS Floretta, 58, hat daraus sogar den Schluss gezogen, dass „im ParteienG Wahlparteien als politische Parteien (bezeichnet)" würden. Diese Formulierung trifft den richtigen Kern, obwohl sie missverständlich formuliert ist: Das ParteienG sieht eindeutig eine eigenständige Rechtsform für politische Parteien vor; auch soweit im Zusammenhang mit der Parteienfinanzierung von politischen Parteien die Rede ist, die im NR vertreten sind, sind als

dass die *politische Partei* als *Wahlpartei* bei der NR-Wahl auftritt, und räumt der *politischen Partei* einen Finanzierungsanspruch ein, wenn sie bei der Wahl erfolgreich ist. Ein ähnliches Konzept verfolgt auch das PubFG bei der Förderung der „Parteiakademien".

Diese Interdependenz von Wahlpartei und politischer Partei hat der VfGH in seinem Erk. VfSlg. 14.803/1997 im Zusammenhang mit der Regelung des *Wahlwerbungskosten-Beitrages* besonders deutlich herausgestrichen: „Daß zur Mitwirkung an der politischen Willensbildung insbesondere die Partizipation an der Gesetzgebung und somit auch die Teilnahme an Wahlen zu den gesetzgebenden Körperschaften zählt, bedarf ... keines näheren Nachweises. .... Von dieser dem ParteienG immanenten Grundposition ausgehend ist festzuhalten, daß die politische Partei und die ihr in Ansehung der Wahlbewerbung zu gesetzgebenden Körperschaften zuzuordnende wahlwerbende Partei (Wahlpartei) verfassungsrechtlich aufeinander angelegt sind, also von Verfassungswegen zueinander in einer spezifischen Wechselbeziehung stehen." An diesem Befund änderten auch die – atypischen – Fälle nichts, dass eine politische Partei nicht die Teilnahme an Wahlen anstrebe oder dass an einer Wahl eine Wahlpartei teilnehme, hinter der *keine* politische Partei steht. Die Unterscheidung zwischen Wahlpartei und politischer Partei dürfe jedenfalls nicht dazu führen, den im ParteienG grundgelegten verfassungsrechtlichen Zusammenhang in Frage zu stellen.

Die dargelegte „Korrelation von politischer Partei und Wahlpartei (hat) im Hinblick auf die verfassungsrechtliche Absicherung der Existenz und Vielfalt politischer Parteien auch wesentliche Bedeutung in bezug auf die finanzielle Parteienförderung durch die öffentliche Hand": „Die verfassungsrechtlich vorgegebene Korrelation von politischer Partei und Wahlpartei ist als Hintergrund stets mitzuberücksichtigen, wenn das in § 2a des ParteienG festgelegte finanzielle Förderungssystem im einzelnen ... betrachtet wird". Der Wahlwerbungskosten-Beitrag komme zwar der *wahlwerbenden Partei* zugute, doch gehe das Gesetz davon aus, dass die Wahlwerbung die *politische Partei* mit Kosten belastet.

So plausibel die Argumentation des VfGH zur Beziehung der Wahlparteien zu den politischen Parteien auch sein mag, ist das Ergebnis hinterfragbar: Der VfGH problematisiert nämlich in keiner Weise die Grundentscheidung des ParteienG, Förderungen (im konkreten Fall: Wahlwerbungskosten-Beiträge) *nur den politischen Parteien vorzubehalten*; um in den Genuss einer Förderung kommen zu können, muss sich eine politische Gruppe daher als politische Partei i.S.d. ParteienG konstituieren.[54] Wenn aber der Wahlwerbungskosten-Beitrag

---

Empfänger der Geldleistungen eindeutig die politischen Parteien, nicht etwa wahlwerbende Parteien gemeint.

[54] Im konkreten Fall hielt der VfGH eine Frist für die Antragstellung betreffend Wahlwerbungskosten-Beiträge für verfassungswidrig, weil sie u.U. nicht mehr die Möglichkeit bot, dass sie die betreffende Gruppe als politische Partei konstituieren kann.

letztlich der *wahlwerbenden Partei* zugute kommt, ist es aus Sicht des Gleichheitssatzes fraglich, worin die Rechtfertigung dafür liegen soll, dass wahlwerbende Parteien, die sich *nicht* als politische Partei organisieren wollen, keinerlei Anspruch auf Förderung nach dem ParteienG erlangen können.[55]

Außerdem führt dieses System zu Problemen, wenn sich *mehrere* politische Parteien zu einem Wahlbündnis verbinden, ohne eine gemeinsame „neue" politische Partei gründen zu wollen: In seinem Erk. VfSlg. 14.803/1997 erwähnt der VfGH diesen Fall und scheint anzunehmen, dass die Parteienförderung (konkret der Wahlwerbungskosten-Beitrag) nur zusteht, wenn sich diese mehreren politischen Parteien zu einer gemeinsamen politischen Partei als *„Dachorganisation"* zusammenschließen. Obwohl eine gemeinsame Kandidatur auch ohne einen solchen Zusammenschluss grundsätzlich möglich wäre, hinge bei dieser Ansicht die – für die politischen Gruppen wesentliche – Parteienförderung von der Konstituierung als eigene politische Partei ab. Auch die sachliche Rechtfertigung eines solchen Ergebnisses ist allerdings fragwürdig: Damit werden nämlich politische Parteien, die zwar mittels verbundener Listen kandidieren, im Übrigen aber ihre politische Eigenständigkeit behalten wollen, zur Erlangung der Parteienförderung in das Prokrustesbett einer gemeinsamen politischen Partei gezwungen. Die Ausführungen des VfGH sind allerdings so allgemein, dass hier vielleicht noch nicht das letzte Wort gesprochen ist.[56] Schließlich stellt sich auch das Problem, dass eine politische Partei während einer Gesetzgebungsperiode in mehrere politische Parteien „zerfällt", insbesondere durch eine Abspaltung verschiedener ihrer Abgeordneter; auf dieses praktisch relevante Problem komme ich noch zurück. Theoretisch denkbar wäre auch, dass eine politische Partei *mehrere Wahlparteien* bildet:[57] Auch in diesen Situationen stellt sich die Frage, wer wie viel Parteienförderung erhält.

---

55 Vgl. die Bedenken von Stelzer, FS Tsatsos, 666 ff.

56 Wenn man allerdings davon ausgeht, dass im Fall gemeinsamer Kandidatur mehrerer politischer Parteien als bloße (einheitliche) Wahlpartei bei einer NR-Wahl die Parteienförderung dennoch allen dahinter stehenden politischen Parteien zukommt, stellen sich freilich weitere schwierige Auslegungsfragen: Die auf den ersten Blick nahe liegende Lösung, dann eben darauf abzustellen, wie viele von den erzielten Mandaten auf Vertreter der einzelnen (gemeinsam auftretenden) politischen Parteien entfallen, steht vor der Schwierigkeit, dass dies mit wesentlichen Systemgrundsätzen des Wahl- und Parlamentsrechts in Konflikt steht: So knüpft die Regelung über die „Klubstärke" in § 7 NR-GO nicht an die Mitgliedschaft in einer politischen Partei an, sondern stellt darauf ab, ob eine wahlwerbende Liste mindestens fünf Mandate erlangt hat. Eine solche Sicht führt auch dann zu keiner Lösung, wenn auf der gemeinsamen Liste auch Personen kandidieren, die keiner der dahinter stehenden politischen Parteien angehören. Man könnte dieses Problem allenfalls so lösen, dass die Förderung den gemeinsam auftretenden politischen Parteien auch gemeinsam – entsprechend dem Wahlergebnis – zugewiesen wird, und sie sich über die Aufteilung untereinander einigen müssen.

57 Auf diese Möglichkeit weist der VfGH in VfSlg. 266/1924 hin.

Die Harmonisierung von Wahlrecht und Parteienrecht ist bislang jedenfalls nicht befriedigend gelungen.[58]

In *faktischer Hinsicht* ist eine der Eigenarten des österreichischen Parteiensystems, dass diese politische *Lager* repräsentieren, die für eine bestimmte *Weltanschauung* stehen und über ihre eigentliche politische Funktion hinaus die gesamte Gesellschaft mit Organisationen („Verbänden“) durchdringen, die im Vor- oder Umfeld der politischen Parteien stehen. Das betrifft Jugend-, Pensionisten- und Frauenorganisationen ebenso wie Sportvereine oder sogar Autofahrerclubs.[59] Manche politische Parteien – insbesondere die ÖVP – weisen zudem selbständige „Teilorganisationen“ auf.[60] Finanzielle Mittel, die solchen Vor-, Umfeld- oder Teilorganisationen zufließen, kommen zwar mittelbar ebenfalls den politischen Parteien zugute, scheinen aber formal nicht als (staatliche) Parteienfinanzierung auf. Zwar nimmt diese Durchdringung der Gesellschaft allmählich ab, ist aber für die österreichische Verfassungswirklichkeit noch immer bestimmend.[61]

III. Die Parteienfinanzierung in Österreich

Der folgende Überblick über Instrumente der Parteienfinanzierung konzentriert sich auf die einschlägigen Regelungen auf *Bundesebene*.[62] Auf Ebene der Bundesländer sind ähnliche Förderungen vorgesehen, die sich weitgehend, wenn auch nicht vollständig an den Bundesregelungen orientieren.[63] Schließlich be-

58 So auch Stelzer, in: Parteiengesetz, 145 f.

59 Es ist sicher eine Eigenart Österreichs, dass es in Österreich mehrere Autofahrerorganisationen gibt, die – mehr oder minder deutlich – den politischen Lagern zugeordnet werden können.

60 Vgl. zur spezifischen Struktur der ÖVP und der daraus resultierenden Schwierigkeit der Zuordnung von Finanzierungen insb. Sickinger/Nick, Geld, 25 ff.

61 Vgl. dazu auch Öhlinger, Verfassungsrecht, Rz. 18, 360; Raschauer, in: Parteiensystem. 557 f.; Schäffer, VVDStRL 44, 1986, 70 ff.; Sickinger/Nick, Geld, 136 ff.

62 Eine umfassende Darstellung der Rechtsgrundlagen und der Praxis der Parteienfinanzierung findet sich bei Sickinger, Politikfinanzierung, passim; überblicksweise Darstellungen finden sich ferner bei Stelzer, Parteienfinanzierung in Österreich, in: Schriftenreihe des Landtages Rheinland-Pfalz Nr. 11: Parteienfinanzierung im internationalen Vergleich (2000), 43 ff. Rechtsvergleichend – unter Berücksichtigung auch der österr. Rechtslage und faktischen Situation – Drysch, Parteienfinanzierung. Österreich, Schweiz, Bundesrepublik Deutschland (1998); Klee-Kruse, Parteienfinanzierung, 72 ff.

63 Vgl. dazu die – allerdings z.T. schon stark überholten – Beiträge von Bachmann, JRP 1996, 111 ff.; Dachs, Öffentliche Parteienfinanzierung in den österreichischen Bundesländern, ÖJP 1985, 439 ff.; Dachs, ÖJP 1992, 695 ff.; Dachs, Parteienförderung mit Schönheitsfehlern. Die öffentliche Parteienfinanzierung in Kärnten im Vergleich, Kärntner Jahrbuch für Politik 1994, 49 ff.; Drysch, Parteienfinanzierung, 106 ff.; Sickinger, Politikfinanzierung, 197 ff.; Sickinger/Nick, Geld, 104 ff.

steht auch auf *Gemeindeebene* eine Förderung politischer Parteien bzw der Gemeinderatsklubs, jedoch ohne gesetzliche Grundlage.[64]

1. Die Finanzierung politischer Parteien

A. Unmittelbare staatliche Finanzierung nach dem ParteienG

Das ParteienG[65] trifft – trotz seines weiter reichenden Titels – in erster Linie Regelungen über die Finanzierung politischer Parteien (§§ 2 – 4) und die Begrenzung von Wahlwerbungskosten (§§ 5 – 14). Das Gesetz sieht verschiedene staatliche Zuwendungen vor, trifft aber auch Regelungen über die Rechnungslegung politischer Parteien und die Offenlegung von Spenden.

a. Zuwendungen für Zwecke der Öffentlichkeitsarbeit

Nach § 2 Abs. 1 ParteienG sind den politischen Parteien *auf ihr Verlangen* für *Zwecke der Öffentlichkeitsarbeit* bestimmte Mittel zuzuwenden. Der Gesamtbetrag der Förderungen beträgt nach § 2 Abs. 3 ParteienG 14.383.200 € und ist – ausgehend von der Basis des Jahres 2005 – indexgesichert. Im Einzelnen unterscheidet § 2 Abs. 2 ParteienG mehrere Unterformen dieser Zuwendungen:

- Jede im NR vertretene politische Partei, die über mindestens fünf Abgeordnete verfügt – das ist die erforderliche Stärke zur Bildung eines parlamentarischen Klubs im NR: § 7 NR-GO („Klubstärke") – hat nach lit. a Anspruch auf einen jährlichen *Grundbetrag* im Ausmaß von 218.019 €. Voraussetzung für den Anspruch auf diesen Grundbetrag ist also, dass die betreffende politische Partei sich an der – letzten – Wahl zum NR als wahlwerbende Partei beteiligt und dabei fünf Mandate erlangt hat.

- Die nach Abzug der Grundbeträge verbleibenden Mittel werden gemäß lit. b auf die im NR vertretenen Parteien im Verhältnis der für sie bei der letzten NR-Wahl abgegebenen Stimmen verteilt; Voraussetzung für diese Förderung ist daher, dass sich die betreffende politische Partei an der letzten NR-Wahl erfolgreich – durch Erlangung zumindest eines Mandates – beteiligt hat. Eine bestimmte Zahl der erreichten Mandate ist nicht erforderlich.

Dieser Teil der Förderung kommt daher einerseits den Parteien zu, die nicht die Klubstärke erreicht und daher keinen Anspruch auf den Grundbetrag haben;[66] daneben steht eine Förderung nach dieser Bestimmung auch den politischen Parteien mit Klubstärke zu, die somit zusätzlich zum „Grundbetrag" einen „Steigerungsbetrag" entsprechend der erzielten Stimmenzahl erhalten sollen.

---

[64] Vgl. dazu insb. Sickinger, Politikfinanzierung, 216 ff.

[65] BGBl. 1975/404, zuletzt geändert durch BGBl. I 2003/71.

[66] Sickinger Politikfinanzierung, 149.

- Politischen Parteien, die *nicht* im NR vertreten sind,[67] die aber bei einer Wahl zum NR mehr als 1 % der gültigen Stimmen erhalten haben, steht gemäß lit. c für das Wahljahr ein Anspruch auf Zuwendungen für Zwecke der Öffentlichkeitsarbeit „wie politische Parteien gemäß lit. b", d.h. entsprechend ihrem Stimmenanteil zu. Diese Förderung kommt jenen politischen Parteien zugute, die sich an der Wahl zum NR erfolglos beteiligt haben, allerdings nur für das Wahljahr und nur, wenn sie mindestens 1 % der gültigen Stimmen erreicht haben.

Diese Konstruktion ist nicht ganz schlüssig: Es ist nicht einsichtig, warum die politischen Parteien, die nach der Wahl im NR vertreten sind, zusätzlich zu den Förderungen nach § 2a ParteienG einen *Wahlwerbungskosten-Beitrag* erhalten, die nicht erfolgreichen Bewerber mit qualifiziertem Stimmenanteil aber einen Beitrag zur *Öffentlichkeitsarbeit*. Es wäre eher konsequent, auch für diese nicht erfolgreichen Parteien einen Wahlwerbungskosten-Beitrag vorzusehen.[68]

Diese Förderungen sind nur *auf Verlangen* auszuzahlen (§ 2 Abs. 1 ParteienG). Die Begehren nach Förderungen gemäß § 2 Abs. 2 lit. a und lit. b ParteienG (Grund- und Steigerungsbetrag) sind gemäß § 3 Abs. 4 ParteienG bis spätestens 15. Dezember für das folgende Jahr an das Bundeskanzleramt zu stellen. Anträge auf Förderungen nach § 2 Abs. 2 lit. c ParteienG sowie nach einer NR-Wahl sind spätestens zum Ende des dritten Monats nach der betreffenden NR-Wahl zu stellen. Es handelt sich dabei um *materiellrechtliche Fallfristen*, deren Versäumung zum Untergang des Anspruchs führt und gegen die es auch keine Wiedereinsetzung in den vorigen Stand gibt.[69]

Grund- und Steigerungsbetrag sind halbjährlich im Vorhinein auszuzahlen (§ 3 Abs. 2 ParteienG); die Förderungen an die nicht in den NR eingezogenen Parteien sind hingegen in dem auf die NR-Wahl folgenden Quartal auszubezahlen (§ 2 Abs. 2 lit. c ParteienG). Ändern sich die Anspruchsvoraussetzungen gemäß § 2 infolge des Ergebnisses einer NR-Wahl, so sind die Ergebnisse dieser Wahl erstmals in dem auf die NR-Wahl folgenden Halbjahr zu berücksichtigen (§ 3 Abs. 3 ParteienG); diese Regelung hat Bedeutung für die Förderung der im NR vertretenen Parteien, wenn sich durch eine Neuwahl die Stimmenverhältnisse ändern.

Für die Durchsetzung dieser Förderungen ist kein besonderes Verfahren vorgesehen. Der VfGH hat diese Förderungen als *öffentlich-rechtliche Ansprüche* qualifiziert, auf deren Auszahlung ein Rechtsanspruch besteht. Da somit zur

---

67 Wenn eine politische Partei nach der Wahl zum NR in diesem vertreten ist, steht ihr ein Anspruch nach lit. c nicht zu: VfSlg. 11.944/1989.

68 So schon Sickinger, Politikfinanzierung, 151.

69 Berchtold, Das Parteiengesetz – ein Überblick, ÖVA 1976, 38; Lanner, Nochmals: Zur Auslegung des § 2a ParteienG, JRP 1996, 264, 270 f.

Entscheidung über solche Ansprüche weder die ordentlichen Gerichte berufen sind, noch eine Zuständigkeit einer Verwaltungsbehörde besteht, können diese Ansprüche nach h.A. nur direkt beim VfGH auf Grund seiner Subsidiarkompetenz nach Art. 137 B-VG eingeklagt werden.[70]

Die politischen Parteien gehen durchwegs davon aus, dass die Zuwendungen nach § 2 ParteienG nicht zweckgebunden sind und daher für alle möglichen Aufgaben der Partei eingesetzt werden dürfen. Diese Auffassung ist aber auf Grund des Wortlautes nicht überzeugend, weil die genannten Zuwendungen ausdrücklich *für Zwecke der Öffentlichkeitsarbeit* erfolgen; die überwiegende Lehre und der Rechnungshof schließen daraus, dass eine Verwendung für andere Zwecke – etwa für die Finanzierung der allgemeinen Personal- oder Organisationskosten der politischen Partei – unzulässig ist.[71] Fraglich ist aber, ob eine *Rückforderung* zweckwidrig verwendeter Mittel in Betracht kommt, da das ParteienG dafür keine Regelung enthält. Ohne entsprechende Rechtsgrundlage kommt die Erlassung eines Rückforderungsbescheides jedenfalls nicht in Betracht; auch im Verfahren nach Art. 137 B-VG vor dem VfGH können nur Ansprüche *gegen* die Gebietskörperschaften geltend gemacht werden, nicht Ansprüche der Gebietskörperschaften gegen Dritte. Damit ist es nach ständiger Rspr. auch ausgeschlossen, dass eine Gebietskörperschaft compensando Gegenforderungen gegen einen Anspruchsberechtigten geltend macht.[72] Eine Rückforderung zweckwidrig verwendeter Mittel scheitert daher am Fehlen eines entsprechenden Rechtsweges.[73] Auch eine Zurückhaltung künftiger Förderungen

---

70 VfSlg. 11.944/1989, 15.534/1999; so schon Hellbling, Zum Parteiengesetz, Der Staatsbürger 1975/23, 2; Hellbling, Nochmals Parteiengesetz, Der Staatsbürger 1976/25, 3. Nach dieser Bestimmung erkennt der VfGH über vermögensrechtliche Ansprüche gegen den Bund, die Länder, die Gemeinden und die Gemeindeverbände, die weder im ordentlichen Rechtsweg auszutragen noch durch Bescheid einer Verwaltungsbehörde zu erledigen sind. Vgl. dazu näher Zellenberg, in Korinek/Holoubek (Hrsg.), Österreichisches Bundesverfassungsrecht (7. Lfg. 2005), Art. 137 B-VG.

71 So z.B. Berchtold, ÖVA 1976, 38; Sickinger/Nick, Geld, 74 f.; Wieser, Rz. 87 zu § 1 ParteienG, m.w.N.; so auch der Rechnungshof in seinem Sonderbericht zur Finanzierung der politischen Parteien und parlamentarischen Klubs, GZ 860.004/002-Pr/8/00, 6 f., abrufbar auf der Homepage des Rechnungshofes http://www.rechnungshof.gv.at, wo der Rechnungshof die Auffassung der politischen Parteien allerdings als nicht gänzlich ausgeschlossen ansieht. Sickinger, Politikfinanzierung, 150, weist aber zu Recht auf die Schwierigkeit einer präzisen Abgrenzung der Ausgabenarten hin.

72 Die Einrede einer Gegenforderung ist nach ständiger Rspr. nur zulässig, wenn darüber bereits vom zuständigen Gericht bzw. der zuständigen Behörde rechtskräftig entschieden wurde; der VfGH begründet dies damit, dass er im Falle einer eigenständigen Entscheidung über eine Gegenforderung seine in Art. 137 B-VG grundgelegte Kompetenz überschreiten würde. Vgl. dazu näher Zellenberg, Rz. 56 zu Art. 137 B-VG, m.w.N.

73 So auch Berchtold, ÖVA 1976, 38; zweifelnd auch Wieser, Rz. 87 zu § 1 ParteienG; aA Sickinger, Politikfinanzierung, 150, der aber auf die Frage der Durchsetzung nicht eingeht.

wegen zweckwidriger Verwendung ist nicht vorgesehen: Eine solche Zurückhaltung sieht § 4 Abs. 10 ParteienG nur bei Verletzung von Übermittlungs- und Veröffentlichungspflichten der politischen Partei vor.

§ 2 Abs. 2 ParteienG zeigt in besonders deutlicher Weise den *funktionalen Zusammenhang* zwischen der politischen Partei und der von ihr „getragenen" wahlwerbenden Partei: Anspruch auf Förderung hat zwar die *politische Partei*, dies allerdings nur dann, wenn sie sich an der Wahl zum NR beteiligt und dabei einen bestimmten Erfolg erzielt. Freilich führt diese Konstruktion zu erheblichen praktischen Problemen, die der Gesetzgeber nicht bedacht hat. Abgesehen von den schon unter Punkt II. diskutierten Fällen stellen sich komplexe Fragen, wenn sich eine politische Partei nach ihrem erfolgreichen Einzug in den NR „aufspaltet"; dieses Problem ist schon einmal – 1993 – aufgetreten, als sich während einer Legislaturperiode fünf Abgeordnete von der FPÖ abspalteten und eine neue politische Partei, das LIF, gründeten. Unlängst hat sich dieses Problem erneut gestellt: An der Wahl zum NR im Jahr 2002 hatte die FPÖ erfolgreich teilgenommen; einige Zeit nach der Wahl hat sich von der FPÖ aber eine neue politische Partei – das BZÖ – abgespalten. Zwar sind alle Abgeordneten der ursprünglichen Liste in einem gemeinsamen Klub verblieben (um die noch zu erörternde Klubförderung nicht zu verlieren), doch sind die meisten Abgeordneten der Liste von der FPÖ zum BZÖ gewechselt, sodass die FPÖ im NR nicht mehr über die Klubstärke verfügt. Damit stellt sich naturgemäß die Frage, welche dieser politischen Parteien Anspruch auf Parteienförderung hat und wie viel ihr zusteht.[74]

Relativ eindeutig kann man festhalten, dass der abgespaltenen „neuen" Partei keine Förderungen nach § 2 ParteienG zustehen können, weil dieser auf eine Beteiligung an einer Wahl zum NR und einen bestimmten dabei erzielten Erfolg abstellt. Da die abgespaltene „neue" politische Partei sich naturgemäß nicht an der letzten Wahl beteiligt hat, kann sie diese Voraussetzung nicht erfüllen und hat daher keinen Anspruch auf Parteienförderung. Dem entsprach auch die Staatspraxis nach der Gründung des LIF im Jahr 1993.[75]

---

[74] Vergleichbare Probleme stellen sich auch bei der Parteienförderung auf Landesebene, wobei dies noch dadurch kompliziert wird, dass z.T. versucht wurde, durch Satzungsänderungen eine Kontinuität der neuen politischen Gruppen mit der bisherigen politischen Partei herzustellen; vgl. die lesenswerte Sachverhaltsdarstellung im Beschluss des VfGH 25.4.2006, A 14/05.

[75] Vgl Sickinger, Politikfinanzierung, 148. So nun auch Sickinger zur Förderung des BZÖ nach dessen Gründung, zitiert nach Der Standard v. 5.2.2006. Eine andere Ansicht hat allerdings der OGH in einem Erk. zur Wiener Parteienförderung – die auf Grund eines Gemeinderatsbeschlusses vergeben wird – vertreten: Nach dem Erk. OGH 28.3.2000, 1 Ob 69/00d sollte es nach der Spaltung der Partei darauf ankommen, ob der Mandatar für die alte oder für die neue Partei auftritt, weil die Förderung der im Gemeinderat „vertretenen" Partei zustehe.

Schwieriger ist die Rechtslage bezüglich der „alten“ Partei, der ihre Abgeordneten abhanden gekommen sind. Grundsätzlich sind drei Auslegungen denkbar, von denen aber keine zwingend ist:

- Einerseits könnte der Wortlaut, wonach der Anspruch auf den Grundbetrag nur besteht, wenn eine politische Partei „im Nationalrat *vertreten*“ ist und über mindestens fünf Abgeordnete „verfügt“, dafür ins Treffen geführt werden, dass darauf abzustellen ist, wie viele Abgeordnete *aktuell* dieser politischen Partei zuzurechnen sind, sodass „Abspaltungen“ zu einer Verminderung oder einem Verlust der Parteienförderung führen. In diese Richtung scheint auch der VfGH zu tendieren, der – im Zusammenhang mit einer ähnlich formulierten Regelung der Parteienförderung im Land Kärnten – annahm, dass eine „Abspaltung“ von Abgeordneten von einer Partei während einer Förderungsperiode für die Förderung sowohl dem Grunde wie auch der Höhe nach zu beachten sei; es wäre nicht sachgerecht und verstieße gegen den Gleichheitssatz, solche Umstände nicht zu berücksichtigen.[76]

Diese Lösung führt allerdings zu verschiedenen praktischen Schwierigkeiten, wie man die Zugehörigkeit zu einer politischen Partei feststellen kann: Das naheliegende Merkmal der Parteimitgliedschaft führt dann nicht weiter, wenn auf der Liste Personen kandidiert haben, die der betreffenden Partei nicht angehört haben. Man müsste daher neben der Parteimitgliedschaft subsidiär auch andere Kriterien heranziehen, wie z.B. die Mitgliedschaft in einem Klub oder förmliche Erklärungen über die Zuordnung zu einer politischen Partei.

Ein weiteres Problem liegt darin, dass bei dieser Sicht der „Absprung“ einzelner Abgeordneter von einer politischen Partei zu einer Minderung ihrer Parteienförderung führen kann; dieses Ergebnis ist deshalb fragwürdig, weil der Anspruch auf Parteienförderung eben der politischen Partei für *ihre* Öffentlichkeitsarbeit und nicht den einzelnen Abgeordneten zusteht; entgegen der Auffassung des VfGH ist fraglich, ob es sachlich sein kann, den Förderungsanspruch der *politischen Partei* vom Verhalten *einzelner Abgeordneter* abhängig zu machen.

Schließlich kann auch der Wortlaut des ParteienG gegen dieses Ergebnis ins Treffen geführt werden: Hinsichtlich der Steigerungsbeträge nach § 2 Abs. 2 lit. b ParteienG wird nämlich explizit auf das Stimmenverhältnis *bei der letzten Wahl* abgestellt; § 3 Abs. 3 ParteienG regelt den Fall, dass sich die Anspruchsvoraussetzungen gemäß § 2 *infolge des Ergebnisses einer NR-Wahl* ändern. Beide Formulierungen sprechen eher dafür, dass sich die Förderung nach § 2 lit. a und b ParteienG generell – also auch für den *Sockelbetrag* – während einer Gesetzgebungsperiode des NR nach dem Ergebnis der letzten Wahl richtet.

- Als zweite Auslegungsvariante bietet sich eine differenzierende Lösung an: Da hinsichtlich des Steigerungsbetrages eindeutig auf die Stimmenzahl bei der

[76] VfGH 25.4.2006, A 14/05.

letzten Wahl abgestellt wird, könnte man meinen, dass dieser Betrag – ungeachtet des „Absprunges" einzelner Abgeordneter – entsprechend dem letzten Wahlergebnis zur Auszahlung kommt. Hinsichtlich des *Sockelbetrages* nach § 2 Abs. 2 lit. a ParteienG stellt dieses aber nicht ausdrücklich auf das Ergebnis der letzten Wahl ab, sondern darauf, dass die politische Partei durch mindestens fünf Abgeordnete vertreten ist. Man könnte daher meinen, dass es *hinsichtlich des Sockelbetrages* darauf ankommt, ob der politischen Partei zumindest noch fünf Abgeordnete zurechenbar sind.

Abgesehen davon, dass auch diese Lösung das praktische Problem aufwirft, wie die Zugehörigkeit zu einer politischen Partei in Zweifelsfällen beurteilt werden kann, scheint sie auch deshalb bestreitbar, weil nicht schlüssig ist, warum einzelne Teile der Parteienförderung sich nach dem letzten Wahlergebnis, andere hingegen nach einer materiellen Zuordnung der Abgeordneten richten sollen. Im Lichte des zitierten Beschlusses des VfGH wäre auch zu fragen, ob eine solche differenzierende Lösung dem Gleichheitssatz entspricht: Nach diesem – wenn auch nicht unbestreitbaren – Beschluss wäre insbesondere die Regelung über den *Steigerungsbetrag* verfassungsrechtlich problematisch, weil sie ausdrücklich auf das letzte Wahlergebnis abstellt und Änderungen in der Zuordnung der Abgeordneten zu den politischen Parteien während der Gesetzgebungsperiode insofern unbeachtlich sind.

- Als dritte Auslegungsvariante könnte man eine Lösung erwägen, die hinsichtlich der Höhe der *gesamten* Parteiförderung ausschließlich auf das Ergebnis der letzten Wahl zum NR abstellt, und die Förderung entsprechend der dabei erzielten Zahl von Mandaten und Stimmen bemisst: ein „Absprung" einzelner Mandatare hätte danach keine Auswirkungen auf die Höhe der Parteienförderung.[77] Diese Lösung wäre praktisch einfacher zu handhaben, weil die „tatsächliche" Zuordnung einzelner Abgeordneter zu den einzelnen politischen Parteien entbehrlich ist; aus systematischer Sicht kann man dafür auch ins Treffen führen, dass dies eher dem Konzept des Gesetzes entspricht, wonach die Parteienförderung den *politischen Parteien* zusteht, nicht den einzelnen Abgeordneten. Der unübersehbare Nachteil dieser Lösung liegt darin, dass bei dieser Sicht eine politische Partei selbst dann Anspruch auf Parteienförderung hätte, wenn *alle* ihre Abgeordneten „abgesprungen" sind, eine politische Partei also gewissermaßen aus sich selbst austritt.[78] Der erwähnte Beschluss des VfGH hält eine solche Lösung, die allein auf das Wahlergebnis abstellt, allerdings für gleichheitswidrig.

---

77 So Mayer, Parteienförderung und Parteiaustrit, JRP 2006, 111 ff.; so offenbar auch Sickinger, zitiert nach Der Standard v. 5.2.2006.

78 Besonders willkürlich und auch vom Wortlaut nicht gedeckt erschiene allerdings eine „Mittellösung", wonach der volle Anspruch davon abhängt, dass die betreffende Partei zumindest noch durch einen ihr „materiell" zuzuordnenden Abgeordneten vertreten ist.

Eine eindeutige und befriedigende Lösung dieses Problems ist kaum möglich. In der Praxis wird das Problem i.S. der zweiten Variante gelöst. Auch hinsichtlich der ähnlichen Probleme bei der Förderung der politischen Akademien wird der politischen Akademie der FPÖ nach dem Absprung des BZÖ die Förderung verweigert; zu diesen Fragen sind gerichtliche Verfahren anhängig.

Ähnliche Förderungen politischer Parteien finden sich auch auf Landesebene in allen Bundesländern, wobei diese darauf abstellen, ob die betreffende Partei im jeweiligen *Landtag* vertreten ist bzw. sich an Wahlen zu diesem beteiligt hat.[79]

b. Der Wahlwerbungskosten-Beitrag

Nach § 2a Abs. 1 ParteienG hat jede politische Partei, die nach der NR-Wahl im NR vertreten ist, Anspruch auf Förderungsmittel des Bundes als *Beitrag zu den Kosten der Wahlwerbung*. Voraussetzung auch dieser Förderung ist somit, dass die betreffende politische Partei sich an der Wahl zum NR beteiligt und nach der Wahl im NR vertreten ist. Anders als bei der in § 2 Abs. 2 lit. a und b ParteienG geregelten Finanzierung der Öffentlichkeitsarbeit handelt es sich dabei aber nicht um eine laufende, sondern um eine einmalige Leistung.

Der Anspruch muss durch einen Antrag an das Bundeskanzleramt (§ 2a Abs. 4 ParteienG) *vor der Wahl* geltend gemacht werden. Wird die rechtzeitige Antragstellung versäumt, geht der Anspruch unter.[80] Zur Auszahlung gelangt diese Förderung allerdings erst *nach* der Wahl, wenn die Partei auf Grund des Wahl-

---

[79] Vgl §§ 1 ff. bgld. ParteienförderungsG, LGBl. 1994/23, zuletzt geändert durch LGBl. 2001/32; §§ 1 ff. ktn. ParteienförderungsG, LGBl. 1991/83, zuletzt geändert durch LGBl. 2005/57; § 3 nö. ParteienförderungsG; §§ 1 ff., 7 oö. ParteienfinanzierungsG, LGBl. 1992/25, zuletzt geändert durch LGBl. 2001/90; §§ 1 ff., 12 ff. sbg. ParteienförderungsG, LGBl. 1981/79, zuletzt geändert durch LGBl. 2006/23; §§ 1 ff. stmk. ParteienförderungsG, LGBl. 1992/17, zuletzt geändert durch LGBl. 2001/69; §§ 1 ff. tir. ParteienförderungsG, LGBl. 1995/13. In Wien und in Vorarlberg bestehen nur interne Richtlinien für Parteienförderungen; die vbg. Richtlinie ist unter http://activepaper.tele.net/vntipps/Parteienförderung.pdf abrufbar. Die Wiener Richtlinie ist – soweit ersichtlich – nicht publiziert; vgl. dazu z.B. OGH 28.3.2000, 1 Ob 69/00d; Sickinger, Politikfinanzierung, 213. Überblicksweise zu den Landesregelungen insb. Bachmann, JRP 1996, 112 ff.

[80] Ursprünglich war vorgesehen, dass der Antrag acht Wochen vor der Wahl gestellt werden musste; der VfGH hat dies zu Recht als Verstoß gegen die Chancengleichheit der Parteien qualifiziert, weil damit jene Parteien bevorzugt wurden, die von der kurzfristigen Anberaumung einer Wahl Kenntnis haben: VfSlg. 14.803/1997. Zum historischen Hintergrund vgl. insb. Lanner, JRP 1996, 264 ff.; Stelzer, FS Tsatsos, 658 ff. m.w.N. Die Frist wurde von der überwiegenden Lehre zu Recht als materiellrechtliche Ausschlussfrist qualifiziert: Funk, Wahlwerbungskosten-Beitrag nach dem Parteiengesetz, JRP 1996, 82 f.; Lanner, JRP 1996, 263 ff.; Walter, Wahlwerbungskosten-Beitrag gemäß § 2a des Parteiengesetzes, JRP 1996, 85 f.; aA Winkler, Parteienförderung mit Sanktionen?, JRP 1996, 89 ff. Nach der Aufhebung dieser Frist gilt dies nun entsprechend für die Antragstellung vor der Wahl, d.h. die Versäumung der rechtzeitigen Antragstellung führt zum Anspruchsverlust.

ergebnisses im NR vertreten ist. Es handelt sich bei diesem Beitrag somit um eine nachträgliche *Wahlkampfkostenrückerstattung.*[81]

Zur Berechnung der Höhe dieser Förderungen ist die Zahl der Wahlberechtigten bei der jeweiligen NR-Wahl mit dem Betrag von 1,94 € zu multiplizieren (dieser Betrag ist auf Basis des Jahres 2005 indexgesichert). Der sich so ergebende Gesamtbetrag ist auf die nach der NR-Wahl auf die im NR vertretenen politischen Parteien im Verhältnis der für sie abgegebenen Stimmen zu verteilen. Der auf jene Parteien entfallende Betrag, die keinen Antrag gestellt haben, ist zwar bei der Berechnung zu berücksichtigen, aber nicht auszubezahlen. Auf Grund dieser Regelung hat die Wahlbeteiligung keine Auswirkungen auf die Höhe der Wahlwerbungskosten-Beiträge. Das Gesetz stellt auch nicht auf die tatsächlichen Wahlwerbungskosten ab, sodass es sich um *pauschalierten Kostenersatz* handelt.[82]

Einen vergleichbaren Wahlwerbungskosten-Beitrag sieht § 2b ParteienG für die Beteiligung an den Wahlen zum EP vor: Jede politische Partei, die nach einer Wahl zum EP mit Abgeordneten im EP vertreten ist, hat danach Anspruch auf einen Wahlwerbungskosten-Beitrag; auf dessen Berechnung ist § 2a ParteienG sinngemäß anzuwenden, doch ist der sich danach ergebende Betrag um 10 % zu kürzen. Diese unterschiedliche Behandlung der Wahlen zum NR und zum EP hat der VfGH als sachlich gerechtfertigt angesehen.[83]

Anders als bei der Förderung der Öffentlichkeitsarbeit nach § 2 ParteienG nimmt der VfGH an, dass über den Anspruch auf Wahlwerbungskosten-Beitrag *durch Bescheid zu entscheiden* sei.[84]

Der Wahlwerbungskosten-Beitrag ist nach dem klaren Wortlaut des Gesetzes zweckgewidmet als *Beitrag zu den Kosten der Wahlwerbung*;[85] § 2a Abs. 4 Par-

---

[81] Der VfGH spricht in VfSlg. 14.803/1997 von einem „Ersatz der Wahlkampfkosten".

[82] Vgl. Lenzhofer, Wahlwerbungskosten-Beiträge und Zweckbindung: Die §§ 2a und 2b PartG, JRP 2006, 107 f.

[83] VfSlg. 15.534/1999.

[84] VfSlg. 14.803/1997, 15.534/1999; ebenso Lanner, JRP 1996, 273 FN 62; Winkler, JRP 1996, 90, 99 ff.; aA Funk, JRP 1996, 81 f., Sickinger, Politikfinanzierung, 154; Walter, JRP 1996, 86. Der VfGH begründet seine Auffassung mit der Formulierung, wonach ein „Antrag" an das Bundeskanzleramt zu stellen sei; der Begriff „Antrag" bezeichne ein auf die Erlassung eines Bescheides gerichtetes Anbringen; damit unterscheide sich die Formulierung von jener des § 3 Abs. 4 ParteienG, wo hinsichtlich der Förderungen nach § 2 ParteienG von einem Begehren an das Bundeskanzleramt die Rede ist (§ 3 Abs. 4 ParteienG). Man dürfe dem Gesetzgeber nicht unterstellen, mit unterschiedlichen Ausdrücken Gleiches gemeint zu haben. Auch dürfe wegen des subsidiären Charakters des Art. 137 B-VG nicht angenommen werden, dass der Gesetzgeber einen vermögensrechtlichen Anspruch begründe, ohne dafür eine behördliche Zuständigkeit vorzusehen. Diese – reichlich sophistische – Argumentation scheint im Ergebnis vertretbar, wenngleich nicht unbedingt zwingend.

teienG erklärt explizit § 4 ParteienG für sinngemäß anwendbar, nach dessen Abs. 1 über die *widmungsgemäße Verwendung* der Zuwendungen Aufzeichnungen zu führen sind.[86] Auch in den Materialien zu § 2a ParteienG ist ausdrücklich von einem „Beitrag zu den ... im Zuge der Wahlwerbung erwachsenen Kosten" bzw einer „Wahlkampfkostenerstattung" die Rede, im Gegensatz zur laufenden Parteienförderung.[87] Eine Verwendung für andere Zwecke scheint nach dem insofern klaren Wortlaut und den Materialien somit nicht zulässig. Problematisch an dieser Auslegung ist allerdings, dass der Wahlwerbungskosten-Beitrag erst *nach* der Wahl ausgezahlt wird, die Wahlwerbungskosten aber i.d.R. schon *vor* der Wahl entstehen. Da die vor der Wahl noch nicht zugeflossenen Mittel streng genommen noch nicht verwendet werden können, könnte man meinen, dass der Verweis auf § 4 Abs. 1 ParteienG ins Leere läuft und daher auch keine Zweckbindung des Wahlwerbungskosten-Beitrages besteht. Gegen diese Sicht und für die Annahme einer Zweckwidmung spricht aber der Wortlaut sowie der Umstand, dass § 4 ParteienG auf den Wahlwerbungskosten-Beitrag insgesamt nur *sinngemäß* anzuwenden ist. Damit liegt eine harmonisierende Auslegung in der Weise nahe, dass der Wahlwerbungskosten-Beitrag zur *Abdeckung von Kosten* dient (und dazu herangezogen werden muss), die *durch die Wahlwerbung* entstanden sind, oder anders gewendet: Dem Wahlwerbungskosten-Beitrag müssen entsprechende Wahlwerbungskosten gegenüberstehen und nachgewiesen werden. Der Wahlwerbungskostenkostenbeitrag ist zur (nachträglichen) Abdeckung dieser Kosten heranzuziehen, darüber sind auch entsprechende Aufzeichnungen zu führen.[88] Letztlich geht es daher um eine entsprechende *Verbuchung* der betreffenden Beiträge.

Die Auffassung von *Mayer*, es handle sich dabei nur um einen besonderen – nicht spezifisch zweckgewidmeten – Beitrag zur Öffentlichkeitsarbeit, der als Pauschale ausbezahlt wird und nur vom Erfolg bei der Wahl abhängt,[89] ist auf Grund des Wortlautes und der Materialien nicht überzeugend. Dagegen spricht bei systematischer Betrachtung insbesondere auch § 6 ParteienG, der – im Zusammenhang mit der Begrenzung der Wahlwerbungskosten – auflistet, welche Kosten als solche der Wahlwerbung anzusehen sind, woraus deutlich wird, dass

85 Lanner, JRP 1996, 286; Lenzhofer, JRP 2006, 108 ff.; Sickinger, Politikfinanzierung, 152; Sickinger/Nick, Geld, 75.

86 Zur sinngemäßen Anwendung des § 4 ParteienG vgl. insb. Lanner, JRP 1996, 266 ff.

87 IA 312/A 17. GP; vgl. auch den Ausschussbericht 1165 BlgNR 17. GP.

88 Vgl. in diese Richtung – allerdings letztlich ohne klare Stellungnahme – auch schon Lanner, JRP 1996, 267 f.

89 Mayer, Der unverbrauchte Wahlwerbungskosten-Beitrag, JRP 2005, 104 ff.

das ParteienG zwischen Wahlwerbungskosten und sonstigen Kosten der Öffentlichkeitsarbeit unterscheidet.[90]

Eine andere Frage ist aber, ob Beiträge zu den Wahlwerbungskosten *zurückgefordert* werden können, wenn sie widmungswidrig verwendet oder – was bei der letzten Wahl zum EP bei einer politischen Partei geschehen ist – nicht vollständig verbraucht wurden. Das Gesetz enthält dazu keine explizite Regelung. Wenn man allerdings mit dem VfGH eine Kompetenz des Bundeskanzlers zur bescheidmäßigen Entscheidung über den Wahlwerbungskosten-Beitrag annimmt, könnte man daraus auch ableiten, dass – wie bei sonstigen widmungswidrig verwendeten Förderungen – auch die Rückzahlung durch Bescheid des Bundeskanzlers verfügt werden könnte. Die gesetzliche Basis für eine solche Entscheidung kann man aus der Zweckwidmung durch das Gesetz ableiten, aus der sich ergibt, dass jede Zuerkennung der Förderung unter dem impliziten Vorbehalt einer Rückforderung erfolgt.[91]

Außerordentliche Förderungen wegen der Beteiligung an Wahlen sind auch auf Landesebene vorgesehen, wobei sich die Konstruktionen aber z.T. von der Bundesebene unterscheiden, weil überwiegend auch die nicht im Landtag vertretenen Parteien, die einen bestimmten Stimmenanteil erreicht haben, einen Wahlwerbungskosten-Beitrag erhalten.[92]

B. Nichtstaatliche Finanzierung durch Mitgliedsbeiträge, Spenden und ähnliche Zuwendungen

Das ParteienG enthält auch Regelungen über die *Offenlegung* von Spenden (dazu unten C.), trifft im Übrigen aber keine näheren Regelungen über Spenden. Das österreichische Recht enthält nur vereinzelt Vorschriften, auf Grund derer Zuwendungen an politische Parteien steuerlich begünstigt und damit indirekt gefördert werden:[93]

---

90 Dazu zählen insb. Plakate, Inserate, Belangsendungen, Werbefilme und Publikationen, die als Wahlwerbungsmittel eingesetzt werden.

91 So auch Lenzhofer, JRP 2006, 111.

92 Vgl. insb. §§ 8 f. bgld. ParteienförderungsG; §§ 7 f. oö. ParteienfinanzierungsG; §§ 12 ff. sbg. ParteienförderungsG; §§ 6 f. stmk. ParteienförderungsG; § 3 tir. ParteienförderungsG. Zu den Landesregelungen näher insb Bachmann, JRP 1996, 115 f.

93 Zur faktischen Struktur dieser Einnahmen vgl. insb. Sickinger, Parteien- und Wahlkampffinanzierung in den 90er Jahren, in; Plasser/Ulram/Sommer (Hrsg.), Das österreichische Wahlverhalten (2000), 306 ff.

• Einen wichtigen Finanzierungsbeitrag für die politischen Parteien stellen die *Mitgliedsbeiträge* dar.[94] Mitgliedsbeiträge an politische Parteien sind aber keine steuerlich absetzbaren Werbungskosten i.S.d. § 16 EStG dar und werden daher steuerlich nicht gefördert.[95] Dies gilt nach h.A. auch für Politiker, die aus ihrer politischen Tätigkeit Einkünfte erzielen.[96]

• Eine weitere wichtige Einnahmequelle sind *Spenden an politische Parteien*; diese können nicht nur von Einzelpersonen, sondern insbesondere auch von Unternehmen oder – was praktisch sehr bedeutsam ist – auch von Interessenverbänden geleistet werden, die den Parteien nahe stehen.[97] Spenden sind von der Einkommenssteuer nicht steuerlich abzugsfähig (§ 20 Abs. 1 Z. 4 EStG).[98] Allerdings sind Schenkungen – und damit auch Spenden – an die politischen Parteien nach § 15 Abs. 1 Z. 14 SchenkungssteuerG von der Erbschafts- und Schenkungssteuer befreit.

Die Befreiung von der Schenkungssteuer führt allerdings zu gewissen Umgehungsmöglichkeiten: Mitgliedsbeiträge an berufsbezogene Vereinigungen – z.B. die Industriellenvereinigung[99] – sind nämlich als Werbungskosten steuerlich von der Einkommenssteuer absetzbar. Wenn dieser Berufsverband einen Teil seiner Einnahmen an eine politische Partei als Spende weiterleitet, kann auf dem Umweg höherer Mitgliedsbeiträge mittelbar eine steuerliche Absetzbarkeit der Parteispenden erreicht werden. Um dies einzudämmen, sieht Art. II EStG-Nov.

---

94 Zur praktischen Bedeutung der Mitgliedsbeiträge und von „Kleinspenden" vgl, Sickinger, Politikfinanzierung, 29 ff. m.w.N.

95 Werner Doralt, Einkommenssteuergesetz. Kommentar (9. Lfg. 2005), Rz, 79 zu § 16 EStG; Hofstätter/Reichel, Die Einkommenssteuer – EStG 1988 (17. Lfg. 1995), Rz. 2 zu § 16 EStG.

96 Vgl. dazu insb. Lang, Politikerbesteuerung (2002), 52 ff.; Neuber, Werbungskosten politischer Funktionäre, ÖStZ 1993, 340; Quantschnigg/Schuch, Einkommensteuer-Handbuch (1993), Rz. 36 zu § 16 EStG; teilweise aA Werner/Schuch, Kommentar zur Lohnsteuer (1. Lfg. 1990), Rz. 87 zu § 16 EStG, wonach Werbungskosten dann anzunehmen seien, wenn bei Nichtentrichtung der Mitgliedsbeiträge der Verlust des politischen Amtes drohe.

97 Vgl. zur Bedeutung dieser „Großspenden" für die Parteienfinanzierung näher Sickinger, Politikfinanzierung, 45 ff. m.w.N. Zur Problematik von Parteispenden – insb. von „Großspenden" – vgl. Heindl, ZfV 2000, 371 f.

98 Auch die besonderen Regelungen über die Abzugsfähigkeit bestimmter Zuwendungen in § 4 Abs. 4 Z. 5 und 6 EStG erfassen Parteispenden nicht. Vgl. näher Werner Doralt, Einkommenssteuergesetz, Rz. 105 zu § 20 EStG; Hofstätter/Reichel, Einkommenssteuer, Rz. 2 zu § 16 EStG; Quantschnigg/Schuch, Einkommensteuer-Handbuch, Rz. 36 zu § 16 EStG; Schuch, Neuregelung der steuerlichen Behandlung der Politikerbezüge, ÖStZ 1984, 50; Sickinger, Politikfinanzierung, 52.

99 Zur praktischen Bedeutung der Zuwendungen der Österr. Industriellenvereinigung vgl. insb. Sickinger, Politikfinanzierung, 56 ff. m.w.N.

BGBl. 1975/391 idF BGBl. 1987/739 vor, dass Spenden von Interessenorganisationen an eine politische Partei pauschal mit 15 % zu versteuern sind.[100]

Im Übrigen bestehen aber – sieht man von strafrechtlichen Vorschriften gegen Korruption ab – keine Beschränkungen für Spenden an Parteien.

- Eine zusätzliche Einnahmequelle stellen die sogenannten *Parteisteuern* dar,[101] die von Mandataren und Funktionären an ihre politischen Parteien abzuführen sind; diese sind nach h.A. als Werbungskosten von der Einkommensteuer absetzbar.[102] Diese Auffassung ist deshalb nicht ganz unbestreitbar, weil fraglich ist, ob solche Parteisteuern nicht bloß als *erhöhte Mitgliedsbeiträge* angesehen werden können;[103] die unterschiedliche Behandlung von Mitgliedsbeiträgen von Politikern und der von ihnen entrichteten Parteisteuern scheint jedenfalls nicht zwingend.

Die *Parteisteuern* sind nur scheinbar private Zuwendungen an die Parteien, vielmehr verschwimmt hier die Grenze zur staatlichen Parteienfinanzierung: Indem der Staat den öffentlichen Funktionären ein Entgelt bezahlt, ermöglicht er die Ausübung von *Politik als Beruf* und finanziert damit *auch* die Tätigkeit der politischen Parteien. Wenn die Funktionäre an ihre politischen Parteien aus diesem Einkommen „Parteisteuern" abliefern müssen, die steuerlich absetzbar sind,

---

[100] Vgl. dazu näher Drysch, Parteienfinanzierung, 83; Heindl, ZfV 2000, 374; Sickinger, Politikfinanzierung, 52 f.; Sickinger/Nick, Geld, 46 f., alle m.w.N.

[101] § 4 Abs. 5 Z. 3 ParteienG spricht von „besonderen Beiträgen von den der jeweiligen Partei angehörenden Mandataren und Funktionären". Näher wird zwischen Klubbeiträgen – die von den Klubs der parlamentarischen Organe eingehoben werden – und Parteibeiträgen – die von den politischen Parteien eingehoben werden – unterschieden: Lang, Politikerbesteuerung, 57. Vgl. zur Praxis dieser Parteisteuern insb. Drysch, Parteienfinanzierung, 89 ff.; Sickinger, Politikfinanzierung, 115 ff.; Sickinger/Nick, Geld, 29 ff. m.w.N. Da die Parteisteuern wegen ihres Charakters als indirekte Parteienfinanzierung politisch umstritten sind, sind einige Landesparteiorganisationen dazu übergangen, auf deren Einhebung zu verzichten und stattdessen den Funktionären einzelne Leistungen konkret zu verrechnen; vgl. Sickinger, in: Wahlverhalten, 310 f.

[102] Werner Doralt, Einkommensteuergesetz, Rz. 72, 79 zu § 16 EStG; Hofstätter/Reichel, Einkommenssteuer, Rz. 2 zu § 16 EStG; Neuber, ÖStZ 1993, 340; Quantschnigg/Schuch, Einkommensteuer-Handbuch, Rz. 36 zu § 16; Renner, „Highlights" der UFS-Rechtsprechung zu Ertragssteuern, taxlex 2005, 594; Schuch, ÖStZ 1984, 50; Sedounik, Werbungskosten für Politiker, RFG 2005, 161; aus der Rspr. vgl. insb. VwSlg. 7215 F/1997; VwGH 25.5.1988, 88/13/0030; 21.7.1998, 98/14/0021; 9.12.2004, 99/14/0253.

[103] Vgl. dazu mit unterschiedlich gewichteter Kritik an der h.A. insb. Lang, Politikerbesteuerung, 56 ff.; Sickinger, Politikfinanzierung, 124 f.; Sickinger/Nick, Geld, 36 f.; Stelzer, in: Schriftenreihe, 58 f., der diese Parteisteueren allenfalls als Sonderausgaben qualifizieren will, die aber angesichts der Höhe der Politikerbezüge nicht mehr steuerlich abzugsfähig seien.

werden diese letztlich aus öffentlichen Mitteln finanziert, es handelt sich dabei um eine mittelbare staatliche Parteienfinanzierung.[104]

Angesichts der steuerlich wenig attraktiven Möglichkeit von Spenden werden in der Praxis oft „Umwegskonstruktionen" indirekter Zuwendungen durch Unternehmen gewählt, die dann als Betriebsausgaben abgesetzt werden können, wie z.B. Kostenübernahmen für Druckwerke, Inserate in Parteizeitungen, Sachspenden, „lebende Subventionen" durch Überlassung von Arbeitskräften oder Zuwendungen an Vorfeldorganisationen, die als Berufsverbände anzusehen sind.[105] Ähnliche indirekte Formen von Zuwendungen erfolgen auch durch die gesetzlichen Berufsvertretungen (Kammern) und den Österreichischen Gewerkschaftsbund: Direkte Parteispenden durch diese Organisationen sind zwar rechtlich nicht ausgeschlossen, realpolitisch aber nicht „verkaufbar": Dass die aus Zwangsbeiträgen ihrer Mitglieder finanzierten Kammern direkte Zuwendungen an einzelne Parteien leisten, ist politisch ebenso wenig vorstellbar, wie direkte Zuwendungen durch den ÖGB, der als *überparteiliche* Organisation auftritt. Als „Umweg" werden daher Modelle der Finanzierung der in diesen Organisationen auftretenden „Fraktionen" gewählt, die entweder Teilorganisationen der politischen Parteien oder Vorfeldorganisationen sind. Es handelt sich dabei um einen besonders sensiblen Bereich, der immer wieder Anlass zu politischen Skandalen gegeben hat.[106]

C. Sonstige Einnahmen aus wirtschaftlicher Tätigkeit

Politische Parteien sind juristische Personen des Privatrechts mit umfassender Rechtspersönlichkeit; sie können daher auch am Wirtschaftsleben teilnehmen, z.B. durch Beteiligung an Unternehmen oder durch die Aufnahme von Krediten. Tatsächlich besteht ein weiter Bereich *parteinaher Unternehmen* unterschiedlicher Organisationsform, insbesondere im (landwirtschaftlichen) Genossenschaftsbereich oder im Versicherungs- und Bankensektor. Daneben gibt es aber auch zahlreiche *parteieigene Unternehmen*; neben traditionellen Unternehmen im Verlagsbereich (Parteiverlage und –zeitungen) – die mittlerweile an Bedeutung verloren haben – sind neuerdings insbesondere verschiedene Werbefirmen zu nennen.[107] Der Betrieb solcher Unternehmen hat nicht nur den Sinn, unmit-

---

[104] Vgl. dazu eingehend Sickinger, Politikfinanzierung, 88 ff., 122 ff. m.w.N. In der (deutschen) Diskussion wird verschiedentlich problematisiert, ob solche Parteisteuern mit dem Prinzip des freien Mandates vereinbar sind: Frowein/Bank, ZaöRV 61, 2001, 32 f.

[105] Vgl. Sickinger, Politikfinanzierung, 54 ff.; Sickinger, Wahlkampffinanzierung, Forum Parlament 2003/1, 23; Sickinger, Überlegungen zur Reform der österreichischen Parteienfinanzierung, ÖZP 2002, 76 f.; Sickinger/Nick, Geld, 53 f.

[106] Vgl. näher Sickinger, Politikfinanzierung, 69 ff.; Sickinger, in: Wahlverhalten, 309; Sickinger/Nick, Geld, 48 ff. m.w.N.

[107] Näher dazu Drysch, Parteienfinanzierung, 94 f.; Sickinger, Politikfinanzierung, 75 ff.; Sickinger/Nick, Geld, 38 ff.

telbare Erträge zu erzielen – was oft nicht der Fall ist – sondern erlaubt auch „Umwegskonstruktionen" der Parteienförderung, indem z.B. anstelle einer (steuerlich nicht absetzbaren) Parteispende eine (steuerlich als Betriebsausgabe absetzbare) Anzeige in einer Parteizeitung geschaltet wird.

In der Praxis werden von den politischen Parteien außerdem häufig – insbesondere zur Finanzierung von Wahlkämpfen – Kredite aufgenommen, und zwar in der Erwartung, nach einem Wahlerfolg höhere staatliche Parteienfinanzierung zu erhalten, aus der die Kredite zurückgezahlt werden können; dabei dient die erwartete staatliche Parteienfinanzierung häufig als Kreditbesicherung. In den letzten Jahrzehnten hat diese Vorgangsweise bei allen großen politischen Parteien zu einer – allerdings immer nur vorübergehenden – erheblichen Verschuldung geführt, die manchmal nur mühsam abgebaut werden konnte.[108]

D. Kontrolle der Gebarung politischer Parteien

§ 4 ParteienG enthält schließlich eine komplexe Regelung über die Kontrolle der Gebarung politischer Parteien; dabei kann man vier Aspekte unterscheiden:[109]

a. Kontrolle der widmungsgemäßen Verwendung der Parteienförderung

Nach § 4 Abs. 1 ParteienG haben politische Parteien über die widmungsgemäße Verwendung der Zuwendungen nach § 2 Abs. 1 ParteienG (für Zwecke der Öffentlichkeitsarbeit) genaue Aufzeichnungen zu führen; nach § 2a Abs. 4 i.V.m. § 2b ParteienG gilt § 4 ParteienG allerdings sinngemäß auch für die Wahlwerbungskostenbeiträge nach diesen Bestimmungen. Schon diese Verpflichtung gilt – wie sich aus dem Wortlaut ergibt – nur für politische Parteien, die Zuwendungen nach dem ParteienG erhalten. Die Aufzeichnungspflicht – wie auch die weiteren Pflichten der Subventionsempfänger – sind Ausfluss des Charakters der Zuwendungen als *öffentliche Subvention*: Diese werden nach in Österreich h.A. immer nur für bestimmte Zwecke gewährt,[110] sodass es gerechtfertigt ist, die *Einhaltung des Förderungszweckes* auch zu kontrollieren.[111]

Die von den politischen Parteien anzufertigenden Aufzeichnungen und alle dazugehörenden Unterlagen sind von zwei beeideten Wirtschaftsprüfern jährlich

---

108 Vgl. Sickinger, Politikfinanzierung, 83 ff.; Sickinger, in: Wahlverhalten, 317 ff.; Sickinger, Forum Parlament 2003/1, 23 ff.; Sickinger/Nick, Geld, 57 ff. So wies z.B. die SPÖ nach dem Wahljahr 1999 – in dem mehrere Wahlen zu schlagen waren – einen Schuldenstand von 25 Mio. € auf, Sickinger, ÖZP 2002, 79 f., wo auch die politischen Probleme einer so hohen Verschuldung angesprochen werden.

109 Vgl. dazu insb. Heindl, ZfV 2000, 373 ff. m.w.N.

110 Vgl. z.B. Antoniolli/Koja, Allgemeines Verwaltungsrecht[3] (1996), 46 f.; Rebhahn, Beihilfen- und Subventionsrecht, in: Raschauer (Hrsg.), Grundriss des österreichischen Wirtschaftsrechts[2] (2003), Rz. 848; Wenger, Funktion und Merkmale eines verwaltungsrechtlichen Subventionsbegriffes, in: Wenger (Hrsg.), Förderungsverwaltung (1973), 25 ff.

111 So auch Sickinger, Politikfinanzierung, 131 f.

zu prüfen (§ 4 Abs. 2 ParteienG). Die Auswahl dieser Wirtschaftsprüfer erfolgt auf Grund eines Vorschlags (Liste) der politischen Partei, der fünf Wirtschaftsprüfer zu umfassen hat, durch den Bundesminister für Finanzen. Die politische Partei hat diese Liste dem Finanzminister auf Grund einer entsprechenden Aufforderung binnen vier Wochen vorzulegen. Welche Wirtschaftsprüfer zur Kontrolle herangezogen werden, kann die politische Partei letztlich selbst bestimmen.[112] Nur dann, wenn die Partei eine solche Liste nicht fristgerecht an den Finanzminister übermittelt, hat dieser die Wirtschaftsprüfer ohne einen solchen Vorschlag zu bestellen.

Das Ergebnis dieser Prüfungen ist nach § 4 Abs. 2 ParteienG im Amtsblatt zur Wiener Zeitung zu veröffentlichen.

Diese spezifische Kontrolle bezieht sich nach dem klaren Wortlaut nur auf die Verwendung der direkten staatlichen Zuwendungen nach den §§ 2, 2a und 2b ParteienG.

Auch auf Landesebene sind z.T. ähnliche Kontrollen bezüglich der Verwendung der Landesförderungen vorgesehen.[113]

Hinsichtlich der direkten staatlichen Zuwendungen unterliegen die politischen Parteien aber auch der *Kontrolle durch den Rechnungshof*: Nach Art. 121 Abs. 1 B-VG ist der Rechnungshof nicht nur zur Kontrolle der Gebarung der Gebietskörperschaften, sondern auch sonstiger *durch Gesetz bestimmter Rechtsträger* berufen. Nach h.A. kann der einfache Gesetzgeber auf Grund dieser Ermächtigung auch *juristische Personen des Privatrechts* der Kontrolle des Rechnungshofes unterwerfen; die nach dem Wortlaut unbegrenzte Ermächtigung wird aber von der h.A. teleologisch zutreffend insofern reduziert, als eine solche Kontrolle einer sachlichen Rechtfertigung bedarf (insbesondere weil es um eine Gebarung mit öffentlichen Mitteln geht) bzw. soweit eine zumindest mittelbare parlamen-

---

[112] Dieses Auswahlrecht der politischen Parteien ist deshalb problematisch, weil – abgesehen von der ganz selten vorkommenden Kontrolle durch den Rechnungshof – dies die einzige inhaltliche Kontrolle der Gebarung der Partei darstellt; eine inhaltliche Gebarungskontrolle – etwa durch den Bundeskanzler, der die Mittel nach dem ParteienG auszuzahlen hat – ist nicht vorgesehen. Die wünschenswerte Objektivität der zur Gebarungskontrolle berufenen Wirtschaftsprüfer ist aber manchmal nicht gegeben, so wenn z.B. die SPÖ als einen der Wirtschaftsprüfer einen ihrer früheren Finanzminister beruft, vgl. den Rechenschaftsbericht der SPÖ für das Jahr 1998, Amtsblatt zur Wiener Zeitung v. 30.9.1999, und dazu Stelzer, in: Schriftenreihe, 52. Kritisch zu diesem Auswahlrecht der Parteien auch Heindl, ZfV 2000, 375; Sickinger/Nick, Geld, 81.

[113] Vgl. § 4 bgld. ParteienförderungsG; § 4 ktn. ParteienförderungsG; § 4 nö. ParteienförderungsG; § 6 oö. ParteienfinanzierungsG; § 6 sbg. ParteienförderungsG; § 17 stmk. ParteienförderungsG; § 5 tir. ParteienförderungsG.

tarische Ingerenz auf den betreffenden Rechtsträger ausgeübt werden kann.[114] Auf einfachgesetzlicher Ebene sehen § 13 Abs. 3, § 15 Abs. 3 und § 18 Abs. 3 RechnungshofG vor, dass dann, wenn Mittel des Bundes, eines Landes oder einer Gemeinde einem außerhalb der Verwaltung der betreffenden Gebietskörperschaften stehenden Rechtsträger zur Verfügung gestellt werden, der Rechnungshof die Verwendung dieser Mittel – auf ziffernmäßige Richtigkeit, Sparsamkeit und Wirtschaftlichkeit – überprüfen kann. Nach dieser Rechtslage kann daher auch die Verwendung der direkten staatlichen Zuwendungen an die politischen Parteien durch den Rechnungshof geprüft werden. Von dieser Möglichkeit wurde bislang allerdings erst einmal Gebrauch gemacht.[115]

b. Offenlegung der Einnahmen und Ausgaben

§ 4 Abs. 4 – 10 ParteienG verpflichtet die politischen Parteien darüber hinaus, „über die Art ihrer Einnahmen und Ausgaben öffentlich Rechenschaft zu geben". Diese Verpflichtung gilt nach dem klaren Wortlaut des § 4 Abs. 4 ParteienG allerdings nur für jene politischen Parteien, die *Zuwendungen i.S.d. ParteienG* erhalten. Politische Parteien, die solche Zuwendungen nicht erhalten, sind daher zu einer solchen Offenlegung nicht verpflichtet.

Zum Zweck dieser Offenlegung haben die politischen Parteien jährlich einen *Rechenschaftsbericht* über ihre Einnahmen und Ausgaben zu erstellen. Dieser Rechenschaftsbericht bezieht sich auf *sämtliche Einnahmen und Ausgaben*, also nicht nur auf die Zuwendungen nach dem ParteienG und deren Verwendung. In diesen Rechenschaftsbericht sind daher insbesondere auch Einnahmen aus Spenden oder wirtschaftlicher Tätigkeit aufzunehmen. Eine Aufstellung über Vermögens- und Schuldenstand ist allerdings nicht gefordert.[116] § 4 Abs. 5 und 6 ParteienG enthält eine detaillierte Aufzählung, welche Einnahmen und Ausgaben jedenfalls gesondert auszuweisen sind;[117] diese Aufstellung ist in den Rechenschaftsbericht aufzunehmen.

---

[114] Vgl. insb. Hengstschläger, Rechnungshofkontrolle (2000), Rz. 4 zu Art. 121 B-VG; Korinek, in: Korinek/Holoubek (Hrsg.), Österreichisches Bundesverfassungsrecht (4. Lfg. 2001), Rz. 12 zu Art. 121 B-VG.

[115] Vgl. Heindl, ZfV 2000, 388 ff., sowie den Sonderbericht des Rechnungshofes zur Finanzierung der politischen Parteien und parlamentarischen Klubs, GZ 860.004/002-Pr/8/00, abrufbar auf der Homepage des Rechnungshofes http://www.rechnungshof.gv.at.

[116] Rechtspolitische Kritik daran äußert Heindl, ZfV 2000, 376.

[117] Von den Einnahmen sind gesondert auszuweisen: Mitgliedsbeiträge; Zuwendungen nach dem ParteienG; besondere Beiträge von den Mandataren und Funktionären der Partei; Erträge aus Unternehmensbeteiligungen; Erträge aus sonstigem Vermögen; Spenden; Nettoerträge aus Veranstaltungen oder dem Vertrieb von Druckschriften, Abzeichen oder ähnlichem; Kredite; Zuwendungen in Form lebender Subventionen; sonstige Ertrags- und Einnahmenarten, wobei jene gesondert auszuweisen sind, die mehr als 5 % der Jahreseinnahmen ausmachen. Von den Ausgaben sind gesondert auszuweisen: Personalaufwand; Büroaufwand und Anschaffungen;

Der Rechenschaftsbericht muss von zwei – nicht durch eine Kanzleigemeinschaft verbundene – Wirtschaftsprüfer überprüft und unterzeichnet werden. Mangels anderweitiger Regelung obliegt die Auswahl dieser Wirtschaftsprüfer der politischen Partei selbst. Der Rechenschaftsbericht – samt der noch zu erörternden Spendenliste – ist bis zum 30. September des darauf folgenden Jahres im Amtsblatt zur Wiener Zeitung zu veröffentlichen.

In der Praxis wird die Offenlegungspflicht von den Parteien zurückhaltend interpretiert; die veröffentlichten Rechenschaftsberichte beziehen sich nur auf *Bundesparteiorganisationen*, nicht auf Landes-, Bezirks- oder Gemeindeparteiorganisationen;[118] ebenso wenig werden – richtigerweise – Vorfeldorganisationen oder die – vereinsrechtlich organisierten – *Bünde* der ÖVP einbezogen.[119]

c. Insbesondere Ausweisung von Spenden

In einer *Anlage zum Rechenschaftsbericht* sind die der politischen Partei zufließenden *Spenden* gesondert auszuweisen. Diese besonderen Offenlegungsregeln sind die Reaktion auf „Spendenskandale“, insbesondere solchen, bei denen unversteuertes „Schwarzgeld“ zur Beeinflussung der Politik eingesetzt wurde. Dahinter steht die Einsicht, dass solche Spenden eingesetzt werden, um politische Entscheidungen zu beeinflussen, und sei es nur, indem für bestimmte (private) Unternehmen oder Interessenverbände ein günstiges politisches Klima geschaffen werden soll. Um dem entgegenzuwirken, wurden verschiedene Transparenzregeln geschaffen.

Die Offenlegungsregeln des ParteienG sind zur Erreichung dieser Ziele allerdings nur bedingt geeignet: Auch diese Vorschriften gelten nur für politische Parteien, die Zuwendungen nach dem ParteienG erhalten; andere politische Parteien sind zu einer solchen Offenlegung nicht verpflichtet. Die Pflicht zur Aufnahme in die Spendenliste gilt außerdem nur für Spenden, die – direkt – der politischen Partei oder einer ihrer Gliederungen – Landes-, Bezirks- oder Lokalorganisationen – zufließen (§ 4 Abs. 7 ParteienG). Spenden an andere mit den politischen Parteien verbundene Organisationen (Vorfeldorganisationen) werden hingegen nicht erfasst.[120] Die Spendenlisten erfassen daher die Zuwendungen an

---

Sachaufwand und Öffentlichkeitsarbeit einschließlich Presseerzeugnissen; Veranstaltungen; Fuhrpark; sonstiger Sachaufwand für Administration; Mitgliedsbeiträge; Rechts-, Prüfungs- und Beratungskosten; Kreditkosten- und Rückzahlungen; internationale Arbeit; sonstige Aufwandsarten, wobei jene über 72.672 € gesondert auszuweisen sind.

118 Kritisch zu dieser Vorgangsweise Heindl, ZfV 2000, 378 ff.; Sickinger, Politikfinanzierung, 135 f„ nach deren Auffassung die gesamte Gebarung einschließlich der Landesorganisationen im Rechenschaftsbericht auszuweisen sei.

119 Heindl, ZfV 2000, 380; kritisch dazu Sickinger, Politikfinanzierung, 135.

120 Das hat insb. für die ÖVP Bedeutung, deren Teilorganisationen – die „Bünde“ – als rechtlich selbständige Vereine organisiert sind; Spenden, die diesen Bünden zufließen, brau-

die politischen Organisationen nur in unvollständiger Weise. In die Spendenliste sind zudem nur Spenden aufzunehmen, die den Betrag von 7.260 € übersteigen; niedrigere Spenden scheinen darin somit nicht auf, mögen sie auch in Summe einen maßgebenden höheren Betrag ausmachen. Aus datenschutzrechtlichen Gründen sind die *Namen der Spender nicht in diese Liste* aufzunehmen.[121] Die veröffentlichten Spendenlisten haben daher insgesamt nur beschränkte Aussagekraft.[122]

In die *Spendenliste* sind Parteispenden über der genannten Höhe aufzunehmen, die von natürlichen Personen, juristischen Personen des Handelsrechts, Vereinen sowie von Körperschaften des öffentlichen Rechts, Anstalten, Stiftungen und Fonds geleistet wurden. Diese Spendenliste ist dem Rechenschaftsbericht anzuschließen und gemeinsam mit diesem im Amtsblatt zur Wiener Zeitung zu veröffentlichen.

Zusätzlich sieht § 4 Abs. 8 ParteienG vor, dass eine *Spenderliste* zu erstellen ist, in die Spenden von – grob gesagt – „Privatpersonen" aufzunehmen sind,[123] und zwar unter Angabe des Betrages, des Namens sowie der Anschrift des Spenders. Spenden von Körperschaften des öffentlichen Rechts, von Berufs- und Wirtschaftsverbänden sowie von Anstalten, Stiftungen und Fonds sind in diese gesonderte Spenderliste nicht aufzunehmen; dies wird rechtspolitisch kritisiert, weil beträchtliche Spenden gerade von solchen „öffentlichen" Spendern erfolgen; damit werden auch Umgehungsmöglichkeiten für private Spender eröffnet, die anonym bleiben wollen.[124]

---

chen daher richtigerweise nicht in die Spendenlisten aufgenommen zu werden: Stelzer, in: Schriftenreihe, 50 f.

[121] Kritisch dazu insb. Heindl, ZfV 2000, 375 ff., 386 ff.; Sickinger, Politikfinanzierung, 132 FN 148, der eine weitergehende Offenlegungspflicht für möglich hält; beide Autoren vernachlässigen mit ihrer Kritik die datenschutzrechtlichen Aspekte. Die Novelle BGBl. 1982/643 hatte vorgesehen, dass Spenden ab 30.000 S (ca. 2.300 €) unter Angabe des Namens des Spenders zu veröffentlichen waren; diese Regelung stieß auf heftigen Widerstand der damaligen Oppositionsparteien und wurde nie faktisch umgesetzt; durch BGBl. 1983/667 wurde sie zunächst suspendiert und in weiterer Folge durch BGBl. 1984/538 das bis heute geltende, im Text dargestellte System geschaffen; vgl. dazu insb. Heindl, ZfV 2000, 377 f.; Stelzer, in: Schriftenreihe, 48 f.; Wiederin, Information, Medien und Demokratie. Die Rechtslage in Österreich, in: Hofmann/Marko/Merli/Wiederin (Hrsg.), Information, Medien und Demokratie (1997), 235 f.

[122] Zur Lückenhaftigkeit der Erfassung der Parteispenden vgl. insb. Heindl, ZfV 2000, 378 ff.

[123] Genauer: Spenden von juristischen Personen des Handelsrechts, Einzelkaufleuten und sonstigen natürlichen Personen sowie von Vereinen, die keine Berufsorganisationen sind.

[124] Heindl, ZfV 2000, 376.

Diese Spenderliste ist *nicht öffentlich*. Sie ist dem Präsidenten des Rechnungshofes bis zum 30. September des folgenden Jahres zu übermitteln. Auf Ersuchen der politischen Partei hat der Präsident des Rechnungshofes öffentlich festzustellen, ob eine Spende in der von ihr übermittelten Spenderliste ordnungsgemäß deklariert wurde. Über die nicht vollständige oder nicht fristgerechte Übermittlung der Spenderliste hat der Präsident des Rechnungshofes den Bundeskanzler zu informieren. Diese besondere Aufgabe des Präsidenten des Rechnungshofes ist verfassungsrechtlich durch eine Verfassungsbestimmung in § 1 Abs. 5 ParteienG abgesichert.[125]

d. Sanktionen für die Verletzung der Offenlegungspflichten

Veröffentlicht oder übermittelt eine politische Partei nicht fristgerecht den Rechenschaftsbericht, die Spenden oder die Spenderliste, hat der Bundeskanzler fällige Zuwendungen (§ 3 Abs. 2 ParteienG) bis zur ordnungsgemäßen Veröffentlichung oder Übermittlung einzubehalten (§ 4 Abs. 10 ParteienG). Diese Sanktion bezieht sich nur auf die Verletzung der Übermittlungs- und Veröffentlichungspflichten, nicht aber auf den Fall, dass die Angaben inhaltlich fehlerhaft sind. Der an diesem Umstand verschiedentlich geäußerten Kritik[126] ist entgegenzuhalten, dass eine inhaltliche Kontrolle des Rechenschaftsberichts oder der Angaben in den Spenden- und Spenderlisten durch den Bundeskanzler politisch kaum denkbar ist. Im Übrigen ist der Rechenschaftsbericht ohnedies durch zwei Wirtschaftsprüfer zu überprüfen, die schon auf Grund ihrer berufsrechtlichen Sorgfaltspflichten nicht sorglos die Richtigkeit eines fehlerhaften Berichtes bestätigen können. Hinsichtlich der Spenderliste hat der Präsident des Rechnungshofes eine gewisse Kontrolle vorzunehmen.

Im Zusammenhang mit der Zurückhaltung fälliger Zuwendungen wird ausdrücklich auf § 3 Abs. 2 ParteienG verwiesen; dieser regelt aber nur die Fälligkeit der Grund- und Steigerungsbeträge nach § 2 Abs. 2 lit. a und b ParteienG. Nach § 2a Abs. 4 und § 2b ParteienG ist § 4 ParteienG allerdings sinngemäß auch auf die Wahlwerbungskosten-Beiträge anzuwenden, sodass anzunehmen ist, dass auch diese bei Verletzung der Offenlegungspflichten auszusetzen sind.[127] Auf Grund dieser Verweise ist aber anzunehmen, dass *andere* Zuwendungen nicht ausgesetzt werden dürfen. Da die Zuwendungen nach § 2 Abs. 2 lit. a und b ParteienG bzw. den §§ 2a und 2b Parteien nur den *im NR bzw. im EP vertretenen* politischen Parteien zukommen, bedeutet das im Ergebnis, dass andere politische Parteien – die weder im NR noch im EP vertreten sind – bei Missachtung ihrer

---

125 Diese verfassungsrechtliche Regelung war notwendig, weil diese Aufgabe über die verfassungsrechtlich vorgesehenen (sonstigen) Aufgaben des Rechnungshofes hinausgeht; vgl. Heindl, ZfV 2000, 385; Sickinger, Politikfinanzierung, 135 (FN 14); Wieser, Rz. 88 zu § 1 ParteienG FN 386; undeutlich Wiederin, in: Information, 236.

126 Heindl, ZfV 2000, 376 f.

127 So auch Lanner, JRP 1996, 267 f., 270.

Verpflichtungen keine Sanktionen zu gewärtigen haben. Dies kann damit gerechtfertigt werden, dass solche Parteien nach dem ParteienG ohnedies nur ausnahmsweise Zuwendungen nach dem ParteienG erhalten (§ 2 Abs. 2 lit. c ParteienG).

E. Beschränkung der Wahlkampfkosten

Als Gegenstück zur staatlichen Parteienfinanzierung wäre eine *Beschränkung der Wahlkampfkosten* für *Wahlen zum NR* konsequent;[128] tatsächlich ermächtigt die Verfassungsbestimmung des § 5 ParteienG zur Schaffung solcher Regelungen für Wahlen zum NR,[129] §§ 6 – 14 treffen dazu nähere Regelungen. Diese Bestimmungen erfassen allerdings nur Wahlwerbungskosten, die während *fünf Wochen vor der Wahl* anfallen (§ 6 ParteienG), und sahen eine Begrenzung nur bis zu dem Betrag vor, den die Partei selbst bekannt gegeben hat (§ 14 ParteienG); eine Partei brauchte daher nur den Betrag hoch genug anzusetzen, um die vorgesehenen Sanktionen zu vermeiden.[130] Dieses – sehr ineffiziente – System galt zunächst nur für die NR-Wahl 1975, wurde aber für drei folgende Wahlen ebenfalls für anwendbar erklärt.[131] Danach wurde der Gedanke der Kostenbegrenzung durch gesetzliche Regelung aufgegeben und an seiner Stelle die dargestellten Regelungen über staatliche Wahlwerbungskosten-Beiträge eingeführt.

Beschränkungen der Wahlkampfkosten der politischen Parteien auf Bundesebene beruhen seitdem auf freiwilligen Vereinbarungen („Fairnessabkommen"), die – allerdings nicht immer – zwischen diesen vor den Wahlen abgeschlossen werden.

Auf *Landesebene* bestehen hingegen z.T. gesetzliche Regelungen, die eine Beschränkung der Wahlkampfkosten durch die geförderten Parteien vorsehen.[132]

---

128 Vgl. dazu insb. Khol, ÖJP 1980, 409 f.

129 Eine Verfassungsbestimmung ist deshalb notwendig, weil § 1 Abs. 3 ParteienG in Verfassungsrang Beschränkungen der Tätigkeit von Parteien durch besondere Rechtsvorschriften verbietet; eine Beschränkung von Wahlkampfkosten wäre eine solche Einschränkung: Wieser, Rz. 73 zu § 1 ParteienG.

130 Vgl. zu diesen Regelungen z.B. Sickinger/Nick, Geld, 78 ff. Als Sanktion war vorgesehen, dass bei einer Überschreitung der bekannt gegebenen Kosten um mehr als 10 % die Hälfte des Überschreitungsbetrages von den Förderungen nach §§ 2 und 3 ParteienG abzuziehen war, § 10 ParteienG. Für die Überwachung der Einhaltung dieser Kosten war eine eigene Kommission vorgesehen, § 9 ParteienG.

131 BGBl. 1979/94 (1979), 1983/141 (1983) und 1986/553 (1986). Diese – ihrem Inhalt nach mittlerweile gegenstandlosen – Gesetze wurden durch Art. 7 Abs. 1 Z. 15 – 17 BGBl. I 2003/100 formell aufgehoben.

132 Näher dazu Bachmann, JRP 1996, 115 f.

2. Zuwendungen an die parlamentarischen Klubs und die Abgeordneten

Nach dem – schon lange vor dem ParteienG erlassenen – KlubfinanzierungsG[133] haben die „Klubs" der Abgeordneten zum NR bzw. der Mitglieder zum BR Anspruch auf einen Beitrag zur Deckung ihrer Kosten. Dieses Gesetz geht dabei – ohne dass dies im Wortlaut deutlich zum Ausdruck käme – von einem „Parlamentsklub" aus, in dem sowohl die einer Partei zuzurechnenden Abgeordneten zum NR, die Mitglieder des BR und die Abgeordneten zum EP zusammengefasst sind. Die finanziellen Mittel nach diesem Gesetz stehen nach zutreffender Rspr. des VfGH grundsätzlich diesem „Parlamentsklub" insgesamt zu,[134] nicht aber den Klubs nach der NR-GO[135] bzw. der BR-GO.[136]

Die parlamentarischen Klubs sind nicht so eng mit den politischen Parteien verbunden wie die noch zu erörternden politischen Akademien: Die Bildung eines Klubs hängt nämlich grundsätzlich davon ab, dass mehrere Abgeordnete auf derselben Liste kandidiert haben, ausnahmsweise ist sogar die Bildung von Klubs von Abgeordneten von verschiedenen Listen möglich.[137] Theoretisch wäre es aber durchaus denkbar, dass als Wahlpartei eine Liste kandidiert, hinter der *keine* politische Partei steht, oder die von mehreren politischen Parteien getragen wird. Es wäre daher auch denkbar, dass es Klubs von Abgeordneten einer Liste gibt, hinter der keine bestimmte politische Partei steht. In der politischen Praxis kommt das zwar regelmäßig nicht vor, vielmehr sind die Klubs der „parlamentarische Arm" der jeweiligen politischen Partei; auch ein solcher Klub – hinter dem keine bestimmte politische Partei steht – hätte aber Anspruch auf Klubförderung.

---

133 BGBl. 1985/156 (WV), zuletzt geändert durch BGBl. I 1997/130.

134 VfSlg. 13.640/1993; ebenso Atzwanger/Zögernitz, Nationalrat-Geschäftsordnung³ (1999), 110.

135 Nach § 7 NR-GO haben Abgeordnete derselben wahlwerbenden Partei das Recht, sich zu einem Klub zusammenzuschließen; für die Anerkennung eines solchen Klubs ist die Zahl von mindestens fünf Mitgliedern erforderlich. Abgeordnete, die nicht derselben wahlwerbenden Partei angehören, können sich nur mit Zustimmung des NR zu einem Klub zusammenschließen. „Klubstärke" weist eine wahlwerbende Partei daher auf, wenn sie zumindest fünf Mandate erlangt hat.

136 Nach § 14 BR-GO haben Bundesräte, die auf Grund von Vorschlägen derselben Partei durch die Landtage gewählt werden, das Recht, sich zu einer Fraktion zusammenzuschließen. Für die Anerkennung als Fraktion ist der Zusammenschluss von mindestens fünf Bundesräten erforderlich. Bundesräte, bei denen diese Voraussetzungen nicht zutreffen, können sich nur mit Zustimmung des BR zu einer Fraktion zusammenschließen.

137 Vgl. die beiden vorangehenden FN.

Das KlubFG sieht mehrere Förderungen für unterschiedliche Zwecke vor: Nach den §§ 1 – 3 KlubFG haben die parlamentarischen Klubs zunächst Anspruch auf einen Beitrag zu den Kosten, die ihnen aus der Erfüllung ihrer *„parlamentarischen Aufgaben"* erwachsen. Diese Beiträge setzen sich aus einem *Grundbetrag* und einem *Steigerungsbetrag* zusammen: Der *Grundbetrag* entspricht dem Gehalt von vier Vertragsbediensteten des Bundes aus dem Schema der Akademiker und zusätzlich von vier Vertragsbediensteten einer niedrigeren Kategorie (§ 2 Abs. 1 KlubFG). Dazu kommen folgende weitere Beträge:

- Jedem Klub gebührt für je angefangene zehn Abgeordnete zum NR ein Beitrag in Höhe von zwei Jahresbruttobezügen eines Vertragsbediensteten des Bundes aus dem Akademikerschema.
- Jedem Klub, der in Ausschüssen des NR vertreten ist, gebührt ein Beitrag in Höhe des Jahresbruttobezuges von vier Vertragsbediensteten des Bundes aus dem Akademikerschema; für Klubs mit mehr als zehn Abgeordneten erhöht sich dieser Betrag für je 20 angefangene Abgeordnete um den Jahresbruttobezug von zwei Vertragsbediensteten des Bundes aus dem Akademikerschema (§ 2a KlubFG).
- Jedem Klub gebührt ferner für je angefangene zehn Mitglieder des BR ein Beitrag in Höhe des Jahresbruttobezuges von zwei Vertragsbediensteten des Bundes aus dem Akademikerschema (§ 3 Abs. 1 KlubFG).
- Jedem Klub gebühren schließlich für je angefangene vier Mitglieder des EP ein Beitrag in Höhe von zwei Jahresbruttobezügen eines Vertragsbediensteten des Bundes aus dem Akademikerschema (§ 3 Abs. 2 KlubFG).

Zusätzlich gebührt jedem Klub eine Zuwendung von 90 % der vorgenannten Beträge für *Zwecke der Öffentlichkeitsarbeit* (§ 4 Abs. 1 KlubFG).[138] Nochmals 25 % dieser Beträge gebühren den Klubs schließlich zur Deckung der *Kosten des laufenden EDV-Betriebes* einschließlich der Personalkosten und der Bildung von Rücklagen für den Ausbau der EDV-Einrichtungen (§ 4a Abs. 1 KlubFG) und weitere 15 % dieser Beträge für die *Arbeit im internationalen Bereich* (§ 4a Abs. 2 KlubFG).

Da die Klubfinanzierung an die *Gehälter der öffentlich Bediensteten gekoppelt* ist,[139] werden sie automatisch mit den Erhöhungen dieser Gehälter mit ange-

---

[138] Zur Öffentlichkeitsarbeit zählen nach § 4 Abs. 2 KlubFG insb. Briefe und Rundschreiben der Abgeordneten an Wähler ihrer Wahlkreise, Druckwerke und Broschüren über die Tätigkeit der Abgeordneten oder der parlamentarischen Fraktionen, Enqueten und Veranstaltungen, in denen die Öffentlichkeit über die parlamentarische Arbeit unterrichtet wird.

[139] Die Anbindung an die Gehälter im öffentlichen Dienst ist darauf zurückzuführen, dass die Klubförderung ursprünglich den Sinn hatte, die Heranziehung von Experten durch die Klubs zu finanzieren; Bachmann, JRP 1996, 108; Sickinger/Nick, Geld, 84.

passt, womit de facto auch eine gewisse Inflationsanpassung erfolgt, ohne dass eine gesonderte Gesetzesänderung erforderlich wäre.[140]

Alle diese Beträge und Zuwendungen sind *vierteljährlich* jeweils im Vorhinein an die Klubs auszuzahlen. Die Auszahlung obliegt dem Präsidenten des NR (§ 6 KlubFG) unmittelbar auf Grund des Gesetzes, ohne dass ein besonderes Verfahren voranginge. Der Präsident hat bei der Auszahlung kein Ermessen. Entscheidungen des Präsidenten des NR über die Auszahlung bzw. Nichtauszahlung einzelner Beträge sind keine Bescheide.[141] Im Streitfall sind diese Zuwendungen – da weder eine gerichtliche noch eine verwaltungsbehördliche Entscheidungskompetenz besteht – nach Art. 137 B-VG beim VfGH einzuklagen.[142] Der VfGH hat dazu zu Recht judiziert, dass die aktive Klagslegitimation (nur) den „Parlamentsklubs" i.S.d. KlubFG zukommt, nicht aber den Nationalratsklubs oder den Fraktionen des BR.[143]

Das KlubFG sieht weder besondere Aufzeichnungen über die widmungsgemäße Verwendung dieser Mittel[144] noch eine spezifische Kontrolle ihrer zweckgemäßen Verwendung vor;[145] die Klubs unterliegen allerdings der Kontrolle des Rechnungshofes. Eine Rückforderung zweckwidrig verwendeter Mittel ist freilich nicht vorgesehen und kommt mangels entsprechender Rechtsgrundlage nicht in Betracht.

Dem „Parlamentsklub" kommt auf Grund dieser Regelung somit eigene Rechtspersönlichkeit zu. Die Höhe der Zuwendungen hängt von der Zahl der Mitglieder des jeweiligen Parlamentsklubs ab, wobei sowohl die Abgeordneten zum NR, die Mitglieder des BR und die von der betreffenden politischen Partei gestellten Abgeordneten zum EP mitzurechnen sind. Das Gesetz stellt aber nicht

---

[140] Bachmann, JRP 1996, 108; Klee-Kruse, Parteienfinanzierung, 113.

[141] VfSlg. 13.642/1993; obwohl der VfGH diese Frage ausdrücklich dahingestellt ließ, kann bei richtiger Sicht kein Zweifel daran bestehen, dass der Präsident des NR bei der Auszahlung dieser Förderungen nach Art. 30 Abs. 6 B-VG im Rahmen der Staatsfunktion Verwaltung tätig wird, auch wenn er nicht durch Bescheid zu entscheiden hat: Novak, Lebendiges Verfassungsrecht (1993), JBl. 1996, 700 f.

[142] VfSlg. 13.640/1993; vgl. auch VfSlg. 16.535/2002, zur Klubförderung in der Gemeinde Wien.

[143] VfSlg. 13.640/1993.

[144] In der Praxis werden solche Aufzeichnungen allerdings geführt: vgl. den Sonderbericht des Rechnungshofes zur Finanzierung der politischen Parteien und parlamentarischen Klubs, GZ 860.004/002-Pr/8/00, 27 ff., abrufbar auf der Homepage des Rechnungshofes http://www.rechnungshof.gv.at.

[145] In der politischen Praxis dürfte es insb. zu „Spenden" der Klubs an die dahinter stehenden Parteien kommen, was an sich nicht zulässig wäre; vgl. Sickinger, in: Wahlverhalten, 312 f.; Sickinger, ÖZP 2002, 82.

darauf ab, dass die betreffenden Personen *Mitglieder einer bestimmten politischen Partei* sein müssen. Dies ist auch schlüssig: Grundsätzlich können Klubs von Abgeordneten gebildet werden, die auf einer gemeinsamen Liste (Wahlpartei) kandidiert haben,[146] wobei die Kandidatur auf einer Wahlliste nicht die Mitgliedschaft in einer politischen Partei voraussetzt. Nach § 7 NR-GO bzw. § 14 BR-GO können ausnahmsweise auch Abgeordnete verschiedener Listen sich zu einem Klub zusammenschließen. Der Beitritt zu einem Klub ist freiwillig, was sich schon aus dem Grundsatz des freien Mandates ergibt (Art. 56 B-VG); umgekehrt ist es aber auch möglich, aus einem Klub auszutreten, was zur Folge hat, dass sich die Zahl der Mitglieder und damit die Höhe der Klubförderung verringert.[147] Strittig ist allerdings nach wie vor, ob während einer Legislaturperiode Abgeordnete zum NR, die aus ihrem bisherigen Klub ausscheiden, einen neuen Klub gründen können, womit ihm dann auch Klubförderung zustünde; dieses Problem hatte sich nach der Abspaltung des LIF von der FPÖ im Jahr 1993 gestellt. In der parlamentarischen Praxis wurde der von den betreffenden Abgeordneten gegründete neue Klub zugelassen.[148] Auch der VfGH hat – zur ähnlichen Rechtslage nach der Wiener Stadtverfassung – die Bildung eines neuen (zusätzlichen) Klubs durch Abgeordnete nach Ausscheiden aus ihrem bisherigen Klub als zulässig angesehen und den Anspruch des neuen Klubs auf die in Wien vorgesehene Klubförderung bejaht.[149]

Eine eher kuriose Situation ergab sich in diesem Zusammenhang nach der Abspaltung des BZÖ von der FPÖ im Jahr 2005: Die überwiegende Zahl der Abgeordneten, die auf der Liste der FPÖ kandidiert hatten, wechselten zum neuen BZÖ. Sie blieben aber Mitglieder des (ursprünglichen) Freiheitlichen Parlamentsklubs, dem damit auch weiterhin die Klubförderung zusteht. Diesem Klub gehören aber auch einige wenige Abgeordnete an, die weiterhin Mitglieder der „alten" FPÖ sind. Man ist also mit der eigentümlichen Situation konfrontiert, dass Mitglieder eines Klubs infolge der Aufspaltung der ursprünglich dahinter stehenden Partei nunmehr zwei verschiedenen politischen Parteien angehören, was noch dadurch an Brisanz gewinnt, dass das neue BZÖ Regierungspartei ist,

---

146 Vgl. insb. § 7 NR-GO.

147 Vgl. dazu insb. VfSlg. 13.640/1993.

148 Das Problem ergibt sich aus der nicht ganz klaren Formulierung des § 7 NR-GO, wonach „Abgeordnete derselben wahlwerbenden Partei ... das Recht (haben), sich in einem Klub zusammenzuschließen." Die Frage ist damit, ob Abgeordnete, die auf derselben Liste einer wahlwerbenden Partei kandidiert haben, letztlich mehrere Klubs gründen können. In der Lit. – und der ihr folgenden Praxis – wurde das überwiegend bejaht: vgl. insb. Fischer, Das Liberale Forum als parlamentarische Fraktion, JRP 1992, 3 ff.; Öhlinger, Der Klub des Liberalen Forums, JRP 1993, 77 ff.; dagegen aber Winkler, Rechtsfragen der Bildung eines Klubs im Nationalrat, JBl. 1993, 279 ff.; vorsichtig ablehnend auch Novak, JBl. 1996, 699 ff.

149 VfSlg. 16.535/2002.

während die verbliebene FPÖ Oppositionspolitik betreibt. Man liegt wohl nicht fehl, den Zusammenhalt dieser zentrifugalen Kräfte in der Macht des Geldes zu sehen. Solche Konsequenzen mögen zwar ungewöhnlich erscheinen, sind aber insofern schlüssig, als sich Parlamentsklubs eben nicht mit politischen Parteien decken müssen.

Neben den finanziellen Zuwendungen nach dem KlubFG wird die Arbeit der parlamentarischen Klubs auch durch die Überlassung von Räumlichkeiten und von Beamten der Parlamentsdirektion unterstützt;[150] so sieht Art. 30 Abs. 5 B-VG ausdrücklich vor, dass der Präsident des NR den „parlamentarischen Klubs" zur Erfüllung der parlamentarischen Aufgaben Bedienstete der Parlamentsdirektion zur Dienstleistung zuzuweisen hat. Zusätzlich hat jeder einzelne Abgeordnete zum NR nach dem *ParlamentsmitarbeiterG*[151] Anspruch auf Refundierung der Kosten für die Anstellung eines Mitarbeiters durch den Bund. Das Gesetz trifft im einzelnen detaillierte Regelungen über die Tätigkeiten, für die solche Mitarbeiter angestellt werden können, schließt den Vergütungsanspruch bei bestimmten Personen – z.B. bei Angehörigen des Abgeordneten oder Angestellten einer politischen Partei – aus und begrenzt die Höhe der Vergütung. Über diese Vergütungen entscheidet der Präsident des NR auf Antrag des Abgeordneten durch Bescheid (§ 7 lc).

Auf *Landesebene* ist weithin eine ähnliche Förderung der Klubs der in den Landtagen vertretenen Parteien vorgesehen;[152] in Salzburg ist neben der Förderung der Landtagsklubs auch eine Förderung der „Landtagsparteien" vorgesehen, wenn sie nicht Klubstärke erreicht haben.[153] Einige Bundesländer sehen auch eine *Kontrolle* der Verwendung der Mittel durch den Landtagsklub vor.[154]

3. Förderung der „Parteiakademien"

Das – ebenfalls schon vor dem ParteienG erlassene – „Bundesgesetz über die Förderung politischer Bildungsarbeit und Publizistik",[155] sieht einerseits die

---

[150] Vgl. näher Sickinger, Politikfinanzierung, 177 ff.

[151] BGBl. 1992/288, zuletzt geändert durch BGBl. I 2005/22.

[152] Vgl. §§ 5 ff. bgld. ParteienförderungsG; ktn. KlubfinanzierungsG, LGBl. 1991/82, zuletzt geändert durch LGBl. 1997/52; nö. Gesetz über die Förderung der Tätigkeit der Landtagsklubs, LGBl. 0011-6; oö. Landtagsklubs-FinanzierungsG, LGBl. 1992/26, zuletzt geändert durch LGBl. 2001/90; §§ 8 ff. stmk. ParteienförderungsG. In Wien ist eine Förderung der Klubs des Gemeinderates – der zugleich die Funktion des Wiener Landtages ausübt, Art. 108 B-VG – in Beschlüssen des Gemeinderates festgelegt; abgedruckt sind diese (in der damaligen Fassung) im Erk. VfSlg. 16.535/2002. Vgl. dazu näher Bachmann, JRP 1996, 116 f.; Drysch, Parteienfinanzierung, 146 ff.; Sickinger, Politikfinanzierung, 215 ff.

[153] §§ 8 ff. sbg. ParteienförderungsG.

[154] Vgl. Drysch, Parteienfinanzierung, 185 f.

[155] BGBl. 1984/369 (WV), zuletzt geändert durch BGBl. I 2003/136.

Förderung periodischer Druckschriften vor, was mit der Parteienförderung nicht unmittelbar zu tun hat (§§ 6 ff.),[156] anderseits aber auch die Förderung sog „Parteiakademien": Nach § 1 Abs. 1 PubFG hat der Bund die staatsbürgerliche Bildungsarbeit der „politischen Parteien" durch Zuwendungen an *Stiftungen oder Vereine* („Rechtsträger") zu fördern, sofern diese bestimmte Bedingungen erfüllen. Diese Bedingungen sind in den Z. 1 bis 5 des Abs. 1 aufgelistet; so dürfen diese Rechtsträger z.B. nicht auf Gewinn gerichtet sein, sie müssen die Ziele der staatsbürgerlichen Bildungsarbeit verfolgen, die Bedingungen der Gemeinnützigkeit nach steuerrechtlichen Vorschriften erfüllen (§§ 34 – 47 BAO) und die Satzung muss die Überprüfung des Jahresabschlusses durch einen Wirtschaftsprüfer oder einen Buchprüfer vorsehen. In der Praxis dienen diese Einrichtungen überwiegend – wenn auch nicht ausschließlich – als *Kaderschmieden* für die betreffende Partei.[157]

Die erforderliche Beziehung zu einer politischen Partei wird durch die Z. 3 des § 1 Abs. 1 PubFG umschrieben: Danach muss dieser „Rechtsträger" „von einer mit mindestens fünf Abgeordneten (Klubstärke) im NR vertretenen politischen Partei als der von ihr bestimmte Förderungswerber bezeichnet sein". Diese Formulierung geht auf die Novelle BGBl. 1984/538 zurück, mit der zugleich auch die einschlägigen Bestimmungen des ParteienG geändert wurden. Aus Wortlaut und Genese der Bestimmung wird gleichermaßen deutlich, dass die Namhaftmachung des Förderungswerbers durch eine *politische Partei* erfolgen muss, nicht etwa durch eine Wahlpartei.[158] Das entspricht also den Voraussetzungen der Parteienförderung nach § 2 Abs. 2 lit. a ParteienG. Hat eine politische Partei *mehrere* solche Rechtsträger eingerichtet, darf sie nur einen davon als Förderungswerber bezeichnen.

Empfänger der Förderungen ist also nicht unmittelbar die politische Partei, sondern eine von ihr bezeichnete „politische Akademie" mit eigener Rechtspersön-

---

[156] Die Förderung hängt insb. davon ab, dass in der periodischen Druckschrift ausschließlich oder vorwiegend Fragen der Politik, der Kultur oder der Weltanschauung (Religion) oder damit zusammenhängender wissenschaftlicher Disziplinen auf hohem Niveau abgehandelt werden und dass sie dadurch der staatsbürgerlichen Bildung dienen (§ 7 Abs. 1 Z. 3 PubFG). Diese Förderungen beschränken sich nicht auf „parteinahe" Zeitungen (richtig Stelzer, in: Schriftenreihe, 56 f.; missverständlich Wieser, Rz. 89 zu § 1 ParteienG), können aber auch von solchen in Anspruch genommen werden.

[157] Sickinger, Politikfinanzierung, 160; vgl. auch Drysch, Parteienfinanzierung, 191. Zur Tätigkeit der Parteiakademien vgl. insb. Mantl, Die politische Bildung als Beitrag zur innerparteilichen Demokratie, ÖJP 1991, 762 f. Neben der „Kaderschulung" werden insb. auch politische Zeitschriften herausgegeben, wie z.B. „planet – zeitung für politische ökologie" (Grüne) oder das „Österreichische Jahrbuch für Politik" (ÖVP).

[158] Vgl. auch Koren, Politische Akademien der Parteien (1995; Grazer juristische Diplomarbeit), 52 ff., wo eine in diese Richtung gehende Erledigung des Bundeskanzleramtes-Verfassungsdienst (GZ 610.012/4-V/4/93) zitiert und teilweise abgedruckt ist.

lichkeit. Voraussetzung der Förderungswürdigkeit ist aber, dass die betreffende politische Partei, die hinter der politischen Akademie steht, im NR in Klubstärke vertreten ist.[159]

Hinsichtlich der *Höhe* der Förderung differenziert § 2 Abs. 1 PubFG zwischen einem *Grundbetrag* und einem *Zusatzbetrag*:

- Der *Grundbetrag* entspricht dem Bruttobezug von fünf Ordentlichen Universitätsprofessoren der Gehaltsstufe 8 sowie sieben Vertragsbediensteten des Schemas des gehobenen Verwaltungsdienstes (Maturanten).
- Als *Zusatzbetrag* erhält jeder Rechtsträger *„für jeden Abgeordneten der politischen Partei"*, die diese „Akademie" namhaft gemacht hat, einen Jahresbruttobezug eines Vertragsbediensteten einer niedrigeren Gehaltsstufe.
- Zusätzlich sind jedem förderungswürdigen Rechtsträger auf Verlangen Förderungsmittel in Höhe von 40 % von Grund- und Zusatzbetrag zu gewähren, die für *internationale politische Bildungsarbeit* zu verwenden sind (§ 2 Abs. 4 PubFG).

Infolge der Anknüpfung der Förderungen an die Gehaltsschemata im öffentlichen Dienst werden diese Förderungen bei Gehaltserhöhungen automatisch mit angepasst, wodurch eine gewisse Indexanpassung gesichert ist.

Der Grundbetrag ist bis zum 15. Februar, der Zusatzbetrag und die zusätzlichen Förderungsmittel für internationale politische Bildungsarbeit sind bis zum 15. April auszuzahlen.

Die Feststellung der Voraussetzungen und die Festsetzung der Höhe der Förderungen obliegt nach § 3 Abs. 1 PubFG der BReg, und zwar auf Antrag der betreffenden politischen Partei. Die Feststellung ist zu widerrufen, wenn die Voraussetzungen nicht mehr gegeben sind. Die Förderung darf jeweils nur für ein Jahr gewährt werden. Zur Beratung der BReg ist ein spezieller Beirat einzurichten, dem unter anderem auch „je zwei Vertreter der politischen Parteien gemäß § 1 Abs. 1 Z. 3" angehören, also solcher, die die Voraussetzungen für eine Förderung nach diesem Gesetz erfüllen.

Die Förderung darf nur erfolgen, wenn sich der geförderte Rechtsträger verpflichtet, jedes Jahr bis 31. März dem Rechnungshof einen Bericht über die Verwendung der im vergangenen Jahr erhaltenen Förderungen vorzulegen; Abschriften sind der BReg und dem genannten Beirat vorzulegen (§ 4 Abs. 1 PubFG). Bezieht der geförderte Rechtsträger auch Förderungen von anderen Stellen, sind die Förderungen nach dem PubFG von einer gesonderten Verrechnung abhängig zu machen (§ 4 Abs. 2 PubFG). Darüber hinaus unterliegen die

[159] Derzeit bestehen folgende politische Akademien, die als Vereine organisiert sind: das Dr. Karl Renner-Institut (SPÖ), die Politische Akademie (ÖVP), das Freiheitliche Bildungswerk (FPÖ) und die Grüne Bildungswerkstatt (GRÜNE).

Parteiakademien nach § 13 RHG hinsichtlich der Verwendung der ihnen gewährten Förderungen auch der Kontrolle durch den Rechnungshof; sie müssen sich insbesondere bei Gewährung der Förderung verpflichten, jedes Jahr bis zum 31. März dem Rechnungshof einen Bericht über die Verwendung der im vergangenen Jahr erhaltenen Fördermittel zu übermitteln.[160]

Satzungs- oder gesetzwidrig verwendete Förderungsmittel hat der Bund zurückzuverlangen; die Gewährung der Förderung ist davon abhängig zu machen, dass sich der geförderte Rechtsträger zu dieser Rückzahlung – zuzüglich 2 % Zinsen über der Bankrate am Tag der Auszahlung – verpflichtet (§ 4 Abs. 3 PubFG).

Die Förderung erfolgt im Wege der *Privatwirtschaftsverwaltung*; auf ihre Gewährung besteht ein Anspruch, zur Entscheidung über die Förderung, den Widerruf der Förderungswürdigkeit und die Rückforderung von Fördermitteln sind die ordentlichen Gerichte zuständig (§ 5 PubFG).[161]

Abgesehen von den spezifischen Voraussetzungen, die der geförderte „Rechtsträger" selbst erfüllen muss, hängt die Förderung also davon ab, dass diese politische Akademie von einer mit mindestens fünf Abgeordneten im NR (Klubstärke)[162] vertretenen politischen Partei als „ihr" Förderungswerber bezeichnet wird. In diesem Punkt stimmt die Voraussetzung der Förderung mit jener der Förderung politischer Parteien nach § 2 Abs. 2 lit. a ParteienG überein; es stellen sich damit auch ähnliche Probleme wie beim „Sockelbetrag" nach dem ParteienG, wenn während einer Legislaturperiode Abgeordnete von einer Partei abspringen und – ohne aus dem NR auszuscheiden – eine neue politische Partei gründen. Dies ist – wie schon im Zusammenhang mit der Förderung nach dem ParteienG erläutert – erstmals im Jahr 1993 geschehen (Abspaltung des LIF von der FPÖ) und vor kurzem wieder durch die Abspaltung des BZÖ von der FPÖ.

Ähnlich wie bei den Förderungen nach dem ParteienG ist auch für diesen Zusammenhang davon auszugehen, dass ein Rechtsträger nur dann einen Förderungsanspruch hat, wenn die ihn nominierende politische Partei sich an der letzten NR-Wahl beteiligt und dabei ausreichend viele Mandate erlangt hat: Im NR vertreten kann eine politische Partei nämlich grundsätzlich nur dann sein, wenn sie sich an einer Wahl zum NR (erfolgreich) beteiligt hat. Deutlicher als im PubFG kommt dies in den schon erörterten Bestimmungen des ParteienG zum Ausdruck, die aber z.T. gemeinsam mit dem PubFG erlassen wurden, wobei

---

160 Sickinger, Politikfinanzierung, 163, qualifiziert diese Offenlegungs- und Kontrollvorschriften als vorbildlich.

161 Vgl. auch VfSlg. 15.515/1999; näher zu diesen Regelungen Sickinger, Politikfinanzierung, 157 ff.

162 Dass tatsächlich ein Klub gebildet wurde, ist nach dem Wortlaut allerdings nicht erforderlich. Die in einem Zeitungsinterview vertretene gegenteilige Auffassung von Mayer (Der Standard v. 7.4.2005) findet in Wortlaut und Materialien keine Grundlage.

sich dieses offenkundig am selben Konzept orientiert wie das ParteienG. Eine nach der Wahl durch Abspaltung neu gegründete politische Partei – mögen sich nun auch fünf (von anderen Listen abgesprungene) Abgeordnete zu ihr bekennen – kann daher *keinen* Förderungswerber namhaft machen. In diese Richtung ging auch die Staatspraxis nach der Abspaltung des LIF von der FPÖ.[163]

Was die politische Akademie jener Partei betrifft, von der sich Abgeordnete abgewandt haben, bestehen – wie beim „Sockelbetrag" nach dem ParteienG – zwei Auslegungsmöglichkeiten: Einerseits könnte man nur auf das Wahlergebnis der letzten NR-Wahl abstellen, anderseits aber auch darauf, wie viele Abgeordnete noch der alten Partei zuzurechnen sind. Anlässlich der Abspaltung des LIF von der FPÖ im Jahr 1993 wurde – soweit dies in der Lit. dokumentiert ist – offenbar trotz der Verringerung der Zahl der Abgeordneten die Förderung an die Parteiakademie der FPÖ weiter ausgezahlt;[164] allerdings verfügte die FPÖ auch nach dieser Abspaltung immer noch über mehr als fünf Abgeordnete. Nach der jüngsten Abspaltung des BZÖ von der FPÖ bekennen sich allerdings weniger als fünf der ursprünglich auf der FPÖ-Liste gewählten Abgeordneten weiterhin zu dieser. Das Bundeskanzleramt hat dies nunmehr zum Anlass genommen, die Förderung der Parteiakademie der FPÖ einzustellen.[165] Die Parteiakademie der FPÖ hat dagegen Klage erhoben, das Verfahren ist anhängig.

Auf *Landesebene* ist eine vergleichbare Förderung von Parteiakademien nur in der *Steiermark* vorgesehen.[166]

---

[163] Vgl. Koren, Akademien, 55 f.; Sickinger, Politikfinanzierung, 159, insb. FN 159. Sickinger äußert sich kritisch zu dieser Praxis und hält ihr den Wortlaut entgegen. Er setzt sich allerdings nicht mit dem systematischen Zusammenhang mit § 2 ParteienG auseinander. Im Zusammenhang mit § 2 ParteienG referiert er allerdings zustimmend die Staatspraxis, wonach mangels Beteiligung an der vorangegangenen Wahl dem neu gegründeten LIF keine Parteienförderung nach dem ParteienG zuerkannt wurde. Seine Ausführungen sind daher nicht konsistent. Auch die gegenteilige Auffassung, die Mayer in einem Presseinterview geäußert hat (Der Standard v. 7.4.2005), setzt sich nicht mit dem systematischen Zusammenhang des PubFG und des ParteienG auseinander.

[164] Vgl. die Stellungnahme des Bundeskanzleramtes-Verfassungsdienst GZ 610.012/4-V/4/93; zitiert und teilweise abgedruckt bei Koren, Akademien, 52 ff. Auch nach dem Absprung einzelner Mandatare von der SPÖ und der ÖVP wurde die Akademieförderung regelmäßig in voller Höhe weiterbezahlt; vgl. dazu Sickinger, Politikfinanzierung, 159 FN 183.

[165] Diese Auffassung vertritt auch Sickinger laut einem Interview in Der Standard v. 5.2.2006; die dort wiedergegebenen Ausführungen sind aber inkonsistent: Danach hält Sickinger zwar die Weiterzahlung der Parteiförderung nach dem ParteienG ungeachtet des Absprungs einzelner Abgeordneter für geboten, nicht aber die Weiterzahlung der Förderung der Parteiakademien. Sickinger hält dieses Ergebnis im Übrigen selbst für verfassungswidrig, ohne aber die Möglichkeit einer verfassungskonformen Auslegung ins Auge zu fassen.

[166] §§ 11 ff. stmk. ParteienförderungsG; vgl. dazu Bachmann, JRP 1996, 117.

4. Indirekte Förderungen

Neben den direkten Zuwendungen an die politischen Parteien oder ihnen nahestehende Einrichtungen gibt es verschiedene *indirekte* Begünstigungen; ohne Anspruch auf Vollständigkeit sei auf folgende Maßnahmen hingewiesen:[167]

- Nach Art. VI des AbgabenänderungsG 1975[168] haben die politischen Parteien im Bereich des Steuerrechts die Stellung von *Körperschaften des öffentlichen Rechts*, es kommen ihnen also die für diese Rechtsträger geltenden Steuerbegünstigungen zugute.

- Der Staat trägt weitgehend die Systemkosten des politischen Prozesses, wie etwa von Wahlen, Volksbegehren, Volksbefragungen etc., insbesondere durch Bereitstellung der amtlichen Stimmzettel und Führung der Wählerevidenzen; die Parteien haben im Falle ihrer Beteiligung an Wahlen etc. nur (geringe) Beiträge zu leisten.

- Die staatliche Förderung periodischer Druckschriften nach den §§ 6 ff. PubFG sowie von Tages- und Wochenzeitungen nach dem PresseförderungsG[169] kommt auch Parteiverlagen oder parteinahen Verlagen und Druckwerken zugute.

- Die gesetzlichen Berufsvertretungen stellen – obwohl sie formal überparteilich sind – traditionell ihnen „nahestehenden" Parteien Expertenwissen zur Verfügung; dies gilt insbesondere im Verhältnis der Arbeiterkammern zur SPÖ und der Wirtschaftskammern zur ÖVP.[170]

- Die Abgeordneten zu den Parlamenten und verschiedene sonstige öffentliche Amtsträger erhalten „Bezüge" nach bezügerechtlichen Vorschriften des Bundes und der Länder, was vielfach die Möglichkeit eröffnet, die politische Tätigkeit als *Hauptberuf* auszuüben.

- Typischerweise werden von den Bundesministern öffentlich Bedienstete als Mitarbeiter in ihren Kabinetten herangezogen bzw. dafür angestellt; diese unmit-

---

[167] Vgl. dazu die – allerdings schon etwas überholten – Darstellungen bei Klee-Kruse, Parteienfinanzierung, 121 ff.; Sickinger, Politikfinanzierung, 188 ff.; Sickinger/Nick, Geld, 94 ff., alle m.w.N. Früher war auch vorgesehen, dass den im NR vertretenen Parteien – kostenfrei – Sendezeit für Belangsendungen im (staatlichen) Rundfunk und Fernsehen zur Verfügung zu stellen ist; diese Begünstigung wurde mittlerweile beseitigt, sodass Sendezeiten (auch) für Parteiwerbung nur mehr gegen Entgelt angekauft werden können; vgl. dazu Kogler/Kramler/Traimer, Österreichische Rundfunkgesetze (2002), 41 f.

[168] BGBl. 1975/636.

[169] BGBl. I 2003/136.

[170] Stelzer, in: Schriftenreihe, 60.

telbaren Mitarbeiter – z.B. Kabinettschef, Pressesprecher – werden auch für die politische Arbeit eingesetzt und kommen daher mittelbar den (Regierungs-)Parteien zugute.

IV. Einige Zahlen und Fakten zur staatlichen Parteienförderung

Um das tatsächliche Ausmaß der staatliche Parteienförderung, die durch das dargestellte komplexe System gesichert wird, deutlich zu machen, seien abschließend noch einige Zahlen genannt.[171]

Die *Parteienförderung* nach § 2 Abs. 2 lit. a und b *ParteienG*[172] betrug im Jahr 2005 insgesamt 14.680.160,14 €.[173] Anlässlich der letzten Wahlen zum EP im Jahr 2004 wurden an die fünf erfolgreichen Parteien insgesamt 10.561.779,24 € nach § 2b ParteienG ausbezahlt.[174] Anlässlich der letzten NR-Wahl im Jahr 2002 wurden Wahlwerbungskosten-Beiträge nach § 2a ParteienG von insgesamt 11.455.900,80 € ausbezahlt.[175]

Die *Förderung der politischen Akademien* nach dem PubFG[176] betrug im Jahr 2005 insgesamt 9.562.128,52 €.[177] Die *Klubförderung* durch den Bund betrug im Jahr 2003 ca. 13,2 Mio. €.[178]

---

[171] Einen Überblick über die Förderungen nach dem ParteienG von 1995 bis 2005 geben Thanner/Vogl, Polizeirecht II (2006), 220ff. Zur Entwicklung der Höhe der staatlichen Parteifinanzierung bis 2000 vgl. insb. Sickinger, in: Wahlverhalten, 315 ff. m.w.N. Für die 80er-Jahre vgl Klee-Kruse, Parteienfinanzierung, 153 ff. m.w.N. Vgl. ferner den Sonderbericht des Rechnungshofes vom April 2000 zur Finanzierung der politischen Parteien und parlamentarischen Klubs, Zl. 860.004/002-Pr/8/00, abrufbar auf der Homepage des Rechnungshofes http://www.rechnungshof.gv.at. Vgl auch die Zusammenstellung der Parteieinnahmen – einschließlich ausgewiesener Spenden – im Jahr 1998 bei Sickinger, ÖZP 2002, 75.

[172] Die folgenden Angaben sind auf der Homepage des Bundeskanzleramtes http://www.bka.gv.at abrufbar.

[173] Dieser Betrag verteilte sich auf die politischen Parteien wie folgt: ÖVP 6.160.668,01 €; SPÖ 5.347.074,84 €, FPÖ 1.623.904,72 €, Grüne 1.548.512,56 €.

[174] Dieser Betrag verteilte sich auf die politischen Parteien wie folgt: SPÖ 3.548.221,96 €, ÖVP 3.480.958,24 €, Liste Hans Peter Martin 1.488.630,74 €, Grüne 1.372.557,08 €, FPÖ 671.411,22 €.

[175] Dieser Betrag verteilte sich auf die politischen Parteien wie folgt: SPÖ 4.255.330,01 €, ÖVP 4.930.329,00 €, FPÖ 1.166.395,51 €, Grüne 1.103.846,28 €.

[176] Auch diese Zahlen können auf der Homepage des Bundeskanzleramtes http://www.bka.gv.at abgerufen werden.

[177] Dieser Betrag verteilte sich wie folgt: Politische Akademie (ÖVP) 3.531.724,00 €, Dr. Karl-Renner-Institut (SPÖ) 3.188.508,40 €, Freiheitliche Akademie (FPÖ) 1.438.108,84 €, Grüne Bildungswerkstatt 1.403.787,28 €.

Insgesamt wurden im Jahr 2004[179] (ohne Berücksichtigung der Gemeinden) 147,2 Mio. € an Förderung für Parteien und Fraktionen ausbezahlt, wobei der weitaus überwiegende Teil von den Ländern geleistet wurde.[180]

Im internationalen Vergleich rangiert Österreich – sowohl was die Ausgaben der politischen Parteien wie auch deren staatliche Finanzierung betrifft – im absoluten Spitzenfeld; in einem Vergleich von 14 westlichen Demokratien aus dem Jahr 2002[181] weist Österreich den zweithöchsten Gesamtaufwand politischer Parteien auf, hingegen das höchste Subventionsniveau und den höchsten Subventionsanteil an den Ausgaben der Parteien. Der Subventionsanteil beträgt nach dieser Statistik 68 % des Gesamtaufwandes der Parteien. Die politische Tätigkeit der Parteien wird daher in Österreich zu gut zwei Dritteln aus öffentlichen Mitteln, d.h. vom Steuerzahler subventioniert.

Auch in Relation zu den sonstigen Einnahmen der politischen Parteien ist der Anteil der staatlichen Finanzierung besonders hoch: Geht man von den veröffentlichten Rechenschaftsberichten der politischen Parteien aus – die freilich nur die Einnahmen der Bundesparteiorganisationen ausweisen – zeigt sich, dass nur bei den beiden „Großparteien“ ÖVP und SPÖ die Einnahmen aus Mitgliedsbeiträgen und Spenden ein signifikantes Niveau erreichen und z.T. die staatliche Parteienfinanzierung übersteigen; bei den kleineren Parteien macht die staatliche Parteienfinanzierung hingegen bis über 80 % ihrer Einnahmen aus.[182] In der Lit. wird in diesem Zusammenhang z.T. problematisiert, ob ein derartiges Ausmaß

178 Quelle Sickinger, Forum Parlament 2003/1, 24. Dabei entfielen auf den Klub der SPÖ 3,422 Mio. €, auf den Klub der ÖVP 4,132 Mio. €, auf den Klub der FPÖ 2.259 Mio. € und auf den Grünen Klub 1,884 Mio. €. Vgl den Überblick über die Entwicklung der Klubförderung auf Bundes- und Landesebene von 1979 bis 2000 bei Sickinger, ÖZP 2002, 81.

179 Quelle Sickinger, Politische Korruption, in: Dachs u.a. (Hrsg.), Politik in Österreich (2006), 572.

180 Vom Bund wurden dabei ca. 33,3 Mio. € an Parteienförderung sowie ca. 12,1 Mio. € an Fraktionsförderung ausbezahlt, insgesamt ca. 45,5 Mio. €. Mehr als 100 Mio. € an Parteienfinanzierung wurde von den Ländern geleistet.

181 Naßmacher, Die Kosten der Parteitätigkeit in westlichen Demokratien, ÖZP 31, 2002, 16. Siehe auch den Vergleich zwischen Österreich, der Schweiz und der Bundesrepublik Deutschland durch Drysch, Parteienfinanzierung, 231, der zum Ergebnis kommt, dass die staatliche Parteienförderung in Österreich mehr als das Doppelte als in Deutschland und ca. das 35-fache (!) wie in der Schweiz beträgt.

182 Vgl. die letzten Rechenschaftsberichte: ÖVP Wiener Zeitung v. 22.9.2005; SPÖ Wiener Zeitung v. 9.9.2005; FPÖ Wiener Zeitung v. 27.9.2005; Grüne Wiener Zeitung v. 13.9.2005; Liste Dr. Hans Peter Martin Wiener Zeitung v. 29.9.2005. Nur bei der SPÖ machen die Einnahmen aus nichtstaatlichen Zuwendungen mehr als die staatlichen Zuwendungen aus; bei den Grünen betragen die staatlichen Zuwendungen 87 % der Einnahmen, bei der Liste Hans Peter Martin – die nur bei den Wahlen zum EP kandidiert hat – machen die öffentlichen Zuwendungen 100 % der Einnahmen aus.

der Parteienfinanzierung noch mit der angenommenen verfassungsrechtlichen Grenze einer bloßen *Teilfinanzierung* der politischen Parteien vereinbar ist.[183]

V. Schlussbemerkung

Der Überblick über die einschlägigen Regelungen zeigt somit ein vielfältig verästeltes System staatlicher Parteienfinanzierung. Typisch ist dabei, dass die einschlägigen Regelungen auf ein *stabiles Parteiensystem* zugeschnitten sind und im Wesentlichen den in den parlamentarischen Gremien vertretenen politischen Parteien zugute kommen. Veränderungen in der Parteienlandschaft, wie sie in einer modernen lebendigen Demokratie auftreten können, sind kaum berücksichtigt und werfen erhebliche praktische Probleme auf. Demgegenüber ist die Finanzierung politischer Parteien aus privaten Mitteln deutlich in den Hintergrund getreten. Als problematisch erweist sich neben der teilweisen Intransparenz dieses Systems auch der Umstand, dass es den haut goût eines *Selbstbedienungsmodells* hat, weil die Höhe der staatlichen Zuwendungen durch politische Entscheidungen von Parteienvertretern festgelegt wird. So ist z.B. verschiedentlich als Reaktion auf den Verlust von Wählerstimmen durch Regierungsparteien bei einer Wahl eine massive Ausweitung der staatlichen Parteienförderung festzustellen.[184] Nicht zuletzt ist auch die sachliche Rechtfertigung vieler Detailregelungen – insbesondere auch im Bereich indirekter Parteiförderung – wie auch die legistische Qualität vieler Bestimmungen hinterfragbar.

Auch wenn nicht zweifelhaft sein kann, dass die politischen Parteien für das politische Leben in Österreich zentrale Bedeutung haben, und dass eine staatliche Parteienfinanzierung unabdingbar ist, damit die Parteien ihre demokratiepolitische Aufgabe erfüllen können, scheint eine Reform der Regelungen über die Parteienfinanzierung überlegenswert. Anders als etwa in Deutschland – wo „Spendenskandale" das öffentliche Bewusstsein geschärft haben – taucht die Problematik der (staatlichen) Parteienfinanzierung in der öffentlichen Diskussion in Österreich nur sporadisch auf, um dann rasch wieder in Vergessenheit zu geraten. Auch das österreichische Finanzierungssystem ist aber gegen vergleichbare „Skandale" kaum gewappnet. Es wäre daher zu erwägen, vor dem Auftreten solcher Probleme – und losgelöst von aktuellen Problemen – über ein transparenteres System der Parteienfinanzierung nachzudenken[185] – ohne freilich in das andere Extrem einer Überregulierung zu verfallen.

---

[183] Stelzer, in: Parteiengesetz. 154.

[184] Vgl. Sickinger, ÖZP 2002, 80.

[185] Vgl. solche Überlegungen z.B. bei Sickinger, ÖZP 2002, 84 ff.

József Petrétei/Tímea Drinóczi

On the issue of the financing of Hungarian political parties

A. Introduction

The Hungarian *regulation* on party financing *was formed during the change of regime in* 1989-90 and still bears the signs of those concepts and requirements. A demand emerged as early as in 1989 that the communist party ruling so far, that is, the Hungarian Socialist Workers' Party (MSZMP), account for its assets. This issue was settled by the Act LXXIII of 1990 on the accounting of the assets of certain civil organisations of the previous regime. It was also the context of the change of regime, having regard to the process of forming parties, in which the financial conditions necessary for the operation of the new parties had to be created. The MSZMP was made to account for its assets; and the central government and the local governments were given immovable properties worth HUF 8.2 billion, at prices prevailing at that time, and from these immovable assets the newly created parties were also given their share.[1]

Formally a constitutional amendment, the democratic Constitution of 1989 laid down major guarantee provisions regarding the parties, that is, freedom of founding and operating parties, participation in the forming and mediating of the people's will, and the prohibition of the direct exercise of public authority, but it did not provide for the issue of party financing. Article 63(3) of the basic law, however, stated the necessity of statutory regulation of the parties, that is, it required the legislation to settle the financial and management situation of the parties. Thus the basic provisions on party financing are contained in the *Act XXXIII of 1989 on the operation and financial management of the parties,* as amended on several occasions. This law *regulates* the issues of party assets and management, *defining the party asset*, *the rules of its management*, *ways and means of the supervision of its activity*, and *the fate of the assets if the party ceases.* Compared to other civil organisations established under the right of association, the Party Act defines the economic activity the party is entitled to perform in a more limited range, at the same time ensuring the right for the *parties* to gain *support from the state budget.* The aim of this regulation is to prevent the direct intertwining of parties with the participants of business life, and the *budgetary support* helps to recognise that the parties, being part of the political intermediary mechanism, *perform important social-political tasks* in a democratic constitutional state and play a specific intermediary role. State support relates to the level the society supports the given party in the field of the

[1] BALOGH, Zsolt: A pártok működése és gazdálkodása. (Operation and management of parties.) Jogtudományi Közlöny 1996/3 p. 133, and HALMAI, Gábor: Párt, állam, jog. (Party, state, law) Politikatudományi Szemle 1993/1 p. 54.

formation and declaration of people's will.[2] *Further legal regulation* regarding party financing also relates to this: these are legal requirements concerning *campaign costs of the elections* on the one hand and those on *the operation of parliamentary parties,* on the other hand. The previous is provided for by *Act C of 1997 on electoral procedures* and the latter by *Act LVI of 1990 on the fees, cost reimbursement and allowances of the Members of Parliament.*

Although the Party Act was amended several times during the past years, *it was not amended substantially.* Financing of Hungarian political parties is rather *obsolete by now, less transparent and controllable*, especially from the aspect of election campaign expenditure.

B. Characteristics of Hungarian party financing

The operation of parties, as of all organisations, depends on personal, material and technical conditions all resulting in substantial costs. Thus it is a fundamental question *what should be the financial basis of the operation of parties* and *whether there is a legal regulation providing guarantees* in this respect. Major *questions of party financing* are the following: *what is the source of party money, what are the underlying aims and principles* when these go to the parties, *what* are the received sources allocated to and *to what extent* by the parties and *by whom and how are* the movements and use of party money *checked.* The legal regulation of party financing has an outstanding *significance for guarantee reasons,* too.[3]

It is true for Hungarian political parties, too, that they can perform their activities properly only if the *necessary conditions are ensured* for it. This objective is served by the legal regulation of party assets and financial management which is to be considered an important guarantee of the purity of political life as well.

I. The basis of party financing: the assets of the party

The Hungarian Party Act regulates the origins of the party assets, that is, it lists by item those sources that the assets of the party are created from. The assets of the party as a legal person are created from *membership fees, support from State budget, real estate property given* by the State *for free, financial contributions of* legal persons, companies without legal personality and individuals (donations), *legacy of individuals* upon testamentary disposition, *financial activity of* the party, and the *taxed profit* of a company (business concern) or a single-member

---

[2] 2179/B/1991. ABH, Decision of the Constitutional Court, ABH 1994. 520

[3] But there is not a single solution valid for all constitutional systems as the issue of party financing depends on the party system of the given country, most important functions of the parties, their roles in the political system, and the type of work they perform in Parliament.

limited company.[4] So these are the sources to finance the parties from in accordance with the Party Act. It follows from statutory provisions that the assets of the party and the private assets of the party members are completely separated. Otherwise, the provisions of civil law apply for the assets and the financial management of the parties within the framework of the Party Act. Regarding certain sources of the party asset, the following can be stated, taking statutory provisions into account.

1. Membership fees

Hungarian parties being relatively less organised, *the party membership fees account for* only *few percents of the total revenue.*[5] As no significant increase is to be expected in the membership figures of the parties, the share of the membership fees will be probably decreased regarding the total revenue. The amount and the payment method of the membership fee is established by *the parties in their internal rules*. It shall be noted that for the determination of the amount of the membership fee, the parties *take into account the incomes of their members*, and generally apply a *differentiated solution* according to the incomes of the individuals.[6]

2. Donations

This form of support is allowed for by the Hungarian Party Act as a general rule but it also lays down *prohibitions* regarding donations. On the one hand, it establishes that *no public authority,* or *State company, company* operating with State participation or a *foundation* receiving direct budgetary support or the support of a public authority *may provide financial contribution*. On the other hand, it lays down that the party *may not accept financial contribution or anonymous donation,* neither from the abovementioned authorities, nor from another state. If a donation of this kind arrives, it has to be paid for the foundation established by the Parliament. The prohibition of donation provided by State public authorities is justified by the fact that public authorities manage public money bound to purpose so it cannot be allowed that they "rearrange" these sources regarding their purpose or that they provide hidden budgetary support. It is also to be avoided that State companies in State ownership affect the financial means of participating in political life. The prohibition of accepting financial contribution from a foreign state, certainly meaning all state bodies, is justified by the fact that the financial means of parties influence substantially their election choices and it is to be avoided that other states influence Hungarian internal affairs to such an extent.

---

4 These categories are determined by the Act on company law.

5 POKOL, Béla: Pénz és politika. (Money, politics) Társadalmi Szemle 1993/4 p. 21. In case of parliamentary parties, this rate is 8-10%.

6 E.g., political parties usually receive higher membership fees from their own MPs.

In order to comply with the above rules, the *Party Act penalises the acceptance of prohibited support.*[7] The party that, breaching these rules, has accepted financial contribution is obliged to *pay* its amount *within fifteen days for the State budget,* upon the call of the Court of Auditors. When delayed, the debt shall be collected similar to taxes. A further sanction is that the *budgetary support of the party* shall be *reduced* with the amount of the accepted financial contribution. If the financial contribution was not given by monetary means for the party, it is obliged to provide for its assessment (determination of its value). If the party accepted prohibited, non-money contribution by breaching the above rules, its value is determined by the Court of Auditors.

3. Support of the parties from State property

The State provides financial means for the parties partly directly and partly in the form of indirect support. One form of indirect support is supplying the parties with immovable properties. Supporting the parties from State property was materialised only in 1991.[8] The amendment of the Party Act made it possible that the State give *immovable property* from its ownership into the *ownership of parties* entitled to budgetary support *for free,* for having it as party headquarters and according to determined ownership share.[9] The aim of the amendment of the act was that, according to the requirements of the change of regime, the parties get equal changes by receiving the ownership of central buildings indispensable for their operation. In line with the basic principles of the Act on the operation and financial management of parties, the parties acquired immovable properties largely in proportion with the results of 1990 parliamentary elections. It was the characteristics of existing buildings suitable for party purposes and the additional needs of the parties entitled to form parliamentary groups (fractions) in connection with the work of the Parliament that justified the giving into ownership of immovables of relatively larger surface. This act made it a Government task to ensure for other parties achieving 1% at the elections the acquisition of the ownership of a part of an immovable property at premises of relatively smaller surface, in line with their needs and possibilities. The Act also ensured the actual and unlimited ownership of immovable properties, including the right to their sale, too. Giving into ownership of immovables was a single, exceptional act of the Parliament.

Besides acquiring ownership, the parties *received free right of use on* other *State immovables, too,* to different extents. As the State is obliged to handle parties in

---

7 It shall be noted that there had been no sanctions for the acceptation of prohibited donations or for prohibited business activity until 1 January 1993. BALOGH: op. cit. p. 135.

8 See the justification of Act XLIV of 1991 on the amendment of Act XXXIII of 1989 on the operation and financial management of the parties and on the giving of buildings for headquarters of parties qualified at the 1990 parliamentary elections.

9 See Annex 3 of the Party Act.

the same way and it also has to ensure that the right of use of immovable for the parties be proportionate with the constitutional tasks of the parties, a new act (Act XCV of 2000) regulates that *the right of use provided formerly for the Parties regarding real estates in State ownership cease over a determined level without compensation,* with the exception of leasing rights based on market conditions.[10] The Constitutional Court stated that a basic value of democratic society is the ability of the multi-party system for renewal. It is important that the system be capable of adapting itself to society changes and react to the changing needs of the voters. For the promotion of it, however, the State may not be obliged constitutionally for fixing as a precondition for the giving of State immovable the existence of the party in the society as a party. It is not State task to make it possible that the parties be able to comply with several constitutional tasks.[11] According to the recent regulation, the State shall provide *free usage* to a fixed extent of real estate or, in case of joint ownership, of parts of immovable belonging to the State ownership share being in State ownership and managed by the Treasury's Asset Directorate for a party setting a national list at the general parliamentary elections and acquiring entitlement to form fractions in the Parliament.[12]

4. Budget support of the parties

In accordance with the 1989 regulation of the Party Act, the parties *were entitled to budgetary support from the State* as early as at this time, but the *budgetary support could not exceed 50% of the income of the given party*. The party which stated when preparing the annual balance sheet that it received support the amount of which exceeded 50% was obliged to pay back the extra support. But *this provision did not last even a year*, since it would have led to the inoperability of parties among those conditions.[13] As the provisions of the Party

---

10 See Act XCV of 2000 on the settlement of the utilisation of immovable property in State ownership and party use.

11 549/B/2000. ABH, Decision of the Constitutional Court.

12 The usage ensured covers a maximum of 30 immovable properties the surface of which shall not exceed a total of 5,000 m² gross (from which it is a maximum of 10 immovable properties or a total surface of 2,000 m² in Budapest). See Article 1 of Act No. XCIV of 2000 on the party use of immovable properties in State ownership. The party shall not pay a utilisation fee but shall bear the burden of the maintenance and renovation of the immovable and its dues. The immovable property shall be given to the party's possession or back to the Treasury's Asset Directorate free from litigations, encumbrances and claims and suitable for the use according to its intended purpose. The party may use the immovable property solely according to its intended purpose, may not rent it, may not establish a usufruct thereon and may not let it be used by a third party in any other ways or upon entitlements. The Treasury's Asset Directorate shall check the use and state of the immovable in every six months. The party shall pay twice the income deriving from the illegal use or utilisation to the account determined by the Treasury's Asset Directorate.

13 BALOGH: op. cit. p. 133.

Act regarding budgetary support had to be applied following the first free general elections in 1990 for the first time, it was inevitably necessary that the *financing of newly-formed parties be solved until the elections*. Thus the Parliament decided on the budgetary support of the parties by the State and the establishment of the temporary substantial conditions of their operation on 24 November 1989, in accordance with the Party Act. Under this decision, any party having registered itself, that is, formed in the legal sense, was entitled to *normative state support with regard to the number of its members declared by it* until the free elections.[14]

The Party Act in force follows the principle of continuous and general state financing for the facilitation of the operation of the parties, that is, it *ensures State budgetary support* for the parties *without the abovementioned 50% restriction*. This financing way is justified by the fact that the constitutional purpose of the parties is the contribution to the formation and declaration of the people's will and so they play a specific mediatory role between the state and the society.[15] According to the provisions in force, the rules of State budgetary support are the following:

a) The *amount to be allocated to the support* of the parties is fixed by the *Act on* State *budget*.[16] It shall be noted that the Budget Act is actually decided on by the actual parliamentary parties so it is them who decide the amount to be allocated to the financing of the parties in the given year. Instead of this solution, it *would be better* if the annual amount of the party financing would be guaranteed by an act either fixing its amount or linking it to an objective indicator.[17]

b) The order of the allocation of the annual budgetary amount is contained in the Party Act. According to this, *25%* of the amount to be allocated to the support of the parties from the State budget shall be distributed *between the parties acquiring a mandate on the national list in the Parliament in equal shares*. The amount equal to the remaining *75%* is due to the parties, *according to the result of the* parliamentary *elections*[18] in the share of the votes cast for the party and its candidates in the first valid turn. The Party Act made State support of the parties depending on the condition of the ability to comply with constitutional tasks, that is, the extent society supports it in the formation and declaration of people's

---

14 According to the summary of the Court of Auditors, thus a total of 15 parties received budgetary support in 1989 and it was 42 newly formed parties in 1990. BALOGH: op. cit. p. 133.

15 2179/B/1991. ABH, Decision of the Constitutional Court, ABH 1994 p. 518 (520)

16 Budgetary supports are paid in every quarter, on its first day.

17 POKOL: op. cit. p. 20.

18 For the allocation of budgetary support, the result of the election shall be taken into account for the first time from the first day of the month following the establishment of the validity of the mandate of the MPs.

will.[19] As the real indicator of the extent parties are supported is the result of the parliamentary elections, that's why the party *not acquiring 1% of the votes of voters participating at the election is not entitled to budgetary support.* According to the Constitutional Court, the fact that not all political parties receive State support and that the share of those entitled thereto is not equal but it depends largely on the result of the elections is without prejudice to the principle of people's sovereignty and to the prohibition of exclusive exercise of power.[20] When it is about the mandatory operation of parties, the State may never judge a party according to its programme and operation, but solely through the election result which objectively proves the opinion of the voters. The constitutional tasks of parliamentary parties differ from those of non-parliamentary parties. The equality of the parties is a formal and procedural one and the extent of State support may be adjusted to the development of party functions and it may award a change in the party's legal status and the growth in the legal status and responsibility of the parliamentary party.[21]

5. Financial and economic management of the parties

In order to avoid the direct intertwining of the parties with the operators of business life and also the usage in the management of information acquired during their activities linked to public power and the necessity of controlling the party as a taxable person by the tax authorities being part of the executive branch, the Party Act determines strictly the management possibilities of the party. Thus the party may conduct the *following financial and economic management activities for acquiring revenue,* for covering its costs and increasing its assets.

a) The party may *publish and distribute publications for making its* political *purposes and activities known*, it may sell badges symbolising the party and objects of similar purpose, it may arrange party events and utilise and sell the immovable and movable property in its ownership for a compensation. Within this management activity of the party, the sale of products and the provision of services are *free from VAT.* The party *shall not pay a corporation tax* for its aforementioned management activity. *Tax relief* is *an indirect budgetary support* of the parties.

b) Should the party wish to get revenue from its management in addition to the above, it may establish a *company* or a *single-member limited company,* but it may not acquire a share in another company. It is also entitled to invest its

---

19 ABH 1994. p. 518 (520). With regard to the fact that the precondition of the establishment of a party is ten founding members, not all parties legally established may take part substantially in the formation and declaration of people's will.

20 Ibid.

21 549/B/2000. ABH Decision of the Constitutional Court.

money into shares, with the exception of buying shares. This regulation excludes that the party associate with another person and thus become intertwined with other participants of business life, on the one hand, and it wishes to avoid that the party, having State information in its possession, perform speculations at the stock exchange advantageous for it, on the other hand. Naturally, a *corporation profit tax has to be paid* after the activity of the company and that of the limited liability company, and only the amount remaining after such taxation may be used for party purposes.

If the party *breaches the rules* regarding its management activity, legal consequences shall apply accordingly against it that are provided for the case of a prohibited financial contribution by the Party Act.

II. The problem of the assets in case of the ceasing of the party

The Party Act pays special attention to the problem of party assets following the ceasing of the party. Depending on the cause of the ceasing, *three cases* are regulated regarding the disposition of the assets.

a) If the party ceases by *merger* with another party or by *becoming separated* into two or more parties, its assets become owned by the *successor party* (parties). In case of a separation, the proportion and way of sharing the assets is determined by the party.[22]

b) Should the party cease by *dissolution,*[23] or a *dissolution* by the court,[24] or by *the establishment of its ceasing by the court*[25], its assets remaining after

[22] It shall prevent from the registration of the party if its statutes do not provide for the allocation of the assets in case of its ceasing in accordance with the law.

[23] The party may declare its dissolution at any time, that is, it is free to decide on its ceasing without a legal successor. If the party declares its ceasing by dissolution, it may not operate further as a civil organisation; in this case a foundation of public interest shall be established from its assets.

[24] For the sake of constitutional and legitimate operation, it is an important guarantee rule that a party which fails to comply with the relevant provisions may be dissolved by the court as a sanction. It means that, instead of the banning a party, Hungarian regulation establishes cases when the party may be dissolved.

[25] The Party Act determines two cases of it. In one case, upon the motion of the prosecutor, the court shall state the termination of the operation of the party, without prejudice to the further operation of the party as a civil organisation, if the party fails to nominate candidates at two subsequent general parliamentary elections. In this case it is only the party that ceases and not the civil organisation created during the formation of the party; this latter may operate further. But if the civil organisation ceases, too, then the provisions of the Party Act apply to the financial consequences of the ceasing. The aim of this provision is that those civil organisations register as parties that wish to run for the election. The Party Act establishes only an obligation of nomination and not the success regarding parliamentary elections. The Party Act does not exclude that the continuing civil organisation become a party again later in line with constitutional and statutory conditions. In the other case, the termination of the party

satisfying the creditors are to be passed into *the ownership of a foundation* established by the Parliament.[26] So, according to the Party Act, the assets of the party may not be distributed among its members even if the party ceases without a legal successor. This is justified by the State budgetary support the party received and by other material support it received for its political activities so it is not to be accepted that the assets eventually accumulating be distributed by the members among each other.

c) If the party ceases by *declaring its dissolution*, then the party *may establish a foundation* upon its dissolution, or *may offer its assets* remaining after the satisfaction of the creditors *for a foundation already in operation*. Upon declaring the dissolution, the registered representative of the party is obliged to publish a notification in Magyar Közlöny [Hungarian Official Gazette] in which he indicates the place where the creditors may declare their claims within 90 days following the publication of the notification and whether the party wishes to establish a foundation. In this case, the party shall give its documents concerning its management to the court following the closing works. The court shall delete the party from the register in case of the dissolution of the party if the party has given its documents concerning its management, proves the satisfaction of the creditors and the registration of the foundation or the fact that it has no remaining assets following the satisfaction of the creditors or that it passed its assets into the ownership of the foundation established by the Parliament.

III. Scientific, knowledge-propagation, research and educational foundations supporting the operations of the parties

Being political organisations formed around a definite, coherent system of ideas and values, political parties consider as their important purpose having these ideas and values made known and popular for the citizens and the increasing of the quality of political culture. Thus the Parliament *allowed for the establishment of foundations besides parliamentary parties in 2003* that are to serve this information, dissemination of information and education of the citizens.[27] The

is established by the court upon the motion of the prosecutor if the party ceases its activity and fails to provide for its assets. Thus, if the relevant conditions prevail, the prosecutor is obliged by law in both cases to submit a motion, that is, to initiate the court establishment of the ceasing which means its neglect is not within the discretionary powers of the prosecutor in such occasions.

26 Detailed purposes of the foundation and the way of its usage are developed by a committee sent by the Parliament and consisting of one member of each party acquiring a mandate at the national list. For the establishment of a foundation, the votes in favour of the MPs present are necessary.

27 The Parliament amended the Party Act on the one hand and added a new Art. 4/A to it and it prepared the Act XLVII of 2003 on foundations supporting the operation of parties and performing scientific, information disseminating, research and educational activities.

Parliament held important the establishment of scientific research workshops and centres for political training besides the parties in order to ensure the development of political life and culture and the efficient operation of the parties on a scientific base, meeting the requirements of the 21st century and the European level. These may operate as such intellectual bases of professional politics which may contribute to the better and more efficient operation of not only the parties but also of the whole legislative and executive power serving the public good better by their scientific activities, research work and suggestions for the political practice.[28]

The abovementioned arguments justify that these newly formed *foundations of public purpose* receive support from the state budget.[29] *A foundation entitled to budgetary support* can be established *only* according to the law, and an existing foundation may not be restructured in order to make it entitled to support. The Act relates the regulation to the party having the support of the society as demonstrated in parliamentary mandates as a founder. According to this, a foundation may be established *by the MPs of the party who formed a fraction following at least two subsequent parliamentary elections*, and the fraction declared its forming at the constituent sitting following the election of the Parliament, and, according to the memorandum of association of the foundation, the *purpose of the foundation* is *solely the activity determined* by law.[30] The scheduling of the payment of budgetary support is similar to budgetary supports determined in the Party Act. The act settles the legitimacy supervision and the financial control of the foundation similar to the regulation of the parties, aiming at ensuring the highest possible level of independence.

---

28 In Western Europe (Austria, Germany, Italy, etc.), it is for decades that such foundations financed from State budget has operated and contributed to the development of political culture. See the general reasoning of the Bill format of Act LVII of 2003.

29 Forms and extent of the support are basic support, additional support by mandate and occasional support. The basic support is twenty-five times the annual basic fee of an MP in accordance with the Act LVI of 1990 on the fees, cost reimbursement and reductions of MPs. The additional support by mandate is 85% of the annual basic fee of an MP by MPs. Occasional support is an amount allocated for a highlighted purpose in the annual Budget Act, determined by using appropriately the two above-mentioned forms of support. The actual amount of the support is set by the Act on state budget.

30 For the foundation, the provisions of the Act IV of 1959 on the Civil Code apply but the Act allows for several derogations justified by the special character of the foundation. According to these, the foundation may be established only as an open foundation in order to allow for the support and the minimal founding assets are fixed, too. It is obligatory to establish a managing body the members of which are to be designated for a definite period, that is, for five years arching over parliamentary cycles. The independence of the foundation is stressed by the fact that the members of the managing body are designed by the fraction and not by the founder. The act excludes foundations from among the beneficiaries of 1% of the personal income tax.

Only one foundation entitled to budgetary support may be formed by each party. However, this is without prejudice to another foundation established by the party formerly in accordance with the Party Act or to one to be established in the future.

IV. Rules on the financing of the campaign

The Hungarian Party Act and the Suffrage Act did not regulate in details the forms of accepting and using electoral money until 1997. Although the 1989 Suffrage Act[31] laid it down that every party to nominate a candidate for the elections[32] is entitled to State budgetary support in proportion to its nominating candidates and the parties have to account for the use of the support within thirty days following the elections, but it did not provide for a substantial sanction regarding this. As the Party Act had no specific provisions on campaign costs, the general rules of party financing applied during the campaign.[33]

The Suffrage Act was amended in 1997. According to the regulation in force since then, *every party* to nominate a candidate for the elections *is entitled to central budgetary support in proportion with its nomination of candidates* during the election of MPs. When determining the support by candidates, it is the number of candidates of individual constituencies, the number of candidates by parties on the territorial list which may not exceed the number of candidates equalling the number of mandates to gain, and the number of candidates actually on national lists which may not exceed 58 by parties that has to be taken as a basis. Candidates nominated both in an individual constituency and on a list or both on a territorial and national list have to be taken into account according to the number of nominations.[34]

---

31 See also Art. 51 of the Act XXXIV of 1989. As early as at this time, this Act laid down that the amount of money to be allocated for budgetary support in a national level is determined by the Parliament, and it also provided for the way of determining the support and that the transfer of the budgetary support to be allocated for the elections for the parties is effected in one amount by the Ministry of Finances or the financial institution designated by it and it also made provisions about this budgetary support serving only material costs.

32 In accordance with the Act XXXIV of 1989 on the election of the MPs, the Hungarian Parliament consists of 386 members of who 178 is to be elected in an individual constituency, 152 from a territorial, that is, capital and county list and 58 from a national compensation list that's why the nomination of candidates takes place accordingly.

33 See STUMPF, István: Választási kampány, média, kampányfinanszírozás. (Electoral campaign, media, financing of campaign) Társadalmi Szemle 1998/5 p. 17.

34 Individual candidates receive a budgetary support equalling that of the candidates of nominating organisations.

The amount of the money to be allocated to budgetary support is fixed by the Parliament.[35] Budgetary support is *solely* for covering *material* costs.[36] According to the Constitutional Court, this institutionalised budgetary support *may promote the actual realisation of positive discrimination* both for the candidates and for the parties: even those candidates and parties receive State support, which have no financial means on their own. Actually, there may be substantial differences between the candidates, regarding the financial situation of themselves, their parties and their supporters. The support given by the State for the candidates on equal grounds is a legal institution which helps to give effect to legal equality and equal opportunity with material means.[37]

Above budgetary support, the parties may allocate *a maximum of one million forints per candidates* for the elections. The introduction of this provision was justified by the campaign of the 1994 elections which led the parties almost into bankruptcy since all of them spent a lot more than what they were able to cover. Following the elections, several parties were forced to sell or substantially encumber their headquarters and the budgetary support of the parties was spent largely on the payment of the interest and capital instalments of bank loans taken for the campaign.[38] This regulatory solution (that is one million HUF/candidates), however, did not solve the problem as now there is no law which would require that the election advertisements be financed solely by the parties and the requirement of one million forints is not complied with the parties in practice. It is a well-known solution that a part of the advertisements is financed by organisations or persons "close to" the party which is not included in the amount used by the party according to the regulation in force.

V. Rules of the financing of parliamentary party groups

It was only following the 1990 free elections and the meeting of the multi-party Parliament that the just demand of the regulation of the financial conditions party fractions inevitable for parliamentary work arose in Hungary. So the issue of the cost reimbursement of the party fractions was not regulated by the 1989 Party Act but by the Act LVI of 1990 on the fees, cost reimbursement and allowances of the MPs, as amended several times. This Act stipulates the providing of *financial* support for the party fractions *on the one hand*, and the

---

[35] The transfer of the budgetary support to be allocated for the elections for the nominating organisations is effected in one amount and for individual candidates by person by the Ministry of Finances or the financial institution designated by it, in accordance with the decision of the Election Committee, within 5 days following it.

[36] The usage of the support has to be accounted for by the nominating organisations and the individual candidates within 30 days following the election at the place of payment.

[37] 299/B/1998. ABH, Decision of the Constitutional Court. ABH 2000. p. 753 (757)

[38] STUMPF: op. cit. p. 18.

provision of an equipped *office on the other hand, plus* the undertaking of the employment costs of the *professional staff* helping the work of the faction.

a) As to the *financial support of fractions,* it shall be noted that it was only an *expert's fee* that was allowed for the parties' parliamentary groups in 1990 by the original regulation. The reason was that the real work of MPs may be performed only following a substantial professional training, and the MP participates in parliamentary work usually in cooperation with its fraction. So the fractions employ experts for the professional training of their members, and these are to be honoured properly. When fixing the amount for the salary of the experts, the Act mixed several aspects. On the one hand, it ensured the same amounts to each faction and, on the other, it differentiated based on the number of the faction members. At the same time, it also took into account that mainly this support meant the possibility for the opposition parties to substantiate their work professionally. But as the range of actual operational costs exceeded the usage of expert's fees, the act was amended in 1991.[39] With the amendment, it became possible that the factions use the established cost allocation for the expenditure arising from their work. From this time on, each parliamentary group was able to claim a definite number (8) of staff the financial conditions of which were financed by parliamentary budget. But in 1998 the Act was amended again and it clarified certain costs arising from the existence of parliamentary groups by defining these as *operational expenditure* to be applied from the Parliament's budget, that is, the budget of party factions was built into the budget of the official organisation of the Parliament. According to the Act, the parties are entitled to engage for the expenditure arising from the operation of their parliamentary group an amount equalling to the basic salary of twenty MPs by parliamentary groups,[40] plus an amount equalling to 25% of the annual basic salary by MPs in case of a Government party and 50% of the same in case of an opposition party.

b) Since 1990 a provision has been in force according to which the official organisation of the Parliament has to provide *offices* and *basic furnishing* (office equipment and accessories) necessary for the work of the parliamentary groups for the fractions of the parties in the building of the Parliament or close to it, for free.[41] A parliamentary group is entitled to use a provisional allocation equalling to 15% of the basic salary of an MP in every month by MPs for the performance of office tasks in every month. From 1998 it became evident that the tangible assets bought from the determined allocation by the parliamentary group are the

---

39 See about it the Act LXXIII of 1991, too.

40 The basic fee is five times the actual basic salary of civil servants.

41 The civil servants supporting the work of fractions have to be placed in the offices provided for the fractions.

property of the office organisation of the Parliament, but the fraction may possess these as long as their party has a parliamentary group.

c) Following the 1998 amendment of the act, it became evident that the *persons helping the work* with parliamentary groups are *civil servants* whose financial grounds of employment (salary, cost reimbursement) have to be provided from the budget of the Parliament's official organisation. Every parliamentary group may demand thirteen civil servants and is entitled to employ two civil servants or employees not qualifying a civil servant having higher or secondary educational qualifications for its every five members, or, in case of a fragmentary calculation, for its every three members, but the number of civil servants may not exceed the number of the members of the parliamentary group. The parliamentary groups are entitled to a salary allocation according to the fixed number of civil servants, to which a salary completion is added and which takes fragmentary calculations into account.

C. Publicity and supervision of the financial management of the party

I. Publicity of the financial management of the party

For the purity of political life, the *publicity of the management* of the parties is of outstanding importance, which is one of the most effective control measures, and for the information of the voters it is also important to know about the revenue sources the different parties operate from.

a) These objectives are served by the provision of the Party Act according to which the parties *are obliged* to publish the report *(final account)* on their management in the previous year in Magyar Közlöny[42] *until 30 April of each year.*[43] The preparation and publishing of the report is obligatory for each party registered at a court, not depending on whether the party received State budgetary support or whether it had revenues in the previous year or whether it had economic events or not. The form of the report is defined by the Party Act.[44]

---

42 Magyar Közlöny [Hungarian Official Gazette] is the official journal of the Republic of Hungary, designed basically for the publication of acts but it also contains international treaties, the decisions and legal guidances of the Parliament and the Government, certain decisions of the Constitutional Court, precedential decisions of the Supreme Court and decisions in personal matters, including designations and awards by the President of the Republic and the awards given by the Government. A statute or the Prime Minister may order the publication of a communication of other type in Magyar Közlöny. Magyar Közlöny is edited by the Office of the Prime Minister.

43 The obligation of accounting and book-keeping is laid down in the Act C of 2000 on accounting for any economic entities. 224/2000. (XII. 19.) of the Government-decree, determining the details of the obligation of reporting and book-keeping, lays down in its Art. 3 (3) that the party is obliged to comply with this obligation in line with the provisions of the Party Act.

44 See Annex 1 of the Party Act.

According to this, *the report* is divided into *two large parts:* revenues and expenditure. Among *revenues,* the membership fees, the support from the State budget, the State support for parliamentary groups, other contributions and donations have to be indicated; also sources from legal persons, nationals,[45] companies without legal personality, and foreigners has to be enumerated,[46] furthermore the revenue from the profit of the company and limited company established by the party, and other revenues also has to be indicated. Among *expenditure,* the support given for the parliamentary group of the party, the support given to other organisations, costs of establishing companies, operational costs, acquisition of materials, costs relating to political activities have to be indicated in detail.

It shall be noted that when forming the report, it was not the professional aspects that mainly prevailed but rather the information of the public.

The Party Act also refers to the Act on the right to association as a background law regarding the management of the parties according to which the general rules on the management of civil organisations apply otherwise for the management of the parties.

b) Every party has to *publish* the amounts, sources and ways of use of State and other sources and financial support in Magyar Közlöny *within 60 days* following the second turn of the elections.[47] But the Act does not require a form for the financial accounting of the elections, so this solution, just like the final accounting, is less suitable for comparison or for the checking of revenues and expenditures.

II. Supervision of party financing

At present, only *the Court of Auditors is entitled* to control the management of the parties.[48] The Court of Auditors, by constitutional definition, is *the financial-economic supervisory body of* the Parliament.[49] The Court of Auditors as a *constitutional body* constituted by the basic law for a definite task performing

---

45 A contribution from national persons exceeding HUF 500,000 may not be anonymous and the name of the person or organisation giving the contribution and the amount has to be indicated.

46 A contribution from foreign persons exceeding HUF 100,000 may not be anonymous and the name of the person or organisation giving the contribution and the amount has to be indicated also.

47 Art. 97 (2) of Act C of 1997

48 The Party Act lays down in Art. 10 (2) that a public body is not authorised to exercise economic and financial control over the party.

49 1st sentence of Art. 32/C (1) of the Constitution. About the characteristics of the State Court of Auditors see PETRÉTEI, József: Magyar alkotmányjog. II. (Hungarian Constitutional Law. II.) Dialóg Campus Kiadó, Budapest-Pécs 2005. pp. 197-199.

State control[50] has a *general supervisory competence* in the field of financial-economic control, meaning that it may perform supervision everywhere where State money is used or managed or where State assets are managed, independent of the character of the body using it. The Court of Auditors is the *functionary body* of the Parliament, that is, it does not belong to the Parliament in the organisational sense, it is not part of the Parliament's organisation, it is separate from it and it has an independent organisation. In functional sense, the Court of Auditors performs one of the major activities of the Parliament, that is, the parliamentary control of the use of public money and of State management, so to this extent it is an external body performing parliamentary tasks: it is subordinated to *the Parliament and the statutes* (law) only and it is *independent* from any other body, either in the organisational or the functional sense.[51]

1. Supervision of the financial management of the parties

The Court of Auditors controls the management of the parties who receive regular State budgetary support *in every two years. The aim of the control* of the Court of Auditors is to examine the extent the management of the party complies with the provisions of the Party Act and whether the other statutory provisions in force are complied with.[52] *The control of the management of the party is a complex task that* is why it is performed according to a general programme which also provides for the method of control. According to this, the Court of Auditors checks the completeness and accuracy of the annual report on the previous, closed financial year, the documentary support of the evidence, the exercise of book-keeping and the own entrepreneurial activity performed by the party. During this it is examined whether the party used the sources legally available, performed the management activity as described in the Party Act and complied with the financial, accounting and other laws relating to management and undertakings.[53] But the full control of the management of the party may be performed by the Court of Auditors *only from a perspective of legality.* The *legality control* examines whether the *operation of* the party complies with the laws and internal rules, it is general and covers *every field of* financial-economic *activity.* The Court of Auditors has no competence to control the management of

---

[50] State control means in this sense such a supervisory activity within the range of external control which is exercised by the public body by its authorisation to exercise public power, that is, its statutory competence.

[51] The Court of Auditors is not a state administrative body, it may not issue public decisions and it may not issue decisions with external effect during its supervisory procedure supporting the activity of the Parliament without the participation of the Parliament.

[52] See ELEK, János: Pártok gazdálkodásának ellenőrzése. (Controlling the management of parties) Számvitel és könyvvizsgálat 1993/11 p. 523

[53] Ibid.

the parties from the aspects of expediency, and efficiency; in these respects the party is responsible for its membership.

When checking the annual report of the parties, the Court of Auditors examines formally whether the given party complied with its obligation to prepare a report at all and whether it published it in Magyar Közlöny by the given deadline, in the required form and with the mandatory contents. If the Court of Auditors reveals illegal acts within the management of the party, it shall call upon it to restore legality. In case of a more serious breach of law or if the party does not comply with the call, the president of the State Court of Auditors initiates court proceedings.

2. Supervision of the use of campaign costs

The Court of Auditors controls the use of State and other sources allocated for elections by parties having parliamentary representation *ex officio* and upon the request of another candidate or party *within a year* following the second turn of the elections. The request for control may be submitted within 3 months following the second turn of the elections. A motion for evidencing has to be attached to the request.

The party breaching the rules on the financing of the elections is obliged to pay twice the value of the excess within 15 days for the central budget.[54] When delayed, the debt shall be collected similar to taxes.

But the *Act on electoral procedures* does not define the concept of the campaign, the election costs or the material costs within it, and the way and extent the non-money support given for the election campaign should be taken into account among election sources and expenditure. According to the Court of Auditors, everything is campaign cost that appeared or passed in the accounting register of the parties for the purposes of control. So it can be seen that, due to the insufficient legal regulation, the control by the Court of Auditors of the use of campaign costs is not a guarantee in every respect.

D. Development of the legal regulation on party financing

Regarding the Hungarian regulation of party financing in force and the practice conducted, it is evidently justified to *supervise* the whole *legal regulation* of party financing, and apply a more detailed and efficient solution utilising the experience accumulated in the period following the transition that would include substantial sanctions of breaching the rules, too. That is why the Government submitted the Bill No. T/237 on the amendment of the Act XXXIII of 1989 on the operation and management of the parties and the Act C of 1997 on the electoral procedures and other related acts to the Parliament. The *purpose* of the Bill is *to make the system of party and campaign financing more transparent*

54 This amount has to be used for the preparation of first-time voters.

and to restrict the possibility of abuse. The transparency and controllability of the management of the parties and the financing of the election campaign is not ensured properly by the statutes in force. The Government draft offers proposals for solutions for these deficiencies and for anomalies emerging in practice. The content of the Bill helps to draw conclusions on the problems of the regulation in force so it is worth reviewing the ideas on the amendment in detail. These can be summarised as follows.

a) It is *a new rule* in the proposal that the parties have to comply with their obligation of book-keeping and reporting according to the provisions of the specific act on accounting. Based on this obligation, the proposal would introduce the provision according to which the court, upon the motion of the prosecutor, *states the termination of the operation of the party,* without prejudice to the further operation of the party as a civil organisation, provided that the party fail to comply with its obligation of annual reporting and publishing the report or if it does not make up for it within six months following the expiry of the deadline.

b) With regard to the obligation of the parties of book-keeping and reporting, the proposal *would determine what to consider as the revenues or assets of the party.* Accordingly, it makes a taxative *list* of the revenues of the party. The provision includes the revenue sources appearing as the assets of the party in the Party Act more accurately, on the one hand, and it adds others to these, on the other hand. New sources are the following: special budgetary support in the year of the general parliamentary elections, free or preferential use of immovables provided by the State under a special law or by the local government, contributions of the foundations established by the party. With regard to the rules in force, it is a more substantial change that the proposal does not allow for the establishment of companies or that it receive revenues from the financial contributions of legal persons and companies without legal personality. The assets of the party are the difference of all of its assets and liabilities, including provisions and accruals indicated on the balance sheet.

The proposal lays it down as a *guarantee rule* that the State, a public body financed from the State budget, a local government or a body of it, a legal person and an organisation without legal personality, disregarding statutory exceptions, may not give a contribution to a party, or the party may not accept a contribution from these organs. *It is also excluded* that the party accept a contribution *from another state.* The transparency of party financing is also ensured by the fact that the party may not accept *anonymous contribution.*

c) For the sake of transparency, the proposal would regulate *which contributions have to be indicated in the additional annex of the annual report of the party,* indicating the name of the contributor and the amount as well. In this context appears the rule that the parties are obliged to publish on the internet contributions received from natural persons and from the foundation established by the party the amount of which exceeds HUF 50,000, indicating the name of the contributor and the amount or the source of the contribution in case of a contribution given by the foundation established by the party to the party.

The proposal would fix *more rigorous sanctions* than the ones in force *in order to avoid abuses* in case the party accepts a contribution by breaching statutory provisions. The amount (consideration) of such contributions would have to be paid by the party for the central budget within 15 days, upon the call of the State Court of Auditors. When delayed, the amount (consideration) would qualify a debt to be collected similar to taxes. Another sanction would be that the budgetary support of the party has to be reduced by the amount equalling to the contribution accepted in this way or if the party does not receive a central budgetary support, then it is obliged to pay the amount or the consideration of the prohibited contribution for the state budget within one year, upon the call of the Court of Auditors accounted as expenditure, in addition to paying the amount (consideration) of the contribution accepted in this way. In case of a breach of the statutory rules, it is not only the party but also the president of the party who would be sanctioned (or in the absence of such, the person entitled to represent the party).[55] It is a guarantee rule ensuring the legitimate use of public money that the amount (consideration) of a prohibited non-money contribution accepted by breaching statutory provisions is established by the Court of Auditors.

d) In order to avoid former uncertainties in the legal interpretation, the proposal *would accurately define the concept of contribution and support.* In this sense, contributions are the following: material assets given to the party without consideration; debt undertaken from the party; concession for the party without consideration; a debt cancelled by the creditor for the benefit of the party; a service, a 'property law kind entitlements' (such as rental) or the transfer of its exercise exceeding ten thousand forints provided for the party without consideration. In case of a contribution without consideration, for the sake of complying with the obligation of book-keeping and reporting, the usual market price, that is, the value used or to be used between the independent parties in comparable conditions shall be considered as the value of the contribution. If the party does not receive the contribution in money, the party is obliged to provide for its assessment. For the sake of avoiding abuses, the proposal lays it down that if the party pays a consideration the amount of which is lower than the usual market price for the contribution, the difference in the value shall also be considered a contribution.

---

[55] The president of the party (or in the absence of such, the person entitled to represent the party) is obliged to pay 10% of the amount (consideration) of a contribution accepted by breaching statutory provisions upon the call of the Court of Auditors within 15 days for the state budget; in case of a delay, this amount (consideration) qualifies a debt to be collected like taxes, too.

e) The proposal indicates the *special budgetary support given in the year of the general* parliamentary *elections* as a *new revenue source.* The parties receive a single support in the year of parliamentary elections subsequently, according to the results of the election. To this support any party is entitled which acquired at least 1% of all valid votes cast in the first valid turn of the elections of the territorial constituencies on national level. The amount to be allocated for support in the year of the elections is twice the amount of supports determined in the Party Act in force. This support is due to the parties in proportion with the votes cast on the given party in the first valid turn of the territorial constituencies. The proposal also makes provisions on the date of the payment of budgetary support.

f) The proposal *amends the rules in force regarding the management of the parties.* It ceases the exemption from VAT provided for the sale of products and the provision of services regarding the management activities of the parties. From now on, the parties may not establish a company, only a single-person economic entity. The party, the single-person economic entity established by the party, the foundation established by the party may not acquire shares in another economic entity. The proposal makes the rules on the investment activity of the parties more accurate. According to these, the party may invest its assets into shares, with the exception of buying the shares of close joint stock company. Data on investment activity (number and values of stocks) have to be published in the annual report.

According to the planned *new provision,* the party, the single-person economic entity established by the party, the foundation established by the party may not be a tenderer or a subcontractor in a *public procurement procedure* and, with the exception of foundations performing scientific, information dissemination, research and educational activities supporting the operation of the party, may not participate in the fulfilment of a State or local government commission.

g) According to the proposal, the Party Act is added a *new chapter* entitled "The obligation of book-keeping and reporting of the party". The proposed regulation would provide for *the obligation of the parties of book-keeping and reporting in much more detailed* as compared to the present solution, in order to make the financing of the parties more transparent.[56] The proposal requires the parties to apply double-entry book-keeping, with special regard to the compliance with the guarantees in the Act on accounting, that is, the person performing tasks in the range of accounting services, obligatory auditing, at the same time taking into account the interests of parties of small budget, too, as parties not having a determined revenue would be exempted from the obligation of book-keeping.

[56] Special rules on the compliance with the obligation would be laid down by the Party Act, and the background rules by the Act on accounting.

Besides the book-keeping obligation, the proposal includes detailed rules on the *report* of the parties. In this context, the proposal defines requirements of content and form for the preparation of the report.[57] For the sake of transparency and publicity, the proposal fixes that the party is obliged to publish its annual report accepted by the body authorised for approval, and in case of an obligatory auditing, together with an independent auditor's report containing the auditor's clause or the refusal to give the clause within 150 days following the balance sheet date of the financial year in Magyar Közlöny and on its homepage, if it has any, and send it to the Court of Auditors. The mandatory publication of the annual report of the management of the parties is to strengthen the effectiveness of the control and the legality of the exercise of rights.

h) Besides the re-regulation of the provisions of the management of the parties, one of the most significant results of the proposal is that it would create a clear and transparent framework for the control of party financing by creating the accounting obligation of the parties. According to the proposal, the *state administration bodies would control the financial-economic activity of the parties* regarding the mandatory payments to be performed for the state budget, the financial basis of the social security system and the separate State funds and the control of the claim of these. The *autonomy* of the parties is ensured by *the purposeful character of the control*, and the guarantee rule that, during such checks, the parties may refuse the check of documents containing data regarding to its political activity and making statement in issues regarding these activities as well. The proposal also *strengthens the supervisory powers of the Court of Auditors*: it makes the provision of the Party Act settling the powers of the president of the Court of Auditors for the initiation of court proceedings more accurate. The president of the Court of Auditors may initiate the lodging of a suit at the prosecutor against the party. A deficient operation may result even in the ceasing of the party.

i) The Act on electoral procedures lays it down as a basic principle[58] that the purity of the election has to be preserved, election fraud has to be prevented, equal opportunities have to be ensured between the candidates and the nominating organisations, and the conditions of the purposeful exercise of rights in good faith have to be created. Today it is *a serious problem* that the *rules* in force regarding *the election campaign, the expenditure* to be allocated on the *campaign,* and *the check* of these *do not promote the realisation of these basic principles enough.* The bill would reform the provisions on the financing of the electoral campaign, taking into account the experience in the application of the law. The proposal *would add a new provision to the Act on electoral procedure,*

---

57 Like e.g. the rules of the division of the balance sheet, the compilation of the inventory, the revenue and expenditure account, the management of the register of the revenues of parties and the preparation of additional annex.

58 See Art. 3 of the Act on electoral procedures.

and its aim is that the Government bodies may not influence the campaign activity of any political operators. According to this, the State, a public body financed from the State budget, a local government or a body of it, a legal person and an organisation without legal personality, may not publish advertisements giving information about or explaining or popularising its activities or communications of general interest, and it may not perform a campaign activity, either. For the sake of the preservation of the purity of the elections, the prevention of election fraud and the ensuring of purposeful exercise of rights in good faith, the Act on electoral procedures would be added further provisions. During the electoral campaign, a person not qualifying a candidate or an organisation not qualifying a nominating organisation would be authorised to conduct a campaign activity if he/it registered himself/itself at the National Election Committee within 60 days preceding the voting day, by communicating his/its name, address or seat and the name of the representative in case of an organisation.[59] For a registered organisation, the rules of the Act on electoral procedure on election campaign and those of the Party Act on party financing apply accordingly.

j) For the sake of equal opportunities between the candidates and the nominating organisations and the purposeful exercise of rights in good faith, *the proposal would introduce the campaign accounts*. In the future, the consideration of major campaign costs may be paid only from a campaign account of public turnover. According to this, the candidate or the nominating organisation would be obliged to open a separate bank account for the coverage of campaign costs, prior to their declaration. The bank account would ensure the compliance with the rules of the Act on electoral procedures on campaign financing and on the use of money to be allocated to the campaign since certain campaign activities could be financed only by a transfer from this bank account and the National Election Committee would make the statements of these bank accounts publicly available.

The proposal *would amend* certain rules of the Act on electoral procedures *on election campaign activities,* too.[60] The bill would contain more accurate

---

[59] An exception from this can be a campaign activity conducted upon the commission of the candidate or the nominating organisation during which the person of the consigner and the fact of the commission is to be recognised evidently.

[60] For the sake of identification, the proposal would require that posters having the same size and appearance have to be given individual ID numbers by nominating organisations and candidates. It is a guarantee rule that the names of the candidate and the nominating organisation as well as the name of natural person responsible for the publication of the poster or leaflet, the number of copies of the poster or leaflet, and, in case of a poster, its ID number and the copy of the poster or leaflet, too, have to be indicated on the poster and the leaflet. These date have to be sent to the National Election Committee for publishing it on the internet.

provisions on the placement of *posters*,[61] and on *radio and television broadcasting*.[62] The use of press advertisements regulated with deficiencies so far and that of posters, especially of billboards, would become more transparent by adopting the bill.

k) Regarding the supervision of the money used in electoral campaign, the proposal would require that all nominating organisations and independent candidates, and persons or organisations not qualifying a candidate or a nominating organisation, respectively, registered with the National Election Committee are obliged to publish the amounts, sources and the ways of use of State and other money and financial contributions allocated to the elections. The regularity of the contents of information made public and the compliance with the rules of the financing of the election campaign would be controlled by the State Court of Auditors. The proposal would not set a maximum amount for the costs to be allocated to the campaign [63] but it would introduce serious sanctions in case of an irregular campaign financing.[64]

E. Summary

In a constitutional state of rule of law, all elements of party financing have to be *transparent, stable and calculable*: it has to be clear in all cases who is the source of the money, for what and how these are used and what is the type and the amount of the regular State support the parties receive. It has to be ensured

---

[61] The person entitled to use the surface shall inform the National Election Committee within three days after the results of the elections becoming valid about the following: for which candidate or nominating organisation he cede the surface, what was the size of the surface, which period was concerned, what was the compensation and which was the ID number of the poster that was placed.

[62] Under the new „Political advertisement" subtitle, for the sake of transparency of campaign financing, the proposal would require that if the publishers of temporary publications, broadcasters and service providers providing a news service via another telecommunications network wish to publish political advertisements, they send the price list of their advertisement services to the National Election Committee until the sixtieth day preceding the elections, and this is registered by the National Election Committee and also published on its homepage. A political advertising activity may be performed only by registered press organisations and only according to the registered price list. Similarly to the rules on posters and leaflets, it is obligatory to inform the National Election Committee about political advertisements.

[63] This would mean that the actual upper limit of campaign expenditure would cease while providing full publicity.

[64] So the nominating organisation, individual candidate or person or organisation performing a campaign activity the campaign expenditure of whom is not covered by the revenue as indicated in the information, is obliged to pay twice the amount of the difference for the central budget; and a nominating organisation or individual candidate who breaches the rules of financing from a campaign account, is obliged to pay an amount twice the amount of the payment to be effected by transfer according to the law for the central budget.

that no supports of uncertain origin be linked to the operation of the parties, and they receive money acquired legitimately. For guarantee reasons, it is inevitable to *control* the management of the parties. As *the Hungarian regulation in force does not comply with* these requirements *sufficiently*, it would be justified in any case to amend the relevant provisions of the Party Act and the Act on electoral procedures in force. The *Government bill* aiming this *is suitable for solving the problem*. But for the *adoption of the bill, two-third of the votes of MPs present is required.*[65]

The new regulation would contribute substantially to *pressing back corruption issues* arising in connection with party financing. For this purpose, the use of public money and the publicity, transparency and control of the use of public property is to be ensured. This is a reason why the *rules of the financing of political parties* have to be made transparent and controllable.

65 The bill is to be expected to be put to the vote in October 2006.

Alexander Vashkevich

Der rechtliche Status politischer Parteien in der Republik Weißrussland

A. Die weißrussische Gesetzgebung über politische Parteien bis 1917

Parteien, wie man sie heute unter diesem Begriff versteht, haben sich in den entwickelten Industrieländern im 19. Jahrhundert herausgebildet. Im 20. Jahrhundert fand nach und nach ihre rechtliche Institutionalisierung statt, wobei die Regelung der Tätigkeit politischer Parteien am aktivsten nach dem Zweiten Weltkrieg umgesetzt wurde.[1] Unter den unterschiedlichen Faktoren, die die Entstehung und das Werden von Parteiensystemen beeinflussten, hatten die Entwicklung des Parlamentarismus und die Verbreitung des Wahlrechts in allen großen Bevölkerungsgruppen die größte Bedeutung.

Zum ersten normativen Rechtsakt, der die verschiedenen Seiten der Bildung und Tätigkeit von Parteien in Weißrussland regelte, wurden die temporären Vorschriften über Vereinigungen und Vereine vom 04. März 1906[2], welche bis 1917 auf dem Territorium Weißrusslands Geltung hatten. In diesem Dokument hoben sich politische Parteien nicht als besondere Art gesellschaftlicher Vereinigungen heraus, es gab jedoch eine Klausel für die Möglichkeit der Gründung von Vereinen, die politische Ziele verfolgten. Diesen wurden zusätzliche Einschränkungen auferlegt wie zum Beispiel Regeln, die es verbaten, Vereine zu gründen, «die Institutionen oder Personen, welche sich im Ausland befanden, leiteten, wenn diese Vereine politische Ziele verfolgten». Außerdem war «allen, die den militärischen Dienst absolvierten bzw. in der Marine dienten», sowie Beamten und ihnen gleichgestellten Personen «eine Teilnahme in Vereinigungen, Gruppen, Organisationen, Genossenschaften, Parteien usw. welcher Art auch immer, die zu politischen Zwecken gegründet wurden» untersagt[3].

Die Regelungen legten das Meldeverfahren zur Gründung von Vereinen und Vereinigungen fest[4]. Für Vereine, in denen Abteilungen gegründet wurden, als auch für Organisationen, die den Status einer juristischen Person erhalten woll-

---

[1] Автономов, А.С. Правовая онтология политики. К построению системы категорий. М., 1999. С.223.

[2] Здесь и далее ссылки на текст Временных правил даются по изданию: Коркунов, Н.М. Русское государственное право. Т.1. Введение и общая часть. СПб, 1908. С. 460—462.

[3] Там же.

[4] Там же. С. 461.

ten, war jedoch eine Anmeldung zwingend notwendig. Auf diese Weise fielen somit genau Parteien unter diese Regelung.

Das Anmeldeverfahren sah vor, dass der Satzungsentwurf dem Gouverneur oder Stadthauptmann vorgelegt wurde und innerhalb eines Monats vom Amt des Gouverneurs bzw. der Stadt in der Abteilung für Fragen der Gesellschaft geprüft wurde, woraufhin dann über eine Anmeldung oder eine Ablehnung entschieden wurde. Widerspruch gegen diese Entscheidung konnte bei der ersten Abteilung des Senats eingelegt werden. Es ist interessant anzumerken, dass der Innenminister das Recht innehatte, Vereine und Vereinigungen aufzulösen, die Abteilungen gegründet hatten und zwar «jederzeit und nach ureigenstem Ermessen, wenn er die Tätigkeit solcher Vereine und Vereinigungen als Bedrohung für die gesellschaftliche Ruhe und Sicherheit ansieht»[5].

Nachdem 1917 die Interimsregierung an die Macht kam, gab es eine wesentliche Liberalisierung in den Regelungen zur Parteiengründung: Fragen im Zusammenhang mit der Anmeldung wurden unter Leitung der Bezirksgerichte gestellt und einziger Ablehnungsgrund für eine Anmeldung war die Nichtübereinstimmung der Satzung mit den gültigen Gesetzesnormen[6].

Die erste belorussische nationale Partei war die Belaruskaja Revolutzijonaja Hramada, gegründet im Winter 1902—1903. 1904 wurden die Sozialistische Partei Belojrussii und die Verfassungs- und Katholische Partei Litauens und Belarusi gegründet. Sehr große gesamtrussische Parteien hatten ebenso ihre Organisationen in Weißrussland[7]. Insgesamt waren zum Zeitpunkt des Umbruchs im Oktober auf dem Gebiet des modernen Weißrussland 22 politische Parteien tätig[8].

B. Die Situation nach 1917

Zu Beginn der 1920er Jahre wurde das sich gerade herausgebildete Mehrparteiensystem vollständig abgeschafft und beinahe alle Vorsitzenden und viele Mitglieder politischer Parteien wurden Repressalien ausgesetzt[9]. Zur einzigen Partei wurde in Weißrussland die Kommunistische Partei, die ein wesentlicher Teil der KPdSU (B) war. Die theoretische Grundlage für die Herrschaft des Einparteiensystems legte Stalin in seinem Vortrag, der dem Verfassungsprojekt der UdSSR

---

5 Там же. С. 462.

6 Заславский, С.Е. Политические партии России. Проблемы правовой институционализации. М., 2003. С. 49.

7 Энцыклапедыя гісторыі Беларусі: у 6 т. Т. 5. С. 422.

8 Нацыянальнае пытанне і Камуністычная партыя: зб. артыкулаў, прапаноў і пастаноў. Менск, 1924. С.188.

9 См. подробнее: Протько, Т.С. Становление советской тоталитарной системы в Беларуси (1917—1941 гг.). Мн., 2002. С. 38—79.

im Jahr 1936 gewidmet war: "Mehrere Parteien und folglich auch eine Freiheit der Parteien kann es nur in einer Gesellschaft geben, wo es antagonistische Klassen gibt, deren Interessen einander feindlich und unversöhnlich sind ... In der Sowjetunion gibt es nur zwei Klassen, die Arbeiter und die Bauern, deren Interessen einander nicht nur nicht feindlich gegenüberstehen, sondern im Gegenteil miteinander harmonieren. Folglich gibt es in der Sowjetunion keinen Boden für die Existenz mehrerer Parteien und somit auch keinen Boden für die Freiheit dieser Parteien, in der Sowjetunion gibt es Boden nur für eine Partei – die Kommunistische Partei"[10].

Eine juristische Umsetzung in der Praxis erfuhr die genannte Idee unter anderem auch in der Verfassung der Belorussischen SSR 1937, wo es im Artikel 101 heißt: «Die aktivsten und klassenbewusstesten Staatsbürger aus den Reihen der Arbeiterklasse und anderen werktätigen Schichten vereinen sich in der Gesamtsowjetischen Kommunistischen Partei (der Bolschewiken), die die Vorhut der Werktätigen in ihrem Kampf für die Stärkung und Entwicklung der sozialistischen Ordnung und leitender Kern aller sowohl gesellschaftlicher als auch staatlicher Organisationen der Werktätigen ist»[11]. Es sei angemerkt, dass die Idee in ihrem Inhalt und Geist mit dem eher lakonischen §1 des deutschen Gesetzes gegen die Gründung neuer Parteien 1933 im Einklang stand, der festlegte, dass «es in Deutschland als einzige politische Partei die Nationalsozialistische Deutsche Arbeiterpartei gibt».

In der Verfassung des weißrussischen Staates von 1978, wie auch in der Verfassung der UdSSR von 1977, war die führende Rolle der KPdSU verankert[12]. Dabei wurde im politischen Rechtskommentar zum entsprechenden Artikel 6 der Unionsverfassung unterstrichen, dass sie «juristisch die reale Tatsache der Verwirklichung der führenden und leitenden Rolle der Kommunistischen Partei der Sowjetunion in unserer Gesellschaft verankert, wobei sie dies in direkter Form unter Beschreibung des politischen Systems tut»[13].

Es ist selbstverständlich, dass es unter den Bedingungen des Einparteiensystems keine Gesetzgebung zu Parteien gab und geben konnte, da es hierfür einfach keine Notwendigkeit gab. Die Situation fing erst mit Beginn der Perestroika - Periode an sich zu ändern.

---

[10] Цит. по: Заславский, С.Е. Указ. соч. С. 51. (Сталин, И.В. О проекте Конституции Союза ССР: докл. на Чрезвычайном У111 Всесоюзном съезде Советов 25 ноября 1936 г.).

[11] Васілевіч Р.А., Даўнар Т.І., Юхо І.А. Гісторыя канстытуцыйнага права Беларусі. Мн., 2001. С. 257

[12] Конституция (Основной Закон) Белорусской Советской Социалистической Республики. Минск, 1989. С. 5-6.

[13] Конституция СССР: Политико-правовой комментарий: - М.: Политиздат, 1982. – С. 34-35.

C. Die weißrussische Gesetzgebung über politische Parteien von 1990 bis 1994

Am 28. Juli 1990 wurden in die Verfassung der BSSR im Zusammenhang mit der Außerkraftsetzung des Prinzips der führenden Rolle der KPdSU und des Einparteiensystems Änderungen eingeführt. Artikel 49 der Verfassung erhielt ebenfalls einen neuen Wortlaut, nämlich: «Die Bürger der BSSR haben das Recht, sich in politischen Parteien und gesellschaftlichen Organisationen zu vereinigen und an Massenbewegungen teilzunehmen. Politischen Parteien, gesellschaftlichen Organisationen und Massenbewegungen werden gleiche Bedingungen zur erfolgreichen Erfüllung ihrer Satzungsaufgaben garantiert»[14].

Gleichzeitig gab es Veränderungen auch in der laufenden Gesetzgebung, die es erlaubten, mit der Gründung und offiziellen Registrierung von politischen Parteien und Bewegungen zu beginnen. Bezug genommen wird hier auf den Erlass des Obersten Sowjets vom 28. Juli 1990, Nr. 222-XII «Über die Registrierung gesellschaftlicher Vereinigungen in der Republik Belarus»[15], in welchem die gerichtliche Vorgehensweise bei Widerspruch gegen eine Ablehnung der Registrierung gesellschaftlicher Vereinigungen festgelegt wird, sowie deren Recht auf die Durchführung von Tätigkeiten in Industrie und Landwirtschaft zum Zwecke der Erfüllung ihrer Satzungsaufgaben. Der Ministerrat hat seinerseits auf Grundlage dieses Erlasses eine Zeitweilige Bestimmung zur Verfahrensweise bei der Gründung und Tätigkeit von gesellschaftlichen Bürgervereinigungen vom 3. Oktober 1990 ausgearbeitet und verabschiedet[16].

Laut dieser Bestimmung konnten Gründer einer politischen Partei Bürger Weißrusslands bei einer Anzahl von mindestens 100 Personen sein; es war untersagt, die Registrierung einer gesellschaftlichen Vereinigung aus Gründen der Unzweckmäßigkeit ihrer Bildung abzulehnen; im Falle einer Ablehnung der Registrierung gab es die Möglichkeit des Widerspruchs beim Obersten Gericht usw. Für die damalige Zeit war dieser Erlass zweifelsohne ein fortschrittliches Dokument auf dessen Grundlage nach der Aufhebung des Einparteiensystems die ersten weißrussischen politischen Parteien registriert wurden.

Einen wichtigen Schritt auf dem Weg zum politischen Pluralismus stellte die Verabschiedung des Gesetzes über grundlegende Prinzipien der Volksherrschaft in der BSSR am 27. Februar 1991 dar[17], welches ein Verbot der Verabschiedung gemeinsamer Gesetzgebungsakte durch Organe der staatlichen Macht, durch die Verwaltung und gesellschaftliche Vereinigungen festlegte, ein Verbot hinsichtlich der Einmischung von Seiten gesellschaftlicher Vereinigungen in die Tätig-

---

14 СЗ БССР. 1990. № 22. Ст. 450.

15 СЗ БССР. 1990. № 22.

16 СЗ БССР. 1990. № 29. Ст. 565.

17 Ведомости Верховного Совета Белорусской ССР. 1991. № 12 (14). Ст. 129.

keit staatlicher Organe und von Amtspersonen und umgekehrt, sowie ein Verbot der Finanzierung der Tätigkeit politischer Parteien durch den Staat. Das Gesetz legte fest, dass die Tätigkeit politischer Parteien in staatlichen Unternehmen, in Institutionen und Organisationen nur auf deren Kosten und außerhalb der Arbeitszeit zu erfolgen hat.

Viele Bestimmungen des genannten Normativaktes wurden in der Folge in das am 05. Oktober 1994 verabschiedete Gesetz der Republik Weißrussland «Über politische Parteien»[18] eingefügt, das gemeinsam mit der neuen weißrussischen Verfassung den Anfang für eine neue Entwicklungsetappe in der Gesetzgebung über gesellschaftliche Vereinigungen bildete.

D. Die heutige weißrussische Gesetzgebung über politische Parteien

In der Verfassung der Republik Weißrussland, die im März 1994 verabschiedet wurde, wurde zum ersten Mal in der Geschichte der Verfassung des weißrussischen Staates das Prinzip des politischen Pluralismus verkündet, demzufolge «die Demokratie in der Republik Weißrussland auf der Grundlage der Vielfalt politischer Institutionen, Ideologien und Meinungen verwirklicht wird», wobei «die Ideologie politischer Parteien ... nicht als verbindlich für die Bürger festgelegt werden kann» (Artikel 4). Außerdem wurde verfassungsmäßig das Recht der Parteien verankert, sich an den Wahlen zu beteiligen und staatliche Massenmedien zu nutzen (Artikel 5). Erweitert wurden diese Bestim-mungen im Gesetz «Über politische Parteien», das im Kern den ersten Rechtsakt Weißrusslands darstellte, in dem detailliert die Bildung der Parteien und ihre Tätigkeit reguliert wurden. In dieses Gesetz wurden wiederholt Änderungen und Ergänzungen eingebracht und im Juli 2005 wurde es in einer Neufassung verabschiedet[19].

Betrachten wir nun einmal eingehend einige besonders interessante und prinzipielle Bestimmungen aus der gültigen weißrussischen Gesetzgebung im Vergleich zum Ausland.

I. Das Prinzip des Aufbaus politischer Parteien

In Teil 3 des Artikels 10 des weißrussischen Gesetzes über politische Parteien ist, wie auch in der Gesetzgebung der meisten demokratischen Länder, das ausschließlich territoriale Prinzip ihrer Organisation verankert. Diese Herangehensweise ist das Gegenteil vom lange Zeit in den früheren sozialistischen Ländern, einschließlich der UdSSR, angewandten territorialen Arbeitsprinzip des Aufbaus der führenden kommunistischen Parteien, das zur Verschmelzung von Partei- und Staatsapparat führte. Genau deshalb wird in der Gesetzgebung postsozialistischer und posttotalitärer Staaten der Verankerung des territorialen Prinzips beim Parteienaufbau recht große Aufmerksamkeit zuteil, bisweilen schließt

---

[18] Ведомости Верховного Совета Белорусской ССР. 1994. № 30. Ст. 509.

[19] Национальный реестр правовых актов Республики Беларусь. 2005. № 120. 2/1132.

das sogar Verbotsnormen ein. So lautet beispielsweise Teil 3 des Artikels 37 der Verfassung der Ukraine: «Die Bildung und Tätigkeit von Organisationsstrukturen politischer Parteien in Organen der Exekutive und Gerichtsorganen sowie in den vollziehenden Behörden der lokalen Selbstverwaltung, von militärischen Formationen sowie in staatlichen Unternehmen, in Bildungseinrichtungen und anderen staatlichen Institutionen und Organisationen ist unzulässig.»[20]. Laut Punkt 4 Artikel 8 der Verfassung der Kirgisischen Republik «ist die Verschmelzung von staatlichen und Parteiinstitutionen und die Unterordnung der staatlichen Tätigkeit unter Parteiprogramme und -beschlüsse sowie die Bildung und Tätigkeit von Parteiorganisationen in staatlichen Einrichtungen und Organisationen nicht zulässig»[21].

Die Sicherstellung des territorialen Prinzips des Aufbaus einer Partei findet ihren Niederschlag in vielen weißrussischen Gesetzen, die unterschiedlichste Sphären des menschlichen Lebens regeln. So ist zum Beispiel laut Artikel 1 des Gesetzes der Republik Weißrussland «Über die Bildung» die Bildung und Tätigkeit politischer Parteien und anderer gesellschaftlicher Vereinigungen, die politische Ziele verfolgen, in Organisationen des Bildungswesens nicht erlaubt[22].

II. Einschränkungen bei der Bildung und Tätigkeit politischer Parteien

Ungeachtet der erklärten Freiheit der Bildung und Tätigkeit politischer Parteien enthält die Gesetzgebung aller Länder auch gewisse Einschränkungen, die sich in vielem einander ähneln. So wird in Artikel 13 der Verfassung Polens das Wirken von Parteien verboten, welche sich in ihren Programmen totalitären Methoden zuwenden und die Anwendung von Nazismus, Faschismus und Kommunismus praktizieren, aber auch solche Parteien sind verboten, deren Programm bzw. Tätigkeit auf Rassenhass und Nationalhass, die Anwendung von Gewalt mit dem Ziel der Machtergreifung oder um Einfluss auf die Staatspolitik zu nehmen, schließen lassen bzw. die dieses zulassen... Entsprechend Teil 5 Artikel 68 der Verfassung der Republik Türkei darf die Tätigkeit politischer Parteien nicht den Prinzipien der Unabhängigkeit des Staates, der unteilbaren Einheit von Staatsgebiet und Staatsvolk, den Menschenrechten, den Prinzipien der Gleichheit und des Rechtsstaats, der nationalen Souveränität und den Prinzipien der demokratischen und laizistischen Republik entgegenstehen. Politische Parteien dürfen nicht die Diktatur einer Klasse oder Gruppe oder irgendeine andere Form der Diktatur verteidigen oder das Ziel ihrer Errichtung verfolgen und sie dürfen die Staatsbürger nicht zu Straftaten auffordern. Absatz 2 Artikel 21 des Grundgesetzes Deutschlands erklärt solche Parteien für verfassungswidrig, die nach

---

[20] Здесь и далее в тексте статьи все ссылки на нормы конституций европейских государств даются по изданию: Конституции государств Европы: в 3 т. / под ред. Л.А. Окунькова. М.: 2001.

[21] Новые конституции стран СНГ и Балтии. сборник док. Изд.2-е. М., 1997. С. 271.

[22] Национальный реестр правовых актов Республики Беларусь. 2002. № 37. 2/844.

ihren Zielen oder nach dem Verhalten ihrer Anhänger darauf ausgehen, die freiheitliche demokratische Grundordnung zu beeinträchtigen oder zu beseitigen oder den Bestand der Bundesrepublik Deutschland zu gefährden. Praktisch in allen Ländern der Welt sind geheime und militarisierte Vereinigungen verboten (Pkt. 5 Art. 22 Spanische Verfassung; Teil 4 Art. 20 Verfassung Mazedoniens; Pkt. 4 Art. 26 Verfassung Georgiens u.a.).

Die Verfassung Weißrusslands verbietet ebenfalls die Bildung und Tätigkeit von politischen Parteien und anderen gesellschaftlichen Vereinigungen, die eine gewaltsame Veränderung der verfassungsmäßigen Grundordnung zum Ziel haben oder die Kriegspropaganda bzw. eine Propaganda der sozialen, nationalen, religiösen und Rassenfeindschaft betreiben (Teil 3 Art. 5). Diese Formulierung wird auch noch einmal in Art. 7 des Gesetzes über politische Parteien ausgeführt. Es sei jedoch angemerkt, dass anfangs ein Hinweis auf die Unzulässigkeit von Propaganda des sozialen Hasses in dem Gesetz fehlte. Diese Tatsache rief natürlich Kritik hervor, was den Gesetzgeber dazu veranlasste, die Gesetzesbestimmung zu korrigieren[23].

Solche Art Einschränkungen werden durchaus auf völkerrechtliche Normen im Bereich der Freiheit von Vereinigungen abgestimmt, insofern es nur um eine gewaltsame Veränderung der Grundordnung geht. Die Europäische Menschenrechtskommission betonte 1991 in der Sache Lavis vs. Frankreich[24], dass es kein Recht auf eine Vereinigung mit Zielen, die der Gesetzgebung des Landes widersprechen, gibt, wohl aber muss es das Recht auf eine Vereinigung geben, mit dem Ziel der Veränderung der aktuellen Gesetzgebung. In den Urteilen des Europäischen Gerichtshofs für Menschenrechte wurde mehrfach hervorgehoben, dass politische Parteien für eine Änderung des Gesetzes bzw. der in der Verfassung bzw. der Gesetzgebung des Landes vorgesehenen Staatsordnung agitieren dürfen unter der Bedingung, dass die von ihnen verwendeten Mittel demokratisch und gesetzlich sind und dass die vorgeschlagenen Veränderungen mit grundlegenden demokratischen Prinzipien vereinbar sind[25].

---

23 Вашкевич, А.Е. Правовое регулирование статуса политических партий в Республике Беларусь // Политические партии: Беларусь и современный мир. Мн., 2002. С. 37.

24 Nowicki, M.A. Europejska Konwencja Praw Człowieka. 2 wyd. Warszawa, 1999. S. 468.

25 United Communist Party of Turkey and others v. Turkey. Judgement of 30 January 1998. Reports. 1998-1. Para. 50.

III. Die Registrierung politischer Parteien

Um als politische Partei einen legalen Status zu erwerben, gibt es verschiedenartige Verfahren. Man kann sich der Meinung des russischen Professors J. A. Judin anschließen, demzufolge es drei grundlegende Verfahrensweisen gibt: die eigenmächtige, das Bewilligungsverfahren und das eigenmächtige Registrierungsverfahren (zuweilen werden die Begriffe «Antragstellung» und «Benachrichtigung» verwendet)[26].

Das eigenmächtige Verfahren ist größtenteils in Ländern mit einer schwachen rechtlichen Institutionalisierung für Parteien gültig, die keine speziellen Gesetze zu Parteien haben (z.B. Großbritannien, Griechenland, die Niederlande, Frankreich, Indien, Kanada u.a.). Gleichzeitig muss hier jedoch angemerkt werden, dass dieses Verfahren nur für Parteien als Subjekte im politischen Prozess angewandt wird. Um den Status einer juristischen Person zu erwerben, müssen die Parteien ein Anmeldeverfahren entsprechend den zivilrechtlichen Normen durchlaufen. In einer Reihe von Fällen gibt es durch die Anmeldung gewisse Vorteile. In Indien, zum Beispiel, ist es das Recht auf allen Wahlen ein und dasselbe Symbol zu verwenden. In einem Land, wo viele Wähler Analphabeten sind, sind Symbole ein wichtiges Mittel, um die an den Wahlen teilnehmenden Parteien auseinanderhalten zu können[27].

Das Bewilligungsverfahren ist autoritären und totalitären Regimen eigen. So konnte beispielsweise zu Sowjetzeiten laut Vorschrift zur Erteilung einer Erlaubnis zur Einberufung von Kongressen und Versammlungen verschiedenster Organisationen, Vereine und Vereinigungen, bestätigt durch das WZIK (Wserossijskij Centraljny Ispolniteljny Komitet; Allrussisches Zentrales Exekutivkomitee) und SNK (Sowjet Narodnych Komissarow; Rat der Volkskommissare) der RSFSR, jeder Kongress ausschließlich durch vorherige Erlaubnis vom NKWD (Narodny Kommissariat Wnutrenich Djel; Volkskommissariat für innere Angelegenheiten) durchgeführt werden[28].

Das Registrierungs- bzw. eigenmächtige Registrierungsverfahren erlaubt, ein vernünftiges Gleichgewicht zwischen den Interessen einzelner Bürger und denen des Staates herzustellen und wird in der Mehrzahl der posttotalitären Staaten Ost- und Mitteleuropas angewandt. Diese Herangehensweise ist auch in der weißrussischen Gesetzgebung zu politischen Parteien verankert. Laut Teil 3 Artikel 7 des Gesetzes ist die Tätigkeit nichtangemeldeter politischer Parteien auf dem Gebiet der Republik Weißrussland verboten. Folglich dürfen sie bis zum Zeitpunkt der Anmeldung organisatorische Maßnahmen durchführen. In diesem

---

26 Юдин, Ю.А. Политические партии и право в современном государстве. М., 1998. С. 72.

27 Там же. С.76-77.

28 Юдин, Ю.А. Указ. соч. С. 78.

Zusammenhang wäre es am Beispiel des russischen Gesetzgebers wahrscheinlich angebracht, auch den Rechtsstatus des Organisationskomitees zur Durchführung des Gründerparteitags zu regeln und sein Recht zu sichern, organisatorisch tätig zu sein und Informations- und Propagandaarbeit zu leisten, die auf die Vorbereitung und Durchführung des Parteitags ausgerichtet ist sowie das Recht, Versammlungen von Anhängern der zu gründenden politischen Partei mit dem Ziel der Wahl von Delegierten für den Gründerparteitag einzuberufen usw.[29]. Es ist interessant anzumerken, dass in der Russischen Föderation, wo das Anmeldeverfahren ebenfalls gültig ist, die Vorschläge einiger russischer Gelehrter, das Benachrichtigungsverfahren einzuführen, von Seiten des Gesetzgebers keine Unterstützung erfahren hat[30].

Die Behörden zur Anmeldung politischer Parteien sind sehr vielfältig: zentrale staatliche Verwaltungsbehörden wie Justiz- oder Innenministerium, Gerichtsbehörden (in Polen wird die Registrierung politischer Parteien zum Beispiel durch das Gericht Wojewodskij Sud in Warschau vorgenommen) und Wahlkommissionen (zum Beispiel die Föderale Wahlkommission in Mexiko). In der Republik Weißrussland ist mit dieser Funktion heute das Justizministerium betraut.

Die Auflagen von Seiten des Gesetzgebers hinsichtlich der zur Gründung der politischen Partei notwendigen Mitgliederzahl differieren ebenfalls stark: in Bulgarien genügen 50 Personen und in Mexiko muss eine Organisation, damit sie sich als nationale politische Partei konstituieren kann, nicht weniger als 65.000 Mitglieder haben[31]. Es sei angemerkt, dass in posttotalitären Staaten die Tendenz der Vergrößerung der notwendigen Mitgliederanzahl für eine Partei charakteristisch ist. Das hängt mit der Notwendigkeit zusammen, Voraussetzungen für eine stabilere Arbeit des Parlaments und der Regierung und für die Überwindung einer übermäßigen Zersplitterung des höchsten Vertretungsorgans zu schaffen. So waren in Polen zur Bildung einer Partei 15 Personen genug. Ergebnis der ersten freien Parlamentswahlen, die am 27. Oktober 1991 stattfanden, war eine Zusammensetzung des Sejms von 24 (!) politischen Parteien und Bewegungen, die 18 Fraktionen bildeten, wobei nur die Hälfte von ihnen 15 Deputierte und mehr hatten[32]. Deswegen stellte das neue Gesetz strengere Bedingungen: für die Anmeldung ist es notwendig, ein Dokument vorzulegen, das nachweist, dass die Gründung der Partei von nicht weniger als 1000 Bürgern unterstützt wird[33]. In der Russischen Föderation konnte Anfang der 1990er Jahre

---

29 (http://www.vibori.ru/laws/FZ/fzpolitp.html)

30 См.: Аметистов, Э.М. Каким быть закону об объединении граждан // Огонёк.1990. № 16. С. 25; Дмитриев, Ю.А., Златопольский, А.А. Гражданин и власть. М.,1994. С.125.

31 Мексиканские Соединённые Штаты: Конституция и законодательные акты. М., 1986. С. 142.

32 Bozyk, S. Rzeczpospolita Polska // Opozycja parlamentarna. Warszawa, 2000. S. 34.

33 Dziennik Ustaw. 1997. № 98. Poz. 604.

eine politische Partei von 10 Personen gegründet werden. Gegenwärtig muss eine Partei laut Artikel 3 Föderales Gesetz «Über politische Parteien» mindestens fünfzigtausend Mitglieder haben[34]. In der Ukraine muss der Beschluss, eine Partei zu gründen, durch Unterschriften von mindestens zehntausend Bürgern unterstützt werden[35].

Weißrussland hat diesbezüglich ebenfalls keine Ausnahme gemacht: Die zeitweilige Verordnung von 1990 über das Verfahren zur Gründung und Tätigkeit gesellschaftlicher Bürgervereinigungen erlaubte die Bildung einer politischen Partei bei einer Anzahl von mindestens 100 Personen; 1994 wurde diese Zahl auf 500 Personen angehoben und laut Teil 1 Artikel 10 des gültigen Gesetzes sind für die Bildung einer politischen Partei mindestens 1000 Gründer aus der Mehrzahl der Bezirke (Oblast) der Republik Weißrussland und der Stadt Minsk notwendig.

IV. Rechtliche Regelung bezüglich der Mitgliedschaft in politischen Parteien

Die weißrussische Gesetzgebung stellt gegenüber Mitgliedern politischer Parteien höhere Anforderungen im Vergleich zu Mitgliedschaften in anderen gesellschaftlichen Organisationen, die keine politischen Ziele verfolgen.

Erstens, Mitglieder einer Partei dürfen nur Staatsbürger der Republik Weißrussland sein. Ungeachtet dessen, dass Artikel 36 der Verfassung das Recht eines Jeden auf die Versammlungsfreiheit verankert, enthält Artikel 11 eine Bestimmung, derzufolge ausländische Staatsbürger und Personen ohne Staatsbürgerschaft dieselben Rechte und Freiheiten wie die Staatsbürger Weißrusslands genießen, vorbehaltlich anderem in Gesetzen oder Völkerrechtsverträgen Vorgesehenem. «Anderes» ist eben genau vorgesehen im Teil 2 Artikel 13 des Gesetzes über politische Parteien. Es sei angemerkt, dass in der überwiegenden Mehrheit der Staaten Ausländer kein Recht auf Zusammenschlüsse zu politischen Parteien haben (siehe z.B. Art. 37 Verfassung Rumäniens, Art. 8 Verfassung San Marino, Art. 29 Verfassung Slowakei, Art. 68 Verfassung der Republik Türkei, Art. 36 Verfassung der Ukraine, Art. 48 Verfassung Estlands). Die Einräumung des Rechts, Mitglied einer Partei zu sein, ist für Ausländer eher die Ausnahme von der Regel.

Zweitens, in Teil 2 Art. 36 der Verfassung der Republik Weißrussland wird festgelegt, wer nicht Mitglied einer politischen Partei aus Gründen der jeweiligen Position bzw. der Funktion, die die Person innehat, werden kann. Dazu gehören: Richter, Mitarbeiter bei der Staatsanwaltschaft, Mitarbeiter der Behörden

---

[34] Федеральный закон от 11 июля 2001 года в редакции Федерального закона от 20 декабря 2004 года // Собрание законодательства Российской Федерации. 2004. № 52 (часть I). Ст. 5272 .

[35] Ведомости Верховной рады Украины. 2001. № 23. Ст. 118.

für Innere Angelegenheiten, des Ausschusses für staatliche Kontrolle, der Sicherheitsbehörden und Militärangehörige. Außerdem gehören zu einer Sonderkategorie der Präsident und die Mitglieder der Zentralen Kommission der Republik Weißrussland für Wahlen und die Durchführung von republikanischen Referenden, die für den Zeitraum der Ausführung ihrer Vollmachten verpflichtet sind, die Mitgliedschaft in einer politischen Partei ruhen zu lassen[36]. Die weißrussische Gesetzgebung enthält kein generelles Verbot für Beamte des Staatsapparates, Mitglied einer Partei zu sein. Es sind Fälle bekannt, in denen Personen, die einer Partei angehörten, zu Ministern, Vorsitzenden von staatlichen Ausschüssen und Behörden bzw. Mitarbeitern beim Regierungschef ernannt wurden. Das Gesetz über den Staatsdienst in der Republik Weißrussland enthält aber das Verbot für Beamte im Staatsdienst, ihre berufliche Stellung im Interesse einer Partei auszunutzen.

Wichtig ist zu unterstreichen, dass die oben genannten Einschränkungen voll und ganz Völkerrechtsakten entsprechen. So lautet Artikel 11 der Konvention zum Schutz der Menschenrechte und Grundfreiheiten, in dem das Versammlungsrecht verankert ist: «Dieser Artikel steht rechtmäßigen Einschränkungen der Ausübung dieser Rechte für Angehörige der Streitkräfte, der Polizei oder der Staatsverwaltung nicht entgegen.» Analog dazu gibt es eine Bestimmung im Artikel 22 der Internationalen Konvention über zivile und politische Rechte, obwohl hier keine staatlichen Beamten erwähnt werden.

Drittens, um in eine Partei einzutreten, muss man ein bestimmtes Alter erreicht haben, in der Regel 18 Jahre. Das bezieht sich auch auf Weißrussland (im Vergleich dazu laut Gesetz in Brasilien 16 Jahre, in Indonesien 17 Jahre und in der Türkei 21 Jahre). Der weißrussische Gesetzgeber hat in der neuen Fassung des Gesetzes auch die in der Literatur beschriebenen Vorschläge in Erwägung gezogen[37], dass Mitglieder einer politischen Partei nur handlungsfähige Staatsbürger, die das Alter von 18 Jahren erreicht haben, sein dürfen (in der vorherigen Fassung ging es nur um die Gründer einer Partei).

In vielen Ländern ist die Mitgliedschaft in mehr als einer politischen Partei untersagt. Das unterscheidet sie von anderen gesellschaftlichen Vereinigungen (Solche Bestimmungen finden sich zum Beispiel in der portugiesischen Verfassung oder im russischen Gesetz über politische Parteien.). Früher gab es in der weißrussischen Gesetzgebung solch ein Verbot nicht. Doch entsprechend der neuen Fassung des Gesetzes dürfen Staatsbürger der Republik Weißrussland Mitglied nur in einer Partei sein. Ein Mitglied einer politischen Partei darf in der

---

[36] О центральной комиссии Республики Беларусь по выборам и проведению республиканских референдумов. Закон Республики Беларусь от 30 апреля 1998 г. // Ведомости Национального собрания Республики Беларусь. 1998. № 20. Ст. 218.

[37] См.: Вашкевич, А.Е. Правовое регулирование статуса политических партий в Республике Беларусь // Политические партии: Беларусь и современный мир. Мн., 2002. С. 51.

Parteiliste nur einer Organisationsstruktur dieser politischen Partei sein, in der Regel ist das die des Wohnsitzes. Dieses Verbot war schon früher in den Satzungen vieler weißrussischer Parteien enthalten.

Es sei außer dem bereits Gesagten angemerkt, dass das weißrussische Gesetz entsprechend dem Beispiel Russlands ein Verbot zur Einschränkung der Mitgliedschaft in einer politischen Partei nach Merkmalen der beruflichen, sozialen, Rassen-, nationalen oder religiösen Zugehörigkeit bzw. nach Merkmalen des Geschlechts, der Herkunft, der Vermögenssituation und dem Wohnort in Betracht ziehen sollte, um Fälle unbegründeter Diskriminierung auszuschließen.

V. Rechte politischer Parteien

In der Mehrzahl der Fälle findet man in den Gesetzen über politische Parteien keine detaillierte Reglementierung ihrer Rechte und Pflichten. Im Zusammenhang damit wurde in den Gesetzgebungen einiger Länder der Versuch unternommen, die allerwichtigsten Machtbefugnisse der Organisationen zu verankern. Laut Artikel 21 des Gesetzes der Republik Weißrussland haben politische Parteien ab dem Zeitpunkt ihrer staatlichen Registrierung das Recht: 1) auf freie Verbreitung von Informationen über ihre Tätigkeit, sowie ihrer Ideen, Ziele und Beschlüsse; 2) auf Nutzung der staatlichen Massenmedien in der durch das Gesetz vorgeschriebenen Form; 3) auf die Gründung eigener Massenmedien und auf eine Verlagstätigkeit in der durch das Gesetz vorgeschriebenen Form; 4) auf die Durchführung von Versammlungen, Meetings, Demonstrationen und andere Massenveranstaltungen in der durch das Gesetz vorgeschriebenen Form; 5) auf die Durchsetzung ihrer Rechte und gesetzlichen Interessen sowie darauf, die gesetzlichen Interessen ihrer Mitglieder in staatlichen Behörden und anderen Organisationen zu vertreten; 6) auf die Teilnahme an Wahlen in der durch das Gesetz vorgeschriebenen Form; 7) Kontakte zu anderen politischen Parteien, Verbänden, anderen gesellschaftlichen Vereinigungen und ihren Verbänden (Vereinen) zu unterhalten; 8) auf die Gründung von Gewerkschaften und andere Rechte. So können politische Parteien zum Beispiel spenden für die Vorbereitung und Durchführung von Maßnahmen, die der Wahrnehmung des Rechts von Gesetzesinitiativen durch die Bürger dienen und die im Zusammenhang mit der Sammlung von Unterschriften stehen[38], oder die der materiellen Absicherung von Agitationen dienen im Zusammenhang mit Bürgerinitiativen für Referenden auf lokaler oder Landesebene oder Unterschriftensammlungen, die durch Initiativen von Gruppen durchgeführt werden[39].

In der Neufassung des Gesetzes ist das Recht politischer Parteien, Wahlblöcke zu bilden, so wie es früher direkt verankert war, nicht vorgesehen. Anzumerken ist, dass der Gesetzestext ebenfalls nicht mehr das Recht von Parteien enthält,

---

38 Национальный реестр правовых актов Республики Беларусь. 2003. № 133.2/997.

39 Национальный реестр правовых актов Республики Беларусь. 2000. № 25. 2/145.

über ihre Vertreter in den staatlichen Wahlbehörden Einfluss auf die Ausarbeitung entsprechender Beschlüsse zu nehmen und das Recht zur Durchführung von Festivals, Feiertagen, Ausstellungen, Vorlesungen und anderen gesellschaftspolitischen Ereignissen.

Schon ein einfacher Vergleich von Artikel 21 des weißrussischen Gesetzes mit den Bestimmungen aus Artikel 26 des analogen russischen Gesetzes erlaubt die Schlussfolgerung über deutlich weitreichendere Rechte politischer Parteien in der Russischen Föderation. Während so in Russland politische Parteien das Recht dazu haben, unternehmerisch tätig zu werden und polygraphische Unternehmen zu gründen, haben sie in Weißrussland kein Recht, als Gründer kommerzieller Organisationen aufzutreten (mit Ausnahme von eigenen Massenmedien und der Verlagstätigkeit) oder unternehmerisch tätig zu sein, mit Ausnahme der Ausarbeitung und des Verkaufs von gesellschaftspolitischen Veröffentlichungen und anderem Propaganda- und Agitationsmaterial sowie der Herstellung von Souvenirs mit der Darstellung des eigenen Symbols. Während in Russland für Parteien das Recht verankert ist, Bildungseinrichtungen für die Fortbildung von Erwachsenen zu gründen, war die Gesetzgebung in Weißrussland bis vor kurzem hinsichtlich der Verfahrensweise zur Lizenzierung einer solchen Tätigkeit derartig kompliziert, dass die Parteien diese Art von Lizenz nicht beantragten[40]. Während russische politische Parteien das Recht haben, an der Ausarbeitung von Beschlüssen staatlicher Machtorgane teilzunehmen, haben politische Parteien in der Republik Weißrussland, wie bereits erwähnt wurde, dieses Recht nicht.

Wichtigstes verfassungsmäßig verankertes Recht der politischen Parteien in Weißrussland ist das Recht auf die Nutzung staatlicher Massenmedien in der durch das Gesetz vorgeschriebenen Form. Nicht zufällig ist es im ersten Teil der Verfassung «Grundlagen der Verfassungsordnung» untergebracht. Der Gesetzgeber hat jedoch bei der Verabschiedung des Gesetzes über die Massenmedien[41] die Verfahrensweise zur Wahrnehmung des Rechts nicht geklärt, was in der Praxis erlaubt, den Zugang zu den staatlichen Massenmedien zu verwehren.

Aufmerksamkeit verdient die Art der Lösung des genannten Problems in der Republik Polen, wo es seit 1994 die Verordnung des Gesamtpolnischen Rates für Rundfunk und Fernsehen gibt, die im Detail die Darstellung der von politischen Parteien eingenommenen Positionen hinsichtlich der wichtigsten Staatsangelegenheiten in Rundfunk und Fernsehsendungen regelt[42]. Laut § 2 dieser

[40] См.: О деятельности по оказанию помощи гражданам в самостоятельном образовании. Постановление Совета Министров Республики Беларусь от 26 марта 2001 г.// Национальный реестр правовых актов. 2001. № 33. 5/5564.

[41] Ведомости Верховного Совета Республики Беларусь. 1995. № 12. Ст. 121. Национальный реестр правовых актов Республики Беларусь. 2000. № 2. 2/112.

[42] Dz. U. z 1994 r. Nr.74, poz. 335; Dz. U. z 1996 r. Nr.10, poz. 59; Dz. U. z 1997 r. Nr.9, poz. 50; Dz. U. z 1998 r. Nr.25, poz. 146.

Verordnung sind das polnische Fernsehen und der Rundfunk dazu verpflichtet, Sondersendungen, die der Vorstellung von Positionen der politischen Parteien zu den wichtigsten Fragen im staatlichen und gesellschaftlichen Leben gewidmet sind, zu machen und zu verbreiten. Diese Sendungen mit einer Dauer von 45 Minuten müssen mindestens ein Mal pro Woche zwischen 16.00 Uhr und 23.00 Uhr ausgestrahlt werden. Das Recht auf eine Teilnahme an der Sendung haben alle politischen Parteien, die bei den Wahlen in den Sejm mindestens 400.000 Stimmen erhalten haben sowie Parteien, deren Vertreter bei den Präsidentenwahlen mindestens 800.000 Stimmen bekommen hat. Laut §4 der Verordnung besteht die Verpflichtung, die laufende Arbeit des Sejms und des Senats in einer Form zu erläutern, die mit den Präsidien der genannten Organe abgestimmt ist. Der Gesamtpolnische Rat, der gemäß Verfassung über die Redefreiheit, das Recht auf Information und das gesellschaftliche Interesse an Rundfunk und Fernsehen wacht, schätzt periodisch die Erfüllung der Verordnung durch die Rundfunk- und Fernsehorgane ein. Bezüglich dieser Herangehensweise kann man unterschiedlicher Meinung sein, man muss jedoch anerkennen, dass auf diese Art und Weise tatsächlich die Wahrnehmung eines der wichtigsten Rechte von politischen Parteien gewährleistet wird.

VI. Die rechtliche Regelung der finanziellen Tätigkeit politischer Parteien

Bis Anfang der 1960er Jahre des 20. Jahrhunderts war die finanzielle Tätigkeit von Parteien kein Gegenstand mit spezifischer Rechtsregelung. Mit der Verabschiedung entsprechender Gesetze in Dänemark und Schweden (1966), der BRD (1967), Italien (1974), Österreich (1975) und in anderen Ländern änderte sich die Situation jedoch. Derzeitig ist eine Reihe von Bestimmungen über die finanzielle Tätigkeit von politischen Parteien in der Verfassungsgesetzgebung vieler Staaten verankert. So müssen Parteien laut Artikel 21 des Grundgesetzes der BRD über die Herkunft und Verwendung ihrer Mittel sowie über ihr Vermögen öffentlich Rechenschaft geben. Laut Punkt 2 Artikel 11 der polnischen Verfassung dürfen die politischen Parteien ihre Finanzierung nicht verheimlichen. Analog dazu ist der Inhalt Teil 3 Artikel 7 der Armenischen Verfassung. Im Jahr 2000 wurden in die Verfassung Kroatiens Veränderungen aufgenommen. Eine davon verankert die Verpflichtung der Parteien, öffentlich Rechenschaft über die Herkunft ihrer Mittel sowie ihr Vermögen zu geben. Außerdem ist in einer Reihe von Verfassungen verankert, dass es Parteien untersagt ist, finanzielle Unterstützung aus dem Ausland zu erhalten.

In der Republik Weißrussland sind die wesentlichsten Bestimmungen hinsichtlich der finanziellen Seiten der Tätigkeit von Parteien im Gesetz über die politischen Parteien verankert. Während somit in vielen Ländern, einschließlich der Russischen Föderation, eine wichtige Komponente von Parteienhaushalten die staatliche Finanzierung ist, lautet in Weißrussland Artikel 24 des genannten Gesetzes, dass die Finanzierung politischer Parteien aus dem Staatshaushalt nicht zugelassen ist. Parteien und von ihnen gegründeten juristischen Personen ist es untersagt, auf direktem oder indirektem Wege finanzielle Mittel und anderes Vermögen aus dem Ausland oder von ausländischen Organisationen, von internationalen Organisationen, von ausländischen Staatsbürgern oder Bürgern ohne Staatsangehörigkeit, von anonymen Spendern, von Staatsbürgern, die das Alter von 18 Jahren noch nicht erreicht haben, von juristischen Personen, die entsprechend den Vorschriften weniger als ein Jahr zum Zeitpunkt der Spende angemeldet sind, von religiösen Organisationen bzw. von juristischen Personen, die durch religiöse Organisationen gegründet sind, zu erhalten. Es ist ihnen ebenfalls untersagt, finanzielle Mittel, kostbare Metalle und andere Werte in Banken und nichtbankenartigen Kredit- und Finanzinstitutionen, welche sich auf ausländischem Gebiet befinden, aufzubewahren bzw. Einnahmen aus Aktien und anderen Wertpapieren zu erhalten.

Es sei angemerkt, dass die weißrussischen politischen Parteien insgesamt jegliches Vermögen, das unbedingt zur materiellen Absicherung der in den Gründungsdokumenten vorgesehenen Tätigkeit notwendig ist, zu ihrem Eigentum zählen dürfen, mit Ausnahme von Objekten, die laut Gesetz nur Eigentum des Staates sein dürfen.

VII. Die staatliche Kontrolle und Überwachung politischer Parteien

In Artikel 5 der Verfassung der Republik Weißrussland ist die Verpflichtung für politische Parteien verankert, «im Rahmen der Verfassung und der Gesetze der Republik Weißrussland» zu funktionieren. Die Kontrolle und Überwachung hinsichtlich dessen, dass deren Tätigkeit im Einklang mit der weißrussischen Gesetzgebung steht, wird von verschiedenen staatlichen Organen im Rahmen ihrer Kompetenzen wahrgenommen. So obliegt die Überwachung der genauen und einheitlichen Erfüllung der Gesetze, Dekrete, Verordnungen und anderen normativen Rechtsakten durch die politischen Parteien dem Generalstaatsanwalt der Republik Weißrussland und ihm untergeordneten Staatsanwälten. Bezüglich der Kontrolle über die finanzwirtschaftliche Tätigkeit politischer Parteien handelt es sich hierbei in erster Linie um staatliche Steuerbehörden, denen die Parteien einen Jahresabschluss über ihre finanzielle Tätigkeit einreichen müssen. Weitaus breitere Kompetenzen hinsichtlich der Kontrolle der Übereinstimmung der Tätigkeit einer politischen Partei und deren Organisationsstrukturen mit dem Gesetz und mit deren Gründungsdokumenten haben das Justizministerium der Republik Weißrussland und entsprechende Justizbehörden.

Die Beamten des Justizministeriums und den entsprechenden Justizbehörden haben das Recht, an Veranstaltungen politischer Parteien und derer Organisationsstrukturen, die zu Satzungszwecken durchgeführt werden, teilzunehmen, Informationen zur statutgemäßen Tätigkeit und der Mitgliederzahl der politischen Parteien und derer Organisationsstrukturen anzufragen und zu erhalten, und sich mit deren Dokumenten und Beschlüssen vertraut zu machen. Im Falle einer Änderung der juristischen Adresse ist die Partei verpflichtet, dem Justizministerium innerhalb eines Monats sämtliche Unterlagen, die notwendig sind für die staatliche Registrierung von Änderungen oder Hinzufügungen, die in die Satzung eingetragen worden sind, einzureichen.

Im Gesetz sind zwei neue Verpflichtungen für politische Parteien und ihre Organisationsstrukturen verankert, die dazu dienen, die Kontrolle von Seiten des Justizministeriums bezüglich der Verwirklichung der statutgemäßen Tätigkeit zu verstärken. Eine davon bezieht sich auf die Notwendigkeit, das Justizministerium mindestens sieben Tage vor einer Versammlung (Einberufung) des höchsten Parteiorgans darüber in Kenntnis zu setzen. Die zweite besteht darin, dass die Partei bzw. ihre Organisationsstruktur jedes Jahr dem Justizministerium bis zum 1. März eine Information hinsichtlich der Fortsetzung ihrer Tätigkeit zukommen lassen muss, unter Angabe des Sitzes des Hauptorgans, der Mitgliederlisten der Wahlorgane der politischen Partei, von Informationen bezüglich der Maßnahmen bzw. Veranstaltungen, die die politische Partei für Satzungszwecke innerhalb eines Jahres durchgeführt hat.

Im Vergleich zum früher geltenden Gesetz werden somit in der Neufassung des Gesetzes die Kontroll- und Überwachungskompetenzen der staatlichen Organe, insbesondere von Justizorganen, bezüglich der Tätigkeit politischer Parteien gestärkt.

VIII. Die Verantwortung politischer Parteien

Der verfassungsrechtliche Status politischer Parteien beinhaltet nicht nur die Möglichkeit ihrer Einflussnahme auf die staatliche Macht, sondern legt auch eine verfassungsrechtliche Verantwortung dieser Subjekte bei Verstößen gegen die Verfassung bzw. andere Gesetzgebungsakte oder bei Verstoß gegen eigene Gründungsdokumente fest.

In der Neufassung des Gesetzes über politische Parteien sind folgende Maßnahmen hinsichtlich der Verantwortung politischer Parteien verankert: Ablehnung der Anmeldung - schriftliche Mahnung - Einstellung der Tätigkeit - Auflösung.

Eine Ablehnung der Anmeldung wird bei Organisationen, deren Rechtsstatus vom Staat noch nicht juristisch anerkannt ist, angewendet. Gründe für solch eine Maßnahme können sein: Verletzung der vorgeschriebenen Vorgehensweise bei der Gründung einer politischen Partei, wenn eine solche Verletzung nicht beseitigt werden kann; Nichtübereinstimmung der Gründungsdokumente (Ziele, Aufgaben, Methoden der Tätigkeit, Geltungsbereich der Tätigkeit) mit den Gesetzesvorschriften; Versäumnis der politischen Partei alle durch das Gesetz vorgeschriebenen und für die staatliche Registrierung notwendigen Dokumente vorzulegen; Nichtübereinstimmung des Namens der politischen Partei, einschließlich der Abkürzung, ihres Symbols und der Bedingungen für eine Mitgliedschaft mit den Gesetzesvorschriften und (oder) ihren Gründungsdokumenten; Nichterfüllung der Auflagen aus dem Beschluss über den Aufschub der staatlichen Registrierung einer politischen Partei innerhalb eines Monats; Weigerung, dem rechtmäßigen Vorschlag des Justizministeriums über eine Namensänderung der Partei nachzukommen.

Im Jahr 2003 hat das Justizministerium zwei Mal die Entscheidung getroffen, eine Anmeldung der Partei für Freiheit und Fortschritt abzulehnen[43]. Analoge Sanktionen sind in der Verfassungsgesetzgebung einiger anderer Staaten, wie zum Beispiel Polen und Bulgarien, vorgesehen[44].

Eine schriftliche Mahnung erteilt das Justizministerium bereits aktiv tätigen Parteien. Innerhalb von drei Tagen wird diese an das Leitungsorgan der politischen Partei unter Angabe der begangenen Verstöße und einer Frist für deren Beseitigung geschickt. Die Partei ihrerseits ist dazu verpflichtet, nicht später als innerhalb von drei Tagen nach Ablauf der in der Mahnung angezeigten Frist dem Justizministerium schriftlich die Beseitigung der Verstöße zu melden und anhand entsprechender Dokumente nachzuweisen.

Eine Einstellung der Tätigkeit einer politischen Partei ist erstmals in der weißrussischen Gesetzgebung verankert. Grundlage für ihre Anwendung ist ein Verstoß gegen die Verfassung von Seiten der Partei, gegen das Gesetz über politische Parteien, andere Gesetzgebungsakte oder gegen Gründungsdokumente.

Allein das reicht jedoch nicht aus. Eine zwingende Voraussetzung ist, dass die Partei der ihr erteilten schriftlichen Mahnung nicht nachgekommen ist, d.h. wenn innerhalb der gestellten Frist die Verstöße nicht beseitigt worden sind bzw. wenn die Beseitigung der Verstöße (unter Vorlage der Dokumente, die dies nachweisen) nicht der Anmeldestelle mitgeteilt worden sind. Außerdem muss auch der Umstand zu den Voraussetzungen gezählt werden, wenn einer schriftliche Mahnung nicht auf dem ordentlichen Verfahrensweg beim Obersten Gericht der Republik Weißrussland widersprochen wurde oder aber wenn Widerspruch eingereicht und als berechtigt vom Obersten Gericht der Republik Weißrussland anerkannt wurde.

Wenn alle oben genannten Voraussetzungen erfüllt sind, hat das Justizministerium das Recht, beim Obersten Gericht der Republik Weißrussland einen Antrag über Einstellung der Tätigkeit einer politischen Partei zu stellen. Die Dauer der Einstellung der Tätigkeit kann zwischen einem und sechs Monaten betragen. Im Falle dessen, dass das Oberste Gericht eine solche Entscheidung fällt, ist der politischen Partei jegliche Tätigkeit untersagt, es sei denn, sie ist auf die Beseitigung der Verstöße, die die Grundlage für die Einstellung waren, gerichtet.

---

43 (http://news.akavita.by/be/show/57418/)

44 Виноградов, В.А. Ответственность в механизме охраны конституционного строя. М., 2005. С. 347.

Sollten innerhalb der Frist für die Einstellung der Tätigkeit die Verstöße, die die Grundlage dafür bildeten, beseitigt werden, nimmt die politische Partei ihre Tätigkeit erneut auf.

Es sei angemerkt, dass eine Einstellung der Tätigkeit einer Partei während des Zeitraums ab dem Tag der offiziellen Ankündigung des Beschlusses über die Festlegung von Präsidentenwahlen, von Abgeordnetenwahlen für die Kammer der Vertreter der Nationalversammlung der Republik Weißrussland, von Wahlen für Abgeordnete für die Örtlichen Abgeordnetenräte bis zu dem Tag der offiziellen Verkündung der Ergebnisse der entsprechenden Wahlen nicht zugelassen ist.

Die Auflösung einer politischen Partei ist die «höchste Bestrafungsmaßnahme» für eine politische Partei, welche vom Obersten Gericht auf Antrag des Justizministeriums oder der Staatsanwaltschaft angewendet wird. Grundlage für deren Anwendung sind: Handlungen von politischen Parteien, die auf eine gewaltsame Veränderung der verfassungsmäßigen Grundordnung oder Kriegspropaganda bzw. eine Propaganda der sozialen, nationalen, religiösen und Rassenfeindschaft ausgerichtet sind; Verletzung der Gesetzgebung und (oder) der Gründungsdokumente durch die politische Partei innerhalb des Zeitraums von einem Jahr nach Erteilung der schriftlichen Mahnung; Verstöße gegen das Gesetz über politische Parteien und (oder) andere Gesetzgebungsakte, die von Seiten der Gründer bei der staatlichen Anmeldung begangen worden sind und nicht beseitigt werden können; Anzahl von weniger als 1000 Personen in der politischen Partei; Nichtbeseitigung von Verstößen, welche die Grundlage für die Einstellung der Tätigkeit der politischen Partei bildeten; einmaliger Verstoß gegen die Gesetzgebung über Massenveranstaltungen in von Gesetzgebungsakten vorgesehenen Fällen; kostenlose Auslandshilfe für die politische Partei bzw. ihre Organisationsstruktur.

Der Gesetzgebungsakt, der die Möglichkeit der Auflösung einer politischen Partei für einen einmaligen Verstoß gegen die Gesetzgebung über Massenveranstaltungen konkretisiert, ist der provisorische Erlass des Präsidenten der Republik Weißrussland Nr. 11 vom 07. Mai 2001 «Über einige Maßnahmen zur Vervollkommnung der Verfahrensweise für die Durchführung von Versammlungen, Meetings, Straßenzügen, Demonstrationen und anderen Massenveranstaltungen oder Streiks in der Republik Weißrussland». Dementsprechend dürfen als Organisatoren von Massenveranstaltungen, die die Teilnahme von mehr als 1000 Personen voraussetzen, lediglich politische Parteien, professionelle Gewerkschaften und andere Organisationen auftreten[45]. Laut Punkt 1.5 des Erlasses können politische Parteien, deren Verantwortliche nicht eine ordnungsgemäße Organisation bzw. Durchführung einer Veranstaltung gewährleistet haben, was einen Schaden in großem Umfang (in Höhe einer Summe, die den Basissatz um

[45] Национальный реестр правовых актов Республики Беларусь. 2001. № 45. 1/2625; 2002, №100. 1/4003.

das Zehntausendfache oder mehr übersteigt) oder eine wesentliche Schädigung der Rechte und legitimen Interessen der Bürger bzw. von Organisationen oder staatlicher bzw. gesellschaftlicher Interessen (Sabotierung einer Massenveranstaltung, zeitweilige Unterbrechung der Tätigkeit der Organisation oder Verkehrsverletzungen, Tod von Menschen, schwere Körperverletzung von einem oder mehreren Opfern) zur Folge hatte, aufgelöst werden.

Interessant ist, dass es in der Neufassung des Gesetzes über politische Parteien nun eine Norm gibt, derzufolge man mithilfe von Gesetzgebungsakten zum Kampf gegen den Terrorismus und Extremismus für politische Parteien weitere Maßnahmen der Verantwortung und eine Verfahrensweise bezüglich ihrer Anwendung festlegen kann.

Abschließend wenden wir uns der nicht unbedeutenden Frage der Verteidigung der Rechte und legitimen Interessen von politischen Parteien zu. Aus gerade einmal 13 Worten besteht Artikel 25 des weißrussischen Gesetzes über politische Parteien und lautet: «Die Verteidigung der Rechte und der legitimen Interessen politischer Parteien und Gewerkschaften erfolgt in der von der Gesetzgebung festgelegten Vorgehensweise» (*Anmerkung des Übersetzers*: In der deutschen Übersetzung sind es zwanzig Wörter). Und in der Tat findet man in der Verwaltungs-; Straf- und Zivilprozessordnung Weißrusslands bestimmte rechtliche Garantien hinsichtlich der Tätigkeit politischer Parteien.

So gibt es im Strafgesetzbuch der Republik Weißrussland Artikel 194, demgemäss «eine Behinderung der gesetzlichen Tätigkeit gesellschaftlicher Vereinigungen oder eine Einmischung in diese, die eine wesentliche Verletzung ihrer Rechte bzw. legitimen Interessen zur Folge hat, entweder mit einer Geldstrafe geahndet wird oder mit dem Entzug des Rechts auf die Bekleidung bestimmter Ämter bzw. bestimmten Tätigkeiten nachzugehen oder aber mit Maßregeln der Besserung für einen Zeitraum von bis zu zwei Jahren»[46].

Im neuen Gesetzbuch der Republik Weißrussland über administrative Rechtsverletzungen vom Jahr 2003 (bislang noch nicht gültig) gibt es den Artikel 9.8, dementsprechend eine Behinderung von Bürgervereinigungen bzw. ein Zwang zur Vereinigung in eine politische Partei und andere gesellschaftliche Vereinigungen eine Geldstrafe in Höhe von vier bis zu zwanzig Tagessätzen nach sich zieht[47].

Laut Artikel 358 der Zivilprozessordnung der Republik Weißrussland haben juristische Personen, die sich in ihren Rechten durch ungesetzliche Handlungen (Untätigkeit) staatlicher Organe, juristischer Personen oder auch von Organisationen, die keine juristischen Personen sind, sowie von Amtspersonen eingeschränkt fühlen, das Recht, dagegen vor Gericht zu klagen. Möglich ist das in

---

46 Национальный реестр правовых актов Республики Беларусь. 1999. № 76. 2/50.

47 Национальный реестр правовых актов Республики Беларусь. 2003. № 63. 2/946.

direkt vom Gesetz vorgesehenen Fällen, wozu in Übereinstimmung mit dem Gesetz über politische Parteien u.a. gehören: Ablehnung der staatlichen Anmeldung (Neuanmeldung) für eine politische Partei, Ablehnung ihres Symbols, von Änderungen und (oder) Hinzufügungen, die in die Satzung der politischen Partei eingetragen wurden bzw. die Nichterfüllung der genannten Handlung innerhalb der gesetzlich festgelegten Frist; Ablehnung der staatlichen Anmeldung, der Eintragung der Organisationsstruktur der politischen Partei bzw. die Nichterfüllung der genannten Handlung innerhalb der gesetzlich festgelegten Frist; schriftliche Mahnung an die politische Partei; Einstellung der Tätigkeit der politischen Partei; Auflösung der politischen Partei.

Folglich kann man sich der Meinung von I. N. Koljadko anschließen, der annimmt, dass aufgrund dessen, dass die Gesetzgebung über politische Parteien den gesetzlichen Schutz ihrer Rechte vorsieht, sie auch im Recht sind, gegen andere Handlungen, die ihre Rechte einschränken, vor einem Gericht mit allgemeiner Gerichtsbarkeit zu klagen, außer in Fällen, bei denen in Einzelhandlungen in Verbindung mit einer wirtschaftlicher Tätigkeit das Recht besteht, sich an das Wirtschaftsgericht zu wenden[48].

Dies ist zurzeit die Situation der rechtlichen Regelung zur Gründung und Funktionsweise politischer Parteien in der Republik Weißrussland, die ein Beweis für stattgefundene positive Veränderungen aber auch für entscheidende Probleme auf diesem Gebiet ist.

[48] Научно-практический комментарий к Гражданскому процессуальному кодексу Республики Беларусь. Мн., 2005. С. 511.

Jurgita Paužaitė-Kulvinskienė

Die staatlichen Zuschüsse als Parteienfinanzierung in der Republik Litauen

Das Parteiensystem eines Staates kann Gradmesser für die Demokratie und den Rechtsstaat sein. Besonders im Transformationsverfahren des Rechts und der politischen Systeme in Mittel- und Osteuropa gewann dieses Kriterium eine besondere Aufmerksamkeit. Der Aufbau des Parteiensystems in Litauen hat nach der Wende im Jahr 1990 einen langen Weg hinter sich gebracht. Der Aufbau der Finanzierung der politischen Parteien und der Kontrolle der Finanzierung der politischen Parteien ist Teil der Entwicklung und Reformen des gesamten Parteiensystems in Litauen. Die Auswahl des Finanzierungsmodells in Litauen sollte einerseits den effektiven Kontakt der politischen Partei mit der Gesellschaft gewährleisten, andererseits sollte es den politischen Parteien auch die Unabhängigkeit von privaten Geldgebern garantieren, so dass sie möglichst keiner direkten oder indirekten Einflussnahme ausgesetzt sind. Die Wahl des konkreten Parteienfinanzierungsmodells sollte nicht nur den rechtlichen und politischen Zukunftserwartungen des Staates entsprechen, sondern auch an der tatsächlichen politischen, rechtlichen und wirtschaftlichen Situation im Staat orientiert sein.

Es gibt extrem parteienfreundliche Staaten (wie z.B. Deutschland, Österreich), die Parteien großzügig unterstützen. Und es gibt Staaten, in denen Parteien bis jetzt ohne jegliche staatliche Hilfe auskommen müssen (z.B. Großbritannien oder die Schweiz). Es gibt auch Länder, die beide Modelle - hohe Staatssubventionen als kontinental-europäisches Modell und ein ausgeprägtes Spendewesen, wie im anglosächsischen Modell, kombinieren. Ab Ende der 1950er Jahre ist in Europa eine Nachkriegsdemokratie gewachsen, und man strebte mit allen Mitteln (auch staatlichen) die demokratischen Parteien zu unterstützen, weil die privaten Großspenden stets „im Dunstkreis der Korruption"[1] standen. Die verfassungsrechtliche Rechtsprechung mancher Länder, wie z.B. in Deutschland, hat diese Tendenz unterstützt. Die Entwicklungstendenzen in den neuen Staaten des Ost- und Mitteleuropas versuchen meistens die beiden Modelle zu kombinieren.

I. Die historisch rechtlichen Hintergründe der Finanzierung der politischen Parteien

In der Republik Litauen kann man die Entwicklung der Rechtssetzung zur Finanzierung der politischen Parteien aufgrund der allgemeinen Entwicklungsten-

[1] Arnim, Hans Herbert von, Die neue Parteienfinanzierung, Deutsches Verwaltungsblatt, 117 (2002) 16, S. 1065-1078

denzen der Institutionalisierung des Systems der politischen Parteien[2] in folgende Etappen unterscheiden: die erste Etappe fand in den Jahren 1990-2004 statt, die zweite ab dem Jahr 2004.

Die erste Etappe hat gerade nach der Unabhängigkeitserklärung im Jahre 1990 begonnen. Nach 50 Jahren des kommunistischen Einparteiensystems sollte der Übergang zum pluralistischen demokratischen System gewährleistet werden. Zu Beginn hatte der litauische Gesetzgeber große Sympathien für die politischen Parteien da ihnen zum ersten Mal in der Geschichte[3] eine gesetzliche Anerkennung zu Teil wurde. In Art. 5 im Teil I des Vorläufigen Grundgesetzes der Republik Litauen von 11. März 1990[4], wurde *expressis verbis* die Freiheit der Gründung politischer Parteien und gesellschaftlicher Organisationen verankert. Es sollte aber auch ein spezielles Gesetz für die politischen Parteien erlassen werden. Art. 6 des Vorläufigen Grundgesetzes setze sogar die Verpflichtung der politischen Parteien fest am staatlichen und gesellschaftlichen Leben teilzunehmen.

Als gesetzliche Basis für diese verfassungsähnliche Grundlage gilt das Gesetz der politischen Parteien vom 25. September 1990[5]. Im Gesetz wurden drei Mittel der Finanzierung der politischen Parteien eingeführt: eigene Mittel der politischen Parteien, private Spenden und staatliche Zuschüsse. Die staatlichen Zuschüsse konnten den politischen Parteien auf zwei Wegen zugeteilt werden: als Erstattung der Wahlwerbungskosten und als direkte Subventionen. Die Kosten für die Wahlwerbung zur Parlaments-, Präsidenten- oder Selbstverwaltungswah-

---

2 Šileikis E., Politinių partijų teisinio statuso antroji pakopa, Jurisprudencija, Mokslo darbai, 2005 64 (56), S.42-49.

3 Aus historischem Hintergrund vor dem Jahr 1990 soll man zwei historische Etappen der Staatlichkeit der Republik Litauen im 20. Jahrhundert unterscheiden. Für die erste Etappe 1918-1940 (die Erklärung der Unabhängigkeit der Republik Litauen) ist charakteristisch, dass nach der Befreiung aus der russischen Imperium wurde die Erste Republik Litauens gegründet. Währen 1918 und 1940 wurde keine verfassungsrechtliche Grundlage für die politischen Parteien erlassen. Es gab aber Rechtssätze in den speziellen Gesetze, die einzelnen Fragen der Tätigkeit der politischen Parteien reglementiert hatten, z.B. Verbandgesetz vom Jahr 1919, Parlamenstswahlengesetz vom Jahr 1919 und vom Jahr 1922. Bis zur Einführung des autoritarischen Regimes im Jahre 1926 in der ersten Republik von Litauen gab es mehrere politischen Parteien, die aufgrund der Privatspenden ihre Tätigkeit führten. Erst die Einführung im Jahre 1926 des autoritarischen Regimes und der Erlass des Verbandengesetzen vom Jahr 1936, der den Verbot politischen Parteien, deren Tätigkeit den Staats- oder Volksinteressen widerspreche, eingeführt hat, führten zur einer Abschaffung des pluralistischen politischen Systems. In der zweiten Etappe 1940-1990 (die Okupation durch Russland in die Föderation der sowjetischen Republiken) wurde der Republik Litauen die selbständige Staatlichkeit verboten. Während 50 Jahren in der Sowjetunion herrschte in Litauen eine monopolistische Kommunistische Partei, deren Tätigkeit völlig vom Staat finanziell gewährleistet wurde.

4 Der Vorübergehende Grundgesetz der Republik Litauen, Amtsblatt, 1990, Nr. 9-224.

5 Der Gesetz der politischen Parteien, Amtsblatt, 1990, Nr. 29-629.

len konnten nur als Werbungskosten im staatlichen Fernsehen oder Radio oder als Veröffentlichungskosten des Wahlprogramms in gleicher Höhe für alle politische Parteien übernommen werden. Die Werbungskosten für die Wahlkampagnen, die vom Staat übernommen werden, machten im Gesamtbudget der politischen Parteien einen kleinen Anteil aus. Dies führte dazu, dass die meisten Wahlwerbungsausgaben trotzdem durch Privatspenden, z.T. sogar aus dem Ausland finanziert wurden. Art. 12 des Gesetzes der politischen Parteien sah auch direkte staatliche Subventionen vor, die den politischen Parteien, die im Wahlkampf mindestens 4% Grenze der Wählerstimmen erreicht haben, zugeteilt werden. Dieser gesetzlichen Regelung fehlte aber gesetzlich geregeltes Auszahlungsverfahren, da dieses vom Parlament nie erlassen worden ist. Wegen der politischen Auseinandersetzungen[6] und des knappen Staatshaushaushaltes sowie wegen der schwierigen wirtschaftlichen Lage Litauens nach der Wende wurden erst nach zehn Jahren, also im Jahr 2000, die ersten staatlichen Subventionen an politische Parteien gezahlt und somit die gesetzliche Regelung über die direkten staatlichen Subventionen umgesetzt. In den ersten zehn Jahren wurde die Tätigkeit der politischen Parteien wie auch die Teilnahme an den Wahlen (Wahlwerbung) dagegen überwiegend durch Privatspenden finanziert.

Die litauische Verfassung[7] vom 25. Oktober 1992 hat an mehreren Stellen[8] das pluralistische System der politischen Parteien als „verfassungsrechtlich anerkannten Organisationen“[9] institutionalisiert, aber die Verfassung selbst enthielt keine ausdrückliche Regelung über die Finanzierung der politischen Parteien. Gemäß dem verfassungsrechtlichen Prinzip – Vorrang des Gesetzes – sollten die Rechtssätze über die Grundfragen der Finanzierung der politischen Parteien (Festsetzung und Auszahlung der staatlichen Zuschüsse, die generelle Höhe der staatlichen Zuschüsse, Voraussetzungen, die erfüllt werden müssen, um die staatlichen Zuschüsse zu bekommen) in einem Gesetz und nicht in einer bloßen Regierungsverordnung festgesetzt sein.

Neben dem Gesetz der politischen Parteien von 1990 wurden in der ersten Etappe zwei eigenständige Gesetze zur Finanzierung der politischen Wahlkämpfe und zur allgemeinen Finanzierung der politischen Parteien erlassen. Im Jahre 1997 wurde ein spezielles Gesetz über die Finanzierung und Kontrolle der Finanzierung der politischen Wahlkämpfe verabschiedet[10]. Im Jahr 1999 wurde das Gesetz zur Finanzierung der politischen Parteien und politischen Organisati-

6 Entwurf des Parteienfinanzierungsgesetzes vom 1999, Protokoll des Obersten Rates der Republik Litauen, Nr. 41, S. 239-241.

7 Verfassung der Republik Litauen, Amtsblatt, 1992, Nr. 33-1014.

8 Art. 35, Art. 44 Abs. 2, Art 83 Abs. 2, Art. 113 Abs. 2, Art. 114 Abs. 1, Art. 141

9 Sileikis E., Alternatyvi konstitucine teise, Vilnius: Teisines informacijos centras, 2005, P. 298-299.

10 Politinių kampanijų finansavimo kontrolės įstatymas, Amtsblatt, 1997, Nr. 104-2626.

onen erlassen.[11] Damit wurden erstmals Finanzierungsfragen und Fragen der Kontrolle der Finanzierung von den allgemeinen Rechtssätzen über die Gründung, Tätigkeit und Aufgaben der politischen Parteien im Parteiengesetz getrennt. Damit folgte man dem Beispiel der anderen europäischen Länder (z.B. Deutschland), wo getrennte gesetzliche Grundlage für die Finanzierung der politischen Parteien geschafft wurde. Die oben genannten Gesetze dienten als vorübergehende Gesetze in der ersten Etappe der Entwicklung des Systems der politischen Parteien in Litauen. Die Frage der staatlichen Zuschüsse hatte auch in dieser Etappe eine praktische Bedeutung, weil der litauische Gesetzgeber lange Zeit keine endgültige Entscheidung über das Finanzierungsmodell traf. Bis zum Jahr 1999 hatten die politischen Parteien ihre Tätigkeit vor allem durch Privatspenden finanziert, ab dem Inkrafttreten der beiden Gesetze zur Finanzierung der Wahlwerbung (von 1997) und der politischen Parteien (von 1999) galt dagegen ein Modell der Mischfinanzierung.

Die staatliche Finanzierung auf grund dieser Gesetze wies folgende Merkmale auf. Art.13 Abs. 2 des Parteienfinanzierungsgesetzes sah die Unterstützung durch den staatlichen Haushalt nur für an den Wahlen aktiv beteiligte Parteien vor. Die Mindestgrenze von 3% der gültigen erworbenen Wählerstimmen ist die Voraussetzung für die staatliche Subvention (davor galt eine 4% Grenze). Dadurch wurde das Prinzip des Parteiengesetzes aus dem Jahr 1990 übernommen, das besagt, dass der Staat nur die aktiv tätigen politischen Parteien unterstützt. Eine neue Regelung im Vergleich zu dem Parteiengesetz aus dem Jahr 1990 betrifft die eingeführte absolute Obergrenze von 0,1% aller Ausgaben des staatlichen Haushaltes, die die politischen Parteien bekommen konnten. Und die praktische Bedeutung dieser Gesetze liegt darin, dass ab dem Jahr 2000 den litauischen politischen Parteien tatsächlich staatliche Subventionen erteilt wurden[12]. Die Tendenzen der staatlichen Finanzierung zeigen, dass im Wahljahr die

---

[11] Politinių partijų ir politinių organizacijų finansavimo įstatymas, Amtsblatt, 1999, Nr. 11-240.

[12] Die Statistik der staatlichen Zuschüsse:

1999 – keine Finanzierung (obwohl das Gesetz der PartFin im Januar 1999 in Kraft getreten ist, im staatlichen Haushalt für 1999 wurden keine Ausgaben für die politischen Parteien vorgesehen).

2000 – 10 ml Lt (etwa 2,9 ml Eu) (Wahljahr)

2001 – 5 ml Lt (etwa 1,4 ml Eu)

2002 – 5 ml Lt (etwa 1,4 ml Eu)

2003 – 5 ml Lt (etwa 1,4 ml Eu)

2004 – 6 ml Lt (etwa 1,7 ml Eu) (Wahljahr)

2005 – 3 ml Lt (etwa 0,8 ml Eu)

2006 – 10 ml Lt (etwa 2,9 ml Eu)

staatliche Unterstützung großzügiger als in anderen Jahren ausfällt. Es zeigt sich auch allgemein, dass in den letzten Jahren die staatliche Finanzierung wegen des guten Wirtschaftswachstums (8% bis 10% pro Jahr) großzügiger geworden ist.

II. Grundzüge der staatlichen Zuschüssen nach heutiger Rechtslage

Da am Ende der ersten Etappe der Entwicklung der rechtlichen Rahmenbedingungen für die Finanzierung der politischen Parteien in Litauen eine endgültige Entscheidung für ein gemischtes Modell getroffen wurde, sollten folgenden gesetzlichen Änderungen vorgenommen werden. .

Die gesetzliche Grundlage der heutigen Finanzierung der politischen Parteien in Litauen stellt das Gesetz über die Finanzierung und Kontrolle der Finanzierung der politischen Parteien als auch der Wahlkampagnen aus dem Jahr 2004 dar[13]. Dieses Gesetz ist kurz vor den Parlamentswahlen im Herbst 2004 in Kraft getreten und hat zwei andere Gesetze (von 1997 und 1999) ersetzt. Seit 2004 sind die Vorschriften über Finanzierung und Kontrolle der politischen Parteien als auch die Finanzierung und Kontrolle der politischen Kampanien (Wahlwerbung) (weiter – PartFinG) in einem Gesetz verankert, das im Parteienrecht als dritte Säule neben dem Parteiengesetz[14] und dem Gesetz über den Obersten Wahlausschuss[15] gilt.

Obwohl das PartFinG die meisten Fragen der Parteienfinanzierung geregelt hat, widmet die Politik dem Bereich der Finanzierung des politischen Systems besondere Aufmerksamkeit und bleibt weiterhin vor den bevorstehenden Selbstverwaltungswahlen im Frühjahr 2007 spannend. Schon im Jahr 2006 wurden sogar neun neue Gesetzesentwürfe zum PartFinG vorgelegt. Der neueste Gesetzesentwurf[16], der dem litauischen Parlament vorgelegt wurde, beschäftigt sich mit dem absoluten Verbot von Spenden durch juristische Personen und strengeren Vorschriften in Bezug auf Spenden durch natürliche Personen. Man sollte aber diesen Entwurf im Zusammenhang mit der staatlichen Finanzierung beurteilen. Falls Spenden juristischer Personen generell verboten werden, sollte die staatliche Unterstützung größer werden. Sonst können die Probleme der Transparenz der Spenden nicht gelöst werden.

Die litauische Verfassung selbst enthält keine ausdrückliche Regelung über die Finanzierung der politischen Parteien. Die Festsetzung und Auszahlung der staatlichen Zuschüsse darf nur gemäß dem Gesetz erfolgen. Die Vorschriften

---

13 Politinių partijų ir politinių kampanijų finansavimo bei finansavimo kontrolės įstatymas, Amtsblatt, 2004, Nr. 135-4894.

14 Politinių partijų ir politinių organizacijų įstatymo, neue Auffassung, Amtsblatt, 2004, Nr. 54-1831.

15 Vyriausiosios rinkimų komisijos įstatymas, Amtsblatt, 2002, Nr. 68-2774.

16 Entwurf XP-1620, vom 19.September, 2006

über die Finanzierung der politischen Parteien müssen den verfassungsrechtlichen als auch verwaltungsrechtlichen Grundprinzipien entsprechen. Der Vorrang des Gesetzes verlangt, dass die Vorschriften zur staatlichen Parteienfinanzierung in einem Gesetz und nicht in einer bloßen Regierungsverordnung festgesetzt sein. Dazu sind das Haushaltsgesetz und PartFinG die einzigen möglichen Formen. Die Vorschriften des Art. 13 und Art. 30 PartFinG regeln das Verfahren der Festsetzung und Auszahlung der staatlichen Zuschüsse. Die Vorschriften des Gesetzes über den Obersten Wahlausschuss und des Gesetzes über die öffentliche Verwaltung gelten für das Verwaltungsverfahren, aber auch für den Inhalt der Beschlüsse über die Zuteilung oder Ablehnung der staatlichen Zuschüsse an die jeweilige Partei, weil die Subventionierung in Form eines Verwaltungsaktes erfolgt.

Das Verfahren der direkten Subventionierung darf nach der Rechtsprechung des deutschen Bundesverfassungsgerichts[17] keine Bedenken in Bezug auf die Transparenz des Festsetzungsverfahrens, die Rechtssicherheit und die Neutralität des Organs, das die Entscheidung über die Finanzierung trifft, hervorrufen. Das litauische Verfassungsgericht wie auch die Verwaltungsgerichte haben sich zu dieser Frage noch nicht geäußert. Anfang 2006 gab einen einzigen Fall[18] vor den Verwaltungsgerichten, in dem dem Obersten Verwaltungsgerichtshof Fragen und Bedenken bzgl. der Verfassungswidrigkeit des Art. 13 PartFinG und Gesetzeswidrigkeit des Beschlusses des Obersten Wahlausschusses vorgelegt wurden. Die Frage ist aber ohne Antwort geblieben, weil die Klage vor dem Obersten Verwaltungsgerichthof wegen prozessualen Gründen abgelehnt wurde und dem Verfassungsgericht nicht vorgelegt werden konnte. Der zweite Fall wurde Ende 2006 dem Bezirksverwaltungsgericht Vilnius vorgelegt. Die Arbeitspartei (lit. Darbo partija) hat gegen den Beschluss des Obersten Wahlausschusses vom 14. November 2006 Nr. 56 wegen der Ablehnung der staatlichen Subvention wegen mangelhaften Buchhaltungsführung und Nichtvorlage der Jahresfinanzbericht geklagt.

Die Grundsatzregelung der Finanzierung der politischen Partien ist Art. 7 PartFinG, der die Formen der Finanzmittel der politischen Parteien festlegt. Art.7 Abs. 2 PartFinG unterscheidet sowohl regelmäßige und unregelmäßige Mittel der Finanzierung, als auch staatliche und private Finanzmittel. Der Zeitpunkt des Erwerbs der Finanzmittel bestimmt den Unterschied zwischen regelmäßigen und unregelmäßigen Mitteln. Die regelmäßigen Finanzmittel dürfen nur zwischen den politischen Wahlkämpfen den politischen Parteien zugeteilt werden. Die staatlichen Mittel (direkte Subventionen) stehen den politischen Parteien jährlich nur als Teilfinanzierung neben den Privatspenden zu. Art. 7 Abs. 3 Satz 2 PartFinG unterscheidet zwei Formen der staatlichen Mittel: erstens staatliche Zu-

---

17 s. BVerfGE 85, 264(297)=NJW 1992, 2545

18 Fall A-15-817-2006 beim Obersten Verwaltungsgerichtshof.

schüsse aus dem staatlichen Haushalt als direkte Subventionen; zweitens eine teilweise Wahlkampfkostenerstattung. Im Bereich der staatlichen Finanzierung dominiert die direkte staatliche Subventionierung. Die andere Forme der staatlichen Finanzierung – Wahlkampfkostenerstattung oder indirekte staatliche Finanzierung (kostenlose Fernsehzeiten, Veröffentlichung der Wahlprogramme der politischen Parteien bei den Wahlkämpfen durch den Obersten Wahlausschuss) – spielen noch eine untergeordnete Rolle. Diese Form der Wahlkampfkostenerstattung wurde erst 2004 vor den Parlamentswahlen eingeführt und wurde bislang nur einmal aktuell.

1. Absolute Obergrenze

Eine Obergrenze für staatliche Subventionen wurde im Gesetz aus dem Jahr 1999 eingeführt und galt bis PartFinG im Jahr 2004. Diese Regelung hatte aber lange Zeit keine praktische Bedeutung. Obwohl die Obergrenze existierte, haben die staatlichen Zuschüsse in Litauen bis 2004 nie diese Grenze erreicht. Mit dem PartFinG von 2004 wurde die Vorschrift des Verbots der Finanzierung der Parteien über 0,1% aller Ausgaben im staatlichen Haushaltsgesetz abgeschafft. Die Abschaffung einer gesetzlichen Obergrenze könnte eine Gefahr des Missbrauchs mit sich bringen. Nach den ersten Wahlen nach Abschaffung der absoluten Obergrenze hatte das Parlament einem Haushalt mit wesentlich höheren direkten Subventionen zu Gunsten der Parteien zugestimmt. Da die Entscheidung über die Höhe der Ausgaben nur im Ermessen des Gesetzgebers liegt, gibt es zur Zeit keine absolute Obergrenze.

Die Frage ist, ob eine Notwendigkeit besteht, eine Obergrenze – absolut oder relativ ausgestaltet – wieder einzuführen. Eigentlich ist der Gesetzgeber verpflichtet auch ohne den im Gesetz verankerten Grenzen bei der Ausübung seines Ermessens die Verfassungsprinzipien nicht zu verletzen. Das Verhältnismäßigkeitsprinzip bestimmt, dass die Höhe der Ausgaben der politischen Parteien dem Zweck der Ausgabe entspricht. Eine Verletzung des Verhältnismäßigkeitsprinzips wäre es, wenn das Parlament gerade nach den Wahlen ohne Grund die staatlichen Zuschüsse erhöhen würde. Auch die Tatsache, dass bei einem starken Rückgang der Wahlbeteiligung die direkten Subventionen immer weiter steigen, könnte es nicht rechtfertigen. Auch die bevorstehenden Wahlen können kein wesentlicher Grund für die Erhöhung der staatlichen Zuschüsse im Haushaltsgesetz sein.

Die Feststellung aber einer festen absoluten Obergrenze im Gesetz wäre eine Beschränkung des rechtlichen Entscheidungsspielraums für den Gesetzgeber. Das litauische Verfassungsgericht hat sich zu der Frage der Selbstbeschränkungen des Gesetzgebers geäußert. Die verfassungsrechtliche Rechtsprechung[19] hat

[19] Fall 1/99 VerGE vom 8. November 2000; Fall 25/01 VerfGE vom 14.Januar 2002; Fall 49/01VerfGE vom 11. Juli 2002.

in Entscheidungen von 2001-2002 klar gesagt, dass die konkrete Festlegung von Höchstgrenzen in speziellen Gesetzen für bestimmte Bereiche (z.B. Finanzierung der Landwirtschaft oder des Gesundheitswesens) dem Art. 131 Abs. 2 der litauischen Verfassung widerspricht. Die speziellen Gesetze mit den Finanzierungsgrenzen dürfen als eine Ausnahme und nicht als Regelfall betrachtet werden. Sonst wäre das Recht der Regierung auf Festsetzung eines Entwurfes des Haushaltsgesetzes und das Rechts des Gesetzgebers auf Erlass desselben entsprechend der aktuellen sozialen und wirtschaftlichen Lage aber auch dem allgemeinen Bedarf der Gesellschaft und des Staates verletzt.

Die Frage der absoluten Grenze bei der Rückerstattung der Wahlwerbungskosten ist aber anders im PartFinG geregelt. Es gelten zwei Obergrenzen. Eine an Wahlen beteiligte Partei hat einen Anspruch auf maximal 25% aller seiner Wahlwerbungsausgaben, die ihr entstanden sind. Der litauische Oberste Wahlausschuss setzt auch für jede Wahl eine Obergrenze für alle politischen Parteien. Die Zuschüsse werden dann anteilig an alle politischen Parteien verteilt.

2. Berechnungsgrundlage von 3%

Das Prinzip der Festsetzung der staatlichen Zuschüsse kommt noch aus der Fassung des Parteiengesetzes von 1990, in dem als Zuschussvoraussetzung 4% der abgegebenen Wählerstimmen festgesetzt wurden. Die Festsetzung der staatlichen Zuschüsse hängt nach Art. 13 PartFinG mit folgenden Voraussetzungen zusammen:

1. die politische Partei muss mindestens 3% aller abgegebenen gültigen Wählerstimmen[20] erreicht haben und 2. darf die Partei nicht wegen einer Gesetzesverletzung von der staatlichen Finanzierung ausgeschlossen sein.

Berechnungsgrundlage ist nach Art. 13 Abs. 2 PartFinG die Zahl der abgegebenen Wählerstimmen in Parlaments- oder Selbstverwaltungswahlen. Gemäß diesem Prinzip sind tatsächlich nicht alle politischen Parteien berechtigt, staatliche Unterstützung zu erhalten. Beim litauischen Justizministerium sind zurzeit 37 politische Parteien, die ihre Tätigkeit in Litauen ausüben, registriert. Nicht alle sind aktiv und beteiligen sich an den Wahlen. Nach den letzten Parlamentswahlen von 2004 haben nur 10 politische Parteien die 3% Grenze erreicht und hatten somit den Anspruch gemäß Art. 13 Abs. 2 der PartFinG. Diese 10 Parteien haben 90% aller Wählerstimmen bekommen. Eine Zahl von 8 bis 10 politischen Parteien, die Anspruch auf die staatlichen Subventionen haben, ist stabil seit 1990.

Es stellt sich aber die Frage, wie die Vorschrift der Berechnungsgrundlage von 3% auszulegen ist? Wird dadurch nicht das Recht der Parteien auf Chancen-

---

[20] Die Mindestzahl der Wählerstimmen, um einen parlamentarischen Sitz zu bekommen liegt bei 5% und 7%.

gleichheit verletzt? Wird nicht ebenfalls dadurch das Recht der Bürger, ihre politischen Meinungen zu vertreten, verletzt? Ist die gesetzliche Grenze von 3% angesichts der rückläufigen Wahlbeteiligung nicht zu hoch? Im Vergleich mit anderen europäischen Ländern[21] sind 3% eine ziemlich hohe Hürde gerade für regionale Parteien oder Parteien der Minderheiten in Litauen. Die Berechnungsgrundlage von 3% ist ähnlich für die Parlamentswahlen (Landeswahlen) als auch für die Selbstverwaltungswahlen (Kommunalwahlen).

Der Ombudsmann für Gleichheitsfragen hat ein Verfahren zur Gleichheitsprüfung der politischen Parteien bei der Zuteilung der staatlichen Subventionen durchgeführt. Nach Art. 2 Abs. 4 des litauischen Gleichstellungsgesetzes[22] ist nicht nur eine unmittelbare, sondern auch jede mittelbare Diskriminierung wegen des Alters, Geschlechts, Behinderung, Rassen oder ethnischen Angehörigkeit, religiösen oder politischen Anschauungen verboten. Art. 13 Abs. 3 PartFinG mit der 3% Hürde kann insoweit als mittelbare Diskriminierung der Wähler wegen deren politischer Anschauungen in Bezug auf nicht besonders populäre Parteien angesehen werden. Nach der jetzigen gesetzlichen Regelung wird ein Teil der Wählerstimmen (etwa 10%) überhaupt nicht berücksichtigt, wenn die Vertreter solcher politischen Parteien im Parlament nicht vertreten sind. Für solche nicht im Parlament vertretene Parteien ist es schwieriger im Wettbewerb mit staatlich unterstützten Parteien zu bestehen. Es ist offensichtlich, dass die Parteien im Parlament ihre außerparlamentarischen Konkurrenten bei der Vergabe staatlicher Mittel benachteiligen. Besonders während Kommunalwahlen sind die Parteien der Minderheiten und freie Wählergemeinschaften, die meisten während diesen Wahlen sehr aktiv sind, an der staatlichen Finanzierung nicht beteiligt. Im Beschluss[23] des Ombudsmanns für Gleichheitsfragen wurde festgestellt, dass die Möglichkeit mittelbarer Diskriminierung bestehe.

Es sollte eine Gesetzesänderung vorgenommen und damit die mittelbare Diskriminierung der außerparlamentarischen Parteien abgeschafft werden. Es wurde vorgeschlagen, dass allen registrierten Parteien das Recht auf staatliche Zuschüsse zustehen soll. Der PartFinG sollte vorsehen, dass allen registrierten politischen Parteien ein Basiszuschuss, unabhängig vom Erfolg bei Wahlen, zusteht. Es könnte als ein Startkapital auch für neue politische Parteien angesehen werden.

Die 3% Hürde gilt auch für die Erstattung der Wahlwerbungskosten. Das Recht auf Erstattung der Kosten bei Wahlkampfkampagnen haben auch nur die politischen Parteien, die mindestens 3% aller Wählerstimmen erhalten haben.

---

[21] Die anderen Staaten haben auch solche feste gesetzliche Grenzen, z.B in Deutschland – 0,5% (Europa und Bundeswahlen), 0,1% – Landtagswahl, für Parteien nationaler Minderheiten – keine Grenzen; Estland – 0,5%, Ungarn – 1%.

[22] Gleichstellungsgesetz, Amtsblatt, 2003, Nr. 114-5115. Seit 1.1.2005 in Kraft getreten.

[23] Beschluss vom 7. Februar 2006 wegen des Antrags von der Sozialdemokratischen Partei.

3. Auszahlungsverfahren

Das litauische und das deutsche Recht regeln unterschiedlich das Verfahren der Auszahlung der staatlichen Zuschüsse. Nach dem Art. 13 PartFinG sind die Parteien selbst nicht verpflichtet einen schriftlichen Antrag dem Obersten Wahlausschuss zu stellen. Die politischen Parteien haben einen objektiven Anspruch auf die Auszahlung der staatlichen Subventionen, wenn sie zwei Voraussetzungen erfüllen: Erstens müssen sie die Hürde von 3% erreicht haben und zweitens darf kein schwerwiegender Verstoß gegen das PartFinG vorliegen. Art. 13 Abs. 2 PartFinG bestimmt das Verfahren der Festsetzung der Höhe der staatlichen Mittel. Art. 13 Abs. 5 und Abs. 6 PartFinG bestimmen das Verfahren der Auszahlung der staatlichen Mittel. Nach dieser Regelung setzt der Oberste Wahlausschuss eine bestimmte Höhe des staatlichen Zuschusses fest. Der Zuschuss ist zweimal pro Jahr zum 15. April und zum 15. November auszuzahlen. Die Festlegung/Festsetzung der Höhe erfolgt durch den Beschluss des Obersten Wahlausschusses und ist dem Finanzministerium vorzulegen.

Nach Art. 30 PartFinG kann bei einem Verstoß gegen das PartFinG einer Partei, auch wenn sie 3% aller Wählerstimmen erhalten hat, die Unterstützung versagt werden. Diese Regelung dient als zur Prävention, weil in der Praxis Verstöße gegen den PartFinG nicht selten sind[24]. Das PartFinG regelt aber nicht, aus welchen Gründen die Suspendierung erfolgen kann. Da weder konkrete Voraussetzungen zur Suspendierung des Rechts auf staatliche Zuschüsse noch Vorschriften zum Suspendierungsverfahren allgemein im PartFinG vorliegen, sind die Gründe der Suspendierung aus anderen Vorschriften des PartFinG herzuleiten. Eine wichtige Voraussetzung für die Ablehnung staatlicher Subventionen ist gemäß Art. 30 Abs. 2 PartFinG die „schwerwiegende Verletzung" der Vorschriften des PartFinG. Die Anwendung des Art. 30 Abs. 2 PartFinG bei der Ablehnung der staatlichen Subvention, bereitet große Probleme. Art. 30 Abs. 2 sieht einen großen Beurteilungsspielraum für die Feststellung der „schwerwiegenden Verletzung" vor. Darüber hinaus sieht Art. 15 Abs. 3 PartFinG die „schwerwiegende Verletzungen" nur bei der Rückerstattung der Wahlwerbungskosten vor. Was zu einer „schwerwiegenden Verletzung" für eine Ablehnung der staatlichen Subvention gehört und ob Art. 15 Abs. 3 PartFinG subsidiär anzuwenden ist, ist bleibt unklar. Zur Beurteilung des Obersten Wahlausschusse gehört die Feststellung der „schwerwiegenden Verletzungen" in jedem Einzellfall, weil der Gesetzgeber keinen *numerus clausus* neben der Nichtvorlage der nötigen Finanzunterlagen dem Obersten Wahlausschuss vorsieht. In der Praxis des Obersten Wahlausschusses ist neuerdings die nicht rechtzeitige Vorlage des Buchhaltungsberichts als schwerwiegende Verletzung des PartFinG anerkannt[25].

---

24 im Jahr 2005 wurde ein Verfahren gegen Liberalu ir centro sajunga, im Jahre 2006 wurden zwei Verfahren gegen Arbeitspartei und Liberalsozialistischen (Naujoji sajunga) durchgeführt.

25 Beschluss des Obersten Wahlausschusse vom 14. November 2006 Nr. 56

Es können aber auch andere Tatsachen für die Feststellung einer schwerwiegenden Verletzung herangezogen werden.

Falls der Oberste Wahlausschuss die Zuteilung des halbjährlichen staatlichen Zuschusses der politischen Partei ablehnt, hat die politische Partei erst nach einem halben Jahr wieder Anspruch auf staatliche Unterstützung. Der abgelehnte Teil des Zuschusses fließt jedoch nicht zurück in den allgemeinen Haushalt, sondern ist an andere politische Parteien gemäß Art. 30 Abs. 2 PartFinG zu vergeben.

Der Beschluss des Obersten Wahlausschusses ist ein Verwaltungsakt und unterliegt den Voraussetzungen des Gesetzes der öffentlichen Verwaltung als auch dem Gesetz des Obersten Wahlausschusses.

Nach Art. 8 des Gesetzes der öffentlichen Verwaltung muss jeder Verwaltungsakt folgenden Voraussetzungen erfüllen:

a) der Beschluss muss rechtlich und tatsächlich mit objektiv festgestellten Beweisen begründet sein, egal ob die staatlichen Mittel der politischen Parteien vergeben oder abgelehnt werden;

b) die Höhe der staatlichen Mittel muss klar und widerspruchslos festgelegt sein;

c) eine Rechtsbehelfsbelehrung muss enthalten sein

Art. 12 des Gesetzes über den Obersten Wahlausschuss normiert einige besondere Voraussetzungen für den Beschluss:

a) der Beschluss ist durch Voten der beteiligten Mitglieder des Obersten Wahlausschusses zu erlassen. Das Votum darf nicht geheim erfolgen. Bei Stimmengleichheit entscheidet der Vorsitzende des Obersten Wahlausschuss

b) der Beschluss muss öffentlich in einem offiziellen Amtsblatt verkündet werden.

Der Beschluss des Obersten Wahlausschusses kann nur durch ein Gericht oder von Amts wegen durch den Obersten Wahlausschusses geändert oder für rechtswidrig erklärt werden. Kein anderer Verwaltungsträger hat ein Widerspruchsrecht. Für Beschlüsse bzgl. der Zuteilung oder Ablehnung der staatlichen Subventionen sind die Verwaltungsgerichte zuständig. Die Streitfragen, die sich aus der Anwendung des Art. 13 PartFinG ergeben, sind Streitigkeiten verwaltungsrechtlicher Art. Art. 3 Abs. 1 und Art. 15 Abs. 1 der VwGO begründen damit die Zuständigkeit der Verwaltungsgerichte: Die Bezirksverwaltungsgerichte sind Gerichte erster Instanz, der Oberste Verwaltungsgerichtshof ist Berufungsgericht.

III. Zusammenfassung

Litauen als nach Demokratie und Rechtsstaatlichkeit strebender europäischer Staat hat im Bereich der Parteienfinanzierung seit 1990 zahlreiche Reformen erlebt. Die erste Etappe (1990–2004) der Entwicklung der Rechtsetzung des Parteienrechts hatte zum Ziel die Institutionalisierung des pluralistischen Parteinsystems zu erreichen, nicht aber die Fragen der Parteienfinanzierung zu lösen. Das neu entstehende demokratische Parteiensystem wurde vor allem durch die Spenden unterstützt, die jedoch wegen der langsam wachsenden Wirtschaft wie auch wegen des finanziell schwachen Staatsbudgets die größten Probleme nicht lösen konnten. Nach den Wendezeiten Ende der 1990er Jahre und unter dem Eindruck des schnellen Wirtschaftswachstums und Veränderungen in der Gesellschaft und der Öffentlichkeit (insb. der Vorbereitungen des Beitritts zur Europäischen Union) stellte der litauische Gesetzgeber als vorrangiges Ziel die klare Reglementierung der Privatfinanzierung vor. Die gesetzlich vorgesehene staatliche Subventionierung konnte wegen der finanziellen Lage des Staates erst im Jahre 2000 umgesetzt werden. Aufgrund der Mischfinanzierung erfolgte ab dem Jahr 2004 eine Reform der Privatfinanzierung. Die Gesetzesinitiativen im Bereich der Privatspenden sollten die Korruptionsgefahr beseitigen. Die Rechtsetzung im Bereich der staatlichen Finanzierung blieb vorübergehend im Hintergrund. In der nächsten Zeit sollten die Fragen der Chancengleichheit, der absoluten Obergrenze der staatlichen Zuschüssen als auch ein Bedarf an klaren Vorschriften zum Subventionierungsverfahren, die in der Praxis eine Menge von Problemen bereiten, gelöst werden, da Litauen sich an das europäisch-kontinentale Parteienfinanzierungsmodell einer starken Staatsförderung anlehnt.

Elena Gritsenko

Parteien als Wahlvereinigungen in Russland (Verfassungsrechtliche Grundlagen der Parteiorganisation in Russland, unter besonderer Berücksichtigung der Rechtsstellung von politischen Parteien als Wahlvereinigungen)

I. Historische Einführung: Verfassung 1993 über die Rolle von Parteien in der demokratischen Ordnung

Der Übergang vom sowjetischen System zu liberal-demokratischen Prinzipien (Ende 80-er – Anfang 90-er Jahre) in der Sowjetunion und in Russland bedeutete den Verzicht auf den sowjetischen Grundsatz der leitenden Rolle der kommunistischen Partei im Staat und in der Gesellschaft.

Nach der Wende wurden in der russischen Verfassung 1993 demokratische Staats- und Gesellschaftsgrundsätze festgeschrieben, unter anderem – politischer Pluralismus und Parteivielfalt (Abs.3 Art.13). Eine Sonderstellung von politischen Parteien bei Wahlen und anderen politischen Bürgeraktivitäten hat die russische Verfassung jedoch nicht bestimmt: in der Verfassung gibt es keinen Hinweis auf die tragende Rolle der Parteien im politischen System, auf ihre Mitwirkung bei der „politischen Willensbildung des Volkes“ (im Vergleich zu dem deutschen Grundgesetz in Art.21 GG).

An dieser erster Etappe des Parteiaufbaus existierte in der Russischen Föderation (RF) noch kein Parteisystem: bei den ersten drei Wahlen der unteren Kammer des föderalen Parlaments – der Staatsduma (1993, 1995, 1999) – waren als Wahlvereinigungen politische gesellschaftliche Organisationen, die in ihren Statuten das Recht auf die Teilnahme an den Wahlen vorgesehen haben (unter ihnen auch Parteien), und politische Massenbewegungen aufgetreten. Nach der damaligen Gesetzgebung[1] waren die politischen Parteien kein selbständiger Typ der gesellschaftlichen Vereinigungen: sie wurden als eine Art gesellschaftliche Organisationen betrachtet ohne besondere Rechtsstellung.

II. Rechtsstellung der politischen Parteien nach dem Parteigesetz 2001

Ein Parteiengesetz (ParteiG) wurde erst am 11.07.2001 verabschiedet und trat am 14.07.2001 in Kraft[2], nachdem auch in Art.7 des Föderalen Gesetzes über

---

[1] S.: Art.7 des Föderalen Gesetzes „Über die gesellschaftliche Vereinigungen“ Nr.82-FZ vom 19.05.1995 in der Fassung des FG Nr.112 vom 19.07.1998 (СЗ РФ. 1995. №21. Ст.1930; 1998. № 30. Ст.3608).

[2] S.: Föderales Gesetz „Über die politische Parteien“ Nr.95-FZ vom 11.07.2001 (СЗ РФ. 2001. №29. Ст.2950).

die gesellschaftlichen Vereinigungen[3] die politische Partei als eigenständige organisationsrechtliche Form der Gesellschaftsvereinigungen anerkannt wurde.

Die Rechtsstellung von Parteien im politischen System Russlands wird durch folgende Grundzüge gekennzeichnet:

a) Eine politische Partei ist eine gesellschaftliche Vereinigung, deren Zweck die Vermittlung der Teilnahme von Bürgern am *politischen* Leben der Gesellschaft ist – durch die Teilnahme an unterschiedlichen politischen Aktionen, vor allem an wichtigsten Formen der unmittelbaren Willensäußerung des Volkes – Wahlen und Volksentscheiden – und durch die Repräsentation der Bürgerinteressen in staatlichen und kommunalen Organen (Art.1 des ParteiG).

Auf diese Weise wurden die politische Parteien 2 Jahre nach dem Inkrafttreten des ParteiG, d.h. nach dem 14.07.2003, als einzige Art der gesellschaftlichen Vereinigungen anerkannt, die berufen sind, die Kandidaten und die Kandidatenlisten bei den Wahlen auf föderaler und regionaler Ebene aufzustellen (Abs.1 Art.36 des ParteiG).

So war die Sonderstellung der politischen Parteien, bei der wichtigsten Form der Willensbildung des Volkes – d.h. bei den Wahlen – mitzuwirken, durch Gesetz (aber nicht durch die Verfassung selbst) bestimmt.

b) Das Recht auf die Bildung politischer Parteien ist ein politisches Recht und eine spezifische Form der Umsetzung der Vereinigungsfreiheit, die den russischen *Bürgern* (nicht allgemein allen Menschen) gewährleistet wird: in Parteien können nur natürliche Personen, die die Staatsbürgerschaft besitzen, Mitglied sein.

c) Als politische Partei darf nur die *föderale* Vereinigung anerkannt werden, d.h. sie soll in mehr als der Hälfte der Föderationssubjekte ihre regionalen Abteilungen haben (Art. 3 Abs. 2): die russische Gesetzgebung verneint die Existenz von „regionalen Parteien“. Die Parteien sollen nur auf gesamtstaatlicher Ebene organisiert sein, sie sollen nur die gesamtrussischen Interessen vertreten (und die regionale Interessen im Rahmen der gesamtnationalen Interessen berücksichtigen).

d) Im Gesetz wird eine Mindestzahl von Parteimitgliedern festgelegt: in der ersten Fassung des Parteiengesetzes von 2001 wurde eine Mindestzahl an Mitgliedern von 10.000 vorgesehen, wobei in mehr als der Hälfte der regionalen Abteilungen jeweils mehr als 100 Mitglieder vorhanden sein mussten. Mit dem Änderungsgesetz Nr. 168-FZ vom 20.12.2004 wurden die Anforderungen verstärkt und die Mindestmitgliederzahl um ein fünffaches erhöht auf 50 000 bzw. 500 (Art. 3 Abs. 2 des ParteiG).

e) Nach dem ParteiG wurde der Grundsatz staatlicher Unterstützung sowie staatlicher Finanzierung der politischen Parteien eingeführt (Kapitel 6 und 7). Die

---

3 S.: Änderungsgesetz Nr.26-FZ vom 12.03.2002 (СЗ РФ. 2002. №11. Ст.1018).

Regelungen über die Zuwendungen an die Parteien aus dem föderalen Haushalt (Art.33) sind erst nach dem 01.01.2004 in Kraft getreten. Den Anspruch auf staatliche Mittel haben nur solche politische Parteien, die an föderalen Wahlen teilgenommen haben und mindestens 3% der Wählerstimmen erhalten haben.

III. Rechtsprechung des Verfassungsgerichts der RF über die Parteibildungsfreiheit

Die Frage, ob die territoriale Begrenzung (Zulassung nur einer föderalen Ebene einer Partei), wie auch die gesetzlichen Anforderungen an Mindestzahlen von Parteimitgliedern in den regionalen Abteilungen und in der Partei selbst, mit dem verfassungsrechtlichen Grundsatz des politischen Pluralismus und der Assoziationsfreiheit vereinbar sind, wurde vom Verfassungsgericht der RF (VerfG) geprüft[4]. Die Verfassungsbeschwerde wurde von der regionalen gesellschaftlichen politischen Organisation „Baltische republikanische Partei" erhoben, die nach den Anforderungen des Parteigesetzes 2001 nicht mehr als Partei bezeichnet werden durfte. Die „Baltische Partei" sollte nach den Vorschriften des Parteigesetzes innerhalb von zwei Jahren nach dem Inkrafttreten dieses Gesetzes als politische Vereinigung und Partei ihre Rechte verlieren und als einfache regionale gesellschaftliche Organisation weiter existieren (Art. 47 Abs. 6). So wurde sie als politische Partei nach dem Beschluss des ordentlichen Gerichts des Gebietes Kaliningrad im Jahr 2003 abgeschafft.

In seinem Urteil hat das VerfG die Gesetzesvorschriften verfassungskonform ausgelegt und keinen Widerspruch mit der Verfassung gefunden:

1) Das VerfG ist davon ausgegangen, dass es im Ermessen des Gesetzgebers liegt, sowohl eine Mindestzahl von Parteimitgliedern zu bestimmen, als auch den territorialen Maßstab der Parteiorganisation zu regeln. Nach der Rechtsposition des Verfassungsgerichts ist die gesetzliche Entscheidung darüber im hohen Maß mit der Frage der politischen Zweckmäßigkeit verbunden.

Verfassungswidrig können die gesetzlichen Beschränkungen nur dann werden, wenn das Recht der Bürger, sich in politische Parteien zusammenzuschließen, unmöglich wird, d.h. wenn in den Kernbereich dieses Rechts eingegriffen wird (z.B. wenn nach solchen Regeln nur eine Partei organisiert wird);

2) Der Grundsatz des politischen Pluralismus bedeutet nicht nur die Vielfältigkeit von politischen Parteien: er umfasst auch die Rechte anderer gesellschaftlichen Vereinigungen am politischen Leben der Gesellschaft teilzunehmen (der

[4] Urteil des Verfassungsgerichts der RF vom 01.02.2005 Nr.1-P – Постановление Конституционного Суда РФ от 1 февраля 2005 года № 1-П по делу о проверке конституционности абзацев второго и третьего пункта 2 статьи 3 и пункта 6 статьи 47 Федерального закона «О политических партиях» в связи с жалобой общественно-политической организации «Балтийская республиканская партия» (СЗ РФ. 2005. №6. Ст.491).

Umfang dieser Rechte, sowohl die Formen ihrer Umsetzung sind jedoch andere und nicht so bedeutend im Vergleich zu den Rechten der politischen Parteien); deswegen ist der Grundsatz des politischen Pluralismus nicht verletzt;

3) Auch wenn für die Parteibildung die Voraussetzungen nicht erfüllt sind, wird die Vereinigungsfreiheit nicht verletzt, weil sich die Parteibildungseinschränkungen nicht auf den Zusammenschluss in Vereinigungen anderer Organisationsform ausweiten.

Die Rechtfertigung vom VerfG der oben genannten Einschränkung des Parteibildungsrechts, und zwar der Regelung, nur auf gesamtstaatlicher Ebene politische Parteien zu bilden, ist doch umstritten. Das VerfG bestätigt selbst, dass das Recht auf Zusammenschluss in politische Parteien ein Teil der Vereinigungsfreiheit ist, die im föderalen Gesetz eingeschränkt werden kann: ob die Einschränkung verfassungswidrig ist oder nicht, soll nach dem Verhältnismäßigkeitsprinzip geprüft werden. Die Regeln der zulässigen Einschränkungen von Menschen- und Bürgerrechten sind im Art. 55 Abs. 3 der Verfassung bestimmt: hier sind die Verfassungswerte aufgezählt, deren Schutz die Einschränkungen dienen – Schutz der Grundlagen der Verfassungsordnung, der Moral, der Gesundheit, der (Individual)Rechte und Interessen der Allgemeinheit, der Staatsverteidigung und -sicherheit. Das Verfassungsgericht macht die Schlussfolgerung, dass die Einschränkung - die politischen Parteien nur auf gesamtstaatlicher Ebene zu schaffen – zulässig und begründet, bzw. verhältnismäßig ist, weil sie dem Schutz der Grundlagen der Verfassungsordnung dient, und zwar – dem Schutz der Demokratie, der Staatseinheit und der Einheit der staatlichen Gewalt. „Die Vielfältigkeit der regionalen Parteien könnte zur Zersplitterung der politischen Kräfte führen und zur Schwächung der staatlichen Gewalt“[5] – das ist die zentrale Idee, durch die die Zulässigkeit der Einschränkung gerechtfertigt wird. Doch dies ist letztlich nur eine politische Vermutung und keine rechtliche Argumentation. Man kann mit einer entsprechenden politischen Argumentation auch die Zweckmäßigkeit der regionalen Parteien rechtfertigen: ihre Existenz könnte der Entwicklung der Zivilgesellschaft dienen, der besseren Abstimmung der föderalen und regionalen Interessen, der Bildung der gesamtstaatlichen Parteien von „unten“ (und nicht „von oben“, wie es bis jetzt war), der Verstärkung der Bundesstaatlichkeit in Russland.

In jedem Fall die Rechtfertigung der Einschränkung der Menschen- und Bürgerrechte mit der Argumentation der politischen Zweckmäßigkeit sieht nicht überzeugend aus, so bleibt die Zulässigkeit und Begründetheit der Einschränkung nicht bewiesen.

---

5 Abs.3.1 u. 3.2 des oben genannten Urteils.

IV. Politische Parteien im Wahlverfahren

In den letzten 5 Jahren wurde das Parteiengesetz oft geändert: die meisten Änderungen sind mit der Reformierung des Wahlrechts verbunden und sind darauf gerichtet, die Rolle von Parteien im Wahlverfahren zu stärken.

1) Wie oben erwähnt, wurden in Art. 36 Abs. 1 des Parteigesetzes die politischen Parteien nach dem 14.07.2003 als einzige Art der gesellschaftlichen Vereinigungen anerkannt, die Kandidaten und Kandidatenlisten bei den Wahlen auf der föderalen und regionalen Ebene aufstellen können. Diese Idee hat ihren Niederschlag im föderalen Gesetz über die Wahlrechtsgarantien Nr.67 vom 12.06.2002[6] in der Definition der Wahlvereinigung gefunden (Art.2 P.25).

Die politische Partei als Subjekt der Wahlrechtsverhältnisse, d.h. als Wahlvereinigung, soll folgenden zusätzlichen Anforderungen entsprechen: sie oder ihre regionale Abteilung dürfen nur dann an den Wahlen teilnehmen, wenn bereits vor Ankündigung des Wahltermins, in mehr als der Hälfte der Föderationssubjekte die regionalen Abteilungen dieser Partei, registriert sind[7]. In diesem Zusammenhang ist zum Beispiel bei der Staatsduma-Wahlen der föderale Registrierungsdienst beauftragt, innerhalb von 3 Tagen nach der Ankündigung des Wahltermins die Liste von Parteien, die als Wahlvereinigungen auftreten dürfen, zu veröffentlichen und gleichzeitig diese Liste der Zentralwahlkommission einzureichen[8].

2) Im Wahlrechtsgarantiengesetz vom 12.06.2002 wurde das Verhältniswahlsystem für mindestens eine Hälfte von Abgeordneten des regionalen Parlaments als Organisationsgrundsatz der Aufbau der gesetzgebenden Organe der Föderationssubjekte eingeführt (zweite Hälfte kann nach relativem Mehrheitswahlsystem gewählt werden) mit dem Hinweis darauf, dass die Föderationssubjekte die entsprechende Änderungen in ihrer Gesetzgebung bis zum 14.07.2003 beschließen sollen (P.16 Art.35, P.5 Art.80).

3) Die Wahlen der 4. Staatsduma im Dezember 2003 wurden nach den Regeln des neuen Wahlrechtsgarantiengesetzes vom 12.06.2002 und des Gesetzes über die Wahlen der Staatsduma-Abgeordneten vom 20.12.2002[9] durchgeführt. Es wurde wie früher das Mischwahlsystem angewendet: dabei geht es um eine

---

[6] Федеральный закон № 67-ФЗ от 12 июня 2002 г. «Об основных гарантиях избирательных прав и права на участие в референдуме граждан Российской Федерации» (СЗ РФ. 2001. № 29. Ст. 2950).

[7] Art.36 Abs.2 des ParteiG in der Fassung des Änderungsgesetzes vom 21.03.2002 Nr.31-FZ.

[8] Art.33 des Staatsduma-Wahlgesetz Nr. 51-FZ vom 18.05.2005

[9] Федеральный закон № 175-ФЗ vom 20.12.2002 «О выборах депутатов Государственной Думы Федерального Собрания Российской Федерации» (СЗ РФ. 2002. № 51. Ст. 4982).

Kombination aus Mehrheits- und Verhältniswahlrecht (eine Hälfte von insgesamt 450 Staatsduma-Abgeordneten wurde nach Mehrheitswahlrecht gewählt und die andere Hälfte nach dem Verhältniswahlrecht). Jeder Wähler hatte zwei Stimmen. Mit der ersten Stimme wählte er den Kandidaten seines Wahlkreises nach relativem Mehrheitswahlrecht; mit der zweiten Stimme wählte er die Föderalliste einer Wahlvereinigung. Als Wahlvereinigungen wurden in beiden Gesetzen außer Parteien *Wahlblöcke (Wahlbündnisse)* als freiwillige Verbände anerkannt, die aus nicht mehr als 3 Vereinigungen bestehen konnten – aus Parteien oder mindestens aus einer Partei und anderen föderalen gesellschaftlichen politischen Organisationen oder politischen Massenbewegungen (P.29 Art.2 des Wahlrechtsgarantiengesetzes). Während der Wahlen der 4.Staatsduma im Jahr 2003 wurden in der Zentralwahlkommission die Föderallisten der Kandidaten von 20 Parteien und 3 Wahlblöcke (Wahlbündnisse) registriert.

Nach Wahlergebnissen[10] zur Verteilung von 225 Abgeordneten-Mandaten wurden 4 Wahlvereinigungen zugelassen, deren Kandidatenlisten mehr als 5 % Wählerstimmen erhalten haben, d.h. die gesetzlich vorgesehene 5%-Barierre überwunden haben:

Partei „Einheitliches Russland" – 37,57 %, hat dem ntsprechend aus 225 Abgeordnetenplätzen, die nach dem Verhältniswahlrecht verteilt wurden, 120 Mandate bekommen;

Kommunistische Partei Russlands – 12,61 % - 40 Mandate;

Liberal-demokratische Partei Russlands – 11,45 % - 36 Mandate;

Wahlblock – patriotischer Bündnis „Heimat" – 9, 02 % - 29 Mandate.

4) Durch eine weitere Wahlrechtsreform[11] wurden die Wahlblöcke (Wahlbündnisse) als zusätzliche Art der Wahlvereinigungen aus dem Wahlrechtsgarantiengesetz und aus dem Parteigesetz ausgeschlossen. So ist jetzt für die neuen föderalen und regionalen Wahlen die Regel „Partei ist die einzige Wahlvereinigung" erfüllt.

5) Am 18.05.2005 wurde das neue Bundesgesetz über die Wahlen der Staatsduma-Abgeordneten Nr.51 verabschiedet. Es wird in Kraft am 7.12.2006 treten, d.h. die Wahlen der 5.Staatsduma am 2. Dezember 2007 werden nach neuen gesetzlichen Regeln durchgeführt. Es geht um die Änderung des Wahlsystems: alle 450 Abgeordneten sollen nach dem Verhältniswahlrecht gewählt werden. Die Parteien erstellen und registrieren im Zentralen Wahlausschuss ihre föderalen Kandidatenlisten. Jeder Wähler hat eine Stimme, die er nur für eine Partei geben

---

10 Verordnung der Zentralwahlkommission vom 19.12.2003 Nr.71/615-4.

11 Art.7 und Art.9 des Gesetzes Nr. 93 vom 21.07.2005 – Федеральный закон № 93-ФЗ от 21 июля 2005 г. «О внесении изменений в законодательные акты Российской Федерации о выборах и референдумах и иные законодательные акты Российской Федерации» (Рос. газ. 2005. 26 июля)

darf. Auch die Mindestzahl von Wählerstimmen, die die Partei bekommen soll, um zur Verteilung von Abgeordnetenmandaten zugelassen zu werden, ist von 5 % auf 7 % erhöht (Art.82 Abs.7).

6) Die Möglichkeit gegen alle Parteien (Parteilisten) abzustimmen besteht zur Zeit nicht mehr: nach dem Änderungsgesetz der Wahlrechtsgesetze Nr.107 vom 12.07.2006 (Art.2, 3, 4)[12] wurde die Abstimmungsform „Gegen alle" in allen Wahlenarten auf föderaler, regionaler und kommunaler Ebene aufgehoben.

Die oben genannten Wahlrechtsänderungen rufen eine Reihe von verfassungsrechtlichen Fragen zur Diskussion hervor.

1. Die erste Frage besteht darin, ob die neuen Regelungen mit den Grundsätzen der freien, allgemeinen und gleichen Wahl vereinbar sind?

Das Verfassungsgericht der Russischen Föderation hat in seinem früheren Rechtssprechung den Grundsatz der freien Wahlen mit dem Recht der Bürger verbunden, in allen möglichen Formen der Abstimmung ihr Wille zu äußern: es geht nicht nur um das Recht für oder gegen konkreten Kandidaten (Kandidatenliste) abzustimmen, sondern auch „gegen alle"[13]. Nach den neuen Regelungen kann der Wille des Wahlberechtigten nur „positiv" ausgedrückt werden: wenn der Wähler für keinen Kandidaten (Kandidatenliste) abstimmen will, wird seine Stimme als ungültig erklärt. In diesem Zusammenhang ändert sich der gesetzliche Begriff von den ungültigen Stimmzetteln: früher war ein Wahlzettel ungültig, wenn die Willenäußerung des Wahlberechtigten unklar war, jetzt ist jeder Stimmzettel ungültig, der gemäß dem Gesetz ausgefüllt ist (Art.68 Abs.17 des Wahlrechtsgarantiengesetzes i.d.F. vom 12.07.2006): nach den Rechtsfolgen wird die Willenäußerung „gegen alle" der unklaren Willenäußerung gleich. So hat der Gesetzgeber den Widerspruch zwischen dem Grundsatz der freien Wahlen und dem verfassungsrechtlichen Ziel des Schaffens eines kontinuierlich handelnden Verfassungsorgans durch Wahlen zugunsten des Letztgenannten gelöst.

Diese gesetzliche Neuerung in Verbindung mit dem Übergang zum hundertprozentigen Verhältniswahlsystem bei der Staatsdumawahlen und zur 7%-Hürde, macht ist im Hinblick auf den Grundsatz einer freien, allgemeinen und gleichen Wahl von den Abgeordneten sehr problematisch. Nach dem Staatsduma-Wahlgesetz dürfen nur die politische Parteien, die den hohen gesetzlichen Anforderungen entsprechen, als Wahlvereinigungen auftreten und ihre föderalen Kandidatenlisten aufstellen. Unmittelbare Aufstellung von Kandidaten durch die wahlberechtigten Bürger ist nicht mehr möglich. Der Bürger, der das passive Wahlrecht besitzt, darf sein Recht auf Aufstellung nur über die wahlberechtigte Partei wahrnehmen und den entsprechenden Antrag in der regionalen Abteilung

---

12 Рос. газ. 2006. 15 июня – Rossijskaja gazeta. 2006. 15.Juni.

13 S.: Urteil vom 10.06.1998 Nr. 17-P; Beschluss vom 5.11.1998 Nr.169-O; Urteil vom 29.11.2004 Nr.17-P.

der föderalen politischen Partei nach seiner Wahl stellen. Die Partei ist verpflichtet, den Antrag zu beachten, soll aber nicht unbedingt den Antragsteller in die Parteiliste eintragen (Art.37 des Staatsduma-Wahlgesetzes). Die Chancengleichheit der Bürger von einer Partei aufgestellt zu werden ist damit nicht gewahrt, da die politischen Parteien nicht unbedingt in jedem Föderationssubjekt ihre regionalen Abteilungen haben. So entstehen zusätzliche technische Schwierigkeiten für die Bürger, die sich mit ihrem Antrag an die regionale Parteiabteilungen wenden sollen, die in einem anderen Föderationssubjekt ihren Sitz haben.

Das Verhältniswahlsystem ist zielt auf ein entwickelte Parteisystem, in dem alle möglichen Staats- und Gesellschaftsordnungsvorstellungen ihren Niederschlag gefunden haben. Das Russische Parteisystem ist noch auf dem Weg zu diesem Ziel. Entsprechend den hohen gesetzlichen Anforderungen, eine neue politische Partei zu bilden, ist dies sehr problematisch. Ein Wahlbündnis zu schaffen, das vielleicht eine Möglichkeit für die kleinere Parteien wäre als Wahlvereinigung aufzutreten, ist im erneuten Wahlverfahren ausgeschlossen. In diesem Zusammenhang bleiben zur Zeit unterschiedliche nicht im Rahmen einer grossen föderalen Partei assozierte politische Kräfte ausserhalb des politischen Wahlprozesses. Für ihre Vertreter besteht nur einzige Möglichkeit sich an Wahlen zu beteiligen – zum Programm und zu den Ideen einer bereits existierenden wahlberechtigten Parteie sich anzuschließen. Ob unter solchen Umständen die Assoziationsfreiheit vernachlässigt wird und mittelbar ein Parteianschließungszwang entsteht – das sind die Fragen, die noch zu beantworten und verfassungsrechtlich zu prüfen sind.

2. Außerdem macht die Gesetzgebung einen Unterschied zwischen parlamentarischen und nicht im Parlament vertretenen Parteien im Wahlverfahren: die politische Parteien, deren Kandidatenlisten an den letzten Staatsduma-Wahlen Erfolg hatten, genießen einige Privilegien bei Wahlen jeder Art (nicht nur bei neuen Staatsduma-Wahlen, sondern auch bei der Wahlen regionaler Parlamente oder kommunaler Vertretungsorgane). Nach dem Wahlgarantiengesetz sind sie von der Pflicht befreit, zur Unterstützung ihrer Kandidatenlisten oder Kandidaten die Wählerstimmen zu sammeln oder die Wahlkaution zu zahlen (Art. 38 Abs. 16), was für alle anderen politischen Parteien Bedingung für die Registrierung ihrer Kandidatenlisten ist (Art.37-38). Eine solche Abweichung vom Grundsatz der gleichen Rechtstellung politischer Parteien im Wahlverfahren ist aus verfassungsrechtlicher Sicht schwer zu erklären.

3. Der Übergang zum Verhältniswahlsystem bei den Staatsduma-Wahlen und die Stärkung der Rolle von politischen Parteien bei den Wahlen des föderalen Parlaments ist auch deswegen problematisch, weil dieses Wahlsystem mit der

russischen Staatsform (Präsidentielles Regierungssystem) nicht in Übereinstimmung steht. Durch die starke Rolle palamentarischer Parteien, die die Regierung bilden und den Regierungschef bestimmen, ist das parlamentarische Regierungssystem gekennzeichnet.

4. Noch eine verfassungsrechtliche Frage betrifft die Verteilung der gesetzgebenden Kompetenzen im Wahlrecht zwischen der Föderation und ihrer Subjekte: wo liegt die Grenze der möglichen föderalen gesetzlichen Einmischung bei der Bestimmung des Wahlsystems auf regionaler und kommunaler Ebene? Gehört die Regel, mindestens eine Hälfte von Abgeordneten des regionalen Parlaments nach dem Verhältniswahlsystem zu wählen, zu „allgemeinen Grundsätzen der Organisation der staatlichen Organen in den Föderationssubjekten und der kommunalen Selbstverwaltung", die in gemeinsamer Zuständigkeit der Russischen Föderation und deren Subjekte liegen (Art. 72 Abs.1 lit. n der Verfassung) und durch das föderale Gesetz bestimmt werden sollen?

Auch die Abschaffung des Rechts „gegen alle" abzustimmen sowie der Möglichkeit für Parteien und andere politische Organisationen sich zu Wahlbündnissen zusammenzuschließen, ist aus der Sicht der gesetzgebenden Zuständigkeitsverteilung zwischen Föderation und ihrer Subjekte umstritten. Einerseits fällt die Regulierung der Menschen- und Bürgerrechte – in die ausschließliche Zuständigkeit der Föderation (Art. 71 lit. v der Verfassung), andererseits ist der Schutz dieser Rechte, sowie die Bestimmung eines eigenen Systems von regionalen staatlichen Organen, des Verfahrens ihrer Zusammensetzung und der Durchführung der regionalen und kommunalen Wahlen – Gegenstand der regionalen Verfassungen und Gesetze (Art. 77 der Verfassung, Art. 23 Abs. 3 des Föderalen Gesetzes über die kommunale Selbstverwaltung Nr.131 vom 6.10.2003 i.d.F. des Föderalen Gesetzes Nr.93 vom 21.07.2005[14]).

Die Einführung des Verhältniswahlsystems mindestens für eine Hälfte von Abgeordneten im regionalen Parlament bedeutet die Einschränkung der gesetzgebenden Kompetenzen von Föderationssubjekten in ihrer eigenen Zuständigkeit, die als unzulässig bewertet werden kann[15].

Geht man davon aus, dass die Aufgabe des föderalen Gesetzgebers die Festlegung der allgemeinen Prinzipien und die Gewährleistung von minimalen Standarten für die freie, allgemeine, gleiche Wahlen ist, dann sollte bei dem regionalen Gesetzgeber das Recht bleiben, das Wahlsystem auf regionaler und kommunaler Ebene selbst regeln und zusätzliche Garantien im regionalen und

---

[14] Rossijskaja gazeta. 2003. 8. Oktober; 2005. 26.Juli.

[15] Solche Auffassung ist in der russischen verfassungsrechtlichen Literatur vertreten. S. dazu: Конюхова И.А. Оценка федерального регулирования избирательной системы в субъектах РФ с точки зрения конституционного разграничения предметов ведения и полномочий // Ежеквартальный бюллетень проекта «Институциональный, правовой и экономический федерализм в Российской Федерации». 2005. № 2. С.4.

kommunalen Wahlverfahren (wenn sie nicht zur Einschränkung des Wahlrechts führen) bestimmen zu können: dazu gehört auch die Berücksichtigung der Willensäußerung „gegen alle“ und die Anerkennung von Wahlbündnissen als Wahlvereinigungen.

5. Die imperative Einführung des Verhältniswahlsystems auf regionaler Ebene trägt auch dazu bei, dass große föderale parlamentarische Parteien die Vorteile bekommen, regionale Parlamente zu gestalten. Es kommt entscheidend darauf an, dass regionale politische Parteien nach der russischen Gesetzeslage überhaupt nicht existieren und regionale politische Organisationen haben auch kein Recht, Wahlbündnisse zu bilden, um ihre Kandidaten und Kandidatenlisten aufzustellen. Nur regionale Abteilungen von den föderalen politischen Parteien dürfen als Wahlvereinigungen bei den regionalen Wahlen auftreten, nur sie können regionale Interessen vertreten. Wenn regionale Abteilungen zu den parlamentarisch vertretenen Parteien gehören, werden ihre Kandidaten und Kandidatenlisten, wie oben erwähnt, nach vereinfachten Regeln registriert (Art. 38 Abs. 16 des Walgarantiengesetzes). Das führt letztlich zu einem Oligopol der wenigen großen föderalen Parteien auch auf regionaler Ebene.

V. Neue Entwicklungen in der Parteigesetzgebung in Russland

Die intensive Verbreitung des Verhältniswahlsystems auf alle Wahlebenen bedeutet, dass die Rolle der politischen Parteien als Wahlvereinigungen wächst: damit ist eine Verschärfung der gesetzlichen Anforderungen an die Parteien verbunden.

1. Es geht vor allem um die Erhöhung der Mitgliederzahlanforderung bis 50 000 (s. oben: Änderungsgesetz des ParteiG Nr.168 vom 20.12.2004), die bis zum 1.01.2006 erfüllt sein sollte. Die Kontrolle über die Erfüllung der neuen gesetzlichen Anforderungen übt der Föderale Registrierungsdienst (FRD) aus, der auch für die Registrierung von politischen Parteien und für die Führung deren Register verantwortlich ist (vor der Verwaltungsreform hat diese Funktion das Justizministerium ausgeübt). Die neuen Regelungen führen tendenziell dazu, dass die Neubildung von politischen Parteien dadurch behindert wird. Strenge gesetzliche Anforderungen fördern das Zusammenschließen von bereits existierenden Parteien: das ist die wahrscheinlichste Alternative für kleinere Parteien die Übergangsperiode zu überleben und die gesetzliche Anforderungen zu erfüllen. Nach den Angaben des FRD haben nur 19 politische Parteien zum 1.01.2006 die gesetzliche Mindestzahlmitgliederanforderung erfüllt, weitere 15 Parteien stehen noch im Register, haben jedoch die notwendige Unterlagen dem FRD bislang nicht vorgelegt, alle andere politische Parteien mussten ihre Tätigkeit beenden[16].

---

[16] http://www.rosregistr.ru Zum Vergleich: im Bericht des Justizministeriums Russlands im Jahr 2004 wurde mitgeteilt, dass in der Zeitperiode vom 2001 bis 2004 wurden 59 politische Parteien registriert (Registrierungsanträge von 43 Vereinigungen wurden abgelehnt).

2. Die zweite Gruppe gesetzlicher Neuerungen ist mit der Entwicklung der Transparenz der Parteitätigkeit verbunden. Es geht um die Verschärfung der Anforderungen an das Verfahren hinsichtlich der wichtigsten Parteientscheidungen und deren Inhalt (des Statuts, des Programms, Ausgestaltung und Bestätigung von den Parteikandidatenlisten) (Änderungsgesetz Nr.93 vom 21.07.2005) und der Anforderungen an die Rechenschaftsunterlagen und -angaben, die jede politische Partei jährlich den Kontrollorganen vorlegen soll („b" Abs.1 Art.27 des ParteiG in der Fassung des ÄnderungsG Nr.93 vom 21.07.2005).

3. Das Transparenzprinzip betrifft in erster Linie die finanzielle Seite der Parteitätigkeit, d.h. die Parteifinanzierung:

a) die Anforderungen an die Angaben von Spenden an eine Partei sind schärfer geworden, damit die Einkommensquellen der Partei für die Kontrollorgane transparenter werden (Art. 30 des ParteiG in der Fassung des ÄnderungsG Nr.93 vom 21.07.2005). Die Obergrenzen der jährlichen Zuwendungen an die politische Partei von natürlichen und juristischen Personen sind jedoch unverändert geblieben: nicht mehr als das 10.000fache des Mindestlohns darf jede natürliche Person jährlich einer politischen Partei spenden und nicht mehr als das 100.000fache jede juristische Person. Die Gesamtsumme von Spenden an eine politische Partei und alle ihre regionale Abteilungen darf nicht höher als das 10-Millionenfache des Mindestlohns sein. Nach dem russischen Steuergesetzbuch[17] können die Spenden mit dem Parteieinkommen, für das Steuern bezahlt werden müssen, verrechnet werden, wenn die Spenden entsprechend den Gesetzesvorschriften verwendet wird (Art.251 Abs.2 des SteuerGB). Durch diese finanziellen Begünstigungen wird die Parteitätigkeit wie auch die Tätigkeit anderer nichtkommerziellen Organisationen gefördert;

b) außerdem bleibt die staatliche Finanzierung von politischen Parteien (direkte Zuschüsse aus dem föderalen Haushalt) als eine der finanziellen Quellen der Parteitätigkeit bestehen. Es wurde nur die Abrechnung der staatlichen Finanzierung geändert: das Gesetz geht von relativen zu absoluten Abrechnungszahlen über (5 Rubel statt 0,005 % des minimalen Arbeitslohns als Abrechnungseinheit, die mit der Zahl der erhaltenen Wählerstimmen einer Partei multipliziert wird). Nach dem 1.01.2006 gelten folgende Abrechnungsregeln: die Parteien bekommen die staatlichen finanziellen Mittel in Verhältnis zur Zahl der Wählerstimmen, die für die Kandidaten dieser Partei bei der Staatsduma- und Präsidentenwahlen gegeben wurden: die staatlichen Mittel werden der Partei jährlich nach den Ergebnissen der Staatsdumawahlen und einmalig nach den Ergebnissen der Präsidentenwahlen ausgezahlt.

4. Die Einführung direkter staatlicher Parteifinanzierung war noch bei der Vorbereitung des Parteigesetzes aus verfassungsrechtlicher Hinsicht umstritten und

---

17 Steuergesetzbuch der RF (2.Teil) vom 5.08.2000 Nr. 117-FZ, Art.251 Abs.2 (i.d.F. des FZ Nr.65 vom 6.06.2005) (СЗ РФ. 2000. № 32. Ст.3340; 2005. № 24. Ст.2312).

sie ist es auch noch heute. Es ist vor allem fraglich, ob staatliche finanzielle Unterstützung mit dem Grundsatz des politischen und ideologischen Pluralismus vereinbar ist und ob damit gleiche Chancen für alle politischen Parteien gewährleistet werden können:

a) direkte Zuschüsse aus dem staatlichen Haushalt existieren neben der indirekten staatlichen finanziellen Unterstützung von politischen Parteien (Befreiung der Spendeneinkommen von der Steuerzahlung). Das könnte als doppelte staatliche finanzielle Unterstützung der politischen Parteien betrachtet werden, welchc für andere gesellschaftliche Vereinigungen nicht vorgesehen ist;

b) selbst der Zweck der staatlichen Parteifinanzierung ist widersprüchlich: Einerseits betrachtet das Parteigesetz die staatliche Finanzierung von Parteien als eine Art ihrer finanziellen Unterstützung nach Ergebnissen ihrer Wahlbeteiligung, andererseits sollen sie als Wahlkampfkostenerstattung fungieren (Abs.1 Art.33). Wenn der Erstattungszweck als Grundlage der staatlichen Parteifinanzierung verfolgt wird, dann kommen weitere Fragen zur Diskussion:

- warum bekommen die Parteien öffentliche Mittel *jährlich* nach den Ergebnissen der Dumawahlen *im selben Umfang* (5 Rubel, multipliziert mit der Zahl von Wählerstimmen, die für die Partei gegeben worden waren), d.h. also auch in Jahren, in denen keine Wahlen stattfanden?

- für die Wahlkampfkostenerstattung gibt es auch andere Quellen – der Wahlfond des Kandidaten oder der Wahlvereinigung, der nicht nur aus eigenen Mittel der Partei zusammengesetzt wird, sondern auch aus Spenden (Art. 58 Abs. 5 des Wahlgarantiengesetzes); einige Wahlkampfausgaben werden direkt aus dem staatlichen oder kommunalen Haushalt erstattet (Art. 58 Abs. 5 lit. d des Wahlgarantiengesetzes) oder als kostenlose Dienstleistung gegeben (Art.50-52 des Wahlgarantiengesetzes);

c) Das Gleichheitsprinzip wird dadurch gefährdet, dass nicht jede Partei den Anspruch auf die staatliche Finanzierung hat: wenn ihre Parteikandidatenliste oder Präsidentenkandidat weniger als 3 % Wählerstimmen erhalten hat, bekommt die Partei keine staatliche Zuschüsse (Art. 33 in der Fassung des ÄnderungsG Nr.93 vom 21.07.2005). Außerdem ist noch im Wahlgarantiengesetz (Art. 59 Abs. 10) die Möglichkeit vorgesehen, die Parteien zur Kostenerstattung für Dienstleistungen zu verpflichten, die während der Wahlkampagne von den Medienorganisationen kostenlos erbracht worden sind. So sind kleinere Parteien, die nicht genügend Wählerstimmen erhalten haben, sozusagen, „doppelt bestraft".

5. Auf dem Wege zur Entwicklung von mehr Transparenz in der Parteitätigkeit und in der Parteifinanzierung wurden auch die Regeln der finanziellen Rechnungslegung von den Parteien geändert (Art.34 und 35 des ParteiG in der Fassung des ÄnderungsG Nr.93 vom 21.07.2005): die politischen Parteien müssen jetzt nicht nur vor Steuerämter, sondern auch vor dem Obersten Wahlausschuss Rechenschaft ablegen – sie müssen spätestens am 1.04. des Jahres einen Sam-

melbericht über Einnahmen und Ausgaben des nächsten Jahres vorlegen. Der Oberste Wahlausschuss hat bereits die Form solcher Sammelberichte (Verordnung vom 28.09.2005)[18] und die Richtlinien über deren Erstellung verabschiedet (Protokol Nr. 153-1-4 vom 28.09.2005)[19].

Unter anderen Angaben sollen im Sammelbericht personenbezogene Daten von Spendern (natürliche und juristischen Personen – Name, Adresse u.a., die im Überweisungsformular gezeigt worden waren) aufgeführt werden. Nach dem Art. 35 Abs. 3 des ParteiG in der Fassung des ÄnderungsG Nr.93 vom 21.07.2005 wird der Sammelbericht im Internet auf der Seite des Obersten Wahlausschusses veröffentlicht.

Die obengenannten Regeln der öffentlichen Darlegung der Parteifinanzen kollidieren jedoch mit den Persönlichkeitsrechten. Nach der Datenschutzgesetzgebung sollen gespeicherte personenbezogene Daten gesichert werden. Es ist notwendig nach dem Prinzip der Verhältnismäßigkeit die Grenze der Transparenz der Parteifinanzierung zu finden: die Transparenz wird aus meiner Sicht nicht dadurch vernachlässigt, dass die personenbezogenen Daten von Spendern den Kontrollorganen zugänglich werden, aber nicht der Allgemeinheit.

18 Vestnik Zentrizbirkoma RF. 2006. Nr.1.

19 Vestnik Zentrizbirkoma RF. 2005. Nr.10.

Uwe Kischel

Parteienstaat und demokratische Stabilität

Die Herrschaft der Parteien in der modernen Demokratie, der Parteienstaat oder die Parteiendemokratie,[1] gibt immer wieder Anlaß zur Sorge,[2] einer Sorge, die auf den verschiedensten Ebenen Ausdruck findet, von den Stammtischen bis in höchste Staatsämter[3], von emotionalen Reaktionen auf tagespolitische Ereignisse bis in die Tiefen der Staatsrechtslehre.[4] Auch wenn die Notwendigkeit von Parteien heute kaum noch geleugnet wird,[5] ist dabei doch die Grundlagenkritik, wie sie in Deutschland am prononciertesten in der Weimarer Zeit geäußert wurde, immer noch zu spüren. Gegenüber den - letztlich meist demokratiefeindlichen - Vorwürfen gegen den Parteienstaat sowie der berechtigten Kritik an einzelnen Auswüchsen (A) sollte jedoch als Kontrapunkt niemals die für die Demokratie essentielle, stabilisierende Wirkung der Parteien übersehen werden, die hier an zwei gänzlich verschiedenen Beispielen - der Fraktionsdisziplin (B) und den Verfassungsrichterwahlen (C) - illustriert werden soll .

---

1 Für eine Bevorzugung des Begriffs der Parteiendemokratie etwa Rudolf Streinz, in: Mangoldt, Hermann v.; Klein, Friedrich; Starck, Christian: Das Bonner Grundgesetz, 5. Aufl., Bd. 2 2005, Art. 21 Rn. 30; ähnlich Jörn Ipsen, in: Sachs, Michael: Grundgesetz Kommentar, 3. Aufl. 2003, Art. 21 Rn. 14; das Bundesverfassungsgericht ging zunächst vom Begriff des Parteienstaates aus, vgl. BVerfGE 1, 208 (224); 95, 335 (349), verwendet heute aber daneben auch den der Parteiendemokratie, vgl. BVerfGE 44, 125 (182); 112, 118 (135); zum Begriff des Parteienstaats grundlegend, wenn auch heute nicht mehr prägend Gerhard Leibholz, Verfassungsrechtliche Stellung und innere Ordnung der Parteien, in: Verh. d. 38. DJT, 1951, C 2.

2 Zur schwankenden Aktualität und empfundenen Brisanz des Themas anschaulich Wolfgang Graf Vitzthum, Probleme der Parteiendemokratie, FS Badura, 1995, 71 (71ff.).

3 Vgl. die vielbeachtete Rede Richard von Weizsäckers „Krise und Chance unserer Parteiendemokratie", abgedruckt in: Aus Politik und Zeitgeschichte, Nr.42 (1982), 3; dazu noch infra A V.

4 Prominent etwa Hans Herbert von Arnim, Staat ohne Diener: Was schert die Politiker das Wohl des Volkes?, 3. Aufl. 1993, passim.

5 Vgl. aber Karl Albrecht Schachtschneider, Res publica res populi, 1994, 1054ff.: "Es gibt kein Parlament, wie es das Grundgesetz will; es gibt damit keine freiheitliche Gesetzgebung, die das Grundgesetz will. Es gibt kein Recht im Sinne des Grundgesetzes. Es gibt vielmehr eine Parteienherrschaft" ibid., 1058.

A. Parteienstaat zwischen Demokratie und Cliquenwirtschaft

I. Kritik am Parlamentarismus

Aus der Erkenntnis heraus, daß - wie es das deutsche Bundesverfassungsgericht bereits in einer seiner ersten Entscheidungen formulierte - heute jede Demokratie zwangsläufig ein Parteienstaat ist,[6] kann hinter einer durchgreifenden Kritik des Parteienstaats eine Kritik an der parlamentarischen Demokratie stehen.[7] In einer klassischen Form verbirgt sich diese Kritik gern in einem scheinbar harmlosen und ohne weiteres einsichtigen Satz: Demokratie sei "Identität von Herrscher und Beherrschten, Regierenden und Regierten, Befehlenden und Gehorchenden"[8]. Das erscheint zunächst einleuchtend, denn in der Demokratie, also der Volksherrschaft,[9] herrscht das Volk über sich selbst; die Identität von Herrscher und Beherrschten scheint auf der Hand zu liegen. Die Formulierung geht jedoch von einem homogenen Volk aus,[10] das als ganzes seinen ebenso homogenen Willen, einen volonté générale,[11] ausübt. Mit anderen Worten würde in der wahren Demokratie Volkes Wille durchgesetzt.[12] Wie kleinlich, wie abstoßend und unwürdig erscheint gegenüber diesem hehren Ideal dann aber das Gezanke und Gezeter, mit dem wir täglich aus dem Parlament und der sonstigen politischen Landschaft konfrontiert werden. Genau dies nun aber ist der verborgene Sinn der Formel von der Identität von Herrschern und Beherrschten: durch Aufstellen eines realitätsfernen und simplifizierten Ideals die realen Bemühungen und Kämpfe im täglichen parlamentarischen Geschäft zu denunzieren.[13] Simplifiziert ist dieses Ideal, weil es einer romantischen Vorstellung von der Einheitlichkeit des Volkes anhängt[14] und damit die Verschiedenheit und oft auch

---

6 BVerfGE 1, 208 (224).

7 Deutlich schon Hans Kelsen, Vom Wesen und Wert der Demokratie, 2. Aufl. 1929, 20.

8 Carl Schmitt, Verfassungslehre, 1928, 234; vgl. auch schon Carl Schmitt, Die geistesgeschichtliche Lage des heutigen Parlamentarismus, 1923, 15.

9 Zum Wortursprung Christian Meier, Die Entstehung des Begriffs Demokratie, in: ders., Entstehung des Begriffs "Demokratie", 1970, 7 (8f., 44ff.).

10 Ausdrücklich Carl Schmitt, Verfassungslehre, 1928, 235.

11 Jean-Jacques Rousseau, Der Gesellschaftsvertrag, 2. Buch, 1. und 3. Kap. (Ausgabe Insel Verlag, 1996, 36f., 41).

12 Vgl. zur Demokratie als Herrschaft der öffentlichen Meinung Schmitt (Fn. 10), 246.

13 Bezeichnend auch: "Nur das anwesende, wirklich versammelte Volk ist Volk", Schmitt (Fn. 10), 243; "Eine Diktatur insbesondere ist nur auf demokratischer Grundlage möglich", ibid., 237; und daß "Diktatur nicht der Gegensatz zu Demokratie ist", Carl Schmitt, Die geistesgeschichtliche Lage des heutigen Parlamentarismus, 1923, 17; das Parlament wird bei Vorhandensein ständiger Parteiorganisationen nicht mehr als Repräsentant anerkannt, Schmitt (Fn. 10), 219.

14 Vgl. auch die nur aus der romantischen Einstellung heraus erklärliche Ablehnung einer

Unvereinbarkeit der real vorhandenen Interessen im Ergebnis ebenso leugnet wie die Notwendigkeit der Vermittlung und Organisation im Willensbildungsprozeß.[15] Das Volk ist eine Vielheit, dessen Einheit als Staatsvolk erst durch einen offenen und nicht abschließbaren demokratischen Willensbildungsprozeß ermöglicht wird.[16]

II. Kritik am Parteienstaat innerhalb des Parlamentarismus

Wird die Berechtigung parlamentarischer Demokratie deshalb anerkannt, so bedeutet dies aber nicht zwangsläufig auch die Anerkennung von Parteien. Der schon von Rousseau aufgeworfene Gedanke, organisierte Gruppen verfälschten die Orientierung am allgemeinen Willen des Volkes,[17] kann vielmehr aufgegriffen werden in dem Verlangen - und Vorwurf -, jeder Abgeordnete solle sich in wörtlichem Verständnis des Art. 38 Abs. 1 S. 2 GG als Repräsentant des ganzen Volkes verhalten, für das Wohl aller, das Gemeinwohl, einsetzen und nicht Vertreter irgendwelcher Partikularinteressen, gar einer Lobby sein. Mit der Parteimitgliedschaft und den Parteienstreitigkeiten ist ein solches Bild des Abgeordneten nur schwer vereinbar. Denn schon vom Wortursprung her leitet sich "Partei" von "pars", dem Teil, ab.[18]

Eine solche ganzheitliche Auffassung fordert aber nicht nur Übermenschliches und delegitimiert so die parlamentarische Demokratie,[19] sondern setzt vor allem die romantische[20] Fehlvorstellung der Parlamentarismuskritik in nur leicht abgewandelter Form erneut um: Ein Gemeinwohl, für das sich jeder Abgeordnete

direkten geheimen Abstimmung aller Bürger über alle Fragen, die gerade nicht als besonders intensive Demokratie gelten könne, weil die Summe der Privatmeinungen aller Bürger nicht eine öffentliche Meinung ergebe, Schmitt (Fn. 10), 245f.

15 Zur Kritik Hasso Hofmann, Legitimität gegen Legalität - Der Weg der politischen Philosophie Carl Schmitts, 3. Aufl. 1995, 147ff.; Konrad Hesse, Grundzüge des Verfassungsrechts der Bundesrepublik Deutschland, Neudruck der 20. Aufl. 1999, Rn. 131; Roman Herzog, in: Maunz, Theodor; Düring, Günter: Grundgesetz Kommentar Loseblatt, Art. 20 Teil II Rn. 20; Horst Dreier, in: Dreier, Horst: Grundgesetz, Kommentar, 2. Aufl. 2006, Art. 20 (Demokratie) Rn. 60; Gegenkritik bei Ernst-Wolfgang Böckenförde, Demokratie als Verfassungsprinzip, in: Isensee, Josef; Kirchhof, Paul: Handbuch des Staatsrechts der Bundesrepublik Deutschland, Bd. 2, 3.Aufl. 2004, § 24 Rn. 49f.

16 Streinz (Fn. 1), Art. 21 Rn. 22; vgl. auch Kelsen (Fn. 7), S. 17ff.

17 Rousseau (Fn. 11), 2. Buch, 3. Kap., 41.

18 Vgl. Martin Morlok, in: Dreier, Horst: Grundgesetz, Kommentar, 2. Aufl. 2006, Art. 21 Rn. 6.

19 Vgl. auch Vitzthum (Fn. 2), 71 (78f.).

20 Vgl. auch Heinrich Triepel, Die Staatsverfassung und die politischen Parteien, 1927, 35f., der seine organische Staatsauffassung selbst als romantisch beschreibt; vgl. auch Ipsen (Fn. 1), Art. 21 Rn. 14, der "diffuse Gemeinwohl- und Harmonievorstellungen" beklagt.

einsetzen könnte, gibt es nicht, kann es nicht geben. Bei allen Schwierigkeiten, den Begriff des Gemeinwohls näher zu beschreiben,[21] bleibt unter demokratischen Gesichtspunkten eine Erkenntnis zentral: Was in jedem Einzelfall dem Gemeinwohl am besten dient, steht nicht vorher fest, läßt sich nicht objektiv ermitteln, sondern nur und erst im demokratischen Willensbildungsprozeß bestimmen und ggf. auch jederzeit revidieren.[22] Der Wille des Volkes ist eine bestimmende, nicht eine bestimmte Größe.[23] Die Vorstellung eines objektiven Gemeinwohls ("es gibt nur eine gute oder schlechte Wirtschaftspolitik") führt allzu leicht auf den abschüssigen Pfad der Expertokratie, da die Vorstellung, es sei objektiv feststellbar, was der Gemeinschaft am besten diene, von dem Problem ablenkt, wer dies verbindlich festlegen darf.

III. Parteienstaat als notwendiges Element der parlamentarischen Demokratie

Demgegenüber bleibt der Parteienstaat mit all seinen manchmal frustrierenden Streitereien, seinem Aufeinanderprallen von Partikularinteressen und Austarieren von Kompromissen, seinen schwankenden Ergebnissen und dauerhaften Reformen ein notwendiges Element der parlamentarischen Demokratie. Denn jede Gesellschaft ist gekennzeichnet durch eine Vielfalt von Interessen, deren Vereinheitlichung und damit Unterdrückung - wie sie etwa im real existierenden Sozialismus versucht wurde - ein Ende der Freiheit bedeutet.[24] Parteien sind hier die notwendigen Mittler, da - mit den Worten des deutschen Verfassungsrechtlers Ludwig Thoma und des deutschen Bundesverfassungsgerichts - eine Verfassung, "welche alle Inhaber oberster Gesetzgebungs- und Regierungsgewalt aus Wahlen des Volkes (...) hervorgehen läßt, nicht zum Leben erweckt und nicht am Leben erhalten werden kann, wenn sich nicht frei aus der Gesellschaft irgendwelche Gruppen bilden, die ihre Häupter als Bewerber um die verschiedenen Wahlämter (...) präsentieren".[25] Der Einzelne hat keinen wirklichen Einfluß, so daß Demokratie erst möglich wird, wenn die Einzelnen sich in Gruppen mit ähnlichen Interessen zusammenschließen, um sich durchzusetzen.[26]

21 Dazu umfassend Michael Anderheiden, Gemeinwohl in Republik und Union, 2006, 5ff.

22 Vgl. etwa Streinz (Fn. 1), Art. 21 Rn. 20ff.; vgl. auch Böckenförde (Fn. 15), Rn. 49ff.; Kelsen (Fn. 7), S. 20ff.; dagegen Anderheiden (Fn. 21), 5ff.

23 Vgl. Morlok (Fn. 18), Art. 21 Rn. 23.

24 Vgl. James Madison, in: The Federalist Papers, No. 10 (Ausgabe Mentor/Penguin, 1961, 78); Konrad Hesse (Fn. 15), Rn. 159f.

25 BVerfGE 1, 208, 224, das wiederum Richard Thoma, Handbuch des Deutschen Staatsrechts Bd. 1, 1930, 190 zitiert; vgl. auch BVerfGE 107, 339 (358f.); zur historischen Entwicklung der Parteien vor diesem Hintergrund vgl. den Überblick bei Morlok (Fn. 18), Art. 21 Rn. 1ff.

26 Vgl. Kelsen (Fn. 7), 20.

Parteien dienen der Aggregation, Strukturierung und Transformation der vielfältigen Interessen, der Rekrutierung von Führungskräften, der Beeinflussung der öffentlichen Meinung und damit Anregung öffentlicher Diskussionen[27] und sind in diesen Funktionen unverzichtbar.

IV. Fehlentwicklungen im Parteienstaat

Gerade wegen dieser Unverzichtbarkeit aber ist eine Kritik an bestimmten Aspekten oder Fehlentwicklungen im Parteienstaat nicht nur zulässig, sondern gerade notwendig. Dabei sind die Kernpunkte der Kritik seit Jahren gleich, bei gelegentlichen Akzentverschiebungen etwa aufgrund aktueller Ereignisse. Zu diesen Kernpunkten[28] zählt etwa der Abbau der Kontrollfunktion der Parlamentsmehrheit gegenüber der Regierung durch eine weitgehende gegenseitige Durchdringung; die mangelnde Rückkoppelung zwischen Politik und Bürgern; die mangelnde Vertretung verbreiteter oder sogar mehrheitlicher Meinungen in der Bevölkerung - etwa zur Europa-[29] oder Wirtschaftspolitik - auf dem politischen Parkett, die unmittelbar zur Politikverdrossenheit führt; die verbreitete Ämterpatronage und wohl auch die Parteifinanzierung, der sich andere im Rahmen dieser Tagung widmen. Wenn etwa ein nicht unerheblicher Teil der deutschen Bevölkerung zunehmende soziale Kälte und ein weiteres Auseinanderdriften zwischen Arm und Reich in Deutschland beklagt und die demokratischen Parteien darauf weitgehend mit Strategien zur weiteren Verbesserung der mikroökonomisch verstandenen Investitionsbedingungen für Unternehmen reagieren, so kann die mangelnde Repräsentanz dieser Bevölkerungsmeinung in der realen Politik durchaus auch als langfristige Gefährdung der Akzeptanz demokratischer Strukturen in der Bevölkerung bewertet werden.

Besonderen Auftrieb erhielt die Parteikritik durch die weithin publizierten und diskutierten Äußerungen des früheren deutschen Bundespräsidenten Richard von Weizsäcker. Bereits vor seiner Amtszeit hatte er mit einer berühmt gewordenen Metapher gewarnt, der Einfluß der Parteien habe sich "fettfleckartig" über

---

27 Vgl. Morlok (Fn. 18), Art. 21 Rn. 21; vgl. weiter etwa Streinz (Fn. 1), Art. 21 Rn. 13ff.; Ipsen (Fn. 1), Art. 21 Rn. 21ff.

28 Vgl. etwa zusammenfassend Peter M. Huber, Der Parteienstaat als Kern des politischen Systems – Wie tragfähig ist das Grundgesetz?, JZ 1994, 689 (692ff.); Fritz Ossenbühl, Aktuelle Probleme der Gewaltenteilung (1980), in: Schröder, Meinhard (Hrsg.): Freiheit, Verantwortung, Kompetenz: Ausgewählte Abhandlungen, 1994, 213 (216) kritisiert: „Regierung und Parlamentsmehrheit sind parteilich verklammert zu einer Aktionseinheit“; besonders kritisch zu Ämterpatronage und Parteifinanzierung auch Hans Herbert von Arnim, Der Staat als Beute: Wie Politiker in eigener Sache Gesetze machen, 1991, 335ff.

29 Vgl. etwa Uwe Kischel, Souveränität, Einbindung, Autonomie - die Entwicklung der Kompetenzverteilung zwischen der Europäischen Union und ihren Mitgliedstaaten, in: Erbguth, Wilfried; Masing, Johannes (Hrsg.): Die Verwaltung unter dem Einfluß des Europarechts, Teil C II ff. (im Erscheinen).

nahezu alle staatlichen Institutionen ausgebreitet und die Parteien sich den Staat zur Beute gemacht.[30] Als Bundespräsident zeigte er sich dann später besorgt um die Lebenskraft der liberalen Demokratie; die Parteien hätten die ganze Struktur unserer Gesellschaft durchzogen, bis tief hinein in das unpolitische Vereinsleben.[31]

Bei aller berechtigten - und vielleicht für den Nichtpolitiker oft allzu leichten - Kritik, sollte aber die wichtige und positive Bedeutung der Parteien und damit des Parteienstaats nicht übersehen werden, die sich exemplarisch etwa an der Fraktionsdisziplin und den Verfassungsrichterwahlen aufzeigen läßt.

B. Parteienstaat und Fraktionsdisziplin

I. Fraktionsdisziplin zwischen Parteienanerkennung und freiem Mandat

Ein gängiges, bis heute umstrittenes Problem der deutschen Staatsrechtslehre besteht darin, die Anerkennung der Rolle der Parteien in Art. 21 GG mit dem sog. freien Mandat nach Art. 38 Abs. 1 S. 2 GG in Übereinstimmung zu bringen. Nach diesem Art. 38 GG sind die Abgeordneten Vertreter des ganzen Volkes, an Aufträge und Weisungen nicht gebunden und nur ihrem Gewissen unterworfen. Gleichzeitig aber sind die Abgeordneten als Parteimitglied ins Parlament gewählt worden, in rund der Hälfte aller Fälle nicht einmal persönlich, sondern nur aufgrund ihres Platzes auf einer von der Partei aufgestellten Wahlliste. Sie sind als Vertreter einer bestimmten, von der Partei zuvor publik gemachten Linie gewählt. Verfassungsrechtlich können nunmehr einerseits die Parteien ihre Funktion nur erfüllen, wenn sie ihre Politik auch in das Parlament tragen, ist aber andererseits der Abgeordnete völlig frei und ungebunden in seinem Abstimmungsverhalten. Wie weit sollen in dieser Situation formelle oder informelle Druckmittel der Partei oder ihres parlamentarischen Ausdrucks als Fraktion[32] zulässig sein?

Weit verbreitet ist dabei eine dem ausländischen Beobachter wohl eher als Wortspiel erscheinende Antwort, derzufolge kein Fraktionszwang, wohl aber Fraktionsdisziplin möglich ist. Tatsächlich werden mit diesen Begriffen die verschiedenen Aspekte des Problems bestenfalls stichwortartig umschrieben, letztlich aber das Problem nur verlagert, denn es geht dann um die Frage, was im

---

30 Weizsäcker (Fn. 3), 4.

31 Gunter Hofmann und Werner A. Perger (Hrsg.), Richard von Weizsäcker im Gespräch mit Gunter Hofmann und Werner A. Perger, 1992, 146f.

32 Zur fehlenden Übereinstimmung von Partei und Fraktion schon aufgrund des möglichen Zusammenschlusses der Abgeordneten mehrerer Parteien zu einer einzigen Fraktion nach § 10 I GO BT vgl. etwa Wolfgang Demmler, Der Abgeordnete im Parlament der Fraktionen, 1994, 185f.

Einzelfall Zwang und was bloße Disziplin sein soll.[33] Daß etwa ein Mandatsverlust als Sanktion nicht in Betracht kommt, ist dabei ebenso anerkannt[34] wie die Zulässigkeit sozialen und psychologischen Drucks.[35] In praktischer Hinsicht konzentriert sich die Diskussion um die Möglichkeiten eines Abzugs aus Parlamentsausschüssen[36] oder aus Fraktionsämtern, eines Fraktions- oder Parteiausschlusses. Alle vier Möglichkeiten werden dabei überwiegend bejaht, also als bloße Fraktionsdisziplin bezeichnet.[37] Zur Begründung wird etwa auf den besonderen, zusätzlichen Nutzen der Fraktionszugehörigkeit für den einzelnen Abgeordneten verwiesen, der ihm eben auch wieder entzogen werden könne, solange sein eigener Rechtsstatus als Abgeordneter davon unberührt bleibe.[38]

II. Fraktionsdisziplin und langfristige Gemeinwohlsicherung

Bei alledem werden die üblicherweise für die Zulässigkeit einer Fraktionsdisziplin vorgebrachten Argumente einen überzeugten Anhänger des freien Mandats nicht unbedingt überzeugen. Nicht zuletzt zeigt ein Blick etwa in die USA, wo Abweichungen eines Abgeordneten von der Parteilinie durchaus häufiger auftreten, [39] daß auch ohne Fraktionsdisziplin eine Parteiendemokratie keineswegs funktionsunfähig wird. Gerade die rechtsvergleichende Perspektive öffnet aber auch den Blick auf die Folgen eines Verzichts, genauer auf die stabilisierende Wirkung einer gewissen Fraktionsdisziplin. Denn die Fraktionsdisziplin schafft die - leider nicht immer hinreichend genutzten - Voraussetzungen für eine kontinuierliche und langfristig orientierte Arbeit im Parlament: Ohne feste Fraktionsbindung agieren die Abgeordneten mehr als Ansammlung individueller Entscheidungsträger denn als Teil einer langfristig bestehenden Gruppe. Dies fördert ein individuelles und kurzfristiges, höchstens bis zum Ende der Wahlperio-

---

33 Zur fehlenden klaren Abgrenzung vgl. Norbert Achterberg; Martin Schulte, in: Mangoldt, Hermann v.; Klein, Friedrich; Starck, Christian: Das Bonner Grundgesetz, Bd. 2, 5. Aufl. 2005, Art. 38 Rn. 41 m.w.N.

34 Vgl. Hans Hugo Klein, Status des Abgeordneten, in: Isensee, Josef; Kirchhof, Paul: Handbuch des Staatsrechts der Bundesrepublik Deutschland, Bd. 3, 3. Aufl. 2005, § 51 Rn. 19 m.w.N.

35 Vgl. Klein (Fn. 34), Rn. 17f. m.w.N.

36 Vgl. für eine der möglichen Konstellationen BVerfGE 80, 188 (217ff.).

37 Vgl. etwa Siegfried Magiera, in: Sachs, Michael: Grundgesetz Kommentar, 3. Aufl. 2003, Art. 38 Rn. 50f.; Bodo Pieroth, in: Jarass, Hans D.; Pieroth, Bodo: Grundgesetz für die Bundesrepublik Deutschland, Komentar, 7. Aufl. 2004, Art. 38 Rn. 28; anders und mit differenzierter Darstellung der Problematik Achterberg/Schulte (Fn. 33), Art. 38 Rn. 39ff.

38 Vgl. Morlok (Fn. 18), Art. 38 Rn. 188.

39 Vgl. Harold A. McDougall, Lawyering and the public interset in the 1990s, Fordham Law Review 60 (1991), 1 (16f.); Michael L. Stokes, When freedoms conflict: Party discipline and the first amendment, Jornal of Law & Politics 11 (1995), 751 (755ff.).

de berechnetes Reagieren auf tagesaktuelle Entwicklungen. Denn jeder einzelne Abgeordnete muß in sehr viel stärkerem Maße sein Abstimmungsverhalten als individuelles Signal an seine eigenen Wähler betrachten, wird sehr viel leichter die Notwendigkeit sehen, im Hinblick auf seine Wiederwahlchancen die Interessen seines Wahlkreises oder der ihn unterstützenden Klientel voran zu stellen und dabei auch gegen die Parteilinie zu verstoßen. Die Gefahr lokaler sog. pork barrel politics steigt, wie in den USA, signifikant an.[40] Für langfristiges Planen und Sichern des Gemeinwohls, etwa durch schrittweise Veränderungen über Jahre hinweg oder durch Projekte, deren Früchte sich nicht sofort, sondern im Extremfall erst in Jahren und Jahrzehnten zeigen, bleibt wenig Raum. Gerade solche Projekte sind allerdings oftmals von besonderer Bedeutung für das Gemeinwesen, wie etwa Veränderungen der Rentenversicherung oder anderer Systeme der sozialen Sicherung, des Steuersystems oder der Schul- und Hochschullandschaft. Die übergreifende Perspektive kann erst eine Parteilinie leisten, die unabhängig von bestimmten Entscheidungsträgern bestimmte Sachfragen in den Blick nimmt, in ausführlicher Diskussion vorbereitet und dann langfristig vorantreibt. Eine solche Linie - die in Konkurrenz zu anderen Linien anderer Parteien stehen sollte - auch gegenüber kurzfristigen Bedenken und Belastungen bestimmter Wählergruppen durchzusetzen, ermöglicht letztlich die Fraktionsdisziplin. Sie erweist sich damit als ein formales Instrument zur langfristigen Gemeinwohlsicherung.

C. Parteienstaat und Verfassungsrichterwahl

Eine ganz andere Form der Stabilisierungswirkung läßt sich für die vielkritisierte Rolle der Parteien bei der Wahl der deutschen Bundesverfassungsrichter aufzeigen.

I. Der Parteiproporz bei der Wahl der Bundesverfassungsrichter

Das deutsche Bundesverfassungsgericht besteht aus 2 Senaten mit je 8 Richtern. Die Richter werden - kurz gesagt - mit 2/3-Mehrheit von den Gesetzgebungskammern gewählt.[41] Seit nunmehr 30 Jahren aber besteht eine informelle, doch erstaunlich wirksame Einigung unter den beiden großen deutschen Parteien -

40 Vgl. Uwe Kischel, Delegation of legislative power to administrative agencies: A comparative analysis of United Staates and German law, Administrative Law Review 46 (1994), 213 (252f.); John Hart Ely, Another such victory: Constitutional theory and practice in a world where courts are no different from legislatures, Virginia Law Review 77 (1991), 833 (855ff.); William S. Jordan, Legislative history and statutory interpretation: The relevance of English Practice, University of San Francisco Law Review 29 (1994), 1 (23ff.); Werner Jann, Kein Parlament wie jedes andere, ZParl 1986, 224 (232ff.).

41 Zu den Details vgl. Uwe Kischel, Amt, Unbefangenheit und Wahl der Bundesverfassungsrichter, in: Isensee, Josef; Kirchhof, Paul: Handbuch des Staatsrechts der Bundesrepublik Deutschland, Bd. 3, 3. Aufl. 2005, § 69 Rn. 5ff. m.w.N.

CDU/CSU und SPD -, derzufolge jeder von ihnen das Vorschlagsrecht für die Hälfte der Verfassungsrichter in jedem der beiden Senate zusteht. Dabei besteht zugleich Einigkeit, daß von den vier einer Partei in jedem Senat zugeordneten Richterstellen drei mit Parteigängern und eine mit einem Neutralen besetzt werden. Kleinere Parteien werden nur durch Abtretung von Posten seitens der großen Parteien berücksichtigt.[42] Dies führt etwa dazu, daß jedem Richter des Bundesverfassungsgerichts bewußt ist, von welcher Partei er vorgeschlagen wurde und ob er als Parteigänger oder Neutraler gilt.[43]

II. Kritik am Parteiproporz

Dieser Parteienproporz ist immer wieder kritisiert worden. Es ist von Kuhhandel und Erbhöfen die Rede,[44] vom Auskungeln durch diffuse Parteizirkel.[45] Dahinter steht die Furcht vor einem politisierten Gericht, in dem parteipolitische Kämpfe auf anderer Ebene weitergeführt werden, einem Gericht, daß mit dem Bild einer über der Parteipolitik stehenden, nur dem Recht verpflichteten Gerichtsbarkeit unvereinbar ist. Hinzu kommt die Gefahr einer Entmachtung der Abgeordneten gegenüber dem bestimmenden Einfluß der Parteien auf die Nominierung und einer geringeren fachlichen Kompetenz der Nominierten.[46]

III. Parteiproporz als Garantie weltanschaulicher Ausgewogenheit

In der Praxis allerdings hat es etwa an der fachlichen Kompetenz der in den vergangen 60 Jahren gewählten Verfassungsrichter niemals einen Zweifel gegeben. Die notwendige 2/3-Mehrheit hat sich als effektiver Filter erwiesen. Die immer bestehende und gelegentlich realisierte Möglichkeit, daß eine Partei den konkreten Kandidaten der anderen ablehnt, führt hier zu einer fachlich sinnvollen Kandidatenauswahl.

Dasselbe gilt für die Parteizugehörigkeit: Als extrem empfundene Fälle politisch einseitiger Orientierung oder übergroße Prominenz als Vollblutpolitiker bei einem Kandidaten führen ebenfalls schnell zu erheblichen Problemen mit dem anderen politischen Block, so daß solche Nominierungen möglichst vermieden werden. So haben im Ergebnis im Gegenteil die immer wieder einmal auftreten-

---

42 Vgl. etwa Ernst-Wolfgang Böckenförde, Verfassungsgerichtsbarkeit: Strukturfragen, Organisation, Legitimation, NJW 1999, 9 (16 Fn. 31); Rolf Lamprecht, Parteisoldaten/innen in Robe, NJW 1999, 2011 (2011f.).

43 Hierzu und zum ganzen Kischel (Fn. 41), Rn. 21ff.

44 Vgl. zu solchen Begriffen etwa Wilhelm Karl Geck, Wahl und Status der Bundesverfassungsrichter, in: Isensee, Josef; Kirchhof, Paul: Handbuch des Staatsrechts der Bundesrepublik Deutschland, 2. Aufl., Bd. 2 1998, § 55 Rn. 14.

45 Rolf Lamprecht, Kungelei hinter den Kulissen, DRiZ 1986, 314 (314).

46 Darstellung bei Kischel (Fn. 41), Rn. 32 m.w.N.

den Fälle Aufmerksamkeit erregt, in denen ein Richter gerade auch in öffentlichkeitswirksamen Verfahren völlig anders entschieden hat, als es seine politische Zuordnung oder die Interessenlage der ihm nahestehenden Partei hätte vermuten lassen.[47]

Die Parteinähe der Verfassungsrichter ist zudem im Grundgesetz selbst zumindest angelegt. Denn mit der Entscheidung für eine Wahl dieser Richter durch die Legislative ist unter den in Art. 21 GG anerkannten Bedingungen des Parteienstaats die Richterwahl unabwendbar in den Einflußbereich der Parteien und der Parteipolitik überführt worden. Zu erwarten, daß die Parteien diesen Einfluß nicht nutzten und etwa in selbstloser Weise zwar fachlich kompetente, ihnen aber weltanschaulich völlig entgegengesetzte Richter wählten, wäre realitätsfern. Dabei haben die Parteien schon durch ihre informelle Einigung auf den Proporz eine der Stabilität des verfassungsgerichtlichen Systems sehr förderliche Entscheidung getroffen. Denn nur auf diese Weise verhindern sie ein Aufbrechen parteipolitischer Streitereien über die Besetzung bei jeder neu freiwerdenden Stelle, die das Vertrauen in das Gericht nur beschädigen könnte[48] und wie sie etwa immer wieder aus den USA bekannt werden.[49]

Wichtiger noch ist die Parteinähe der Verfassungsrichter nicht nur unvermeidbar, sondern sogar ein positiv zu bewertender, stabilisierender Faktor. Denn die Vorstellung von einer reinen Fachkompetenz[50] ist so gerade auch in der Verfassungsrechtsprechung nicht zu halten. In der juristischen Methodenlehre herrscht heute zu recht Einigkeit darüber, daß ein juristisches Urteil in vielen Fällen nicht rein logisch aus Rechtsnorm und Tatsachen folgt,[51] sondern vielmehr Werte und Wertungen mit einfließen. Gerade im besonders durch sprachliche Offenheit und Auslegungsbedürftigkeit gekennzeichneten Verfassungsrecht gewinnen daher ethische und politische Grundanschauungen und Wertungen der Entscheidungsträger eine besondere Bedeutung.[52] Um eine einseitige Rechtsprechung - oder gar ein parteipolitisches Schwanken je nach Besetzungspraxis, wie in den USA oft diskutiert - zu vermeiden, ist es also wichtig, eine im Hinblick auf die weltanschaulichen Positionen ausgeglichene Besetzung zu erreichen. Auch so rechtfertigt sich die im Rahmen der Gewaltenteilung die freiheitliche Demokratie

---

47 Vgl. Kischel (Fn. 41), Rn. 36, 81f.

48 Vgl. auch Wilhelm Geck (Fn. 44), Rn. 18, der einen Zusammenhang zwischen Unkenntnis der Öffentlichkeit von der Wahlpraxis und dem hohen Ansehen des Gerichts sieht.

49 Zur Lage in den USA vgl. die Beispiele bei Kischel (Fn. 41), Rn. 41ff.

50 Vgl. etwa Werner Billing, Das Problem der Richterwahl zum BVerfG, 1969, 303, der fordert, daß bei der Wahl "das Parteipolitische vom Fachverstand überdeckt wird".

51 Vgl. Robert Alexy, Theorie der juristischen Argumentation, 1983, 17.

52 Dies wurde schon bei den Beratungen im parlamentarischen Rat immer wieder betont, vgl. Richard Thoma, Rechtsgutachten betreffend die Stellung des Bundesverfassungsgerichts vom 15. März 1953, abgedruckt in: JöR 1957, 161 (171).

schützende, herausragende Funktion der Verfassungsgerichtsbarkeit. Die parteipolitischen Präferenzen können dabei durchaus als guter Anhaltspunkt gelten. Es geht also nicht um die genaue Parteilinie, sondern um Grundhaltung und verfassungsrechtliches Vorverständnis, die durch Parteizugehörigkeit oder Parteinähe nur indiziert werden[53]. Dieses Vorverständnis und sein Einfluß würden auch nicht dadurch aus der Welt geschafft, daß in das Verfassungsgericht nurmehr parteipolitisch neutrale Juristen berufen würden. Denn auch diese Neutralen haben ihr Vorverständnis - nur daß es oft weit weniger offensichtlich und daher weit weniger berechenbar ist. Das offizielle Parteimitglied als Richter ist insofern sogar das kleinere Problem. Denn bei ihm weiß man, woran man ist. Gerade soweit also versucht wird, die Ausgewogenheit des Bundesverfassungsgerichts zu sichern, liegt im parteipolitischen Proporz nicht die Krankheit, sondern das verläßlichste - wenn auch manchem bitter erscheinende - Heilmittel.[54]

D. Zusammenfassung

Zusammengefaßt ist vielerlei Kritik an Auswüchsen des Parteienstaats sicherlich berechtigt. Die Bekämpfung von Mißständen im Parteiwesen ist dabei zum Erhalt einer lebendigen Demokratie nicht nur wünschenswert, sondern sogar unerläßlich. Bei alledem darf aber die positive, stabilisierende und letztlich in der parlamentarischen Demokratie schlicht unabdingbare Rolle der Parteien nicht übersehen werden. Kritik an Mißständen muß sich davor hüten, in Kritik an der parlamentarischen Demokratie umzuschlagen oder sich deren Denkschemata zu unterwerfen. Positive, stabilisierende Wirkungen der Parteien lassen sich dabei beispielhaft auch in so streitbaren Feldern wie Fraktionsdisziplin und Verfassungsrichterwahl ausmachen. Der bestimmende Einfluß der Parteilinie durch Zulässigkeit der Fraktionsdisziplin ermöglicht stabile, langfristig planende und vorausdenkende Politik. Der Parteiproporz bei der Verfassungsrichterwahl zeigt in der Praxis keine erkennbaren negativen Auswirkungen und sorgt dauerhaft und berechenbar für eine weltanschaulich ausgewogene Besetzung des Gerichts, die erst eine ebenso ausgewogene wie kontinuierliche Rechtsprechung ermöglicht.

---

53 Anders offenbar Geck (Fn. 44), Rn. 20 Fn. 28, der zwischen Ausgewogenheit und Parteienproporz unterscheidet; ähnlich wie hier Gerd Roellecke, Zum Problem einer Reform der Verfassungsgerichtsbarkeit, JZ 2001, 114 (115f.)

54 Vgl. Kischel (Fn. 41), Rn. 37ff., 53ff.

Bogusław Banaszak/Agnieszka Malicka

Die Rolle politischer Parteien in einem demokratischen Staat

A. Einführung

Die Vereinigungsfreiheit, die eine Grundlage demokratischer Staatssysteme bildet, beinhaltet nicht nur die Freiheit der Gründung von politischen Parteien sondern auch die Freiheit deren Tätigkeit. Dies bedeutet jedoch nicht, dass das Bestehen von politischen Parteien ein notwendiges Merkmal des demokratischen Staatssystems darstellt. In der Anfangsphase der Bildung des gegenwärtigen Parlamentarismus gab es sehr viele Gegner von Organisationen, deren Aufgabe die Vermittlung zwischen dem Souverän und dem Parlament ist. Diese Meinung wurde auch später vertreten und die Befürworter dieser Meinung warnten vor der „Partiokratie“, in der die Parteien „Mutter der Regierungen von Leuten, die über die Wähler gewählt wurden“ sind.[1]

Heutzutage wird die Rolle politischer Parteien in demokratischen Staaten weder von der Rechtslehre noch von der Verfassungspraxis demokratischer Staaten bestritten. Das Bestehen politischer Parteien im parlamentarischen Regierungssystem war nicht immer akzeptiert, aber seit dem Anfang des 20. Jahrhunderts wird es völlig akzeptiert und dabei betont man auch die Rolle der Parteien in dem gegenwärtigen demokratischen Staat. Es gibt auch Meinungen, die die repräsentative Demokratie mit Parteienregierungen gleichsetzen, es wird dabei angenommen, dass das Bestehen von miteinander konkurrierenden politischen Parteien als Ausdrucksmittel des Willens des Volkes dient. Das Bestehen der Parteien ist nicht nur eine Voraussetzung für demokratische Wahlen; durch das System der Staatsorgane realisieren die Parteien den Willen des Souveräns.[2] In diesem Sinne können nur die Parteien die legitimierte Staatsgewalt ausüben auch dann, wenn in einem bestimmten Staat auch andere Institutionen der direkten Demokratie vorkommen.

Die gegenseitigen Beziehungen zwischen Parteien und dem Volk sind dabei nicht einseitig; indem sie dem Ausdruck des Willens des Souveräns dienen, ersetzen sie ihn und dadurch wird das Interesse der Bürger an öffentliche Angelegenheiten verringert. Die Parteien selbst sind keine Gegner der direkten Demokratie. Ganz im Gegenteil – sie spielen eine für das Funktionieren der

---

1 Die Meinung von R. Michels von 1909, Zit. nach G. Sartori, Teoria demokracji (Theorie der Demokratie), Warszawa 1994, S. 222

2 Vgl. z.B. H. Kelsen, O istocie i wartości demokracji, (Über das Wesen und den Wert der Demokratie), Warszawa 1936, S. 26 -28; R. Katz, Party Government European and American Experiences, B. 2, Berlin 1987, S. 12

Demokratie sehr wichtige Mobilisierungsrolle nicht nur in der Zeit vor und während der Wahlen, sie stimulieren zusätzlich die Teilnahme der Gesellschaft an unterschiedlichen Formen der direkten Demokratie und erfüllen auch die meinungsbildende Funktion. Eine weitere Aufgabe der Parteien ist die Kontrolle von Staatsorganen und Einflussnahme auf die Koordination derer Handlungen.

B. Institutionalisierung politischer Parteien

In der zweiten Hälfte des 19. Jahrhunderts und am Anfang des 20. Jahrhunderts, also in der Zeit der raschen Verbreitung politischer Parteien wurden die Parteien in Rechtssystemen verschiedener Staaten als Vereinigungen wie alle anderen auch betrachtet und als Subjekte des Privatrechts gesehen. Es fehlte an besonderen sich ausschließlich auf politische Parteien beziehenden Rechtsvorschriften, auch in den Verfassungen gab es keine entsprechenden Bestimmungen. Eine Ausnahme bildete das Gesetz Nr. 1271 vom 1878, das gegen die sozialdemokratische Partei gerichtet war.

Seit dem Anfang des 20. Jahrhunderts haben wir immer öfters mit gesetzlichen Regelungen der Bildung und Tätigkeit politischer Parteien, also mit der sog. Institutionalisierung der Parteien zu tun. Deren Zweck war vor allem die genaue Bestimmung der Rolle, die die Parteien im Staatssystem zu spielen hatten und die Erweiterung der Einflussmöglichkeiten auf die öffentliche Sphäre. Sie kann aber in einem demokratischen Staat nicht zur Einschränkung unterschiedlicher Formen der gesellschaftlichen Aktivität der Parteien oder zur Einschränkung der Beziehungen zwischen einer Partei und dem Souverän führen, weil dies die Verminderung der Rolle von Parteien als einer der entscheidenden Kräfte im Prozess der Machtausübung zur Folge hätte.[3] Dies kann auch die Spontaneität der Parteientätigkeit und den Grundsatz der Freiwilligkeit der Parteimitgliedschaft nicht eliminieren. Der Staat soll dadurch nicht Einfluss auf die von den Parteien anzuwendenden Methoden und Mittel ihrer Tätigkeit und auf die Erfüllung der rechtlich erlaubten Satzungsaufgaben gewinnen.

Auch die Verfassungsgeber in demokratischen Staaten waren sich der Rolle politischer Parteien bewusst und führten entsprechende Regelungen bezüglich politischer Parteien in die Verfassungen ein (z.B. Art. 49 der Verfassung Italiens vom 1947, Art. 4 der französischen Verfassung vom 1958 oder Art.11 der Verfassung der Republik Polen vom 1997). In den Verfassungen haben wir es grundsätzlich mit allgemeinen Bestimmungen zu tun. Die Gründung, die Tätigkeit und das Funktionieren politischer Parteien, sowie deren Finanzierung und Beziehungen zu den Staatsorganen im Einzelnen werden in entsprechenden Gesetzen, die eine Ergänzung und Konkretisierung der Verfassungsbestimmungen bilden, geregelt.

---

3 Vgl. Piotr Winczorek, Problem ustawowej regulacji położenia partii politycznych w Polsce (Das Problem der gesetzlichen Lage politischer Parteien in Polen), Państwo i Prawo, 1/1990, S. 8

Nur selten enthalten die Verfassungen keinerlei Vorschriften über politische Parteien, wie z.B. die Verfassung der Vereinigten Staaten von 1787 oder die Verfassung von Luxemburg von 1868 in der Fassung vom 1998). Die Tatsache, dass es sich in diesen Fällen um Verfassungen handelt, die noch vor der Verbreitung politischer Parteien verabschiedet wurden, kann keine Erklärung dafür sein. Die Problematik politischer Parteien wurde in anderen Rechtsnormen geregelt und da sich diese Lösung in der langjährigen Praxis auch bewährt hatte, waren die Gesetzgeber der Meinung, dass es auch nicht nötig ist, diese Problematik auf der Ebene der Verfassung zu regeln.

Die sich auf politische Parteien beziehende Verfassungs- und andere Rechtsnormen sind von allgemeinem Charakter und für alle Parteien verbindlich. Gegenwärtig gibt es in demokratischen Staaten keine Rechtsnormen, deren Adressat nur eine einzelne Partei ist, solche waren vor allem in totalitären Staaten verbreitet.

Die Rechtsvorschriften über politische Parteien regeln in einzelnen Staaten unterschiedliche Bereiche, weshalb es unmöglich ist, hier alle zu besprechen. Ich möchte also nur die Regelungen angehen, die gemeinsam für die meisten Rechtsakten sind und zwar:

1. Definition der politischen Partei

Seit der zweiten Hälfte des 20. Jahrhunderts kommt sie sehr oft vor. Es gibt keine universelle Definition der politischen Partei, aber man soll auf folgende Merkmale aufmerksam werden: eine Organisationsstruktur, freiwillige Mitgliedschaft, ein Programm, Streben nach der Machtübernahme im Staat oder Einflussnahme auf die Regierenden. In einigen Gesetzen werden auch zusätzliche Eigenschaften eingeführt, wie z.B.:

- der Name (z.B. Art. 1 abs. 1 des polnischen Gesetzes über politische Parteien von 1997),
- Teilnahme an den Wahlen zu den Vertretungsorganen – ständig oder durch längere Zeit (z.B. §2 Abs. 1 des deutschen Gesetzes über politische Parteien von 1967),
- Erhalten von einer bestimmten Zahl (Prozentsatz) von Stimmen (z.B. einige Staaten der Vereinigten Staaten; z.B. in dem Staat New York soll eine Partei mindestens 50 000 Stimmen in den Gouverneurwahlen und in dem Staat Massachusetts – mindestens 3% der Stimmen in den Gouverneurwahlen.

2. Bestimmung der Weise der Parteigründung

Man unterscheidet folgende Regelungen in diesem Bereich:

- *Konzessionssystem* – das darauf beruht, dass eine zuständige Staatsbehörde eine Genehmigung (eine Konzession oder Lizenz) für die Tätigkeit einer Partei erteilt, wenn alle im Gesetz bestimmten Voraussetzungen erfüllt wurden. Dieses System gab es in manchen demokratischen Staaten in der Zeit der Entwicklung des Parteinsystems, z.B. in Österreich in den Jahren 1945 – 49, oder in Deutschland nach 1945. Heute wird dieses System als undemokratisch betrachtet und nur in Ausnahmesituationen angewendet.

- *Verwaltungssystem* – in diesem System führt ein Verwaltungsorgan die Aufsicht über die Tätigkeit politischer Parteien nach ähnlichen Grundsätzen, wie es bei anderen Vereinigungen geschieht.

- *Registrierungssystem* - nach diesem ist die Gründung politischer Parteien grundsätzlich frei, nach der Gründung werden sie nach Erfüllung aller gesetzlichen Erfordernisse registriert. Zu diesen Erfordernissen gehören in den meisten Fällen: die Antragstellung auf die Eintragung, Vorlage der Gründerliste, des Programms und der Satzung der Partei, in einigen Staaten gibt es zusätzliche Erfordernisse bei der Registrierung wie z.B. die Vorlage einer entsprechenden Zahl von Unterschriften der Personen, die die Partei unterstützen (Polen und Tschechien – 1 000 Personen) oder es ist eine Mindestmitgliederzahl erforderlich (z.B. in Bulgarien 500 und in Russland 10 000 Personen). Die Ablehnung der Registrierung kann nur in den gesetzlich vorgesehenen Fällen erfolgen, sie ist außerdem anfechtbar. Die Entscheidung wird von einem ordentlichen oder letztlich von einem Verfassungsgericht getroffen. Der Gesetzgeber kann die Gründung bestimmter Parteien auch verbieten. Heutzutage haben wir sehr oft mit diesem System zu tun, (z.B. in Großbritannien, Polen, Tschechien, Russland, Bulgarien). In manchen Staaten, z.B. in Polen ist auch das Bestehen von nicht registrierten Parteien zugelassen. Solchen Parteien stehen aber nicht dieselben Rechte zu, wie den eingetragenen Parteien und sie haben keine Rechtspersönlichkeit; im Privatrechtsverkehr werden sie zumindest als teilrechtsfähige Rechtsperson betrachtet.

Dieses System wird in der Fachliteratur in manchen Staaten kritisiert (z.B. in Deutschland), man ist der Meinung, dass es die Vereinigungsfreiheit verletzt. Kritisiert wird vor allem das Erfordernis der Vorlage von Unterschriftenliste der Personen, die die Gründung der Partei unterstützen; dieses Erfordernis wird gesehen als „unvereinbar mit dem Verfassungsgrundsatz der Freiheit der Parteiengründung“ und als „Ausdruck des übermäßigen Eingriffs des Staates in diesem Bereich“.[4]

- *Notifikationssystem* – es ist eine Art des Registrierungssystems, das darauf beruht, dass die politische Partei die zuständige Behörde über ihre Gründung und ihr Bestehen benachrichtigt (notifiziert). Die zuständige Behörde kann die

---

[4] J. Filip, Przyczyny ustanowienia i zakres prawnej regulacji partii politycznych (Grundlagen und Bereich der rechtlichen Regelung politischer Parteien) in: A. Domańska, K. Skotnicki: Prawne aspekty funkcjonowania partii politycznych w państwach Europy Środkowej i Wschodniej, (Rechtliche Aspekte des Funktionierens politischer Parteien in den Staaten des Mittel- und Osteuropas), Łódź 2003, S. 85

Tätigkeit einer Partei aus den gesetzlich vorgesehenen Gründen verbieten, dieses Verbot kann bei einem ordentlichen Gericht oder einem Verfassungsgericht angefochten werden.

3. Bestimmung der Grundsätze der Teilnahme einer Partei an Wahlen

Im Allgemeinen werden gesetzlich folgende Punkte geregelt: das Verfahren der Kandidatenaufstellung, Grundsätze des Wahlkampfes, Teilnahme der Vertreter einzelner Parteien an den Wahlausschüssen und andern Wahlorganen.

4. Bestimmung der Grundsätze der Organisation und des Funktionierens der Partei

In der Regel sehen die Verfassungen und die entsprechenden Gesetzen über politische Parteien den Grundsatz der freiwilligen Mitgliedschaft und die Bestimmung der Rechte der Mitglieder vor (dieses Problem wird weitgehend in dem russischen Gesetz über politische Parteien von 2001 geregelt; in dem tschechischen Gesetz über politische Parteien von 1990 gibt es solche Bestimmungen wiederum überhaupt nicht.). Darüber hinaus soll die innere Organisation der Partei auf demokratischen Grundsätzen beruhen, es wird die Gründung von paramilitärischen Organisationen verboten, ebenso die Formulierung von Parteizielen, die verfassungswidrig sind.

5. Die Bestimmung der Finanzierungsgrundsätze der Parteien

In allen demokratischen Staaten wurde der Grundsatz der öffentlichen Finanzen politischer Parteien eingeführt. Dies bedeutet, dass die Parteien bei zuständigen staatlichen Organen Berichte über die Finanzierungsquellen und Ausgaben der Partei vorlegen müssen. Die Rechtsvorschriften bestimmen auch aus welchen Quellen die Geldmittel der Parteien stammen dürfen. Man unterscheidet grundsätzlich zwei Methoden der Finanzierung, eine, die die Finanzierung aus dem Haushalt und die, die keine öffentliche Finanzierung vorsieht. Im Rahmen der ersten Methode haben wir mit unterschiedlichen Lösungen zu tun. In der Regel ist die Finnzierung von dem Wahlergebnis abhängig. Darüber hinaus wird in den Gesetzen auch bestimmt, wie die Mittel für die Wahlen gesammelt werden und wie der Wahlkampf finanziert werden kann, welche Steuerbegünstigungen den Parteien zustehen. In manchen Gesetzen werden bestimmte Einschränkungen für die Höhe von Spenden zugunsten der Parteien und deren Ausgaben vorgesehen und es gibt auch Vorschriften, in denen bestimmt wird, welche Finanzierungsquellen verboten sind (so z.B. das polnische oder das russische Gesetz über politische Parteien).

6. Die Regelung der Rolle, des Funktionierens und der Rechte politischer Parteien

In der Verfassungsrechtslehre wird angenommen, dass „in dem liberal-demokratischen parlamentarischen System die Opposition keine zufällige Gruppe der mit den Regierenden Unzufriedenen ist, die nach der Änderung der Regierung strebt, sondern ein integraler Bestandteil des Prozesses der Meinungsbildung, der ähnlich wie die Regierung und die sie bildenden politischen Parteien im Staat notwendig ist".[5] Regelungsmethode und –bereich bezüglich der Opposition sind in einzelnen Staaten unterschiedlich. Man kann von drei Methoden sprechen:

- *es fehlt eine eindeutige Regelung bzgl. der Opposition*

Mit dieser Lösung haben wir in den meisten demokratischen Staaten zu tun. In der Regel sind in Parlamentsordnungen Vorschriften bezüglich der Tätigkeit der parlamentarischen, oder sogar außerparlamentarischen Opposition zu finden. Als Beispiel kann die Gleichstellung von Mitgliedern der Parlamentsausschüsse genannt werden. Darüber hinaus können die Oppositionsmitglieder auch von den Rechtsnormen, die ursprünglich nicht für die Regelung ihrer Position oder Rechte bestimmt waren, Gebrauch machen.

- *Sonderregelungen über die Opposition sind in der Verfassung oder in anderen Rechtsnormen enthalten*

Nur selten enthalten Verfassungen die Regelungen über parlamentarische Opposition, Beispiel dafür kann die Verfassung Portugals oder die Verfassungen von 10 Bundesländern der BRD sein. Die Einzelheiten werden in solchen Fällen in Gesetzen und Parlamentsordnungen bestimmt.

- *Regelungen über die Opposition sind in einfachen Gesetzen enthalten*

In manchen Staaten ist die parlamentarische Opposition Gegenstand von gesetzlichen Regelungen (darunter auch solche, die einen anderen als die mit dem Parlament verbundenen Angelegenheiten Gegenstand haben, wie z.B. in Deutschland §92 Abs. 2 des Strafgesetzbuches) oder Parlamentsordnungen. Als Beispiel kann man hier auch Kanada und Großbritannien nennen, wo die Partei, die der Zahl der Parlamentsplätze nach, die zweite Stelle hat, als offizielle Opposition gilt. Deren Fraktion, ähnlich wie die Fraktion der regierenden Partei beruft ihren

---

[5] E. Zwierzchowski, Instytucjonalizacja opozycji w Republice Federalnej Niemiec (Institutionalisierung der Opposition in der Bundesrepublik Deutschland), in: L.Garlicki (Hrsg.), Konstytucja, wybory, parlament. Studia ofiarowane Zdzisławowi Jaroszowi (Die Verfassung, die Wahlen, das Parlament. Das Studium für Zdzislaw Jarosz), Warszawa 2000, S. 242

Vorsteher und einen Disziplinaranwalt (sog. whip).[6] Diese erhalten eine verhältnismäßig hohe Vergütung aus der Staatskasse. In den Beziehungen der regierenden Partei und der Opposition findet dann sog. *Pairing* Anwendung, als Sicherung des Gleichgewichts der sich an Abstimmungen beteiligenden Abgeordneten.

Die Institutionalisierung der Opposition bedeutet viel mehr als nur ihre Legalität; sie bedeutet dass die Opposition verfassungsgemäß ist, und auch wenn sie mit der Regierung in einigen wichtigen Angelegenheiten nicht einverstanden ist, dann ist sie grundsätzlich mit den sog. „Spielregeln" einverstanden. Die bedeutet, dass die grundsätzlichen Angelegenheiten außerhalb der „Parteispiele" bleiben. Es herrscht Einigung über das Regierungssystem [...].[7]

C. Parteiensysteme

Die Freiheit der Parteiengründung bringt nicht die Entstehung gleicher Parteiensysteme in allen demokratischen Staaten mit sich. Hier spielen auch andere Faktoren, wie die Tradition, gesellschaftliche Struktur, wirtschaftliche Entwicklung, historische Erfahrungen usw. eine wesentliche Rolle. Grundsätzlich unterliegt das entstandene Parteiensystem einer gewissen Stabilisierung und die Änderungen sind meistens die Folge einer gesellschaftlichen Evolution, es sei denn, es gab eine grundsätzliche Änderung des Staatssystems.

„In der Rechtslehre wird sehr oft diskutiert, welchen Einfluss die Zahl von Parteien in einem Parteiensystem auf die Stabilität des demokratischen Staatssystems hat."[8] Auf diese Frage wurde aber bis heute keine eindeutige und allgemein akzeptierte Antwort gefunden.

Es fehlt eine allgemeingültige Definition des Begriffs „Parteiensystem" sowie eine Klassifizierung der Parteiensysteme. Insofern ist auch keine Aktivität des Gesetzgebers erkennbar. Die vorhandenen Gesetze beziehen sich in der Regel auf das ganze Parteiensystem, wobei dessen einzelne Bestandteile nur auf mittelbare, sekundäre Weise rechtlich geregelt werden, und die Regelung vor allem politische Parteien selber oder die Wahlen betrifft.

Um das Parteiensystem zu definieren, könnten wir es allgemein als das System von gegenseitigen Beziehungen zwischen den legalen Parteien in einem Staat bezeichnen. Diese Definition drückt am besten das Wesen des zu besprechenden

---

6 Whip ist ein Parteienfunktionär der für die Disziplin und die Anwesenheit der Parteimitglieder während der Abstimmungen im Parlament sowie für Verhandlungen mit anderen Parteien über die Tagesordnung der Parlamentssitzungen verantwortlich ist.

7 K.C. Wheare, Ciała ustawodawcze (Gesetzgebende Körperschaften), New York 1990, S. 160

8 S. Gebethner, Parlamentarne i prezydenckie systemy rządów. Porównawcza analiza politologiczna (Parlamentarische und präsidiale Regierungssysteme. Eine vergleichende politologische Analyse), Państwo i Prawo 7-8/1994, S. 32

Problems aus. Wenn man in diesem Kontext an den Begriff „politische Partei“ und die Rolle politischer Parteien in einer demokratischen Gesellschaft denkt, dann erscheint diese Definition eine Formel zu sein, die „das zu besprechende Problem zu oberflächlich betrachtet, weil sie nicht auf solche wichtige Funktionen des Parteiensystems wie: Bildung von für die Machtgewinnung in Staat notwendigen Formen oder Regelung von den, die Wahlen ermöglichenden Mechanismen hinweist.“[9]

Bei der Klassifizierung von Parteiensystemen findet sehr oft die reale Möglichkeit der Gewalterlangung im Staat durch eine Partei als Einteilungskriterium Anwendung. So kann man in demokratischen Staaten folgende Parteiensysteme unterscheiden:

- *das System mit einer dominanten Partei* – es gibt zwar mehrere Parteien, aber eine gewinnt ständige Übermacht über die anderen und ist so im Stande, die Wahlen zu gewinnen und allein die Regierung zu bilden. Die anderen Parteien haben nur geringe oder gar keine Vertretung im Parlament (z.B. die Sozialdemokratische Partei in Schweden in den 60-er und 70-er Jahren).

- *das Zweiparteiensystem* - in einem Staat bestehen mehrere Parteien, aber es gibt nur zwei Hauptparteien, die allein die Wahlen gewinnen und eine stabile Regierung bilden können. Die zweite Partei hat große Vertretung im Parlament und die anderen Parteien haben nur geringe oder gar keine Vertretung im Parlament (z.B. das Parteiensystem in Großbritannien).

- *das Mehrparteiensystem* – in einem Staat gibt es mehrere Parteien und mehr als zwei haben die Chance, die Wahlen zu gewinnen und eine Regierung zu bilden. Ein Merkmal dieses System ist es, dass es an einer Partei, die dauerhafte Mehrheiten für längere Zeit gewinnen kann, fehlt. Die Wahlen und dadurch die Parlamentsmehrheit kann zwar eine einzelne Partei gewinnen, in der Regel ist für die parlamentarische Mehrheit aber eine Koalition notwendig. Die Koalitionen können einen, mindestens für die Legislaturperiode, stabilen Charakter (wie z.B. in Deutschland) oder einen nichtdauerhaften Charakter (wie z.B. in Polen in den Jahren 1997 – 2004) haben.

Nach G. Sartori[10] gibt es im Rahmen dieses Parteiensystems ein mäßig und ein extrem polarisiertes Mehrparteiensystem. Er führte noch zusätzliche Kriterien, nach denen man nach sog. *relevanten Parteien* unterscheidet, Parteien also, die im Stande sind, Parlamentsmandate zu gewinnen. Wenn ihre Zahl fünf nicht überschreitet, haben wir mit der mäßig polarisierten Mehrparteilichkeit zu tun. Charakteristisch ist in diesem Fall das Bestehen einer starken Opposition, wodurch dieses System dem Zweiparteiensystem ähnelt. Gleichzeitig gibt es keine

---

9 W. Sokół, M. Żmigrodzki (Hrsg.), Współczesne partie i systemy partyjne (Gegenwärtige Parteien und Parteiensysteme), Lublin 2003, S. 110

10 G. Sartori, Parties and Party Systems: A Framework for Analysis, Cambridge 1976, S. 121-125

größeren ideologischen Unterschiede zwischen den Parteien. Mit einer extrem polarisierten Mehrparteilichkeit haben wir zu tun, wenn die Zahl der relevanten Parteien fünf überschreitet, die Opposition geteilt ist und dadurch auch nicht im Stande, Bündnisse zu bilden und dadurch schwach ist. Die ideologischen Unterschiede zwischen den Parteien sind groß und es gibt ziemlich starke radikale Parteien.

Neben den oben genannten Systemen kann man noch zwei Parteiensysteme nennen und zwar:

- *das Monoparteisystem*, in dem nur eine Partei, die selbständig regiert, besteht. Von solchem System kann nur dann die Rede sein, wenn das Bestehen von anderen Parteien gesetzlich zugelassen ist, aber es sind keine anderen Parteien entstanden. Vom Gesichtspunkt der oben angenommenen Definition des Parteiensystems, die das Bestehen von mindestens zwei Bestandteilen dieses Systems, also politischer Parteien impliziert,[11] gibt es Zweifel, ob man in diesem Fall überhaupt von einem System sprechen kann. Bei einer gewissen Verallgemeinerung ist es jedoch möglich. Wenn die Tätigkeit von anderen Parteien gesetzlich zugelassen ist, aber es sind keine anderen entstanden, könnte man von einem potentiellen Parteiensystem sprechen. Im Fall eines gesetzlichen Verbotes anderer Parteien, ist das charakteristische Merkmal dieses Systems das Verhältnis dieser Partei zu den verbotenen Parteien, das auf dem Ausschluss anderer Parteien beruht. Obwohl die zweite Version des Monoparteisystems für totalitäre Staaten charakteristisch ist, kann man nicht behaupten, dass das Bestehen von nur einer Partei die Existenz von Demokratie ausschließt.
- *das hegemoniale Parteisystem* – es bestehen mehrere Parteien, aber nur die hegemoniale Partei hat einen wesentlichen Einfluss auf die Staatsgewalt. Die anderen Parteien bilden mit der hegemonialen Partei eine Koalition und haben keine Chance, selbständig die Macht im Staat zu gewinnen. Dieses System kommt in demokratischen Staaten nicht vor.

---

[11] Ähnlich ist G. Sartori der Meinung, dass man von einem Parteiensystem sprechen kann, wenn es in einem Staat mindestens zwei miteinander konkurrierenden Parteien gibt – siehe G. Sartori, Parties and…, S. 42-44

Ivan Pankevych

Financing of Political Parties in Ukraine and European Experience

Having declared the independence act[1] more than 15 years ago Ukraine opted to build an independent legal state. Parties perform important functions in the political system of any state, their role dramatically increasing under conditions of civil society formation. The constitutional recognition of political parties as the basic institution of civil society, that play a leading role in organization and exercising of state power, imposes the obligation on the state to promote and facilitate efficient functioning[2]. Considering the above, reglementation and promoting the activity of the political parties is one of the main directions of state policy. Parties' impact on the political process, on the formation of state power bodies, as much as on the overall development of society[3] is increasing. However no legal entity (including a party) can perform its duties without funding, the latter is being supplied on a due legitimate basis. That is why the question of political parties financing is of prime importance, which is particularly relevant to the so called states in transition, Ukraine being one of them.

The problem of parties funding is one of the least open topics both in modern political science theory and practice. The situation concerning information on the conditions and mechanisms of funding, as well as on actual expences of the political parties of Ukraine and other countries is regulated by the laws of Ukraine: "On associations of citizens"[4], "On the political parties in Ukraine"[5],

---

1 The Ukraine's Verkhovna Rada report, 1991. - № 38. – p.52.

2 До питання державної підтримки діяльності політичних партій. Світовий досвід щодо державної підтримки політичних партій // "Часопис ПАРЛАМЕНТ" №2/2001 (On state support of political parties. World experience in state support of political parties// "The Chasopys Parliament" №2/2001).

3 It is the political parties of Ukraine that play the leading role in forming the executive power bodies after proclaiming Ukraine a parliamentary-presidential republic. The recent example of a growing importance of political parties in Ukraine became appointing in August of current year the candidate nominated by the parliamentary coalition of the Party of Regions, socialists and communists Victor Yanukovych which was put forward by the president. Diverse as it may seem, this coalition resulted from democratic manifestation of the voters will.

4 Див. Закон України „Про об'єднання громадян"// Відомості Верховної Ради України, 1992. – №34. – Ст.504. (See the law of Ukraine "On associations of citizens " // The Ukraine's Verkhovna Rada report, 1992. - № 34. – p.504).

5 Закон України „Про політичні партії в Україні" із змінами внесеними згідно з законами № 1349-IV (1349-15) від 27.11.2003, Відомості Верховної Ради України, 2004, № 15, ст. 218; № 1665-IV (1665-15) від 25.03.2004, Відомості Верховної Ради України,

"On the introduction of changes to some legal acts of Ukraine caused by implementation of state funding of political parties in Ukraine"[6], "On presidential elections in Ukraine"[7], "On the elections of people's deputies in Ukraine"[8], "On the elections of people's deputies to the Supreme Rada of the Autonomous republic of Crimea, local councils, and village, town, city councils"[9]. According to the legislation of Ukraine the legitimate sources of party income are: membership dues, voluntary donations of physical and juridical persons (whereas receiving any financing from foreign citizens, enterprises and states as well as enterprises of state and communal ownership is strictly forbidden), state funding, incomes from party editions, selling goods bearing party colors and other commercial activity, not forbidden by law.

One of the main sources of the political parties incomes in European countries are membership dues. In most of these countries the membership dues form the main part of political parties incomes. According to the researchers' assessment of this issue, the annual sum of the membership dues to party budgets makes up from 15 to 45 % of the overall fund of political party. Take the example of the Social-democratic party of Germany where 50 % of this budget is formed by the membership dues. A Polish researcher Marcin Walecki cites the results of the

---

2004, № 27-28, ст.366; № 2748-IV (2748-15) від 06.07.2005, Відомості Верховної Ради України, 2005, № 34, ст.437; № 2777-IV (2777-15) від 07.07.2005 (The law of Ukraine "On political parties of Ukraine " amended according to the laws № 1349 – IV (1349 – 15) from 27.11.2003, the Ukraine's Verkhovna Rada report, 2004, № 15, p.218; № 1665 – IV (1665 – 15) from 25.03.2004, the Ukraine's Verkhovna Rada report, 2004,№ 27 – 28, p.366; № 2748 – IV (2748-15) from 06.07.2005, the Ukraine's Verkhovna Rada report, 2005, № 34, p.437; № 2777 – IV (2777-15) from 07.07.2005).

6 Закон України "Про внесення змін до деяких законодавчих актів України у зв'язку із запровадженням державного фінансування політичних партій в Україні" // Газета "Голос України", 2003. – №246. (The law of Ukraine "On making amendments to some legislative acts of Ukraine caused by introduction of state funding of political parties of Ukraine // Newspaper "The Voice of Ukraine", 2003.- № 246).

7 Закон України „Про внесення змін до Закону України "Про вибори Президента України"//Відомості Верховної Ради України, 2004, № 20-21, ст.291 (The law of Ukraine The law of Ukraine made in the law of Ukraine "On Presidential Elections in Ukraine""// The Verkhovna Rada report, 2004, № 20-21, p.291).

8 Закон України „Про внесення змін до Закону України „Про вибори народних депутатів України // Офіційний вісник України від 02.09.2005 – 2005 рік. № 33. Сторінка 9. Стаття 1983. (The law of Ukraine "On amending the Law of Ukraine "On the elections of the peoples deputies of Ukraine""// The official report of Ukraine of 02.09.2005 № 33. p.9. Article 1983.

9 Закон України „Про вибори депутатів Верховної Ради Автономної Республіки Крим, місцевих рад та сільських, селищних, міських голів (The law of Ukraine "On the election of people's deputies to the Supreme Rada of the Autonomous Republic of Crimea local councils, and the village, town, city councils // The Ukraine's Verkhovna Rada report, 2004. - № 30-31. – p.382).

analyses made by the institute of comparative politics in Oldenburg university regarding the incomes of 26 main parties of Germany, Italy, Austria and Sweden. In accordance with these results the part of membership dues in general budgets of big parties, on average, was 20-25 % and 10 % for smaller parties[10]. However the situation in Ukraine is quite different. Today, the membership dues are not the main source of political parties incomes in Ukraine. The exceptions are comunists and in part the socialist party of Ukraine. Such a situation causes a considerable financial dependence of political parties on private "donors"[11]. Incomes from publications of political materials, selling goods bearing party colours, conducting lectures, giving concerts, etc as independent sources of income are typical for all political parties. This source's specifics lie in the fact that supporting mass media outlets, publishing political literature and selling goods bearing party colours is not a profitable activity, as all these types of activity require substantial subsides. That is why, if at the level of oblast (region) or rayon the sales of such goods could be considered profitable, then at all Ukrainian level it will be loss-making[12]. Private funding is yet another type of financing political parties. Today this sort of financing is the largest revenue earner, allowing to create the so called pocket parties to lobby the interests of certain business, to sell party portfolios, seats on the executive[13]. Moreover, the correctness of this conclusion is confirmed by the so called postelection reshuffling within parliamentary factions in the new Verhovna Rada of Ukraine. When the persons elected to parliament on the party lists suddenly change their political orientation after the elections and become independent deputies or even defect to other parliament (as a rule pro-governmental). In most of the cases the real motive for such parliamentary "migration" is money or career expectations of the deputy in question[14]. Article

---

10 See for further detail Finansowanie Polityki, pieniadze , partie polityzcne. Pod red. Marcina Waleckiego. Wydawnictwo Sejmowe. Warszawa. 2000.

11 A vivid example is the Party of Regions of Ukraine, which largely consists of the so called Ukrainian oligarchs, in particular, a well known businessman and the richest Ukrainian from Donetsk Rinat Akhmetov, whose profits according to last year "The Forbes" magazine exceeded those of B. Gates.

12 See Gryaznova O. "Political parties funding" http://www.europexxi.kiev.ua/Ukrainian/analitika/03/003.html(20.03.04).

13 See for more detail Заміховський М., Аналіз наявних проблем та перешкод у функціонуванні системи політичного фінансування. / Фінансування політичних партій. – Ч.2. – К.,2004 (Zamichovsky M. "The analysis of the existing problems and obstacles in the functioning of the system of political funding" / Political parties funding. – p. 2 – K., 2004).

14 As far as private financial interest, i.e., in bribing a certain deputy of Ukraine encouraging him to join another parliamentary faction or a law, such kind of information exists nowadays on the level of rum ours. As to the so-called career interest the example to illustrate it is supporting Victor Yanukovych by casting votes to appoint him as Prime

15 of the Law of Ukraine " on political parties in Ukraine " sets a number of restrictions on political parties funding, in particular, it is forbidden to finance political parties by :

1) govermental bodies and institutions of local government, except the cases stated in the law[15];
2) governmental and municipal enterprises, organizations and institutions, as well as the enterprises, organizations and institutions with state or communal property or belong to non-residents;
3) by foreign states and their citizens, enterprises, institutions and organizations;
4) charity and religious organizations and associations;
5) anonimous or undefined citizens;
6) the political parties which do belong in the electoral block of political parties[16].

Now we shall concider budgetary financing. It would be important to dwell at length on that type of financing because it is quite new. Implementation by world democratic countries of state financing system greatly promoted transparency of party budgets, however frequent reports in the media on hidden account from which party activites are financed, about voluntary donations from juridical and physical persons as kickbacks for receiving "profitable" projekts which border on corruptions and show that party funding system is not irreproachable[17]. For the first time public help for parties in the Western European countries was given in 1959 in Germany and was legalised in this country in 1969. Nowadays state financing of political parties is being done in one or another way practically in all European countries, and also in many other

---

minister of Ukraine. R. Zvarych and V. Pavlenko from "Our Ukraine" gave their votes for him and were later given posts of Minister of Justice and Minister of youth, family and sports.

15 It refers to State funding of the parties which will be considered in detail below.

16 Закон України „Про політичні партії в Україні" із змінами внесеними згідно з законами № 1349-IV (1349-15) від 27.11.2003, Відомості Верховної Ради України, 2004, № 15, ст. 218; № 1665-IV (1665-15) від 25.03.2004, Відомості Верховної Ради України, 2004, № 27-28, ст.366; № 2748-IV (2748-15) від 06.07.2005, Відомості Верховної Ради України, 2005, № 34, ст.437; № 2777-IV (2777-15) від 07.07.2005. (The law of Ukraine "On Political Parties in Ukraine" with the amendments made by laws №1349 – IV (1349 – 15) of 27.11.2003, The Verkhovna Rada Report, 2004, № 15, p.218; 1665 – IV (1665 – 15) of 25.03.2004, The Verkhovna Rada Report 2004, № 27 – 28, p. 366; №2748 – IV (2748 – 15) of 06.07.2005, , The Verkhovna Rada Report 2005, № 34, p.437; № 2777 – IV (2777 – 15) of 07.07.2005).

17 Unlike most of the post-soviet countries in the so called established democracies such scandals not only become public, but often predetermine further career of a top party functionary as it was in the case of former German chancellor G. Kohl.

countries of the world. In Ukraine the problem of state financing of political parties has existed since 1992 when the draft of the Law of Ukraine " On Associations of Citizens " which also covered political parties was being prepared. In March 2003 Verhovna Rada considered the law "On amendments to some legal acts of Ukraine to state financing of political parties ". This law proposes to finance such activities of parties which are next related to the executive, to the local government and compensations to the parties which belonged to election blocs for pre election compaigning.

Under the law funding can be received only by the parties represented in the Verhovna Rada. Article 17 of the Law "on changes and amendments in some laws of Ukraine related to state financing of politica parties" sets forth that a political party can be entitled to state financing for its statutory activities if the party received over 4 % of votes in the last parliamentary elections, or if a political party belonged to a political bloc whose election list won 4 or more per cent of the voters[18]. In this case a political party can receive from the state budget 0,01 % of the minimum wage for every voter who supported this party.

However only the individual parties or blocs consisting of certain parties that covered a 3% bareer had subsidies at the recent elections for the Supreme Rada. The subsidies among the parties are distributed by the Ministry of justice of Ukraine in proportion to the number of voters cast for this party. Such financing is valid for the period in office of law-maters elected from the party lists. At the same time the financing can be stopped or the funding can be reduced once the party uses the money alloted to it for pre-election campaigning. The Accounting Chamber and the main audit department supervise the targeted use of money.

The distribution of subsidies depending on the number of voters means that Ukraine like other countries of the world has chosen a differential approach. The other principle in subsidies allocation among the parties which meet the established criteria is that of equality. All political parties are financed line with this system regardless of whether they are represented or not in parliament (Austria, Greece, France, the Chech Republic Sweden, Germany). This principle aims at creating equal condition for further development at the parties. The law of Ukraine "On amendments to some Ukrainian statutes connected with introducing government financing of political parties in Ukraine"[19] added the provision, under which the state stimulates and encourages in all possible ways the introduction of membership dues in political parties. The above stated encouragement mechanism envisages that a political party receives 0.5 gryvnya from the state budget per gryvnya of membership dues, raised by the party

---

[18] Закон України "Про внесення змін до деяких законодавчих актів України у зв'язку із запровадженням державного фінансування політичних партій в Україні" // Газета "Голос України", 2003. – №246 (The law of Ukraine "On amendments to some Ukrainian statues connected with introducing government financing of political parties in Ukraine" // Newspaper "The Voice of Ukraine", 2003. - № 246).

members according to the current legislation. The overall size of membership dues is established on the basis of the annual report for the previous year. Changes of Ukrainian legislation concerning parties funding by the state completely coinside with European standards, in particular, with the recommendations of the Parlamentary Assembly of Counsel of Europe, which stipulate that the political parties are to receive funding from the state budget which stops the influence of private donors in the party and guarantees the equality of possibilities of all political parties.

State financing must on the one hand be allocated proportionally to the political support the party has, considering such objective criteria as the number of votes cast, the number of seats in Verhovna Rada. On the other hand, it provides a level playing field for all political players and allows them to compete with more established parties[19]. The rules concerning political parties funding endorced by the Plenary sitting of the Venice Commitee in 2001 (March 9-10). Set forth that state financing must be forseen for all parties represented in Parliament. However, to provide a level playing field for all political parties, state financing can be allocated to the political organization which represent considerable part of the electorate and nominate the candidates during elections. The level of financing can be set by legislators on the basis of objective criteria[20].

Indirect funding of political parties is increasingly important in Ukraine. We mean here free broadcast time in state mass media, talk shows, etc. envisaged by legislation. The practice of tax amnesty for shadow capitals is also common, the former beeing employed to bring the latter out of shadow and use the capitals to provide funds for election campaings. The process is growing in scope before parliamentary and presidential elections. Another effective shadow mechanism for enchancing money influx for parties' activities and granting tax-breaks to the persons who make donations to parties. It is worth mentioning that such practices can be avoided by making the source of donations public, disclosing the identity of donors, tax declarations about such donations and setting a ceiling for donations. Increased shadow funding or preferential shadow funding to certain parties in accordance with their importance actually creates a lot of opportunities for using the administrative resource. The administrative resourse involves allocation of offices, allocation of office equipment which are owned by the state or community to long term free lease to the political parties loyal to the authorities, use of employees of budget supported institutions for 'campaigning' or as observers, giving such parties air time on favorable terms and the refusal of such assistance to unloyal parties. The 2004 presidential

---

19 See "Guidelines of the Parliamentary Assembly of the Council of Europe № 1516 (2001).

20 The regulations on political party funding. Adopted by the Venice committee at its 46 plenary sitting in Venice, March 9-10, 2001.

elections have plenty vivid examples to illustrate such abuse of administrative resource.

A separate kind of funding by the state is allocating state funds for election campaigns. This funding is regulated by the law of Ukraine "On amendments to the law of Ukraine "On election of people's deputies of Ukraine" of July, 7 2005[21] and by the above mentioned law of Ukraine " On Changes and amendments in certain laws of Ukraine related to state funding of political parties"[22]. Under the law political parties are entitled to compensations for financing the campaigning, if they covered the 3% bareer in the previous elections. Such compensations are paid from the budget and advance payments of the parties that lost the elections. The current legislation forsees that only actual expences can be compensated, but within the limit of the parties election fund. It is obvious that real campaign expenses of parties in Ukraine are much higher than the official election fund ceiling, no excess funding being forseen by article 53 of the law[23]. According to some data in the recent parliamentary elections in 2006 all political parties by many times exceeded the official election fund ceiling and the biggest spender was the Party of Regions which won one a third of the votes and the People's party of Volodymyr Lytvyn[24], which could not even cover a 3% bareer.

Besides we have seen in Ukraine the so called hidden campaigning, which starts much earlier than the official date set by the law. This refers to hidden campaigning in controlled mass media which includes mud- slinging of potential political rivals, a wide network of various party offices which presumably advise Ukrainians on legal, social, etc. issues, but actually campaign for their own parties. An important mechanism which hypothetically could prevent smaller parties from running for parliament is a party ransom which is paid into the budget if a party fails to cover a 3% bareer. However the recent parliamentary

---

21 Див. Закон України „Про внесення змін до Закону України „Про вибори народних депутатів України" //Відомості Верховної Ради України, 2005, № 38-39, ст.449. (See the law of Ukraine "On amendments to the law of Ukraine "On Election of people's deputies of Ukraine"" // The Verkhovna Rada Report 2005, №38-39, p. 449).

22 Закон України "Про внесення змін до деяких законодавчих актів України у зв'язку із запровадженням державного фінансування політичних партій в Україні" // Газета "Голос України", 2003. – №246 (The law of Ukraine "On amendments to some legislative acts of Ukraine caused by introduction of state funding of political parties of Ukraine // Newspaper "The Voice of Ukraine", 2003.- №246).

23 Закон України „Про внесення змін до Закону України „Про вибори народних депутатів України" //Відомості Верховної Ради України, 2005, № 38-39, ст.449 (The law of Ukraine "On amendments to the law of Ukraine "On Election of people's deputies of Ukraine"" // The Verkhovna Rada Report 2005, №38-39, p. 449).

24 The Heads of the Verkhovna Rada of Ukraine of the previous convocation.

elections have imply shown that this mechanism doesn't work in Ukraine because despite the mandatory ransom 45 political parties in the election blocks ran for parliament with only 5 of them making it to the legistature: the party of Regions of Ukraine, "BUT", "Our Ukraine", socialists, communists. It is worth mentioning that the communist party are losing voter's support. It received only 3,5% of the vote and if an earlier bareer of 4% had been set the party would not have maid it the Verhovna Rada. State funding is crucial for political parties support. It is especially important for such post-totalitarian countries as Ukraine. Where it promotes the emergence of a multy-party system. However it will be effective only if it is transparent and if there is a factual level playing field for political parties. All this will contribute to the importance of the institute of elections.

Egidijus Šileikis

Parteieinfinanzierung in Litauen: Grundlagen und Fragestellungen

A. Einleitung

Die mühsame Entstehung der Regelung der Parteienfinanzierung in Litauen im Jahre 1999 und ihre schnelle Weiterentwicklung einem umfangreichen Gesetz „Über die Finanzierung der politischen Parteien und politischen Kampagnen und die Finanzierungsaufsicht“ vom 23. August 2004 (im Folgenden – Parteienfinanzierungsgesetz, abgekürzt – PFG) ist durch eine Reihe verschiedener, zum Teil verfassungs- und wirtschaftspolitische Umstände geprägt.

Die viel versprechende Bestimmung des ersten Parteiengesetzes vom 25. September 1990, das den Parteien nach Maßgabe eines speziellen Gesetzes staatliche Zuschüsse zugestand, beinhaltete de facto keine normative Kraft. Es ließ aus verfassungspolitischen Gründen lange auf seine Durchführung warten, weil die neu entstandenen Parlamentsgruppen eine zunehmende Parteienverdrossenheit in der ohnehin politisch überforderten Öffentlichkeit fürchteten. Diese gesetzgeberische Starre wurde zum Teil durch die Wahlgesetzgebung (z. B. durch Vorschriften über die den Parteien zustehende kostenlose Werbezeit im öffentlich-rechtlichen Rundfunk) gelöst, was man im Zusammenhang mit der sog. ersten Generation des litauischen Parteienrechts (1990–1999) bewerten kann. Dies ist erstaunlich, wenn man daran denkt, dass in den Gesetzen über den Staatshaushalt 2000–2006 die Zuschüsse für die Parteien nicht nur erstmals verankert, sondern – nach vorübergehender Senkung - auch erhebliche Steigerungen erfahren haben[1], was man aus der Sicht der gewissen „zweiten Generation“ des Parteienrechts (von 2000 bis heute) betrachten kann.

Die Zurückhaltung und das Misstrauen seitens der Politik bzgl. einer ausführlichen Regelung der staatlichen und nichtstaatlichen Parteienfinanzierung in den Jahren 1990–1999 kann man vor allem darauf zurückführen, dass in der neuen Verfassung Litauens vom 25. Oktober 1992 auf die objektiv-rechtliche Funktion

---

1 Zuerst (2000) wurde im Staatshaushalt für die Parteien insgesamt nur knapp 1 Mio. Litas vorgesehen (d. h. 980 Tsd. Litas, weniger als 280 Tsd. Euro; übrigens wurde der Litas am 2. Februar 2002 fest an den Euro nach dem Wechselkurs 1 EUR = 3,4528 LTL gebunden). Danach folgte für drei Jahre lang die Verringerung der Zuschüsse auf mehr als eine Halbmillion (524 Tsd. Litas, also etwa 140 Tsd. Euro) im Jahre 2001 und auf 483 Tsd. Litas in den Jahren 2002 und 2003 (nicht zuletzt im Zusammenhang mit der misslungenen Privatisierung der größten Ölraffinerie Litauens und insgesamt der Baltischen Staaten sowie mit der Wirtschaftskrise im benachbarten Russland, also den gesunkenen Einahmen der dort tätigen litauischen Unternehmen). Bald darauf gingen die Zahlen bergauf. 2004 gab es genau 1 Mio. Litas, 2005 – 3 Mio. Litas (etwa 900 Tsd. Euro), 2006 – 10 Mio. Litas (grob umgerechnet, 2,8 Mio. Euro).

der Parteien nicht direkt eingegangen wird. Im vorletzten veröffentlichten Entwurf des Verfassungswerkes (Anfang Mai 1992) wurde zwar der prägnante Satz in Art. 21 des Bonner Grundgesetzes übernommen, jedoch nach vier Monaten öffentlicher Debatten letztlich doch nicht beibehalten. Die Verfassung beinhaltet also keinen speziellen „Parteienartikel“ und begnügt sich mit der allgemeinen Freiheit der Bürger, sich als Vereine, Verbände oder politische Parteien zusammen zu schließen (Art. 35). Nimmt man dies zur Kenntnis, so kann man besser verstehen, wieso die aus der antisowjetischen Protestbewegung entstandenen Konservativen, die zusammen mit den Christdemokraten die ausreichende Parlamentsmehrheit 1996–2000 innehatten, die Ausarbeitung der staatlichen Parteienteilfinanzierung selbst nicht forcierten bzw. einleiteten und statt dessen die eingebrachten Initiativen der damals oppositionellen (zum Teil aus der Nachfolgepartei der Reformkommunisten entstandenen) Sozialdemokraten geschickt akzeptierten. In dieser Hinsicht ist es kein Zufall, dass das angesprochene (erste) Gesetz über die Parteieinfinanzierung 1999 durch die parlamentarische Opposition (hervorzuheben ist dabei vor allem Prof. Dr. Justinas Karosas[2]) eingebracht wurde.

In diesem Zusammenhang ist auch die zurückhaltende Einstellung des Verfassungsgerichts Litauens zur dogmatischen Bereicherung der Rechtstellung von politischen Parteien aussagekräftig. Das Verfassungsgericht, das sich im Jahre 2000 vom *judicial restraint* abgelöst hat und bis heute eindeutig den *judicial activism* unter Empörung zahlreicher Abgeordneter ausstrahlt[3], wagt im Prinzip, sich mit der konstitutionellen Funktion der Parteien oder mit ihrer staatlichen Teilfinanzierung eingehend auseinander zu setzen. Dies kann man einerseits formell dadurch rechtfertigen, dass das Verfassungsgericht zur Frage des Parteienrechts bisher überhaupt nicht gefragt bzw. angerufen wurde, d. h. es mangelt an entsprechenden Richtervorlagen oder Anträgen von Parlamentariern. Andererseits hat das Verfassungsgericht einige (vereinzelte) Aspekte des Parteienstatus mehr oder weniger schöpferisch behandelt, z. B.:

a) "*the content of right guaranteed in the Constitution to freely form political parties is composed of the right to form political parties and associations, the right to join them and take part in their activities*" (Urteil vom 21. Dezember 2000[4]);

---

2 Gesetzesvorlage Nr. P-1166A, eingebracht am 11. September 1998 durch den Abgeordneten Justinas Karosas. Er ist übrigens kurz vor der sowjetischen Wendezeit (und wiederholt nach ihrem Ende) als Forschungsstipendiat der Alexander von Humboldt-Stiftung nach Deutschland gegangen, wo er durch die Konzeption der staatlichen Parteienfinanzierung offensichtlich beeinflusst wurde.

3 Mehr dazu siehe E. Sileikis, Zurückhaltung und Aktivismus des Verfassungsgerichts in Litauen, in Jahrbuch des öffentlichen Rechts der Gegenwart, 2006, Band 54, S. 583 ff.

4 Dabei wurde die allgemeine Vereinigungsfreiheit behandelt, und zwar aus der Sicht der einfachgesetzlichen Rechstellung der Wohnungsinhaber eines Mehrfamilienhauses. Bei der

b) die in der Verfassung direkt verankerte Einschränkung der Richter, an Parteientätigkeit teilzunehmen, gilt auch für Staatsanwälte, umfasst aber keineswegs die sog. „Vertreter der Landesregierung", welche nach spezialgesetzlich geregelt (the Law on Administrative Supervision of Municipalities) als „Beamte auf Zeit" die verwaltungsrechtliche Aufsicht der Gemeinden ausüben. Deswegen ist die angefochtene gesetzliche Bestimmung "The representative of the Government may not participate in the activities of political parties" als verfassungswidrig zu betrachten (Urteil vom 14. April 2006);

c) die Parteienleiter nehmen eine öffentliche Aufgabe wahr, und deswegen gilt die angefochtene gesetzliche Bestimmung des Mediengesetzes, wonach „*the information about the private life of the public person (/.../ heads of political parties and public organisations as well as other persons participating in public and political activities) may be published without the consent of the latter provided this information discloses the circumstances of the private life or personal characteristics of the public person, which are of public importance*" als verfassungsmäßig, und zwar aus der Sicht des Privatleben-Schutzes (Urteil vom 23. Oktober 2002).

d) "*a member of the Seimas holding any office (inter alia the leading one) in a political party, a member of which he is, according to the Constitution cannot be linked with the political party and its structural sub-divisions by labour relations regardless of whether this activity is registered by any legal contract or other legal act, or performed without any legal contract or legal act, whether this activity is remunerated in any payment or other form, or not*" und "*a member of the Seimas holding any office (inter alia the leading one) in a political party, a member of which he is, under the Constitution cannot receive any remuneration for this activity*" (gesonderte Auslegung des Urteils aus dem Jahre 2004 in Gestalt der Entscheidung vom 10. Februar 2005, wodurch auf Antrag der Abgeordnetengruppe das genannte Urteil konkretisiert wurde).

All dies stellt im Prinzip keine einheitliche Verfassungslehre dar, vielmehr ihre Ansätze, die das Verfassungsgericht im Rahmen von *obiter dicta* offensichtlich nicht vertiefen, zusammenfassen oder verallgemeinern will; statt dessen wartet es mehr als 13 Jahre lang auf eine ideal passende Gelegenheit im Sinne von *ratio decidendi*. Von einem Einfluss des deutschen Bundesverfassungsgerichts kann dabei keine Rede sein. Dies stellt eine gewisse Besonderheit des litauischen Parteienrechts dar, und zwar in dem Sinne, dass die heutige umfangreiche

---

Bewertung des „Law on the Associations of Apartment House Owners" hat das Gericht festgestellt, dass die Regelung, wonach „the owners of the premises of a house shall acquire the rights and duties of the members of association as of the date of the registration of the regulations of the association or as of the date of the occurrence of the ownership rights to the premises in the house belonging to the association" und „the appearance of the membership in the association of apartment house owners is not linked with the free will of the owner" verfassungswidrig ist.

einfachgesetzliche Regelung der Parteienfinanzierung (geschweige denn andere Rechtsinstitute, z. B. vom umstrittenen Monopol der Parteien bei Aufstellung der Wahlkandidaten im Rahmen der Kommunalwahlen 1990–2002) keinen adäquaten Niederschlag in der Judikatur des „Hüters der Verfassung" findet.

Im Folgenden soll die Parteienfinanzierung im Zusammenhang mit der angesprochenen ersten und zweiten „Generation" des Parteienrechts etwas näher dargestellt werden. Anschließend wird auf die Grundlagen und diskussionswürdige Fragestellungen eingegangen.

B. Parteienfinanzierung im Zusammenhang mit der „zweiten Generation" des Parteienrechts

Wie bereits erwähnt, kann man in Bezug auf den Zeitraum 1990–1999 von der „ersten Generation" der Rechtstellung der Parteien sprechen. Kennzeichnend dafür ist u. a. folgendes:

a) Parteien werden als juristische Personen qualifiziert, die von mindestens 400 Bürgern gegründet wurden und nach erfolgter Eintragung beim Justizministerium ihre Tätigkeit aufgenommen haben. Das Ministerium hat, bei der Eintragung einer Partei (oder ihrer Satzungsänderungen) nicht nur die sog. Notarsfunktion auszuüben, sondern auch eine aktive Aufsicht in Bezug auf die Parteitätigkeit zu führen. In dieser Funktion kann es eine Mahnung gegenüber einer Partei wegen rechtswidriger Tätigkeit aussprechen oder der Partei die weitere Tätigkeit untersagen, falls die Mahnung folgenlos bleibt;

b) Gebietsverbände einer Partei verfügen über die Rechte einer juristischen Person;

c) staatliche Institutionen, die die Kontrolle über Parteienfinanzierung ausüben sollen, sind nicht klar definiert, d. h. die Befugnisse der staatlichen Steuerinspektion (im Folgenden – des staatlichen Steueramtes) und des Finanzministeriums im Bereich der Finanzierungsaufsicht sind nicht klar genug, wobei der Oberste Wahlausschuss mit diesem Aufsichtsbereich nur unzureichend verbunden ist;

d) am 11. November 1997 wurde das Gesetz „Über die Aufsicht der Finanzierung von politischen Kampagnen" verabschiedet, und zwar als wirkliches „Novum" in der Geschichte der Gesetzgebung Litauens. Damit wurde eine Pionierarbeit im Bereich der Regelung von Spenden und Geschenken angesichts der bevorstehenden (oder laufenden) Wahlkämpfe und „Volksentscheidagitationen" geleistet. Aussagekräftig ist z. B. die Regelung, wonach *alle Wahlkandidaten und Initiatoren einer Volksabstimmung der Pflicht unterliegen, alle erhaltenen Spenden und Geschenke einzutragen unter Angabe ihrer Beträge sowie der Namen und Anschriften jener Personen, die über 100 Litas gespendet haben.* Allerdings wurde keine Spendenhöchstgrenze festgesetzt;

e) die o. g. (ab September 1990 geltende) Regelung, dass den im Seimas vertretenen politischen Parteien Zuwendungen aus staatlichen Mitteln zustehen, ist, wie gesagt, durch ein gesondertes Gesetz erst 1999 detailliert und 2000 in der Weise umgesetzt worden, dass ein konkreter (allgemeiner) Zuschuss (als Pauschale) den politischen Parteien durch eine eigene Haushaltszeile bereitgestellt wurde.

Nach diesem zuletzt angeführten Umstand lässt sich die „zweite Generation" in der Rechtstellung von Parteien herausgliedern, die 2000 ihren Anfang nimmt. Diese Etappe hat 2004 ihren Höhepunkt erreicht. Erstens wurde im Zuge des neuen (2002) Bürgerlichen Gesetzbuches (in dem Parteien und sonstige Verbände wie auch religiöse Vereine als „öffentlich-rechtliche juristische Personen"(!) verankert worden sind) wurde ein neues Gesetz über politische Parteien verabschiedet, das das o. g. Gesetz vom September 1990 ersetzt hat. Zweitens wurde als Folge der skandalösen Wahlkampffinanzierung des Staatspräsidenten 2002/2003 (und des damit verbundenen Impeachments gegen den Staatspräsidenten Rolandas Paksas) wurde am 23. August 2004 das erwähnte komplexe PFG verabschiedet. Es ist zu bemerken, dass das Unternehmen von Jurij Borissow, der eher dubiose Geschäfte abwickelte (darunter auch Ausfuhr von russischen Hubschraubern in den Sudan, der einem entsprechenden Embargo durch die Vereinten Nationen unterliegt), einen der Wahlkandidaten (nämlich den Sieger) durch eine offizielle Spende von 1,2 Mio. Litas (und wahrscheinlich, wie in der Öffentlichkeit angenommen wird, auch durch „schwarze" Spenden, die noch deutlich großzügiger ausfielen) unterstützte, worauf der zum Staatschef gewählte R. Paksas nach im Rahmen einer Ausnahmeregelung (d. h. als Würdigung der Verdienste gegenüber der Republik Litauen) J. Borissow die litauische Staatsbürgerschaft gewährte, ohne dass die allgemeinen Einbürgerungserfordernisse (darunter auch Forderung, auf ausländische Staatsbürgerschaft zu verzichten) eingehalten wurden. Im Hinblick darauf (und auf die damit verbundenen Aspekte der nationalen Sicherheit) hat der Seimas Ende 2003 das „Amtsenthebungsverfahren" gegen den Staatspräsidenten eingeleitet, das im April 2004 erfolgreich abgeschlossen wurde[5].

Konkreter gesagt, kann die „zweite Generation" der Rechtstellung von Parteien unter folgendem Gesichtspunkt diskutiert werden:

a) die Regelung der Parteienfinanzierung und ihrer Aufsicht ist wirkungsvoller entwickelt und kodifiziert sowie von zahlreichen Neuerungen geprägt, wie z. B. von Rechtsnormen, die die „ursprünglichen" und „endgültigen" Finanzierungsberichte der „politischen Kampagne" betreffen, wie auch die (einheitliche) Obergrenze für Spenden einer natürlichen bzw. juristischen Person (s. den nachstehenden Abschnitt) oder die Abgrenzung von „selbständigen" und „nicht

---

[5] Mehr dazu siehe E. Sileikis, Das Anklageverfahren gegen den Staatspräsidenten Litauens Rolandas Paksas, in Monatshefte für Osteuropäisches Recht (WGO), 4/2004, S. 266 ff.

selbständigen“ (wörtlich übersetzt, „repräsentativen“) Teilnehmern der politischen Kampagne (aufgrund des Kriteriums, nach dem der „selbständige“ Teilnehmer der Pflicht unterliegt, sich eintragen zu lassen, einen Schatzmeister einzustellen, ein Sonderkonto zu besitzen, um Spenden zu erhalten, während der „nicht selbständige“ Teilnehmer nur im Namen seiner Partei agiert und über kein Sonderkonto für Spenden verfügt), auch die gewichtigen (Aufsichts-)Befugnisse des Obersten Wahlausschusses z. B. Feststellung einer groben PFG-Verletzung (aufgrund der eine Partei die Hälfte der ihr jeweils zustehenden jährlichen Zuwendung aus dem Staatshaushalt einbüßen kann) oder die öffentliche Ausschreibung von Dienstleistungen zwecks „Monitoring der politischen Kampagne“;

b) wie bereits erwähnt, wird jedes Jahr durch das Staatshaushaltsgesetz eine Zuwendung den politischen Parteien bereitgestellt, die in zwei Tranchen pro Jahr den Parteien auszuschütten ist, die erfolgreich an Wahlen teilgenommen haben (d. h. nicht weniger als 3 % aller abgegebenen Wahlstimmen nach Verhältniswahl- und Mehrheitswahlsystem gewonnen haben). So wurde durch das am 9. November 2005 verabschiedete Gesetz über die Finanzparameter des Staats- und Kommunalhaushalts die Zuwendung für politische Parteien in Höhe von 3 Mio. Litas festgelegt, wobei der erste „Halbjahresbetrag“ (1,5 Mio. Litas) nach Beschluss des Obersten Wahlausschusses vom 15. April 2005 unter *neun* (!) Parteien aufgeteilt wurde. Es ist zu bemerken, dass ein bestimmter Teil von Geldmitteln auch den zwei Parteien[6] bereitgestellt wurde, deren Kandidatenliste die sog. Wahlklausel nicht überwunden hat. Seit 2006 steht den Parteien ein staatlicher Zuschuss in Höhe von 10 Mio. Litas zu – er ist also mehr als aufs Dreifache vergrößert worden(!). Diese Großzügigkeit des Parlaments ist etwas „beunruhigend“ aus theoretischer und verfassungsmäßiger Sicht wie auch in Bezug auf eine weitere Vergrößerung, die der Seimas nach Vorbild des deutschen „Parteienstaates“ unternehmen könnte. In diesem Zusammenhang kann sich ein kurioser Gedanke aufdrängen, nämlich: es ist vielleicht zu begrüßen, dass das litauische Verfassungsgericht noch keine Aussagen bzgl. der besondere verfassungsmäßige Aufgabe der Parteien entwickelt hat, die der Seimas als Signal zur Erhöhung von staatlichen Zuwendungen für Parteien deuten kann. Übrigens

---

[6] D. h. der Wahlaktion der Polen Litauens (63 Tsd. Litas) und den Litauischen Christdemokraten (52 Tsd. Litas). Es ist zu verzeichnen, dass die Partei, die die polnische Minderheit vertritt, gewöhnlich in Einerwahlkreisen bei den Parlaments- und Kommunalwahlen Erfolg hat, während die die russische Minorität repräsentierende Partei die erforderliche Wahlstimmenzahl in der Regel nicht gewinnt und deshalb sich bereit erklärt, zusammen mit größeren Parteien an Wahlen teilzunehmen, die auf diese Weise die Vertreter von nationalen Minderheiten gleichsam integrieren. Trotz dieser Integrationsmöglichkeit ist es zu erwägen, ob die Parteien der nationalen Minderheiten nicht der sog. „positiven Diskriminierung“ unterworfen werden sollten, indem sie bei Parlamentswahlen ausnahmsweise weder die Sperrklausel von 5 % überwinden noch 3 % der Wahlstimmen gewinnen sollen, um die staatliche Zuwendung zu erhalten.

sieht auch das Staatshaushaltsgesetz 2007 einen Parteienzuschuss von 10 Mio. Litas vor;

c) als Partei wird eine öffentlich-rechtliche juristische Person betrachtet, die mindestens 1000 Bürger (Gründer bzw. Mitglieder) unter einem Dach vereint und rechtmäßig ihre Tätigkeit ab Eintragung ins Register der Juristischen Personen aufnimmt, das vom staatlichen Unternehmen „Registrų centras" (Registerzentrum) verwaltet wird. Es ist bemerkenswert, dass im Gegensatz zur vorherigen Praxis das Justizministerium nur die sog. Notarsfunktion ausübt, d. h. es überprüft, ob die Unterlagen (ihre Änderungen) bezüglich Parteigründung bzw. –organisation den gesetzlichen Forderungen entsprechen. Aufgrund dieser Überprüfung wird die Eintragung vom genannten staatlichen Unternehmen formell vorgenommen. Wirft man einen vergleichenden Blick auf das westeuropäische Recht, so kann man diskutieren, ob durch die „öffentlich-rechtliche Rechtssubjektivität" der Parteien und die Gleichstellung hinsichtlich ihrer Eintragung mit kommerziellen Unternehmen, also aller juristischen Personen, ihre „nichtstaatliche Herkunft" zutreffend widergespiegelt wird wie auch die Besonderheit ihrer Funktion, die durch das öffentliche Recht (Parteiengesetz) und die Judikatur des Verfassungsgerichts bedauerlicherweise nur unzureichend hervorgehoben und vom Bürgerlichen Gesetzbuch quasi nivelliert wird;

d) die Mindestanzahl der Parteimitglieder, die nach Eintragung der Partei unter 1000 liegen kann, wird nach einem bestimmten Verfahren kontrolliert. Dies kommt dadurch zum Ausdruck, dass die Partei, die an den Wahlen teilzunehmen beabsichtigt, spätestens 65 Tage bis zu den ersten Wahlen im entsprechenden Jahr die vollständige Mitgliederliste dem Justizministerium vorzulegen hat (!);

e) die Gebietsverbände einer Partei werden nicht als juristische Personen betrachtet, d. h. sie haben ihre Rechtssubjektivität eingebüßt.

C. Grundlagen der einfachgesetzlichen Regelung

Bei der Auslegung der komplexen Regelung der Parteienfinanzierung, die, wie bekannt, im PFG verankert ist, sollte man sein Augenmerk auf folgende Momente konzentrieren: a) Regelungsgegenstand in Bezug auf Zeitraum; b) spezielle Rechtssubjekte als Spender und die ihnen gestellten Anforderungen; c) Spenden und ihre Grenzen, d) Finanzierungskontrolle und Verantwortung.

Ziel des Gesetzgebers bei seiner Rechtsetzung ist, das Verfahren der Unterstützung von politischen Parteien (wie auch von ihren „politischen Kampagnen" oder denen der von Parteien aufgestellten Wahlkandidaten bzw. der parteiunabhängigen Bürger) demokratisch, transparent und rechtsmäßig auszugestalten (Art. 1). Diese Ausrichtung impliziert zahlreiche Elemente und bleibt deswegen recht allgemein. In diesem Fall kann man durch Detaillierung des Regelungsgegenstandes in Bezug auf Zeitraum zum Ausgleich kommen. Dafür wird empfohlen, den Gegenstand unter zwei Aspekten zu betrachten:

Erstens, die Finanzierung der Parteien in „normalen" Jahren, in denen also keine Parlaments-, Präsidenten- oder Kommunalwahlen bzw. Volksabstimmungen stattfinden. Kennzeichnend für diesen Zeitraum ist folgendes: *a)* jede natürliche bzw. juristische Person darf an eine politische Partei eine Spende leisten, die nicht mehr als das Dreihundertfache des sog. Existenzminimums (lit. MGL) beträgt (Art. 10), wobei zum Zeitpunkt der Annahme des PFG der MGL-Wert bei 125 Litas lag (300 MGL entsprechen 37,5 Tsd. Litas oder, grob umgerechnet, etwa 11 Tsd. Euro); *b)* der Oberste Wahlausschuss hat, wie erwähnt, zweimal pro Jahr einen Teil der vorgesehenen Zuwendung gemäß Staatshaushaltsgesetz für das entsprechende Jahr für diejenigen Parteien zu berechnen (wobei das Finanzministerium die Überweisung vornimmt[7]), deren Kandidatenlisten in den letzten Parlaments- und Kommunalwahlen[8] mindestens 3 % aller abgegebenen Stimmen erhalten haben; *c)* bis zum 1. März soll jede Partei dem Staatlichen Steueramt und dem Obersten Wahlausschuss die „jährliche Finanzerklärung" (d. h. den Rechenschaftsbericht) vorlegen (Art. 19, Art. 22 Abs. 9), in der u. a. angegeben wird, wie die staatliche Zuwendung eingesetzt worden ist (Art. 2 Abs. 7); *d)* falls die *Einnahmen* einer politischen Partei sich innerhalb eines Kalenderjahres einen Betrag ausmachen, der höher als 3000 MGL war (etwa 370 Tsd. Litas oder ca. 110 Tsd. Euro), ist diese Partei verpflichtet, sich einer *externen Wirtschaftsprüfung* zu unterziehen, wobei der Prüfungsbericht innerhalb von 3 Monaten nach Abschluss des Geschäftsjahrs dem Obersten Wahlausschuss und dem Staatlichen Steueramt vorzulegen ist (Art. 24 Abs. 1). Durch eine grobe Verletzung dieser Vorschrift hat die Litauische Arbeitspartei (Wahlsiegerin 2004), wie nachstehend dargelegt wird, wohl den größten Skandal in der Geschichte der Finanzierung von politischen Kampagnen in Litauen ausgelöst, der selbst den bereits angesprochenen Fall Jurij Borissow 2002–2003 in den Schatten gestellt hat; *e)* jede Partei, die Schulden (noch) nicht beglichen hat, die aus Wahlkämpfen stammen, soll bis zum 1. Februar jedes Jahres den Obersten Wahlausschuss von der Erfüllung der Verbindlichkeiten mittels Spenden bzw. Parteivermögen (Art. 21) in Kenntnis setzen. Die verschuldeten Parteien haben kein Recht auf die 25-prozentige Kostenrückerstattung für politische Kampagne (Art. 15 Abs. 2), formell gesehen aber behalten sie das Recht auf jährlichen Zuschuss durch den Staat, wobei die Kriterien, nach denen er nicht gewährt werden kann, durchaus abstrakt sind (Art. 13 Abs. 3).

Zweitens, in Wahlkampfzeiten erhalten folgende Gruppen und Personen staatliche Unterstützungsleistungen: (a) politische Parteien bzw. einer auf deren An-

[7] Der Oberste Wahlausschuss soll den erwähnten Teil des staatlichen Zuschusses bis zum 15. April und 15. November jedes Jahres für Parteien berechnen (festlegen), wobei das Finanzministerium diese Geldmittel nicht später als innerhalb von 15 Tagen nach Ablauf der genannten Fristen überweisen soll, also bis Ende April bzw. November (Art. 13 Abs. 6).

[8] Wahlergebnisse werden sowohl nach Kandidatenlisten (Verhältniswahlsystem) als auch nach Einerwahlkreisen (Mehrheitswahlsystem) berechnet.

trag/Gesuch erstellte Kandidatenliste bei Kommunalwahlen und (b) der aufgestellte Wahlkandidat (wie auch der Bewerber, der sich selbst nominiert hat und folglich parteiunabhängig ist) im Einerwahlkreis bei Parlamentswahlen[9]. Dieser Aspekt ist besonders wichtig und umfassend reglementiert. Deswegen soll er nun eingehender behandelt werden. Zu diesem Zweck ist es in erster Linie wichtig, drei Merkmale der Kategorie „politische Kampagne“ zu betrachten, die es erlauben, sie von der ähnlichen Kategorie „Wahlagitation“ abzugrenzen:

– die genannte Kampagne beginnt nach der öffentlichen Bekanntgabe des Wahltags (Abstimmungstags), wenn die Wahlagitation offiziell noch nicht begonnen hat. Dies lässt sich dadurch erklären, dass der Gesetzgeber den Parteien und ihren Kandidaten bewusst die Möglichkeiten bietet, sich finanziell und materiell auf die bald einsetzende Wahlagitation vorzubereiten, d. h. schon am ersten Agitationstag wirkungsvoll zu starten, nachdem der Oberste Wahlausschuss die von den Parteien vorgelegten Kandidatenlisten (bzw. einzelne Kandidaten, die bei Parlaments- und Präsidentenwahl nach dem sog. Mehrheitswahlsystem gewählt werden) am Vorabend bekannt gegeben hat;

– die Kampagne fällt nur teilweise mit „Wahlagitation“ zusammen, d. h. sie läuft auch in der Zeit der Wahlagitation, die aber einige Stunden (s. Wahlgesetz) vor dem Wahltag (Abstimmungstag) aufhört;

– die Kampagne endet nicht nach Abschluss der Wahlen (Abstimmung) oder nach Bekanntgabe des endgültigen Wahlergebnisses durch den Obersten Wahlausschuss. Sie geht zu Ende nach Ablauf von 45 Tagen ab der Verkündung des endgültigen Wahlergebnisses. Dieser ziemlich lange postelektorale Zeitabschnitt ist zweckmäßig in Bezug auf Rechenschaftslegung durch die Parteien sowie ihre Aufsicht und – wie nachstehend erörtert wird – in Bezug auf die Begleichung von Parteischulden.

Anhand dieser drei Merkmale lässt sich besser verstehen, warum der Gesetzgeber wie ein Vertreter der wissenschaftlich-theoretischen Analyse drei Phasen der politischen Kampagne unterscheidet (Art. 4), nämlich:

a) die *Anfangsphase*, die von der offiziellen Bekanntgabe des Wahltags und bis zur offiziellen Verkündung der Kandidatenlisten (ihrer Nummern) bzw. einzelner Kandidaten andauert. Dieser Zeitabschnitt kann je nach Art der Wahl einige Monate dauern. Er zeichnet sich durch verschiedene Regelungen aus, wie z. B. die Vorschriften, wonach die Parteien (oder im Falle ihres Antrags/Gesuchs die

---

[9] Alle Rechtssubjekte, die im eigenen Namen und im eigenen Interesse Spenden sammeln (erhalten) und Verpflichtungen übernehmen können für (vertragsmäßig) erbrachte Agitationsleistungen, werden vom Gesetzgeber als „selbständige Teilnehmer der politischen Kampagne“ bezeichnet. Ein solches Rechtssubjekt soll sich beim Obersten Wahlausschuss (spätestens 12 Tage vor dem Wahltag) eintragen lassen, einen Vertrag mit Schatzmeister unterzeichnen und ein Bankkonto besitzen, das während der Wahlkampagne als Sonderkonto dienen wird (Art. 3, Art. 5).

aufgestellten Kandidaten im Einerwahlkreis bei Parlamentswahlen und ihre Kandidatenlisten bei Kommunalwahlen) sich schon am ersten Tag (aber nicht später als 12 Tage vor den Wahlen) beim Obersten Wahlausschuss als Rechtssubjekte eintragen lassen können, Spenden sammeln (erhalten) oder Verbindlichkeiten für Agitationsleistungen eingehen können und deswegen ein Konto bei einer Bank eröffnet haben, das während der Kampagne als Sonderkonto genutzt wird (Art. 3, Art. 5). Außerdem ist darauf hinzuweisen, dass die privaten Massenmedien, die den Obersten Wahlausschuss von ihrer (möglichen bzw. zulässigen) Entscheidung nicht informieren, an eine bestimmte politische Partei durch kostenlose Veröffentlichung ihrer Werbeinformation zu spenden (s. letzten Abschnitt des vorliegenden Beitrags), sollen spätestens 45 Tage vor den Wahlen dem Aufsichtsbeamten für Journalistenethik (also dem Organ der Selbstkontrolle der Massenmedien) „die für alle Teilnehmer der politischen Kampagne gültigen Preislisten und Voraussetzungen" vorlegen sollen. Diese Preislisten sollen unverzüglich auf der Internetseite des genannten Aufsichtsbeamten veröffentlicht werden. Nach Ablauf von 5 Tagen können Bestellungen auf Veröffentlichung politischer Werbung angenommen werden (Art. 18);

b) die Phase der *Wahlagitation*, die vom per Wahlgesetz festgelegten Tag der Bekanntgabe der Kandidatenlisten bzw. einzelner (parteiunabhängiger) Kandidaten durch den Obersten Wahlausschuss bis zum im Wahlgesetz bestimmten Tag dauert. Kennzeichnend für diesen Zeitabschnitt sind verschiedene Normen, wie z. B.: bevor die Wahlagitationsphase zu Ende ist, können Verträge zwischen Parteien und ihren Förderern über Erbringung von Agitationsleistungen und ihre Bezahlung vom Sonderkonto wie auch über Spendeneinzahlung auf das Sonderkonto abgeschlossen werden. Bemerkenswert ist auch die Bestimmung, dass die Parteien oder parteiunabhängige Kandidaten, die Spenden selbständig gesammelt haben, spätestens 10 Kalendertage vor dem Wahltag dem Obersten Wahlausschuss den „ursprünglichen Finanzierungsbericht" vorzulegen haben (Art. 26 Abs. 1). Bei Nichterfüllung dieser Pflicht sieht ein entsprechendes Gesetz (Art. 287 Gesetz über Ordnungswidrigkeiten) eine Geldbuße vor. Derartige Geldbußen wurden z. B. in den Parlamentswahlen 2004 auf Initiative des Obersten Wahlausschusses durch Entscheidungen der Amtsgerichte verschiedenen parteiunabhängigen und von Parteien aufgestellten Wahlkandidaten, die Spenden im eigenen Namen gesammelt haben, auferlegt[10]. Die *ursprünglichen Rechenschaftsberichte* können überhaupt als eine der hervorragendsten Neubildungen des Gesetzgebers bewertet werden, die zur Gewährleistung der transparenten und gesetzeskonformen Parteienfinanzierung beitragen sollen;

c) die *Abschlussphase*, die vom Tag der Bekanntgabe des endgültigen Wahlergebnisses bis zum danach folgenden 45. Tag, also etwa anderthalb Monate dau-

---

[10] Urteil des 2. Amtsgerichts Vilnius vom 6. Dezember 2004 (Sache Nr. 102K/6-2-22-2004); Urteil des Amtsgerichts Bezirk Šalčininkai vom 10. März 2005 (Sache Nr. A-11-09-419/2005).

ert. Auf den ersten Blick mag dieser Zeitabschnitt in seinem Wesen sehr einseitig erscheinen, nämlich als ein Zeitraum, in dem lediglich ein Rechenschaftsbericht ausgearbeitet und vorgelegt wird. Einen solchen Eindruck bedingt z. B. die Bestimmung, dass die Parteien bzw. ihre Kandidaten, die Spenden gesammelt haben, spätestens innerhalb von 25 Tagen ab Bekanntgabe der Wahlergebnisse den „endgültigen Finanzierungsbericht“ dem Obersten Wahlausschuss vorlegen sollen, der dann auch auf der Internetseite des genannten Ausschusses veröffentlicht wird[11] (Art. 26 Abs. 2). Ähnliches lässt sich auch von der Regelung behaupten, wonach alle Massenmedien, die politische Werbung veröffentlicht haben, spätestens 25 Tage nach Feststellung des Wahlergebnisses dem Obersten Wahlausschuss Rechenschaft ablegen müssen über die Wahlwerbung und ihre Preise sowie diejenigen Personen, die die Werbung bestellt und bezahlt haben (Art. 2 Abs. 25, Art. 18 Abs. 7). Wirft man jedoch einen aufmerksamen Blick auf die komplizierte Regelung, so wird augenscheinlich, dass in den ersten 25 Tage innerhalb der genannten 45-tägigen Periode noch Transaktionen auf dem genannten Sonderkonto in beide Richtungen zugelassen sind, d. h. Spenden an die Partei (per Überweisung, falls die Obergrenze für Spenden noch nicht erreicht ist) und Begleichung der Parteischulden, die bis zum Abschluss der Wahlagitation (der zweiten Phase) entstanden sind. Diese Transaktionen sind nach Ablauf dieser ersten 25 Tage nach Bekanntgabe endgültiger Wahlergebnisse untersagt. In dieser Hinsicht kann man die gesamte 45-tägige Rechenschaftsperiode in die ersten 25 Tage einteilen, wo Spenden geleistet und Schulden noch beglichen werden, und die übrigen 20 Tage, wo keine Ein- und Auszahlungen mehr möglich sind und folglich der endgültige Rechenschaftsbericht erarbeitet wird. Diese Klarstellung ist deswegen bedeutend, da das Staatliche Steueramt die endgültigen Rechenschaftsberichte im Laufe von 45 Tagen nach Bekanntgabe der Wahlergebnisse überprüfen soll[12] und deswegen auch die letzten Veränderungen auf dem Sonderkonto berücksichtigen muss (d. h. die im Laufe der ersten 25 Tage nach der Verkündung der Wahlergebnisse gemäß Art. 4 Abs. 4; s. letzten Abschnitt des vorliegenden Beitrags).

Beachtet man dies, so kann man *drei* zeitliche Einschränkungen (Verbote) für Parteienspenden unterscheiden. *Die relative Einschränkung* gilt in der Hinsicht, dass z. B. bis zum Ende der Wahlagitation a) Spenden an Parteien in Bar bzw. per Überweisung auf das Sonderkonto noch zugelassen sind, ohne Verträge zuvor abgeschlossen zu haben; b) Spenden an eine Partei noch geleistet werden können, wobei nach offizieller Bekanntgabe der endgültigen Wahlergebnisse Spenden auf ein Sonderkonto einzuzahlen sind; c) vertragsmäßige Dienstleistungen erbracht werden können, die durch die Partei nach Verkündung der end-

[11] Die Information über diejenigen natürlichen Personen, deren Spenden unter 100 Litas lagen und die ungenannt bleiben wollten, wird nicht veröffentlicht. (Art. 26 Abs. 3).

[12] Diese Frist darf nur nach Absprache mit dem Obersten Wahlausschuss um 30 Tage verlängert werden (Art. 27 Abs. 1).

gültigen Wahlergebnisse zu bezahlen sind. Die *vorübergehende Einschränkung* kommt dadurch zum Ausdruck, dass im Zeitraum vom Abschluss der Wahlagitation bis Bekanntgabe der endgültigen Wahlergebnisse weder Spenden noch Zahlungen für erbrachte Dienstleistungen (entstandene Schulden) zugelassen sind. Die *absolute Einschränkung* tritt derart zu Tage, dass nach Ablauf der 25 Tage ab Verkündung der endgültigen Wahlergebnisse Spenden in Form von Einzahlung auf Sonderkonto und Tilgung von Schulden vom Sonderkonto untersagt sind. Dies bedeutet jedoch nicht, dass die Partei nicht verpflichtet ist, ihre Schulden später auf eine andere Art und Weise bzw. von einem anderen Konto zu begleichen. Dafür hat der Gesetzgeber eine 6-Monate-Frist (ab Ende der politischen Kampagne) vorgesehen unter der Präzisierung, dass die Partei ihre Schulden „ausschließlich mittels des ihr zustehenden Vermögens und erhaltener Spenden“ begleichen soll.

Es ist bemerkenswert, dass sowohl für das Wahljahr als auch für das Kalenderjahr, in dem keine Wahlen stattfinden, die Obergrenze für Spenden durch eine natürliche bzw. juristische Person bzw. für ihre Summe die gleiche bleibt (gegenwärtig, wie erwähnt, 37 Tsd. Litas). Diese Grenze ist (selbst unter Berücksichtigung der noch fragilen litauischen Wirtschaft und des geringen Einkommensdurchschnitts bei Einwohnern) ziemlich „strikt“, genauer gesagt, relativ niedrig und gilt sowohl für natürliche wie juristische Personen nach dem Prinzip der formellen Gleichbehandlung. Mit Rücksicht darauf kann man behaupten, dass Aufhebung von Spenden der natürlichen Personen, die im Seimas besonders emotional aber ergebnislos diskutiert wurde, gar nicht die wesentliche Frage ist. Falls sie isoliert gelöst wird, wird dadurch die Parteienfinanzierung nicht mehr oder weniger transparent oder demokratisch, vor allem deshalb, weil eine natürliche Person eine juristische Person gründen und auf diese Weise eine ebenso „intransparente“ und undemokratische Parteienförderung möglich ist. Aus diesem Grunde sind folgende drei (zusätzliche) Einschränkungen von größerer Bedeutung:

a) das Staatliche Steueramt ist verpflichtet, die Namen der natürlichen Personen bekannt zu geben[13], die während der politischen Kampagne über 10 % ihrer im Vorjahr erworbenen Einnahmen an eine politische Partei oder einen von ihr aufgestellten (bzw. parteiunabhängigen) Kandidaten gespendet haben (Art. 10 Abs. 1);

b) die Namen aller natürlichen Personen, die 100 Litas (grob umgerechnet etwa 28 Euro) oder mehr gespendet haben, sollen öffentlich verkündet werden (durch Veröffentlichung der Rechenschaftsberichte von Parteien auf der Internetseite des Obersten Wahlausschusses). Übrigens, die spendenden juristischen Personen sollen ausnahmslos, d. h. ungeachtet der Spendengröße bekannt gegeben werden (Art. 10 Abs. 2);

---

13 Z. B. durch Veröffentlichung auf der Internetseite des Obersten Wahlausschusses.

c) diejenigen natürlichen Personen, die über 1000 Litas (etwa 280 Euro) zu spenden beabsichtigen, sollen es per Banküberweisung tun. Übrigens sollen alle Spenden juristischer Personen unabhängig von ihrer Größe auf ein Sonderkonto überwiesen werden, d. h. sie dürfen nur per Bankanweisung entrichtet werden.

Das alles sollte nicht bedeuten, dass man eine grenzenlose Summe für eine politische Kampagne sammeln kann, wenn man die Geldmittel in Millionenhöhe unter Tausenden von Parteiförderern und -anhängern je 99 Litas verteilt (Höchstspende, die bar eingezahlt werden kann, ohne den Geldgeber identifizieren zu dürfen). Jedes Jahr setzt der Oberste Wahlausschuss die höchste Ausgabensumme für die politische Kampagne, die das gesamte Staatsgebiet umfasst, nach einer bestimmten Formel fest, wonach die Zahl der Wahlberechtigten mit 1,5 Litas multipliziert wird (Art. 16 Abs. 3, Art. 22 Abs. 2). So hat beispielsweise der genannte Ausschuss am 16. Januar 2006 festgestellt, dass „das Maximum für eine politische Kampagne 4,0 Mio. Litas betragen darf, wenn der Wahlkreis das ganze Territorium der Republik Litauen umfasst (bei den Wahlen zum Seimas der Republik Litauen und zum Europäischen Parlament, Wahlen des Staatspräsidenten und bei Volksabstimmungen)“. Eine ähnliche Arithmetik galt auch früher. So wurde für die vorgezogenen Präsidentschaftswahlen (welche man nach dem *Impeachment* gegen den Staatspräsidenten Rolandas Paksas 2004 abhalten musste), d. h. für jeden Wahlbewerber um das Amt des Staatsoberhauptes 4 Mio. Litas (etwa 1,2 Mio. Euro) als die maximale Höhe der Ausgaben festgesetzt[14]. Eine solche Einschränkung ist eigentlich weder ideal noch kann sie als Allheilmittel betrachtet werden, weil jede Partei die Möglichkeit hat, in den Vorjahren, wo keine Wahlen stattfanden, Einnahmen in unbegrenzter Höhe legitim zu erhalten, die auf die eine oder die andere Weise bei Wahlen eingesetzt werden können. In diesem Fall mag die Kontrolle nur zum Teil wirksam erscheinen, wenn sie auf der Regel gründet, dass die politische Partei, die innerhalb eines Kalenderjahres die Einnahmen erzielt hat, die die Grenze von 3000 MGL (etwa 370 Tsd. Litas oder ca. 110 Tsd. Euro) überstiegen, *sich einer externen Wirtschaftsprüfung unterziehen* und deren Bericht dem Obersten Wahlausschuss sowie dem Staatlichen Steueramt innerhalb von 3 Monaten ab Ende des Geschäftsjahres vorlegen soll (Art. 24 Abs. 1).

D. Umstrittene Fragen

Es kann kaum überzeugend erklärt werden, warum der Gesetzgeber Spenden an Parteien für einen Zeitpunkt erlaubt, zu dem die Wahlergebnisse bereits bekannt gegeben sind. Klarer wird das Ganze auch nicht dadurch, dass: a) Spenden nur in den ersten 25 Tage ab Bekanntgabe der Wahlergebnisse geleistet werden können (Art. 4 Abs. 4); b) Spenden nach den Wahlen die Spendenhöchstgrenze nicht überschritten werden darf. Man kann wohl sagen, dass der Gesetzgeber offene Parteienschulden nach Wahlen voraussieht und die Spenden als ein zeitwei-

[14] Entscheidung des Obersten Wahlausschusses vom 6. Mai 2004.

liges Mittel zu ihrer Tilgung ansieht. Ein solches Modell verdient Kritik, da es den Parteien keinen Anreiz liefert, durch intensiviere Bemühungen zahlreiche Spenden bis zum Wahltag zu erhalten (und keine Schulden zu machen), sondern die Voraussetzungen dafür schafft, dass Spenden füllhorngleich plötzlich der Partei zukommen, die die meisten Sitze gewonnen hat. Sollte diese Kritik unbegründet erscheinen und hätte man Gegenargumente anzuführen, so muss man sich überlegen, warum (a) der Gesetzgeber als Anfang der abschließenden Phase einer politischen Kampagne nicht den Tag nach dem Wahltag betrachtet, sondern den Tag der Bekanntgabe der endgültigen Wahlergebnisse, d. h. (b) er sieht nicht vor, dass die Parteien die entstandenen Schulden begleichen (und ihre Förderer dafür spenden) können, ohne das endgültige Wahlergebnis abzuwarten. Diese Regelung erscheint als Versuch, die Objektivität und Transparenz bei Errechnung und Bestimmung von Wahlergebnissen sowie bei Beilegung eventueller Rechtsstreitigkeiten (im Rahmen eines vorübergehenden Stillstandes hinsichtlich Schulden und Spenden) zu gewährleisten. Wenn man damit einverstanden ist, sollte man auch zugeben, dass die hier angeführte Kritik mehr oder weniger begründet ist.

Außerdem ist auch die unklare und objektiv nicht überzeugende Regelung in Bezug auf den Zeitabschnitt der Entstehung und Tilgung von Parteischulden einer Erwägung wert. Im Prinzip wäre eine Regelung optimal, wonach die Parteischulden nur in den ersten zwei Phasen der politischen Kampagne entstehen und beglichen werden können, d. h. nach dem Gesetz sollte ein Vertrag über Agitationsleistungen festlegen, dass a) die vollständige Bezahlung der Leistungen durch Parteien spätestens 5 bzw. 7 Tage vor Abschluss der Wahlagitation zu erfolgen hat; b) die teilweise Begleichung der Schulden vor und nach Wahlen nicht zugelassen ist. Gegenwärtig aber gilt die Regelung, dass die Parteien alle Verbindlichkeiten innerhalb von bis zu 6 (!) Monaten nach Abschluss der politischen Kampagne zu erfüllen haben (Art. 21). Diesen Abschluss stellt wie erwähnt der Ablauf von 45 Tagen nach der offiziellen Bekanntgabe der endgültigen Wahlergebnisse dar (Art. 4 Abs. 4). Zählt man 45 Tage und 6 Monate zusammen und berücksichtigt dabei, dass die endgültigen Wahlergebnisse innerhalb von 7 Tagen ab Wahltag (Abstimmungstag) veröffentlicht werden, so ergibt sich, dass die Parteien die Möglichkeit haben, ihre Schulden im Laufe von fast 8 Monaten ab Wahl-/Abstimmungstag zu tilgen. Dies lässt sich teilweise auf die Befürchtung des Gesetzgebers zurückführen, dass die Parteischulden, die in den letzten Tagen ans Licht gekommen sind, den Wahlausgang allzu stark beeinflussen könnten, falls die Parteien ihre Schulden bis zum Wahl- bzw. Abstimmungstag zu begleichen hätten. Im Prinzip bestehen jedoch keine überzeugenden Argumente, die eine Tilgungsfrist von 6, 7 oder beinahe 8 Monaten ab Wahl-/Abstimmungstag rechtfertigen.

In diesem Zusammenhang kann auch kritisch bemerkt werden, dass der Gesetzgeber einerseits dem Obersten Wahlausschuss untersagt, 25 % der Ausgaben der politischen Kampagne für eine Partei zurückzuerstatten und den „Halbjahresbetrag" der staatlichen Zuwendung für die Partei bereitzustellen, wenn diese die Finanzierungsregelung grob verletzt hat (Art. 15 Abs. 2 und 3, Art. 30), andererseits aber (a) der Begriff der groben Verletzung durch den Gesetzgeber nur ungenügend definiert wurde und (b) der Gesetzgeber die Bestimmung einer solchen Rechtsmaßnahme sowie ihre Anwendungs-möglichkeit im Falle kürzlich festgestellter Verletzungen nicht klarstellt, die vor einem bzw. zwei Jahren zum Zeitpunkt der Gewährung des staatlichen Zuschusses begangen wurden. Dies findet einen Niederschlag in der praktischen Tätigkeit des Obersten Wahlausschusses. Z. B., in seiner Entscheidung vom 15. April 2005 (bezüglich der Rechtsverletzung durch die Liberaldemokratische Partei) bewertet der Ausschuss die Nichtgewährung einer Zuwendung als *Sanktion*. Damit kann man kaum einverstanden sein. Die Verteilung einer Zuwendung ist im Prinzip als klassische öffentliche Verwaltung anzusehen. So kann man behaupten, dass die Nichtgewährung einer Zuwendung, die auf entsprechenden gesetzlich festgelegten Motiven basiert, *keine* Sanktion ist, obwohl sie eine repressive (negative) Schattierung aufweist. Aus diesem Grunde sollte der Gesetzgeber im Art. 30 PFG die Prinzipien der öffentlichen Verwaltung (und nicht die der Auferlegung von Quasi-Sanktionen) besser klarstellen. Dies hat insbesondere dadurch an Bedeutung gewonnen, dass der Oberste Wahlausschuss durch seine Entscheidungen vom 20. September und 14. November 2006 (die präzedenzlos in ihrer Art sind) die Bereitstellung des Halbjahresbetrags der jährlichen Zuwendung (ca. 1,114 Mio. Litas) an die Demokratische Arbeitspartei, die die Parlamentswahl 2004 (Mandatsmehrheit!) gewonnen hat, verschoben und (später) aufgehoben hat, da sie ihren Wirtschaftsprüfungsbericht mit einer Verspätung von über 6 Monaten vorgelegt und dadurch das Gesetz grob verletzt hatte. Wie bereits erläutert, soll sich eine politische Partei, die im Laufe eines Kalenderjahres Einnahmen von mehr als 3000 MGL (etwa 370 Tsd. Litas oder 110 Tsd. Euro) erzielt hat, einer externen Wirtschaftsprüfung unterziehen und deren Bericht dem Wahlausschuss vorlegen. Die Arbeitspartei aber hat diesen Bericht mit einer halbjährigen Verspätung vorgelegt (unter mangelhafter Begründung, sie sei dadurch verhindert worden, dass die Staatsanwaltschaft ein Strafverfahren gegen sie wegen betrügerischer Buchführung eingeleitet hätte[15]).

Wie gesagt, es lässt sich nur schwer verstehen, warum Parteien, die noch Schulden aus vorigen Wahlen haben und die Kostenerstattung für politische Kampagne in Höhe von 25 % nicht beanspruchen dürfen (Art. 15 Abs. 2) sowie bis zum 1. Februar jedes Jahres den Obersten Wahlausschuss über die Erfüllung der Schuldverpflichtungen informieren sollen (Art. 21), das Recht auf den jährlichen Zuschuss aus staatlichen Mitteln formell behalten, wobei die Gründe für eine Aufhebung allzu abstrakt formuliert sind (Art. 13 Abs. 3).

---

15 Sind die Meldungen in den Massenmedien wahr, so kann die genannte Partei verdächtigt werden, Einnahmen in Höhe von 8 Mio. Litas unterschlagen zu haben.

Bemerkenswert ist auch die Regelung, dass die Parteien die o. g. „endgültigen Finanzierungsberichte“ innerhalb von 25 Tagen ab Bekanntgabe der Wahlergebnisse vorlegen müssen (Art. 26 Abs. 1). Dabei bleibt unklar, warum in dieser (25-tägigen) Periode (a) die Spenden auf Sonderkonto einer Partei noch eingezahlt werden können (obwohl entsprechende Verpflichtungen vor Ende der Wahlagitationsperiode eingegangen worden sind) und (b) warum die entstandenen Schulden von diesem Konto noch beglichen werden dürfen (Art. 4 Abs. 4). Mit Rücksicht darauf, dass der Gesetzgeber innerhalb der abschließenden 45-tätigen Rechenschaftsphase zwei Abschnitte – die 25 Tage und die übrigen 20 Tage – unterschcidct, kann man behaupten, dass der „endgültige Finanzierungsbericht“ im Laufe der letzten 20 Tage (innerhalb der genannten Phase von anderthalb Monaten) vorgelegt werden muss, wenn die Überweisung von Spenden auf Sonderkonto oder Schuldenzahlung von diesem Konto nicht mehr zugelassen sind. Nun gewinnt man den Eindruck, dass der Gesetzgeber entweder voraussieht, dass die Parteien mit ein- oder zweiwöchiger Verspätung ihre Berichte vorlegen werden (und dabei die maximale Dauer der abschließenden Rechenschaftsphase einhalten), oder er hat die Absicht, dem Obersten Wahlausschuss die Zeit zu geben für Einwände in Bezug auf Rechenschaftsberichte der Parteien, die unverzüglich berichtigt werden sollen, ohne die maximale Frist der Rechenschaftsperiode zu überschreiten.

Erwähnenswert sind auch die Regelungen, die das genannte „Sonderkonto“ detaillieren, auf das Spenden eingezahlt werden können und wovon die erbrachten Leistungen der Wahlagitation zu bezahlen sind. Auf den ersten Blick scheint der Gesetzgeber zu fordern, dass vor jeder Wahl und während jeder Wahlkampagne ein neues Konto für zu sammelnde Spenden eingerichtet wird oder auch ein vorhandenes „leeres“ Konto verwendet werden (Art. 2 Abs. 23). Bei näherer Betrachtung (Art. 5) ergibt sich, dass das Gesetz von politischen Parteien ausgeht, die in der Anfangsphase der politischen Kampagne (z. B. gleich am ersten Tag) damit starten, dass sie bereits Geldmittel auf dem Konto besitzen, das dem Obersten Wahlausschuss als „Sonderkonto“ angegeben worden ist. In diesem Fall fordert der Gesetzgeber nur, dass die Partei „eine Bescheinigung über die auf diesem Konto vorhandenen Geldmittel“ (Art. 5 Abs. 3) vorlegt. Dies kann einer Kritik unterzogen werden, weil dadurch das Wesen der „Anfangsphase“ (als gewisser „Nullstart“), die längst vor der Wahlagitation einsetzt (damit die Parteien sich rechtzeitig darauf vorbereiten und Geldmittel aufstellen können), entstellt wird. In diesem Zusammenhang drängt sich der Gedanke auf, dass die Teilnehmer der politischen Kampagne, die Spenden zu sammeln beabsichtigen, zum Zeitpunkt ihrer Eintragung beim Obersten Wahlausschuss (noch) keine Geldmittel auf ihrem Sonderkonto besitzen sollten. Andernfalls ist es nicht ausgeschlossen, dass die Partei den letzten Eintragungstag abwartet (also 12 Tage vor Wahltag) und dann unter Vorlage einer Bescheinigung eingetragen wird, aus der hervorgeht, dass auf ihrem Bankkonto, das als Sonderkonto dienen soll, bereits eine höchstzulässige Geldsumme vorhanden ist. In diesem Fall sollte nachhaltig erwogen werden, ob der Gesetzgeber damit konsequent genug anstrebt, die politische Kampagne demokratisch und transparent zu gestalten.

Als Abwechselung sollte nun eine etwas andersartige (aber nicht minder wichtige) Nuance hervorgehoben werden, nämlich *politische Werbung als Spende,* wodurch man Parteien zu propagieren und die Motivation der Wähler dementsprechend zu beeinflussen sucht (Art. 2 Abs. 10, Art. 18). Wie erwähnt, bietet der Gesetzgeber den Massenmedien die Möglichkeit, nach ihrem Ermessen eine beliebige Partei (oder einen Kandidaten) auszusuchen und zu bewerben, wobei dies als Spende bezeichnet wird. Diese Wahlfreiheit (und die damit verbundenen Probleme) wird im Prinzip von der Regelung nicht beeinträchtigt, wonach die Massenmedien verpflichtet sind, zuerst eine bestimmte Partei (bzw. ihren Kandidaten) und den Obersten Wahlausschuss von ihrer Wahl informieren und erst danach mit kostenfreier Veröffentlichung der politischen Werbung anzufangen. Das gleiche gilt auch für die „kosmetische" Einschränkung, wonach „die politische Werbung nicht auf den ersten Seiten der Periodika verbreitet werden darf" (Art. 18 Abs. 6), als hätte die zweite oder dritte Seite eine wesentlich geringere Wirkung. In diesem Zusammenhang kann man behaupten, dass der Gesetzgeber nicht genügend Rücksicht darauf nimmt, dass die auflagenstarken Tageszeitungen (oder quotenstärksten Fernsehsender) wegen ihrer finanzieller Möglichkeiten und ihrem Einfluss („sozialer Macht") mit staatlichen Institutionen verglichen werden können, da sie imstande sind, den Wahlausgang mit zu bestimmen oder ihn zumindest in eine gewisse Richtung zu lenken. Aus diesem Grunde besteht ein augenscheinliches Bedürfnis besteht danach, auf diese „Spendenmöglichkeit" der Medien zu verzichten (Art. 18 Abs. 1). Ist man damit nicht einverstanden und versucht man, die kritisierte Regelung zu rechtfertigen, sollte man die mögliche Korruption in Betracht ziehen, die hinter der unentgeltlichen und großzügigen Werbung stecken kann. Auch der Gesetzgeber selbst ist sich eines solchen Risikos bewusst, da er alle Massenmedien, die politische Werbung während der politischen Kampagne verbreiten, auffordert, dem Obersten Wahlausschuss dreimal (!) – 10 Tage vor einer Wahl, 5 Tage vor einer Stichwahl und 25 Tage nach Feststellung des Wahlergebnisses – einen Bericht über die veröffentlichte politische Werbung vorzulegen unter Angabe ihrer Preise und der Namen von den Personen, die die politische Werbung bestellt und bezahlt haben (Art. 2 Abs. 25, Art. 18 Abs. 7).

Diese und ähnliche kritische Bemerkungen wie auch Anregungen zur Diskussion lassen sich zusammenfassen, indem man an die Auslegung des Verfassungsgerichts der Republik Litauen anknüpft, wonach jedes Gesetz nach dem verfassungsmäßigen Prinzip der Rechtsstaatlichkeit hinreichend klar sein soll, dass er Mehrdeutigkeiten auszuschließen hat und keine rechtliche Unsicherheit verursachen soll. Diese Forderung ist im PFG nicht genügend berücksichtigt.

E. Zusammenfassung

1. Von den zahlreichen Gesetzesänderungen, durch die der Gesetzgeber im Sommer 2004 auf die skandalöse Finanzierung der Präsidentenwahl 2002/2003 und das damit verbundene Impeachment gegen den litauischen Staatspräsidenten Rolandas Paksas im Frühjahr 2004 reagiert hat, verdienen Beachtung und Anerkennung vor allem die Gliederung der Rechenschaftsberichte in „ursprüngliche" und „endgültige", die Aufteilung der Rechenschaftslegung in 3 Etappen für Massenmedien, die politische Werbung veröffentlichen (vor erster Wahlrunde, vor Stichwahl und nach Feststellung des Wahlergebnisses), die Festlegung einer Spendenobergrenze pro Person und eines Maximalbetrags für die Gesamtausgaben einer politischen Kampagne wie auch die Verpflichtung von Parteien, den Wirtschaftsprüfungsbericht vorzulegen, falls sie ein bestimmtes Einnahmeergebnis pro Kalenderjahr erzielt haben.

2. Die Höchstsummen von Spenden natürlicher und juristischer Personen (ca. 37 Tsd. Litas) sind im Prinzip als optimal und verhältnismäßig gering anzusehen. Der Höchstbetrag aller Ausgaben der politischen Kampagne, genauer gesagt seine Errechnungsformel (wonach die Zahl der Wahlberechtigten mit 1,5 Litas multipliziert wird) ist akzeptabel.

3. Das Verbot der Spenden durch natürliche Personen und der politischen Werbung gehört zu den am häufigsten diskutierten Fragen in Litauen, die 2006 politische Emotionen hervorgerufen und zu Beleidigungen von Gegnern geführt haben. Dieses Verbot ist im Prinzip keine „rechtliche", sondern eher eine „rechtspolitische" Frage, eine Frage „politischen Willens" bzw. „Ermessens" des litauischen Seimas.

4. Es soll die Regelung kritisch betrachtet werden, wonach die Massenmedien an eine nach ihrem Ermessen ausgewählte Partei nicht eine bestimmte Geldsumme spenden dürfen, sondern kostenfrei veröffentlichte politische Werbung. Ähnliches gilt auch für die Möglichkeiten der Parteien, noch vor Aufnahme einer politischen Kampagne Geldmittel auf ihrem Sonderkonto zu besitzen. In diesen Fällen kann das Gesetz nicht effektiv genug garantieren, dass die Spenden transparent, demokratisch und rechtmäßig geleistet werden.

5. Das Verfassungsgericht der Republik Litauen, das seit 2000 seine Tätigkeit in allen Bereichen der Verfassungsauslegung und –anwendung besonders intensiviert hat, demonstriert im Prinzip seinen Unwillen, selbst die „geringste" Gelegenheit der Behandlung von Rechtssachen, die mit der Vereinigungsfreiheit zusammenhängen, auszunutzen, um eine umfassende Aussage zur Finanzierung von politischen Parteien zu treffen und dadurch den Mangel an entsprechend klaren Verfassungsbestimmungen auszugleichen. Dies kann man als eine bewusste Entscheidung des Verfassungsgerichts bewerten, den Gesetzgeber nicht zu veranlassen, den Parteien noch großzügigere staatliche Zuwendungen bereitzustellen, die ab 2006 ohnehin auf mehr als das Dreifache angehoben wurden.

Harald Eberhard/Konrad Lachmayer

Europäische politische Parteien und deren Finanzierung als Aspekte des europäischen Demokratisierungsprozesses

I. Einleitung

Regelungen über politische Parteien und über deren Finanzierung sind zum integralen Bestandteil des europäischen Demokratiekonzepts geworden. Dieses Konzept ist nicht isoliert zu betrachten, sondern muss als Ausfluss der „Konstitutionalisierung" Europas aufgefasst werden. Die Schaffung einer europäischen Verfassung ist nicht als „Fixum", sondern als Prozess erkannt worden.[1] Auch die Regelungen über Parteien im Rahmen des europäischen Demokratiemodells sind daher als Teil des europäischen Demokratie- und Verfassungsprozesses aufzufassen.[2] Dies setzt zunächst voraus, die Rolle der Parteien im Rahmen dieses Prozesses einordnen zu können.

Vorweg ist festzuhalten, dass dieser dogmatisch an den Änderungen des positiven Unions- und Gemeinschaftsrechts, insbesondere der Gemeinschaftsverträge, festgemachte Prozess auch von einer entsprechenden Entwicklung der Demokratietheorie begleitet wird, für die die Europäisierung aufgrund ihrer Geschwindigkeit, aber auch aufgrund der nach wie vor offenen Finalität[3] Europas bedeutsame Herausforderungen mit sich gebracht hat.[4] Die besondere Facette dieses

---

1 Vgl. dazu näher Pernice, Art. 23 GG, in: Dreier (Hrsg.), Grundgesetz Kommentar, Bd. II (1998), Rz. 22, der dabei vor allem auf die schrittweise Konstituierung und demokratische Konsolidierung der europäischen Verträge hinweist; Pernice, Europäisches und nationales Verfassungsrecht, VVDStRL 60 (2001), 148 (165 ff.); zuvor schon Frowein, Die Verfassung der Europäischen Union aus der Sicht der Mitgliedstaaten, EuR 1995, 315 (322).

2 Zu diesem Zusammenhang siehe etwa Leinen, Europäische Parteien: Aufbruch in eine neue demokratische EU, integration 3/2006, 229 (234). Vgl. auch Morlok, Constitutional Framework, in: Johansson/Zervakis (eds.), European Political Parties between Cooperation and Integration (2002), 29 (41): „European parties exist in a different environment from national parties. This institutional framework eminently influences the form just like the actions of European parties. We therefore have to take these conditions into account if we discuss legal appreciation."

3 Zu den verschiedenen Finalitätskonzepten vgl. etwa Haltern, Gestalt und Finalität, in: von Bogdandy (Hrsg.), Europäisches Verfassungsrecht (2003), 803 (809 ff.); Pernice, Zur Finalität Europas, in: Schuppert/Pernice/Haltern (Hrsg.), Europawissenschaft (2005), 743 (746).

4 Eingehend zu diesen Herausforderungen etwa Nettesheim, Demokratisierung der Europäischen Union und Europäisierung der Demokratietheorie – Wechselwirkungen bei der Herausbildung eines europäischen Demokratieprinzips, in: Bauer/Huber/Sommermann (Hrsg.), Demokratie in Europa (2005), 143 (165 f.): „Die Entwicklung der Theorie supranationaler Demokratie ... muß sich in einem dialektischen Prozeß abspielen, in dem überkommende Vorstellungen über die demokratische Legitimation von Herrschaft, Einsichten in die tatsäch-

demokratischen Aspekts liegt in der Legitimation des hoheitlichen Handelns der Europäischen Union, das für jeden Einzelnen verbindliche Normen zu kreieren imstande ist.[5] Damit ist aber auch nicht die „Staatsqualität“ der EU angesprochen,[6] wenn vom europäischen Demokratiekonzept und der Rolle der politischen Parteien die Rede ist.[7] Die EU als supranationaler Hoheitsträger ist nicht nur „demokratiefähig“, sie ist auch „demokratiebedürftig“, wie die zuweilen getroffene Feststellung eines „Demokratiedefizits“[8] eingehend belegt.

II. Das europäische Demokratiekonzept

Die Frage der Rolle von politischen Parteien im europäischen Kontext, aber auch die Frage ihrer Finanzierung, ist mit einer ganz bestimmten Ausrichtung des europäischen Demokratiekonzepts verbunden. Zu berücksichtigen ist, dass die Willensbildung des europäischen Gemeinwesens zumal in seinen Anfängen, aber wohl auch noch in der Gegenwart, eine starke Ausrichtung an der Struktur internationaler Organisationen und daher überwiegend intergouvernementalen

---

lichen Besonderheiten der EU und Überlegungen zu den Funktionsnotwendigkeiten überstaatlicher Vergemeinschaftung in einen – fruchtbaren – Austauschprozeß treten. So wenig zu erwarten ist, daß sich in diesem Prozeß ein unionales Demokratieprinzip herausbilden wird, das jeden Bezug und jede Ähnlichkeit zu den nationalstaatlichen Parallelprinzipien abgeworfen hat, so wenig ist zu erwarten, daß sich die Demokratie in der EU einmal eins zu eins mit nationalstaatlicher Demokratie gleichsetzen lassen wird. ... Vor diesem Hintergrund muß sich die Demokratietheorie der Frage annehmen, wo sie sich öffnen und anpassen muß, um den Prozeß der Integration ... einfangen und normativ begleiten zu können. Sie muß sich vor allem damit auseinandersetzen, wo sich in der Ordnung des Integrationsverbands Ansätze finden, mit denen der normative Anspruch politisch-demokratischer Selbstbestimmung besser eingelöst werden kann als im nationalstaatlichen Kontext. Dabei hat die Demokratietheorie nicht nur mit der Schwierigkeit zu kämpfen, daß die Struktur der EU durchaus amorph ist; vielleicht noch größer ist die Schwierigkeit, die sich daraus ergibt, daß sich die EU in schneller Entwicklung befindet.“ Siehe dazu auch Nettesheim, Developing a Theory of Democracy for the European Union, 23 Berkeley J. Int'l L. (2005), 358.

5 Dazu etwa Klein, Europäisches Parteienrecht, FS Ress (2005), 541 (543).

6 Ähnlich Morlok, Rechtlicher Status und politische Rolle der Parteien im Entscheidungsprozeß der EU, FCE 4/99, 6 f. (abrufbar unter www.whi-berlin.de).

7 Siehe dazu auch Volkmann, Setzt Demokratie den Staat voraus?, AöR 2002, 575 (583 ff., insb. 585): „Der Satz, die Europäische Union sei mangels europäischen Volkes nicht demokratiefähig, beruht ... auf einer Vermengung der verschiedenen Bedeutungsschichten des Volksbegriffs und mag zwar auf bestimmte tatsächliche Voraussetzungen für eine funktionierende Demokratie verweisen, nicht aber auf einen begrifflichen Zusammenhang mit dem Staat.“

8 Dazu etwa Öhlinger, EU-BeitrittsBVG, in: Korinek/Holoubek (Hrsg.), Österreichisches Bundesverfassungsrecht Kommentar (1. Lfg. 1999), Rz. 84 f. m.w.N.; Buhr, Europäische Parteien (2003), 20 ff.; Klein, FS Ress, 541 f.

Charakter zeigte und in einem gewissen Ausmaß zeigt. Das Handeln wurde primär von Regierungen und nicht von Parlamenten getragen.[9]

Es stellt sich vor diesem Hintergrund die Frage, ob eine „Parteiendemokratie" zwingend eine parlamentarische Willensbildung der entsprechenden Entität erfordert. Jedenfalls im nationalstaatlichen Kontext wurde vom deutschen Staatsrechtler und Verfassungsrichter *Gerhard Leibholz* schon zur Mitte des vorigen Jahrhunderts die Frage aufgeworfen, inwieweit ein Gegensatz zwischen der klassischen, repräsentativen und der parteienstaatlich verfassten Demokratie des 20. Jahrhunderts besteht.[10] In das Zentrum moderner politischer Repräsentation rückte *Leibholz* dabei den von ihm positiv[11] verstandenen „Parteienstaat", in dem die Parteien das Volk darstellen und die jeweilige durch Parteien gestellte Parlamentsmehrheit mit der *volonté générale* zu vergleichen ist. Als Konsequenz dieser Entwicklung leitete *Leibholz* einen radikalen Bedeutungswandel des nationalen Parlaments ab, das zu einer „Stätte wird, an der sich gebundene Parteibeauftragte treffen, um anderweitig ... bereits getroffene Entscheidungen registrieren zu lassen".[12] Die Messgröße demokratischer Mehrheiten sind nach dieser Sichtweise Parteien, nicht aber Parlamente, die damit lediglich Instrumente dieser politischen Parteien darstellen.

Auf der europäischen Ebene scheint es sich – nähert man sich der Entwicklung, die die Union seit eben der gleichen Zeit genommen hat – umgekehrt zu verhalten. Die europäischen politischen Parteien treten ausschließlich oder zumindest überwiegend nur als parlamentarische Akteure, nämlich im Rahmen der Fraktionen des EP, in Erscheinung.[13] Es wird aus diesem Grund auch die öffentliche

---

9 Kritisch zum diesbezüglichen Stand und zur Entwicklung der Europäischen Union siehe etwa Mair, Popular Democracy and the European Union Polity, European Governance Papers 2005/03.

10 Leibholz, Strukturprobleme der modernen Demokratie (1958), 93 ff.: „Bei dieser parteienstaatlichen Demokratie handelt es sich in Wahrheit um eine Form der Demokratie, die in ihrer grundsätzlichen Struktur von der liberal-repräsentativen, parlamentarischen Demokratie nicht nur im technischen Detail, sondern in allen wesentlichen Punkten völlig verschieden ist."

11 Siehe dazu Buhr, Europäische Parteien, 50 ff. Der Begriff „Parteienstaat" ist zuweilen durchaus auch negativ konnotiert, da mit einer unumschränkten Parteienherrschaft parlamentarische Mechanismen auch überlagert werden können. Zum österreichischen Begriffsverständnis Adamovich, Handbuch des österreichischen Verfassungsrechts[6] (1971), 106 ff. Zum österreichischen Beispiel der Auswirkungen der „Großen Koalition" von SPÖ und ÖVP in Österreich (1945-1966, 1986-2000) auf die Rolle des Parlaments und andere Einrichtungen der Verfassung, etwa die Verfassungsgerichtsbarkeit, vgl. etwa Öhlinger, Verfassungsrecht[6] (2005), Rz. 18, 50, 87.

12 Leibholz, Strukturprobleme, 94.

13 Siehe Kreppel, The European Parliament and Supranational Party System. A Study in Institutional Development (2002), 32 f.; Hix/Lord, Political Parties in the European Union

Wahrnehmung europäischer politischer Parteien zumindest in Frage gestellt.[14] In dem Maß, in dem sich das Demokratiekonzept der Union vom „intergouvernementalen“ – und das heißt gleichzeitig: nicht-parlamentarischen – zum parlamentarischen Modell wandelt,[15] gewinnt die Rolle der Parteien im europäischen Kontext an Bedeutung. In den letzten 25 Jahren hat sich diese „Parlamentarisierung“ des europäischen Demokratiekonzepts mit der sukzessiven Ausweitung des Mitentscheidungsverfahrens (Art. 251 EGV) sehr deutlich vollzogen.[16] Das bedeutet, dass die Bedeutung der politischen Parteien und des EP miteinander im Effekt positiv korrelieren: Parteien sind insoweit auf europäischer Ebene mehr als in anderen Zusammenhängen eine Begleiterscheinung zu effektivem Parlamentarismus.[17] Die Stärke und Schwäche der europäischen politischen Parteien ist somit gleichzeitig eine Ursache für eine Stärke und Schwäche des EP.[18] Die Demokratisierung erweist sich im Hinblick auf die EU aus diesem Grund vor allem als Parlamentarisierung.[19]

Die parlamentarische Dimension zeigt sich umgekehrt nur in dem Maße, in dem sich – ganz im Sinne der „Exekutivlastigkeit“ europäischer Rechtsetzung – das EP seiner Regelungsbefugnisse nicht zugunsten der europäischen Exekutive, also Rat oder Kommission, entäußert.[20] Dabei stellt sich in aller Schärfe das

---

(1997), 55 ff., 111 ff., siehe aber auch “political parties beyond the parliament”, ebenda, 167 ff.

14 Dazu Õispuu, Die Europäischen Parteien: Zwischen Erweiterung und Selbstbehauptung, Tagungsbericht, integration 1/2006, 69 (69 f.).

15 Dies ist ein Prozess, der auch nicht abgeschlossen ist. Morlok, Status, 7, ist Recht zu geben, wenn er konstatiert: „Die europäische Politik ist nicht rein parlamentszentriert, sondern hat auch eine deutliche gouvernementale Komponente.“

16 Zu nennen sind hier vor allem die Änderungen durch die Verträge von Maastricht (1992), Amsterdam (1997) und Nizza (2001), die das Mitentscheidungsverfahren bereits als das reguläre Rechtsetzungsverfahren erscheinen lassen. Siehe dazu etwa Klein, FS Ress, 541; Meng, Institutionen und Verfahren in der „Ersten Säule“ der Europäischen Union nach dem Vertrag von Amsterdam, in: Hummer (Hrsg.), Die Europäische Union nach dem Vertrag von Amsterdam (1998), 161 (170 ff.); Hummer/Obwexer, Der Vertrag von Nizza (2001), 32 ff.; Neisser/Verschraegen, Die Europäische Union (2001), Rz. 11.106 ff.; Oppermann, Europarecht[3] (2005), § 5 Rz. 35. Auch der – vorerst gescheiterte – Verfassungsvertrag hätte das Mitentscheidungsverfahren als „ordentliches Gesetzgebungsverfahren“ und damit als Regelverfahren vorgesehen (siehe dazu Art. III-396).

17 IdS etwa Morlok, Diskussionsbeitrag, in: von Arnim (Hrsg.), Politikfinanzierung in der Europäischen Union, Speyerer Forschungsberichte 236 (2005), 6 (7).

18 Siehe dazu Neßler, Deutsche und europäische Parteien, EuGRZ 1998, 191 (192).

19 Vgl dazu Eriksen, Deliberation and the problem of democratic legitimacy in the EU, ARENA WP 2006/8, 20 ff.

20 Siehe dazu etwa im geltenden Primärrecht Art. 202 EGV für die Übertragung von Rechtsetzungsbefugnissen vom Rat auf die Kommission. Diesbezügliche Komitologieverfahren wurden durch den Komitologie-Beschluss (1999/468/EG, Beschluss des Rates vom 28. Juni

Problem einer nicht vollends ausgestalteten „europäischen Gewaltentrennung".[21] Angesprochen ist damit das Problem einer ausufernden „exekutivischen Gesetzgebung", die jedenfalls derzeit[22] noch auf der europäischen Ebene feststellbar ist und einer Lösung harrt.

Das europäische Demokratiekonzept beruht auf zwei einander ergänzenden Legitimationssäulen: dem EP und den nationalen Parlamenten, vermittelt über den Rat.[23] Die politische Willensbildung auf Ebene der europäischen Demokratie kann daher neben dem EP auch – wie zuvor ausgeführt – durch die Regierungen und die nationalen Parlamente vermittelt sein, womit eine parteienrechtliche Rückkoppelung in aller Regel unterbleibt.[24] Die Ausgestaltung der Repräsentation durch nationale Regierungen im Rat lässt sich auf deren primär nationale Interessenwahrung, die schon definitorisch keinen „transnationalen" Charakter aufweist, zurückführen.[25] Eine demokratische Repräsentation ist somit aber am deutlichsten durch das EP verwirklicht, da die Mandatare des EP durch Wahlen seitens der Unionsbürger legitimiert sind und daher eine europäische *„volonté générale"* zu repräsentieren imstande sind. All dies steht aber mit der notwendigen Prämisse im Zusammenhang, dass sich die Vertreter im EP eben nicht als nationale Vertreter und daher auch nicht als Vertreter nationaler politischer Parteien sehen, sondern als Interessenwahrer im Verbund transnationaler politischer Organisationen, eben den Parteien, die idealtypisch – nicht unbedingt obligatorisch[26] – in mehr als nur einem Mitgliedstaat aktiv sind. Insbesondere in diesem Zusammenhang spielen europäische politische Parteien daher eine besondere

1999 zur Festlegung der Modalitäten für die Ausübung der der Kommission übertragenen Durchführungsbefugnisse), Abl. L 184 vom 17.7.1999, 23–26, wesentlich zu Gunsten des EP verbessert.

21 Dazu unter Rückbezug auf die Rechtsetzung in der EU etwa Öhlinger/Potacs, Gemeinschaftsrecht und staatliches Recht[3] (2006), 9 f,; Merten, Europäische Union und Rechtsstaatlichkeit, in: Akyürek u.a. (Hrsg.), Verfassung in Zeiten des Wandels (2002), 229 (239).

22 Gewisse Begrenzungen dieser Tendenzen sollen gerade mit dem – vorerst gescheiterten – europäischen Verfassungsvertrag (etwa dessen Art. I-36 und I-37) erreicht werden: dazu etwa Schwarze, Geschriebene und ungeschriebene Regeln des europäischen Verwaltungsrechts, FS Peter Fischer (2004), 487 (503).

23 Siehe dazu Calliess, Optionen zur Demokratisierung der Europäischen Union, in: Bauer/Huber/Sommermann (Hrsg.), Demokratie in Europa (2005), 281 (282); Nettesheim, 23 Berkeley J. Int'l L. (2005), 358; Gerkrath, Die Bedingungen der Demokratie in der Europäischen Union, EuGRZ 2006, 371 (376 f.).

24 Die parlamentarische Demokratie wird als Konzept für die Europäische Union zuweilen sogar in Frage gestellt: siehe dazu mwN etwa Jachtenfuchs, Democracy and Governance in the European Union, 1 EIoP (1997), No. 2, 6.

25 Dazu etwa Leinen, integration 3/2006, 230.

26 Vgl. zur diesbezüglichen Diskussion des Erfordernisses eines Tätigwerdens in mehr als nur einem Mitgliedstaat als Voraussetzung der Annahme eines „transnationalen Konzepts" unten V.3.

Rolle. Der politische Wille der Unionsbürger wird nach dieser Sichtweise vor allem über die Rolle der politischen Parteien im EP vermittelt.[27] Diese Willensbildung ist jedenfalls breiter als der Partialinteressen vertretende Einfluss institutioneller Entscheidungsträger und wirtschaftlicher Interessengruppen,[28] der aber nach wie vor „nachhaltig erkennbar und wirksam“ ist.[29] Interessenverbände können in demokratischer Sicht nicht als den europäischen politischen Parteien gleichwertig qualifiziert werden.[30]

Das bedeutet auch, dass sich europäische politische Parteien von nationalen Parteien durch einen anderen Interessenfokus und damit auch durch eine andere Identitätsstiftung unterscheiden müssen, da nationale Parteien wiederum nur über die nationalen Regierungen auf die europäische Rechtsetzung in Gestalt des Rats einwirken oder überhaupt – worauf etwa *Martin Morlok*[31] hingewiesen hat – durch direktes Lobbying gegenüber den europäischen Institutionen tätig werden können.

Es wurde schon oftmals auf die Funktionsbedingungen europäischer Demokratie hingewiesen: Deren die wichtigste ist das Bestehen einer „europäischen Öffentlichkeit“, das als essenzielles Forum für einen Meinungspluralismus und öffentlichen Diskurs fungiert.[32] Für diese Meinungsbildung ist Transparenz eine we-

---

27 Siehe dazu Pernice, Kompetenzabgrenzung im Europäischen Verfassungsverbund, FCE Spezial 4/00 (abrufbar unter www.whi-berlin.de), Rz. 11: „Auch wenn das Parlament nach dem Wortlaut der Verträge die Völker der Mitgliedstaaten vertritt, werden sich die im Europäischen Parlament vertretenen Bürger der Mitgliedstaaten mehr und mehr als Unionsbürger identifizieren, und ihr politischer Wille soll nach Art. 191 S. 2 EGV durch Parteien auf europäischer Ebene zum Ausdruck gebracht werden. Als echte Bürgerkammer wirkt das Parlament freilich erst, wenn die Wahlrechtsgleichheit verwirklicht ist.“ Vgl. dazu auch Kostakopoulou, Nested “old” and “new” citizenships in the European Union: Bringing out the complexity, 5 Colum. J. Eur. L. (1999), 389; siehe auch Morlok, Constitutional Framework, 32, der von einem wechselseitigen Verstärkungsprozess (“strengthening”) zwischen dem Europäischen Parlament und den Europäischen Parteien spricht.

28 Dazu eingehend Buhr, Europäische Parteien, 26 f.

29 IdS etwa Tsatsos/Deinzer, Keine europäische Integration ohne Europäische Politische Parteien, in: Tsatsos/Deinzer (Hrsg.), Europäische Politische Parteien (1998), 13.

30 Vgl. dazu Lange/Schütz, Grundstrukturen des Rechts der europäischen politischen Parteien i.S.d. Art. 138a EGV, EuGRZ 1996, 299 (302): „Die Europäische Union, die vielfältige sektorielle Politiken bündelt, birgt die Gefahr der Identifikation mit Sonderinteressen in sich, die bereits heute von zahllosen Verbänden auf europäischer Ebene aufgegriffen werden. Interessenverbände genügen aber den Anforderungen an eine politische Partei nicht, denn Aufgabe einer Partei ist es, den Willen der Bürger zu umfassender politischer Gestaltung zum Ausdruck zu bringen. Interessenverbände können daher nicht als Faktor der Integration in der Union anerkannt werden.“

31 Morlok, Status, 9.

32 Siehe dazu Buhr, Europäische Parteien, 25 f.; Rau, Overcoming the Democratic Deficit in the European Union – the Neglected Role of Political Parties, in: Bodnar/Kowalski/Raible/Schorkopf (eds.), The Emerging Constitutional Law of the European

sentliche Bedingung.[33] Eine europäische Öffentlichkeit erfordert daneben auch europäische Medien und nicht zuletzt europäische Zusammenschlüsse des europäischen Wahlvolks.[34] Einen derartigen Zusammenschluss von Bürgern oder von Parteien, die ihrerseits aus Bürgern bestehen, kann man in dieser Hinsicht auch in den europäischen politischen Parteien erkennen.[35] Das derzeitige Fehlen eines europäischen Parteiensystems im Vollsinn dieses Begriffes ist in dieser Hinsicht – viel mehr noch als die ausschließlich auf das Ausmaß der Befugnisse des EP abstellende Betrachtungsweise[36] – eine zentrale Facette des allgemein konstatierten „Demokratiedefizits" der EU,[37] nämlich im Hinblick auf das „Kommunikationsdefizit"[38] zwischen der Union und den Bürgern. Europäische

---

Union. German and Polish Perspectives (2003), 133 (145 f.). Zu den Entwicklungsperspektiven der „europäischen Öffentlichkeit" siehe Gerkrath, EuGRZ 2006, 374; Kadelbach, Bedingungen einer demokratischen Europäischen Union, EuGRZ 2006, 384 (387).

33 Calliess, Optionen, 307 f.

34 Vgl etwa Öhlinger, Braucht Europa eine Verfassung?, JRP 2002, 37 (42) zu den Funktionsbedingungen eines europäischen Parlamentarismus: „Ein Parlament funktioniert nicht in einem gesellschaftlichen Vakuum, sondern setzt gesellschaftliche Strukturen voraus: europäische Parteien, europäische Interessenverbände, vor allem aber ein europaweites Kommunikationssystem, dh Medien, die auf einem europäischen Markt angeboten und auch in Anspruch genommen werden und so einen nationenübergreifenden Kommunikationszusammenhang herstellen."

35 Zur Öffentlichkeitsarbeit der Europäischen Politischen Parteien im Internet siehe etwa: http://www.epp-eu.org/; http://www.pes.org/; http://www.eldr.org/; http://www.europeangreens.org/; http://www.e-f-a.org/home.php; http://www.european-left.org/.

36 Klein, FS Ress, 542 m.w.N.: das „ ‚demokratische Defizit' der EU beruhte schon vor fünfzehn Jahren nicht (und beruht heute noch weniger als damals) auf der mangelhaften Ausstattung des EP mit Gesetzgebungsbefugnissen allein, zumal ein Ausbau der Befugnisse des EP im Bereich der Gesetzgebung über die Rolle eines neben dem Rat gleichberechtigt mitentscheidenden Faktors hinaus mit dem Charakter der EU als eines Staatenverbundes nicht vereinbar wäre. Defizitär ist vielmehr auch (und gegenwärtig wohl in erster Linie) die kommunikative Vermittlung und Rückkoppelung des politischen Entscheidungsprozesses auf europäischer Ebene zu den davon Betroffenen, vor allem also den Unionsbürgern. Es fehlt an Transparenz. Mangelhaft ausgebildet sind bislang jene intermediären Strukturen, die in einem zureichenden Ausmaß einen öffentlichen Diskurs über Fragen der europäischen Politik herzustellen vermöchten. Repräsentativität kann auch das EP, welches immer seine Zuständigkeiten sein mögen, nur in dem Maße erlangen, in dem sich zwischen Repräsentanten und Repräsentierten eine spezifische Beziehung des Austauschs von Gedanken und Meinungen bildet, ein auf die Inhalte der Politik bezogener Dialog ereignet. Mittler dieser Responsivität sind im demokratischen Verfassungsstaat vor allem die politischen Parteien. ... Das gilt auch für den Parlamentarismus (...) innerhalb des Institutionengefüges der EU."

37 Klein, FS Ress, 543 m.w.N.: „Erkenntnis, dass das Fehlen eines europäischen Parteiensystems, das diesen Namen verdient, eine wesentliche Ursache des demokratischen Defizits der Union ist". In der Lehre finden sich in dieser Hinsicht durchaus auch Stellungnahmen, die eine Stärkung der Beteiligungsrechte des EP allein nicht als zur Milderung dieses Defizits ausreichend bewerten: so etwa Kadelbach, EuGRZ 2006, 385.

38 Neßler, EuGRZ 1998, 196.

politische Parteien sind in dem Maße „Korrektive oder Kompensative“ dieses Demokratiedefizits,[39] als sie gerade jenen Prototyp[40] an „Interessenkatalysator“ darstellen, mit dem das europäische Demokratiekonzept effektiv „ins Werk gesetzt“ werden kann.

III. Die Notwendigkeit einer öffentlichen Parteienfinanzierung der „europäischen politischen Parteien“

Das Erfordernis europäischer politischer Parteien beantwortet allerdings noch nicht die Frage, inwieweit auch eine öffentliche Finanzierung dieser Parteien aus den Mitteln der Union zu erfolgen hat.[41] Der Schlüssel zur Beantwortung dieser Frage liegt aber ebenfalls schon im zuvor angesprochenen Aspekt der umfassenden Interessenberücksichtigung der politischen Parteien begründet, die sich aus diesem Grund von bloßem wirtschaftlichen Interessenlobbying schon dem Grunde nach unterscheidet. Nur eine – zumindest vom Finanzvolumen her zum größten Teil ausschlaggebende – *unabhängig* von Interessenlagen erfolgende Finanzierung kann die Unabhängigkeit politischer Parteien auf europäischer Ebene sicherstellen und sie von den nationalen Parteien, aber auch von den einzelnen Regierungen und letztlich auch von privaten „Spendern“[42] emanzipieren. Dieser Aspekt ist durchaus bemerkenswert, wird doch die Frage der verfassungsrechtlichen Verpflichtung zur staatlichen Parteienfinanzierung durchaus unterschiedlich beantwortet: In diesem Zusammenhang wird eine staatliche Parteienfinanzierung zuweilen als „Pflichtaufgabe“ qualifiziert,[43] zuweilen wird aber auch eine relative Indifferenz des nationalen Verfassungsrechts konstatiert.[44] Diese Frage kann für die europäische Ebene dahin stehen. Dagegen wäre es unrealistisch und auch undemokratisch, eine bis zu einem gewissen Grad

39 Siehe Neßler, EuGRZ 1998, 193.

40 Dies schließt es zum Beispiel nicht aus, dass die Arbeit der politischen Parteien durch „europäische politische Stiftungen“ um deren Informations- und Bildungsarbeit ergänzt wird: siehe dazu die Diskussionsvorschläge im Rahmen des EP-Berichts über Europäische Politische Parteien vom 27.2.2006, A6-0042/2006 endg., 8.

41 Um aus der Europäischen Union eine Parteiendemokratie zu machen, ist neben der Finanzierung vor allem ein bislang jedenfalls fehlendes institutionelles Design zur Unterstützung europäischer Parteien erforderlich: vgl. dazu Hix/Lord, Political Parties, 214 ff.

42 Zu Letzterem Morlok, Diskussionsbeitrag, in: von Arnim (Hrsg.), Politikfinanzierung in der Europäischen Union, Speyerer Forschungsberichte 236 (2005), 10 (11); als Rechtsvergleich auf nationalstaatlicher Ebene siehe Frowein/Bank, Financing of Political Parties in Comparative Perspective, 61 ZaöRV (2001), 29 (30 ff.).

43 Siehe dazu für Deutschland etwa Morlok, Thesen zu Einzelaspekten der Politikfinanzierung, in: Tsatsos (Hrsg.), Politikfinanzierung in Deutschland und in Europa (1997), 77 (91 f.).

44 Für Österreich etwa Wieser, Parteiengesetz, in: Korinek/Holoubek (Hrsg.), Österreichisches Bundesverfassungsrecht Kommentar (5. Lfg. 2002), Rz. 78 ff.: eine staatliche Parteienfinanzierung ist nach der Rspr. des österr. VfGH nicht gewährleistet, aber auch nicht ausgeschlossen.

mögliche Finanzierung aus anderen Quellen, also die Finanzierung aus sog. „Drittmitteln", von vornherein zu verbieten.[45] Eine solche Finanzierung – etwa durch zulässige Spenden, aber auch bei Parteibünden durch Beiträge der nationalen Mitgliedsparteien[46] – wird konsequenterweise vom noch zu behandelnden Parteienstatut[47] nicht ausgeschlossen.

Eine öffentliche Parteienfinanzierung auf europäischer Ebene liegt durchaus in einem „quasi-synallagmatischen" Verhältnis zu jenen Aufgaben begründet, die das Primärrecht im Sinne einer „verfassungsrechtlichen Erwartungshaltung" den politischen Parteien auferlegt. Nach der noch zu erörternden[48] Zentralbestimmung des Art. 191 EGV sind diese „wichtig als Faktor der Integration in der Union" und „tragen dazu bei, ein europäisches Bewusstsein herauszubilden und den politischen Willen der Bürger zum Ausdruck zu bringen". Durch diese Aufgabenumschreibung werden die europäischen politischen Parteien dem europäischen Gemeinwohl zugeordnet[49] und daher gerade für die Zwecke der Union tätig. MaW: Europäische politische Parteien sind „Legitimationsmittler" der europäischen Demokratie und stehen damit als Funktionsträger im Dienst dieses Demokratiekonzepts. Diese spezifische Zweckhaftigkeit ihres Handelns rechtfertigt daher auch eine Finanzierung aus den öffentlichen Haushaltsmitteln der Union. Eine eigenständige Finanzierung setzt auch einen Impuls für die Emanzipation der europäischen politischen Parteien von ihren nationalen Parallelorganisationen. Insoweit wird der Finanzierungsaspekt mitunter als der eigentliche Kern der Anerkennung und Entwicklung europäischer politischer Parteien qualifiziert.[50]

IV. Die Verankerung der „politischen Parteien auf europäischer Ebene" im Primärrecht

Politische Parteien auf europäischer Ebene hatten bis zur Schaffung des Art. 191 (zuvor Art. 138a) EGV[51] durch den Vertrag von Maastricht keine explizite Ver-

---

45 Dazu noch näher unten VI.

46 Siehe dazu die Regelungen des Art. 6 der VO (EG) 2004/2003 über die Regelungen für die politischen Parteien auf europäischer Ebene und ihre Finanzierung (im Folgenden: Parteienstatut): Spenden von anderen als öffentlichen Unternehmen oder von Privatpersonen bis zum Betrag von 12.000 Euro/Jahr sind zulässig, ebenso Beiträge der nationalen politischen Parteien, die einer politischen Partei auf europäischer Ebene angehören.

47 Siehe dazu VI.5.

48 Siehe unten IV.

49 Kluth, Art. 191 EGV, in: Calliess/Ruffert (Hrsg.), Kommentar zu EG-Vertrag und EU-Vertrag[2] (2002), Rz. 4 m.w.N.

50 IdS etwa Stentzel, Der normative Gehalt des Art. 138a EGV – Rechtlicher Grundstein eines europäischen Parteiensystems?, EuR 1997, 174 (186 f.).

51 Zur Entstehungsgeschichte Bieber, Art. 191 EGV, in: von der Groeben/Schwarze (Hrsg.), Vertrag über die Europäische Union und Vertrag zur Gründung der Europäischen Gemein-

ankerung im Primärrecht der EG. Wie auch in anderen Zusammenhängen stellte diese Verankerung einen Akt der „Verfassungs"-nachführung[52] dar, da sich die politischen Parteibünde schwerpunktmäßig bereits ab den 1970er Jahren, und zwar im Vorfeld der ersten Direktwahl des EP im Jahr 1979, gegründet haben[53] und daher schon vor längerer Zeit in Existenz getreten sind.[54] Dies legt gleichzeitig auch die Überlegung nahe, ein funktionierendes europäisches Parteiensystem als Voraussetzung für eine weitere Vereinheitlichung des Wahlrechts zum EP zu sehen. Die diesbezüglichen Bemühungen haben bislang noch nicht zum gewünschten Erfolg geführt.[55] Ein „einheitliches Verfahren in allen Mitglied-

---

schaft Kommentar, Bd. 4[6] (2004), Rz. 1 ff.; Buhr, Europäische Parteien, 38 f.; Johansson/Zervakis, Historical-Institutional Framework, in: Johansson/Zervakis (eds.), European Political Parties between Cooperation and Integration (2002), 11 (14 ff.); Hix/Kreppel/Noury, The Party System in the European Parliament: Collusive or Competitive?, JCMS 2003, Vol. 41, No. 2, 309 (311 ff.).

52 Dabei wird hier vorausgesetzt, dass das Primärrecht der Union jedenfalls „materiellen Verfassungscharakter" besitzt. Dazu anstatt vieler Öhlinger/Potacs, Gemeinschaftsrecht und staatliches Recht, 9 f.; zur Differenzierung von Bestimmungen mit formellem und materiellem Verfassungscharakter im Primärrecht siehe Oppermann, Europarecht, § 6 Rz. 15 f.; zur Einordnung der Verträge als formelle Unionsverfassung siehe Möllers, Verfassungsgebende Gestalt – Verfassung – Konstitutionalisierung, in: von Bogdandy (Hrsg.), Europäisches Verfassungsrecht (2003), 1 (36 ff.). Zum Begriff der „Verfassungsnachführung" im nationalstaatlichen Kontext vgl. näherhin Biaggini, Erfahrungen mit Projekten der Verfassungsrevision: Die Totalrevision der schweizerischen Bundesverfassung, JRP 2003, 29 (31). Zum materiellen Verfassungscharakter auch der Sekundärrechtsakte, die Art. 191 EGV ausführen, und damit insb. des europäischen Parteienstatuts siehe von Arnim/Schurig, Die EU-Verordnung über die Parteienfinanzierung (2004), 9.

53 Konkret betraf dies die Gründung des „Bundes der sozialistischen Parteien in der EG" im Jahr 1974 (seit 1992 die „Sozialdemokratische Partei Europas, SPE"), die „Europäische Volkspartei/Christliche Demokraten, EVP" im Jahr 1976 und die „Europäischen Liberalen Demokraten" im Jahr 1976 (seit 1992 „Europäische Liberale, Demokratische und Reform Partei, ELDR"). In neuerer Zeit kamen insb. die Europäische Grüne Partei (EGP) und die Partei der Europäischen Linken (EL) dazu.

54 Zum geschichtlichen Aspekt vgl. Buhr, Europäische Parteien, 29 ff. m.w.N.; Hix/Lord, Political Parties, 11 ff.; Kreppel, European Parliament, 179 ff.; Neßler, EuGRZ 1998, 191 f., sowie im Hinblick auf die einzelnen Parteien vgl. die Beiträge von Johansson (European People's Party, 51), Ladrech (Party of European Socialists, 81), Sandström (European Liberal, Democrat and Reform Party, 97), Dietz (European Federation of Green Parties, 125) in: Johansson/Zervakis (eds.), European Political Parties between Cooperation and Integration (2002).

55 Siehe für eine Bewertung der Änderungen des EP-Direktwahlaktes durch Abl. 2002 L 283, 1, Strejcek, Das Europawahlrecht – Stand und Perspektiven, FS Öhlinger (2004), 395 (396 ff.). Siehe dazu auch Calliess, Optionen, 300 f.

staaten", wie es Art. 190 Abs. 4 EGV als Ziel nennt,[56] und ein einheitliches Auftreten der europäischen politischen Parteien mit einem einheitlichen Programm in allen Mitgliedstaaten und autonom nominierten Kandidaten würden eine sinnhafte Einheit ergeben und stehen somit in einem signifikanten Wirkungszusammenhang. Eine derartige Vereinheitlichung würde nicht zuletzt eine Rechtfertigung für eine Beschränkung der Parteifinanzierung auf „echte" europäische politische Parteien und nicht nur Zusammenschlüsse nationaler Parteien rechtfertigen.[57] Es mag als Bestätigung dieser Sichtweise dienen, dass der mangelnde Schritt zu einem einheitlichen Recht europäischer politischer Parteien mit eigener Rechtspersönlichkeit[58] auch auf die vorerst noch inhomogene Verfahrenslage im Hinblick auf die Wahlen zum EP durchgeschlagen haben dürfte.[59]

Als handelnde Akteure – und letztlich auch in der Frage der Finanzierung dieses Handelns – sind die europäischen politischen Parteien von den schon zuvor bestehenden „Fraktionen"[60] des Europäischen Parlaments zu unterscheiden, die durch die Regelungen der Geschäftsordnung des EP genau bestimmte verfahrensrechtliche Kompetenzen[61] und einen Anspruch auf Finanzierung aus dem Haushalt des EP[62] besitzen. Die Rolle von europäischen politischen Parteien geht aber über die – pointiert formuliert – bloße „geschäftsordnungsmäßige" Organisation und Tätigkeit im Rahmen des EP hinaus, ebenso wie der „Parteienstaat" mehr als nur die parlamentarische Dimension der politischen Parteien in

56 Siehe dazu Huber, Art. 190 EGV, in: Streinz (Hrsg.), EUV/EGV Kommentar (2003), Rz. 23 ff.

57 IdS etwa Stentzel, EuR 1997, 187.

58 Dazu noch unten V.3.

59 Umgekehrt wirkt sich auch das inhomogene Verfahrensrecht negativ auf die Ausbildung eines verbesserten europäischen Parteienrechts aus.

60 Zu diesen eingehend Buhr, Europäische Parteien, 32 ff.

61 Fraktionen wirken über ihre Vorsitzenden an den Beschlüssen der Konferenz der Präsidenten mit, besitzen ein Vorschlagsrecht für die Wahl der Organe des EP und können im Legislativverfahren Vorschläge und Änderungsanträge einbringen (vgl. dazu Art. 12, 23 Abs. 1, 61 f., 150 Abs. 1 der Geschäftsordnung des EP). Dazu näher Solar, Art. 191 EGV, in: Mayer (Hrsg.), Kommentar zu EU- und EG-Vertrag (46. Lfg. 2005), Rz. 23.

62 Art. 30 der Geschäftsordnung des EP: „1. Die Fraktionen nehmen ihre Funktionen im Rahmen der Tätigkeiten der Union wahr, einschließlich der Aufgaben, die ihnen in dieser Geschäftsordnung zugewiesen werden. Die Fraktionen verfügen über ein Sekretariat im Rahmen des Stellenplans des Generalsekretariats, über Sach- und technische Leistungen und über die im Haushaltsplan des Parlaments vorgesehenen Mittel.

2. Das Präsidium erlässt die Regelungen für die Bereitstellung, die Ausführung und die Kontrolle dieser Sach- und technischen Leistungen und Mittel sowie für die Übertragung der diesbezüglichen Befugnisse für die Ausführung des Haushaltsplans.

3. In diesen Regelungen werden die administrativen und finanziellen Auswirkungen für den Fall der Auflösung einer Fraktion vorgesehen."

einem nationalstaatlichen Parlament im Blickfeld hat. Man würde vor diesem Hintergrund der umfassenden Rolle der europäischen politischen Parteien nicht gerecht werden, wenn man ihre Funktion ausschließlich als einen „organisatorischen Unterbau“[63] der Fraktionen des EP sieht. Eine Trennung gerade auch für die Frage der Finanzierung erscheint daher auch aus diesem Grund angezeigt.[64] Auch im Sinne einer Gegentendenz zur zuweilen diagnostizierten Einebnung des Unterschieds zwischen den Fraktionen im EP und den europäischen politischen Parteien in der öffentlichen Wahrnehmung[65] erscheint diese Differenzierung angezeigt.

Letzteres wird in nationalen Zusammenhängen oftmals gerade als das Problem einer Überlagerung konstitutionell vorgeprägter Entscheidungsprozesse angesehen.[66] Übertragen auf die europäische Ebene impliziert dieser Gedanke das Postulat, dass organisatorische und institutionelle Aspekte der Verträge, die das Rechtsetzungsverfahren betreffen, durch Parteistrukturen nicht überlagert werden dürfen. Bei der gegenwärtigen Rechtsetzung in der EU ist eine solche Überlagerung aber ohnehin nicht zu erwarten.

Die Rolle der europäischen politischen Parteien geht damit auch über die Beteiligung an Wahlen zum EP hinaus und zwar im Hinblick auf die gerade auch vom Europäischen Parlament[67] betonte Aufgabe, sich „für die wirksame Beteiligung der Bürger nicht nur über die Europawahlen, sondern auch in allen anderen Aspekten des europäischen politischen Lebens ein(zu)setzen“.[68] Gleichwohl ist die zumindest beabsichtigte Teilnahme an den Wahlen zum EP nach dem Parteienstatut[69] ein konstitutives Element einer europäischen politischen Partei. Eine Vertretung im EP darf dabei aus Gründen der Gleichbehandlung aller Parteien aber nicht zur conditio sine qua non der Förderung werden. Fraglich ist bereits, ob die Vertretung im EP eine begrenzte Privilegierung von Parteien rechtfertigen kann: Sieht man das EP als einen von mehreren Akteuren im europäischen Demokratieprozess und die europäischen politischen Parteien als gleichwertigen Legitimationsträger neben dem Parlament, erscheint vor dem Hintergrund der Gefährdung des Demokratisierungsprozesses durch eine Ver-

---

63 Zu dieser Funktion Neßler, EuGRZ 1998, 192.

64 Dazu etwa Morlok, Constitutional Framework, 38.

65 Dazu õispuu, integration 1/2006, 69.

66 Dazu am Beispiel Österreichs etwa Öhlinger, Verfassungsrecht, Rz. 50.

67 Siehe dazu den Bericht des EP über Europäische Politische Parteien vom 27.2.2006 (A6-0042/2006 endg.), Z. 2.

68 Siehe dazu auch schon Tsatsos, Europäische politische Parteien?, EuGRZ 1994, 45 (53): „Die europäische politische Partei ist als parlamentsinstitutionelle Notwendigkeit konzipiert, aber ihre Funktion kann sich … nicht auf die Wahlvorbereitung beschränken. Sie hat beim gesamtpolitischen Prozeß durch ihre Arbeit mitzuwirken.“

69 Art. 3 lit. d des Statuts.

steinerung der Strukturen im Rahmen der Parteienfinanzierung eine Bevorzugung der im EP vertretenen Parteien systemwidrig. Diese Sichtweise speist sich auch vor allem durch eine Qualifikation der europäischen Demokratie als „Prozess“,[70] der zwangsläufig Retardierungen diametral entgegensteht. Denn – im Gegensatz zu einem nationalstaatlichen Verständnis – ist der europäische Demokratisierungsprozess fundamental von einer Dynamik der Parteienbildung, dem Entstehen neuer transnationaler politischer Prozesse abhängig. Die Institutionalisierung durch das Europäische Parlament ist dabei wichtig, aber nicht Ausgangspunkt einer Parteienlandschaft, sondern Ziel einer lebendigen Parteienvielfalt. Nicht ganz unproblematisch erscheinen vor diesem Hintergrund die – noch zu erörternden[71] –Verteilungsregelungen des Parteienstatuts, die 85 % – also den Großteil – der Finanzierungsmittel den im EP vertretenen Parteien vorbehalten.

Die Rolle der politischen Parteien rechtfertigt nach allem eine Verankerung im Primärrecht der EG bzw. EU, auf die im Folgenden einzugehen ist. In Parenthese sei angemerkt, dass sich Regelungen überwiegend wortidenter Art auch im – vorerst gescheiterten[72] – Vertrag über eine Verfassung für Europa (Verfassungsvertrag)[73] gefunden hätten.[74] In eben diesem Punkt hätte der Verfassungsvertrag auch keine erwähnenswerten Neuerungen gebracht, weshalb er im Folgenden außer Betracht bleiben kann.

Art. 191 EGV in der Fassung des Vertrages von Nizza stellt sich in folgender Weise dar:

> Politische Parteien auf europäischer Ebene sind wichtig als Faktor der Integration in der Union. Sie tragen dazu bei, ein europäisches Bewusstsein herauszubilden und den politischen Willen der Bürger der Union zum Ausdruck zu bringen.

---

70 Vgl. zuvor I.

71 Vgl. dazu unten VI.4.

72 Zu den Zukunftsperspektiven des Verfassungsvertrags in Anbetracht der durch die negativen Referenden in Frankreich und den Niederlanden im Mai/Juni 2005 ausgelösten „Ratifikationskrise“ vgl. zuletzt Göler/Jopp, Die europäische Verfassungskrise und die Strategie des „langen Atems“, integration 2006, 91.

73 Die Bestimmungen des Verfassungsvertrages sind abrufbar unter www.europa.eu /constitution.

74 Die Änderungen des Verfassungsvertrages in dieser Hinsicht würden insoweit eher Anlass zu legistischer Kritik als zu inhaltlichen Überlegungen geben, als sie die Regelung des Art. 191 Abs. 1 EGV (mit Ausnahme des Aspekts der Parteien als Integrationsfaktor; vgl. das Dokument der Regierungskonferenz CIG 86/04; dazu kritisch Bieber, Kommentar zu Art. 191 EGV, Rz. 3) in zwei wortgleiche Vorschriften aufteilen (Art. I-46 Abs. 4 und Art. II-72 Abs. 2 VVE). Art. 191 Abs. 2 findet sich dagegen wortgleich in Art. III-131 VVE wieder.

> Der Rat legt gemäß dem Verfahren des Artikels 251 die Regelungen für die politischen Parteien auf europäischer Ebene und insbesondere die Vorschriften über ihre Finanzierung fest.

Die dazu abgegebene (primärrechtliche) Erklärung Nr. 11 zum Vertrag von Nizza lautet:

> Die Konferenz erinnert daran, dass Artikel 191 keine Übertragung von Zuständigkeiten auf die Europäische Gemeinschaft zur Folge hat und die Anwendung der einschlägigen einzelstaatlichen Verfassungsbestimmungen nicht berührt.
>
> Die Finanzierung der politischen Parteien auf europäischer Ebene aus dem Haushalt der Europäischen Gemeinschaften darf nicht zur unmittelbaren oder mittelbaren Finanzierung der politischen Parteien auf einzelstaatlicher Ebene verwendet werden.
>
> Die Bestimmungen über die Finanzierung der politischen Parteien gelten auf ein und derselben Grundlage für alle im Europäischen Parlament vertretenen politischen Kräfte.

Die Änderung des Art. 191 EGV durch den Vertrag von Nizza, nämlich die Hinzufügung des Abs. 2, hat eine jahrelange Diskussion darüber beendet, welcher normative Gehalt der Bestimmung des Art. 191 EGV, die in einzelnen Aspekten nationalen verfassungsrechtlichen Regelungen nachgebildet ist,[75] überhaupt zukommt. Die Ansichten reichten in dieser Hinsicht von der Annahme einer bloßen programmatischen Bestimmung[76] über den vermittelnden Standpunkt, dass es sich dabei um die verfassungsrechtliche Grundlage eines europäischen Parteienrechts handelt,[77] bis zur Meinung, man könne auf diese Norm des Primärrechts ausführende und konkretisierende Akte des Sekundärrechts, etwa

---

[75] Siehe dazu Art. 21 Abs. 1 Bonner GG: „Die Parteien wirken bei der politischen Willensbildung des Volkes mit." Siehe zu den diesbezüglichen Parallelen zwischen Art. 191 EGV und Art. 21 Bonner GG etwa Neßler, EuGRZ 1998, 193.

[76] So etwa Läufer, Art. 138a EGV, in: Grabitz/Hilf (Hrsg.), Das Recht der Europäischen Union Kommentar (8. Lfg. 1995), Rz. 4: „Art. 138a ist zwar ein wichtiges Element zur institutionellen Verankerung der Parteien als polit. Träger und Katalysatoren des polit. Willens der Unionsbürger im Vertrag und damit im Gemeinschaftssystem; darin jedoch bereits den Auftrag zur Ausbildung und Konkretisierung eines europ. Parteienrechts zu vermuten (...), dürfte beim gegenwärtigen Entwicklungsstand der EU noch weit vorgreifen. Deshalb können Art. 138a weder materielle noch strukturelle Vorgaben für die Statuten der europ. Parteibünde entnommen werden. Die Vorschrift bildet wegen ihres geringen rechtl. Gehalts ... auch keine Rechtsgrundlage für ein europ. Parteiengesetz oder weiteres Parteienrecht wie z.B. die Regelung der Parteienfinanzierung auf europ. Ebene."

[77] IdS etwa Jansen, Zur Entwicklung eines europäischen Parteiensystems, integration 1995, 157 (163).

eine Verordnung setzen, müsse es aber nicht.[78, 79] Nach dem In-Kraft-Treten des Vertrages von Nizza[80] und der Einfügung einer expliziten Grundlage für solche Sekundärrechtsakte in Gestalt des Abs. 2, die nicht mehr durch eine einstimmige Regelung, sondern mit Mehrheits-entscheidung des Rates geschaffen werden konnte,[81] verlagerte sich die Diskussion auf die Einzelheiten einer derartigen ausführenden Regelung. Widersprüchlich bleibt vor dem Hintergrund der Anordnung des Art. 191 Abs. 2 EGV die Aussage in der schon genannten Erklärung Nr. 11 zur Schlussakte der Konferenz von Nizza, wonach diese Bestimmung „keine Übertragung von Zuständigkeiten auf die Europäische Gemeinschaft zur Folge hat und die Anwendung der einschlägigen einzelstaatlichen Verfassungsbestimmungen nicht berührt". Während Letzteres eine sinnentleerte Aussage impliziert, weil sich die Parteibegriffe auf beiden Ebenen ohnehin voneinander unterscheiden,[82] erscheint Ersteres im Hinblick auf die explizite Ermächtigung zur Erlassung von Regelungen, die zuvor offensichtlich noch nicht oder jedenfalls nicht ohne ausreichende Grundlage erlassen werden konnten, jedenfalls fragwürdig.[83] Die kompetenzrechtliche Sichtweise der Erklärung

---

[78] So Tsatsos, EuGRZ 1994, 46 f.: „Art. 138a EGV ist … eine verbindliche Rechtsnorm mit unmittelbarer Geltungskraft für die politische Ordnung der Gemeinschaft und der Union. Art. 138a EGV bindet alle Organe der Gemeinschaft. … Allerdings besteht jene Rechtsverbindlichkeit des Art. 138a EGV weniger in einer Pflicht der Gemeinschaft, ihn auf jeden Fall zu konkretisieren, sondern darin, für den Fall seiner Konkretisierung, nach seinen inhaltlichen Vorgaben ein europäisches Parteienrecht zu gestalten. Trotz des fakultativen Charakters einer Konkretisierung von Art. 138a EGV ist die rechtspolitische Notwendigkeit einer solchen Konkretisierung gegeben. … Art. 138a EGV bedarf … einer rechtlichen Konkretisierung, die für zukünftige europäische Parteien verbindlich ist. Seine Rechtsverbindlichkeit ist die einer Rahmenregelung, die mehrere Konkretisierungsmodalitäten zuläßt." Ähnlich auch Lange/Schütz, EuGRZ 1996, 299. Etwas anders hingegen die Ausführungen im sog Tsatsos-Bericht über die konstitutionelle Stellung der Europäischen Politischen Parteien vom 30.10.1996, EuGRZ 1997, 78 (82 Nr. 21): „Nach der Überzeugung des Berichterstatters ist gemäß dem gemeinschaftsrechtlichen Grundsatz der Einzelermächtigung Art. 138a EG-Vertrag in seiner jetzigen Form für sich alleine genommen keine ausreichende Grundlage zum Erlaß von Gesetzgebungsakten der Gemeinschaft."

[79] Morlok geht sogar noch einen Schritt weiter und sieht in Art. 191 EGV auch einen Handlungsauftrag für die nationale Gesetzgebung, in den Mitgliedstaaten, die Entwicklung europäischer Parteien zu fördern: siehe Morlok, Constitutional Framework, 33.

[80] Dies war – nach dem (bei der Wiederholung positiven) Referendum in Irland im Oktober 2002 – am 1.2.2003 der Fall.

[81] Dazu Hummer/Obwexer, Der Vertrag von Nizza (2001), 19, 34; Bieber, Kommentar zu Art. 191 EGV, Rz. 8.

[82] Dazu noch unten V.2. Richtig ist allerdings, dass mit Art. 191 EGV genau aus diesem Grund keine umfassende „Europäisierung" des nationalen Parteienrechts bewirkt werden kann: vgl. Huber, Kommentar zu Art. 191 EGV, Rz. 7.

[83] IdS etwa auch Bieber, Kommentar zu Art. 191 EGV, Rz. 5: „Angesichts des klaren Wortlauts von Artikel 191 Absatz 2 besteht kein Zweifel an seiner Eigenschaft als zuständigkeitsbegründende Norm. Die Aussage in der Schlußerklärung Nr. 11 zum Vertrag von Nizza (…)

geht im Effekt ins Leere, weil die Schaffung von Regelungen für europäische politische Parteien, die nur für diese und eben gerade nicht für die nationalen Parteien anwendbar sind, ohnedies im Zuständigkeitsbereich der EU liegen muss und dies erst recht durch Art. 191 Abs. 2 EGV gewissermaßen deklaratorisch klargestellt wird.[84] MaW: Es werden im vorliegenden Zusammenhang keine Kompetenzen übertragen, die vordem den Mitgliedstaaten zugekommen wären.

Zu berücksichtigen ist dabei, dass mit der genannten Ermächtigung nicht nur die hier in Frage stehende Parteienfinanzierung im Raum stand, sondern die grundlegendere Dimension der Schaffung eines europäischen Parteienstatuts, also einer eingehenden Regelung über die Zulassungskriterien europäischer Parteien und die Schaffung eines Organisationsrechts europäischer politischer Parteien. Im erlassenen Parteienstatut sind diese Ebenen zu wenig klar getrennt worden, weil die Zulassungsentscheidung gleichzeitig den Finanzierungsaspekt präjudiziert und diese ganz eindeutig den Schwerpunkt der Gesamtregelung darstellt.[85] MaW: Die statutarischen Regelungen im Parteienstatut definieren sich nur als Bezugspunkt der Parteienfinanzierung.[86]

Auch die Entstehungsgeschichte der Verordnung selbst war von bedeutenden Interessenkonflikten geprägt, was sich an zunehmend „entschärften" Entwürfen der Kommission zeigte,[87] und endete schließlich in einem Kompromiss zwischen Parlament und Rat, der am 29.9.2003 schließlich vom Rat beschlossen wurde. In Kraft getreten ist das Parteienstatut mit 15.2.2004, die Regelungen über die Parteienfinanzierung und damit der eigentliche Inhalt des Statuts mit 20.7.2004.[88] Im Frühjahr 2006 wurde von Seiten des EP der auch schon im Parteienstatut (Art. 12) vorgesehene „Bericht über Europäische Politische Parteien"

---

ist insofern unbeachtlich." Zu den anderen nahe liegenderen Gehalten dieser Erklärung vgl noch V.1. und VI.6.

84 Dies belegt nicht zuletzt auch der Umstand, dass ausschließlich nationale Regelungen über europäische politische Parteien eine systemfremde Annahme wären. Kompetenzrechtlich besteht daher kein Anwendungsfall einer fehlenden begrenzten Einzelermächtigung für das Recht europäischer politischer Parteien.

85 Art. 3 und 4 Parteienstatut.

86 Siehe etwa Klein, FS Ress, 545; idS auch schon der sog. Leinen-Bericht (Plenarsitzungsdokument des EP A5 – 0170/2003, 10, 26 f.): „Im Vorschlag wird … kein echtes europäisches Statut für europäische politische Partien eingeführt; eine neue Rechtsform, die den Rechtssystemen der Mitgliedstaaten gemeinsam ist, würde nicht geschaffen; stattdessen ist nur ein Verfahren der Registrierung vorgesehen, und es werden Voraussetzungen für die Finanzierung aus dem Haushaltsplan der Europäischen Gemeinschaften festgelegt."

87 Für einen Überblick siehe Hölscheidt, Art. 191 EGV, in: Grabitz/Hilf (Hrsg.), Das Recht der Europäischen Union (23. Lfg. 2004), Rz. 6. Für eine Bewertung des letzten Entwurfs vgl. eingehend Buhr, Europäische Parteien, 96 ff.

88 Siehe dazu Art. 13 des Statuts.

erstattet, welcher die ersten Anwendungserfahrungen mit dem Statut reflektiert und – im begrenzten Rahmen – Verbesserungsvorschläge enthält.[89]

V. Die VO (EG) 2004/2003 über die Regelungen für die politischen Parteien auf europäischer Ebene und deren Finanzierung – ein „europäisches Parteienstatut"?

1. Die Reichweite der Ermächtigung des Art. 191 EGV

Die primärrechtliche Grundlage in Art. 191 EGV ermächtigt in ihrer Fassung seit dem Vertrag von Nizza zur Erlassung von „Regelungen für die politischen Parteien auf europäischer Ebene und insbesondere die Vorschriften über ihre Finanzierung".[90]

Damit ist klargestellt, dass der Sekundärrechtsakt in der Tat ein umfassendes europäisches Parteienstatut schaffen kann und die Finanzierungsregelungen daher nur einen – wenn auch praktisch den wichtigsten – Teil einer solchen Regelung darstellen.[91] Interessanterweise ist der Regelungskomplex hinsichtlich der Finanzierung ein Akt der „Anlassgesetzgebung", den wir insoweit auch auf europäischer Ebene feststellen können.[92] Der konkrete Anlass bestand in der Kritik seitens des Rechnungshofs[93] der EG an der bisherigen Finanzierung politischer Parteien auf europäischer Ebene. Kernpunkt dieser Kritik war dabei der Umstand, dass die Finanzierung europäischer politischer Parteien bislang über die Fraktionen im EP erfolgt ist, was – allerdings eher unter rechtstechnischen Gesichtspunkten, weil nämlich keine einschlägige rechtliche Grundlage für eine derartige Vorgangsweise und damit im Lichte des Prinzips der „begrenzten Einzelermächtigung" (Art. 5 Abs. 1 EGV) keine „Kompetenz" der Gemeinschaft

89 Bericht über Europäische Politische Parteien vom 27.2.2006, A6-0042/2006 endg.

90 Vgl. auch die nahezu wortidente Formulierung in Art. 1 des Statuts.

91 Dazu Bieber, Kommentar zu Art. 191 EGV, Rz. 6.

92 Auch in Österreich wurde das Parteiengesetz 1975 BGBl. 1975/404 primär aufgrund der Notwendigkeit einer Regelung der staatlichen Parteienfinanzierung erlassen: siehe dazu Wieser, Kommentar zum Parteiengesetz, Rz. 10, 80 m.w.N.

93 Siehe dazu den Sonderbericht Nr. 13/2000 über die Ausgaben der Fraktionen des Europäischen Parlaments, Abl. 2000, C 181, 1, Z. 46 ff., insb. Z. 47: der Hof ist „der Auffassung, daß die Beihilfen zur Finanzierung der europäischen politischen Parteien sowie anderer gleichgesinnter Parteigliederungen nicht aus Mitteln finanziert werden durften, die für die Tätigkeiten der Fraktionen vorgesehen sind". Zur Problematik vgl. auch Johansson/Zervakis, Historical-Institutional Framework, 21; Wivenes, Fraktions- und Parteienfinanzierung durch das Europäische Parlament, in: Tsatsos (Hrsg.), Parteienfinanzierung im europäischen Vergleich (1992), 455 (478 f.).

vorhanden war – vom EuGH[94] und in weiterer Folge eben auch vom Rechnungshof der EG kritisiert wurde.[95]

Die Kritikwürdigkeit der bisherigen Finanzierungspraxis ist aber darüber hinaus tiefgründig, weil sie auf die Rolle der europäischen politischen Parteien rekurriert. Bei den europäischen politischen Parteien geht es um eine Vermittlung demokratischer Legitimation und damit um eine Rückbindung der auf europäischer Ebene getroffenen, letztlich jeden Einzelnen betreffenden Entscheidungen durch Information am Bürger[96] und damit um deren Rolle als „Transmissionsriemen" zwischen dem sozialen System und dem Regierungssystem der EU.[97] Insoweit ist eine Trennung der Tätigkeiten der Fraktionen des EP von den – wenn auch ideologisch hinter ihnen stehenden und mit ihnen in aller Regel auch organisatorisch verknüpften – europäischen politischen Parteien naheliegend.

Die Tätigkeit der europäischen politischen Parteien steht in dieser Hinsicht dem personalen Konzept der Unionsbürgerschaft näher als der institutionellen Dimension des EP, wenngleich sich die Zentralbestimmung des Art. 191 EGV zu Recht im Abschnitt über das EP findet.[98] Diese Überlegung steht auch in einem Zusammenhang mit der Funktion der Unionsbürgerschaft und dem EP: Der EG-Vertrag hat – mit den Worten von *Pernice*[99] – den „Souveränitätspanzer" der Staaten durchbrochen und ein unmittelbares Rechtsverhältnis zwischen dem Einzelnen und der Union und ihren Institutionen begründet. Wie in jedem modernen demokratischen System sind aber Vermittlungsinstrumentarien erforderlich, die im Verhältnis von Unionsbürger und EP durch die europäischen politischen Parteien gegeben sind. Europäische politische Parteien verknüpfen damit

---

94 EuGH, Les Verts, Slg 1986, 1339, Rz. 51 ff. Dazu Wivenes, Fraktions- und Parteienfinanzierung, 465 f.

95 Dazu von Arnim, Die neue EU-Parteienfinanzierung, NJW 2005, 247 (248) m.w.N. Siehe auch Rumpf, Neues Statut und Finanzierung der europäischen Parteien, Das Parlament, Nr. 21, 17.5.2004 (abrufbar unter www.das-parlament.de).

96 Dazu Huber, Art. 191 EGV, in: Streinz (Hrsg.), EUV/EGV Kommentar (2003), Rz. 10, unter Rückbezug auf BVerfG 85, 264 (284): „Wenn auch die Vorbereitung und Durchführung der Europawahl die wichtigste und vornehmste Aufgabe der politischen Parteien auf europäischer Ebene ist, so erschöpft sie sich doch nicht hierin. Wie auf nationaler Ebene, sind auch die politischen Parteien auf unionaler Ebene dazu berufen, ‚politische Ziele zu formulieren und diese den Bürgern zu vermitteln sowie daran mitzuwirken, dass die Gesellschaft wie auch den einzelnen Bürger betreffende Probleme erkannt, benannt und angemessenen Lösungen zugeführt werden'. Zu ihren Funktionen zählt insoweit also auch die (flächendeckende) politische Rückkoppelung zwischen den EG-Organen und den Unionsbürgern."

97 Siehe – soweit ersichtlich – erstmals Niedermayer, Die Europäisierung der Parteienlandschaft, in: Maurer/Thiele (Hrsg.), Legitimationsprobleme und Demokratisierung der Europäischen Union (1996), 85 (93), siehe dazu auch Buhr, Europäische Parteien, 24; Huber, Kommentar zu Art. 191 EGV, Rz. 1.

98 Dazu etwa Morlok, Status, 11.

99 Siehe Pernice, VVDStRL 60 (2001), 169.

den einzelnen Unionsbürger mit dem demokratischen Organ des EP. Dies rechtfertigt auch den Standort der Bestimmung des Art. 191 EGV.

2. Zum Parteibegriff des Statuts

Vor diesem Hintergrund ergibt sich allerdings in mehrfacher Hinsicht ein gewisses Spannungsverhältnis durch den Parteibegriff, der in Art. 191 EGV vorausgesetzt und dessen Basis im Parteienstatut zugrunde gelegt wird: Eine „politische Partei" wird in Art. 2 Z. 1 des Statuts als „Vereinigung von Bürgern" bezeichnet, die „politische Ziele verfolgt" und „nach der Rechtsordnung mindestens eines Mitgliedstaats anerkannt ist oder in Übereinstimmung mit dieser Rechtsordnung gegründet wurde"; eine „politische Partei auf europäischer Ebene" als zentrale Qualifikation für die Parteienfinanzierung (Art. 2 Z. 3, Art. 3 Parteienstatut) liegt in gleicher Weise aber auch im Falle eines „Bündnisses politischer Parteien" vor, das als „eine strukturierte Zusammenarbeit mindestens zweier politischer Parteien" definiert wird (Art. 2 Z. 2 Parteienstatut). Damit wird die politische Realität der EU – vor dem Hintergrund der Genese des Art. 191 EGV[100] – reflektiert,[101] die derzeit ausschließlich Parteibünde[102] als föderale Zusammenschlüsse kennt,[103] nicht aber politische Parteien, die aus Bürgern bestehen.[104] In dieser Hinsicht kann erwogen werden, inwieweit sich der europäische Parteienbegriff eben nicht als bloß rechtsvergleichendes „Produkt" der nationalen Parteibegriffe darstellt,[105] sondern – wie auch andere Begriffe des Gemein-

---

[100] Siehe zuvor IV.

[101] Insoweit ist es gerechtfertigt, von einem „empirischen Begriff der europäischen Partei" zu sprechen; idS etwa Kluth, Kommentar zu Art. 191 EGV, Rz. 2.

[102] Derzeit bestehen auf europäischer Ebene acht Parteibünde: die „Sozialdemokratische Partei Europas, SPE", die „Europäische Volkspartei/Christliche Demokraten, EVP", die „Europäische Liberale, Demokratische und Reform Partei, ELDR/Liberale und Demokratische Partei Europas (LIBE)", die „Europäische Grüne Partei (EGP)", die „Europäische Freie Allianz (EFA)", die „Partei der Europäischen Linken (EL)", die „Union für ein Europa der Nationen (UEN)" und die „Partei der Demokraten und der Unterschiede (PDE)". Vor kurzem haben zwei neue Parteien beim EP Anträge auf Anerkennung und Finanzhilfe gestellt, wodurch sich diese Zahl von acht auf zehn erhöhen könnte.

[103] Hölscheidt, Kommentar zu Art. 191 EGV, Rz. 4.

[104] In diesem Zusammenhang wird – aufgrund der Differenz zu nationalstaatlichen Erwägungen – auch von „second-order parties" („2. Klasse-Parteien") gesprochen, vgl. etwa Heidar, Parties and Cleavages in the European Political Space, ARENA WP 2003/7, 4.

[105] In diese Richtung gehen allerdings die Überlegungen des EP; vgl. dazu die Entschließung vom 10.12.1996, EuGRZ 1997, 77, in ihrer Bewertung durch Hölscheidt, Kommentar zu Art. 191 EGV, Rz. 3. Differenzierend dagegen Tsatsos/Deinzer, Keine europäische Integration ohne Europäische Politische Parteien, 20 ff., insb. 25: „Überträgt man die übereinstimmend festgestellten Merkmale politischer Parteien in den Mitgliedstaaten der Europäischen Union auf die europäische Ebene, so sind in drei Bereichen erhebliche Disparitäten festzustellen: Europäische Politische Parteien sind nicht unmittelbar in Kandidatenauswahl und -aufstellung für die Mitglieder des Europäischen Parlaments und für die Wahrnehmung von Regierungs-

schafts- bzw. Unionsrechts[106] – einen autonomen Charakter besitzt und in dieser Hinsicht auf die Gegebenheiten eines supranationalen Demokratiekonzepts abstellt, in dem nicht nur Personenvereinigungen, sondern auch Zusammenschlüsse von juristischen Personen den Erfordernissen des Parteibegriffs genügen. Insoweit ist es unerheblich, ob die europäischen Parteienbünde den mitgliedstaatlichen Kriterien für politische Parteien entsprechen.[107]

Eine gewisse Relevanz kommt allerdings der Argumentation zu, die den Parteibünden aufgrund der weitgehend apersonalen Struktur das Attribut der Bürgernähe abspricht und damit deren demokratische Hauptfunktion in Frage stellt.[108] Dies schlägt im Ergebnis nicht durch, sondern belegt umso mehr die Rolle der nationalen Mitgliedsparteien der europäischen Parteibünde, denen daher diese Funktion der Bürgernähe in größerem Umfang zukommt, und die Notwendigkeit eines Zusammenwirkens zwischen europäischen und nationalen Parteien, das insgesamt erst die notwendige Legitimationskette herstellt.[109] Eine völlige Abkoppelung der europäischen politischen Parteien von den nationalen Parteien erscheint vor diesem Hintergrund widersinnig, weil es zwei aufeinander angewiesene Ebenen im demokratischen Legitimationsprozess künstlich trennt. Im Hinblick auf die Funktion der politischen Parteien im Rahmen des EP zeigt sich generell ein viel höheres Kooperationselement als im nationalen Kontext,[110] was wiederum mit dem Umstand zusammenhängt, dass dem EP gegenüber den anderen „Gewalten" Rat und Kommission Gehör verschafft werden soll.[111]

---

funktionen involviert, im Prozeß der Volkswillensbildung werden sie nicht unmittelbar bzw. spürbar tätig, die Organisationsstruktur wird geprägt durch die institutionelle Mitgliedschaft von Bruder- bzw. Schwesterparteien aus den Mitgliedstaaten der Europäischen Union." So im Ergebnis wohl auch Lange/Schütz, EuGRZ 1996, 299.

[106] Siehe dazu die Nachweise bei Potacs, Auslegung im öffentlichen Recht (1994), 112 ff.

[107] Siehe dazu etwa von Arnim, Die neue EU-Parteienfinanzierung, NJW 2005, 247 (250), der auf die Mitgliedschaft natürlicher Personen und die Aufstellung von Kandidaten bei Wahlen als Prämissen der Anerkennung einer Organisation als politische Partei hinweist.

[108] So offensichtlich von Arnim, Das Europa-Komplott (2006), 167 f.

[109] Auch das ist ein Teil eines europäischen Mehrebenensystems. Es entstehen auf unterschiedlichen Ebenen Netzwerke, die funktionell, organisatorisch und finanziell verflochten sind. Siehe dazu etwa m.w.N. Eberhard/Konrath/Trattnigg/Zleptnig, Governance – zur theoretischen und praktischen Verortung des Konzepts in Österreich, JRP 2006, 35 (45 f.).

[110] Siehe dazu Morlok, Status, 8: die „reduzierte Bedeutung des Parlaments, der Wahlen und eben auch der Parteien ist die Konsequenz der deutlich ausgeprägten gouvernementalen Komponente des europäischen politischen Entscheidungsprozesses. Das ist hier gar nicht zu kritisieren, sondern schlicht festzustellen. Für das Parteiwesen ist auch wesentlich, daß dabei der Wettbewerbsstil der Politik tendenziell schwächer ausgeprägt ist, daß nicht die Erringung von Mehrheiten im Mittelpunkt steht und die sich dem anschließende Entscheidung mit Mehrheit, vielmehr ist häufig eine konsensuelle Entscheidungsfindung notwendig und dementsprechend dominiert ein konsensorientierter Politikstil."

[111] Siehe idS etwa Oppermann, Europarecht, § 5 Rz. 20.

3. Die Frage der Rechtspersönlichkeit der „politischen Parteien auf europäischer Ebene“

Ein anderer Faktor betrifft die (negativ zu beantwortende) Frage der Rechtspersönlichkeit der europäischen politischen Parteien, die eine bedauerliche Schwachstelle des Parteienstatuts offen legt. Das Parteienstatut räumt in seiner jetzigen Fassung keine einheitliche Rechtspersönlichkeit der europäischen politischen Parteien ein. Eine solche würde es nahe legen, bei den Wahlen zum EP in jedem Mitgliedstaat als europäische Partei zu kandidieren und damit als solche – durch eigenständig und nicht, wie noch derzeit,[112] seitens der nationalen Parteien nominierte Kandidaten – zur Wahl zu stehen. Derzeit treten im nationalen Kontext schwerpunktmäßig nur die Mitgliedsparteien der Parteibünde auf, nicht aber die europäischen Parteien selbst. Auch dies zeigt die bis zu einem gewissen Grad erforderliche Kooperation von nationalen und europäischen politischen Parteien.

Einerseits rechtfertigt die Einräumung von Rechtspersönlichkeit die institutionelle Trennung von den Fraktionen des EP, denen über die internen Angelegenheiten hinaus keine Rechtspersönlichkeit zukommt[113] und die auch keine Organe des EP sind.[114] Immerhin war dies – wie schon angesprochen – eine Hauptmotivation für die Schaffung des Parteienstatuts überhaupt. Andererseits räumt aber das Statut den „politischen Parteien auf europäischer Ebene“ außer den Finanzierungsansprüchen keine weitergehende Rechtspersönlichkeit ein. Dies wäre aber der Kern des europäischen Parteibegriffs, da dann Rechte und Pflichten im demokratischen Vermittlungs- und Rückkoppelungsprozess den europäischen Parteien auch zugeordnet werden könnten.[115] Auch eine Emanzipation von den Fraktionen im EP wäre mit dieser Rechtspersönlichkeit verbunden.[116] Eine Rechtspersönlichkeit in bloß einem Mitgliedstaat ist zwar eine notwendige Voraussetzung (vgl. Art. 3 lit. a Parteienstatut), dem Gedanken einer „europäischen politischen Partei“ wäre aber bei Vorliegen der übrigen Voraussetzungen dieser Bestimmung durch die Einräumung einer transnationalen Rechtspersönlichkeit wesentlich mehr entsprochen, denn das Tätigkeitsfeld europäischer politischer

---

112 Vgl dazu Neßler, EuGRZ 1998, 192.

113 Oppermann, Europarecht, § 5 Rz. 23.

114 Siehe dazu m.w.N. Solar, Kommentar zu Art. 191 EGV, Rz. 22.

115 Ähnlich Hölscheidt, Kommentar zu Art. 191 EGV, Rz. 12: „Für die effektive Wahrnehmung der ihnen (den Parteien, Anm.) durch Art. 191 übertragenen grenzüberschreitenden Aufgaben und insbesondere zur Förderung eines transnationalen politischen Prozesses wäre die Anerkennung einer europaweiten Rechtspersönlichkeit für europäische politische Parteien zumindest wünschenswert. ... Die Zuerkennung einer europäischen Rechtspersönlichkeit wäre auch aus Gründen der Rechtssicherheit im Zusammenhang mit dem in Art. 5 vorgesehenen Nachprüfungsverfahren wünschenswert.“

116 Vgl dazu Buhr, Europäische Parteien, 78.

Parteien soll sich über den Bereich eines Mitgliedstaat hinaus erstrecken; die transnationale Rechtspersönlichkeit wäre dann die konsequente Folge. Hier bleibt die Regelung nicht nur auf halbem Weg stehen,[117] es entsteht auch ein Widerspruch, weil einerseits im Hinblick auf die Parteienfinanzierung ein Zwang zum transnationalen Zusammenschluss besteht,[118] der aber andererseits nicht mit einer gesamteuropäischen Rechtspersönlichkeit einhergeht.[119] Auch im ersten Evaluierungsbericht über Europäische Politische Parteien[120] und in einer Entschließung des EP[121] findet sich zu Recht erneut die Forderung des EP nach einer einheitlichen Rechtspersönlichkeit europäischer politischer Parteien.[122]

Hingewiesen sei an dieser Stelle auch auf eine terminologische Komponente: Die Einräumung von Rechtspersönlichkeit steht in einem Zusammenhang mit dem Begriff der „europäischen politischen Partei". Es verwundert in diesem Zusammenhang nicht, dass das Parteienstatut – entgegen früheren Fassungen[123] – nicht mehr von europäischen politischen Parteien, sondern – insoweit in Übereinstimmung mit dem Wortlaut des Art. 191 EGV – von „politischen Parteien auf europäischer Ebene" spricht.[124] Ohne Begriffen absoluten Erkenntniswert zuzubilligen, ist damit erkennbar, dass sich der Terminus der „politischen Partei auf europäischer Ebene" auf nationale Parteien bezieht, die auf europäischer E-bene tätig werden, nicht aber auf europäische Parteien mit einer gesamteuropäi-

117 Zu Recht wird die derzeitige Regelung nur als „Zwischenlösung" bezeichnet; vgl. dazu Merten, Verordnung über die Regelungen für die politischen Parteien auf europäischer Ebene und ihre Finanzierung, MIP 2004/2005, 45 (47).

118 Huber, Kommentar zu Art. 191 EGV, Rz. 17.

119 Angemerkt sei dazu, dass sich in der Anordnung einer europäischen Rechtspersönlichkeit gerade jene Grenzen zeigen, von denen in der Erklärung Nr. 11 zum Vertrag von Nizza die Rede ist (vgl. dazu zuvor IV.). Nichtdestotrotz finden sich in den Abänderungsanträgen des EP zu den Vorschlägen der Kommission einschlägige Bestimmungen: siehe dazu den Bericht des EP über den Vorschlag der Kommission für das Parteienstatut KOM(2003) 0077 – C5-0059/2003-2003/0039(COD), 49.

120 Bericht über Europäische Politische Parteien vom 27.2.2006, A6-0042/2006 endg., 6.

121 Entschließung des EP vom 23.3.2006, EuGRZ 2006, 311 (312): das EP „betont die Notwendigkeit, über die Regelungen zur Finanzierung von politischen Parteien auf europäischer Ebene hinaus zu einem echten Parteienstatut zu gelangen, das ihre Rechte und Pflichten festlegt und ihnen die Möglichkeit gibt, eine auf dem Gemeinschaftsrecht basierende und in den Mitgliedstaaten Wirkung entfaltende Rechtspersönlichkeit zu erlangen".

122 Siehe dazu auch Leinen, integration 3/2006, 234.

123 Siehe noch die Art. 1 und 2 des Statuts idF des Vorschlags der Kommission vom 19.2.2003, KOM(2003) 77, wo noch von den „europäischen politischen Parteien" die Rede ist. Diese Änderung geht auf einen Antrag im Leinen-Bericht zurück, der sich in diesem Punkt auf den mangelnden Charakter des Statuts als „europäisches Parteienstatut" stützt; vgl. dazu Plenarsitzungsdokument des EP A5 – 0170/2003, 10.

124 Angemerkt sei, dass im vorliegenden Beitrag beide Begriffe weitgehend synonym verwendet werden, es sei denn, die Differenzierung ist im gegebenen Zusammenhang relevant.

schen Rechtspersönlichkeit und einem gesamteuropäischen Aktionsradius. „Echte" europäische politische Parteien wären eben auch rechtlich mehr als die derzeit bestehenden bloßen Verbindungen nationaler Parteien.[125]

Die effektive Erfüllung der in Art. 191 EGV angesprochenen Funktionen würde – mit *Peter M. Huber*[126] – darüber hinaus ein die Mitgliedstaaten übergreifendes unionales Parteienrecht voraussetzen, welches durch organisatorische und verfahrensrechtliche Vorkehrungen sicherstellen muss, dass die Willensbildung in den politischen Parteien auf europäischer Ebene auch „von unten nach oben" erfolgt und dass als Ergebnis europäische Politikkonzeptionen vertreten werden. Die Frage des Erfordernisses einer inhaltlichen transnationalen Ausrichtung der Tätigkeit europäischer politischer Parteien ist im Schrifttum überaus umstritten.[127] Es steht aber außer Streit, dass auch integrationskritische Parteien, selbst wenn sie kein transnationales Konzept vertreten sollten, dennoch „europäische politische Parteien" darstellen können, wenn sie den übrigen Prämissen des Art. 3 Parteienstatut entsprechen.[128] Denn es ist auch die Kritik an der EU oder generell an der „Globalisierung" transnational angelegt, so dass es an diesem Element ohnedies in aller Regel nicht mangelt.

4. Das Gebot der „Binnendemokratie" als Essentiale eines Organisationsstatuts

Als Zwischenergebnis kann daher festgehalten werden: Die Weite der Ermächtigung des Art. 191 EGV wurde mit dem Parteienstatut nicht vollends ausgefüllt.

---

125 Siehe dazu Calliess, Optionen, 309, der de lege ferenda als Bedingung der Finanzierung das Vorhandensein „europäischer politischer Parteien" im Vollsinn dieses Begriffes verbindet.

126 Huber, Kommentar zu Art. 191 EGV, Rz. 2.

127 Dafür Kluth, Kommentar zu Art. 191 EGV, Rz. 2: „Parteien, die nur in einem Mitgliedstaat vertreten sind, sollten ... nur zugelassen werden, wenn eine Betätigung in mehreren Mitgliedstaaten zumindest beabsichtigt ist, da sie ansonsten die wichtige Arbeit der Vor-Integration nicht leisten können, die eine typische und unverzichtbare Aufgabe der Parteien im politischen Prozeß darstellt." IdS auch Tsatsos, EuGRZ 1994, 47 f.; dagegen Huber, Kommentar zu Art. 191 EGV, Rz. 5, und Lange/Schütz, EuGRZ 1996, 300: „Alle Parteien sollten die Möglichkeit erhalten, eine europäische Partei zu bilden, d.h. auch diejenigen, die nur in einem Mitgliedstaat existieren. Abzulehnen sind insoweit Kriterien, die für die Zulassung einer europäischen Partei eine Vertretungsstruktur in einem bestimmten Prozentsatz von Mitliedstaaten fordern und/oder auf einen Mindestprozentsatz an Stimmen bei Europawahlen bzw. auf eine Mindestanzahl von in das Europäische Parlament gewählten Mitgliedern abstellen. Diese Ansätze wären mit dem Gebot der Chancengleichheit bei der Parteigründung nicht vereinbar. Sie würden die nur in einem Mitgliedstaat vorhandenen Parteien disqualifizieren und sind deshalb unter dem Gesichtspunkt der Chancengleichheit abzulehnen." Für eine konzeptionell staatenübergreifende Organisation politischer Parteien de lege ferenda etwa Calliess, Optionen, 309.

128 Vgl. anstatt vieler Solar, Kommentar zu Art. 191 EGV, Rz. 12 m.w.N.; Lange/Schütz, EuGRZ 1996, 300 f.

So wären etwa auch organisatorische Regelungen über die interne Demokratie der Parteien („Binnendemokratie"), wie sie durchaus auch in nationalen Regelungen über die Parteien fixer Bestandteil sind,[129] auf europäischer Ebene durchaus notwendig,[130] geht es doch um eine Vermittlung politischer Konzepte auf einem höheren Abstraktionsniveau und um eine Vermittlung auf mehreren bzw. über mehrere Ebenen. Das Parteienstatut beschränkt sich in diesem Punkt in sehr allgemeiner Form auf die „Beachtung der Grundsätze, auf denen die Europäische Union beruht", nämlich die schon aus Art. 6 Abs. 1 EUV hervorgehenden „Grundsätze der Freiheit, der Demokratie, der Achtung der Menschenrechte und Grundfreiheiten sowie der Rechtsstaatlichkeit" (Art. 3 lit. c Parteienstatut). Weitere Regelungen, die speziell gewisse einheitliche Mindestorganisationsstandards[131] und die demokratische Ausgestaltung der Organkreation der Parteien betreffen, finden sich – im Unterschied zu früheren Überlegungen[132] – nicht.[133] Relevante Regelungsgehalte in dieser Hinsicht wären darüber hinaus Vorschriften über die Rechte der Mitglieder, Parteischiedsverfahren, Sanktionsmöglichkeiten gegen Mitglieder oder auch die Aufstellung von Wahlbewerbern zum EP.[134] Angemerkt sei allerdings, dass sich schon aus den allgemeinen Grundsätzen des Art. 6 Abs. 1 EUV Direktiven ableiten lassen, die den Aspekt einer demokratischen Innenorganisation der europäischen politischen Parteien betreffen. In Anbetracht der Gesamtregelung des Parteienstatuts wären eingehendere Regelungen in diesem Punkt aber wünschenswert gewesen.

---

[129] Siehe dazu etwa für die deutsche Rechtslage (Art. 21 Abs. 1 Bonner GG: „Ihre innere Ordnung muß demokratischen Grundsätzen entsprechen.") Morlok, Art. 21 GG, in: Dreier (Hrsg.), Grundgesetz Kommentar, Bd. II (1998), Rz. 115 ff.

[130] Dazu schon Stentzel, EuR 1997, 187 f.

[131] Buhr, Europäische Parteien, 80 f.

[132] Vgl. dazu die Entschließung des EP vom 10.12.1996, EuGRZ 1997, 77 (78 Nr. 5 lit. c): nach dieser sollen die europäischen Parteien die Verpflichtung haben, „ihre Satzung so auszugestalten, daß ihre politische Willensbildung nach demokratischen Grundsätzen erfolgt und alle Bürger der Union, die dies wünschen, in ihrem Verlauf ihren politischen Willen zum Ausdruck bringen können". In ähnlicher Weise auch noch der Vorschlag der Kommission für das Parteienstatut vom 19.2.2003, KOM(2003) 77 endg., dessen Art. 3 Abs. 2 gelautet hätte: „Die Satzung und die Tätigkeiten der politischen Partei oder des Bündnisses politischer Parteien müssen mit den Grundsätzen der Freiheit und der Demokratie, den Menschenrechten und Grundfreiheiten sowie der Rechtsstaatlichkeit in Einklang stehen."

[133] Die Bedeutung der Binnendemokratie einmahnend siehe Morlok, Constitutional Framework, 40: „Parties are only able to perform their function if their internal structures are organized democratically [...] If democracy inside the parties is not meant to be an empty bottle of water, the power of the party leaders on the creation of candidates should be strictly limited by law".

[134] Siehe Lange/Schütz, EuGRZ 1996, 302.

Ein spezielles „Parteiverbotsverfahren" besteht ebenfalls nicht.[135] Dies wird von Stimmen in der Literatur aus Kompetenzerwägungen von vornherein abgelehnt,[136] was allerdings – wie schon dargelegt[137] – aus grundsätzlichen Gründen fragwürdig erscheint. Die äußerste Sanktion scheint im Kontext der Regelung des Art. 5 Abs. 3 Parteienstatut der Ausschluss von der Finanzierung, was allerdings im Schrifttum[138] zuweilen bereits als eine Art Parteiverbotsverfahren qualifiziert wird. Dies zeigt einmal mehr, wie „finanzierungszentriert" die statutarischen Regelungen des Parteienstatuts sind. Im Ergebnis kann festgehalten werden, dass diese Regelungen des Parteienstatuts insoweit dem Konzept einer „wehrhaften" Demokratie auf europäischer Ebene entsprechen,[139] weitere Regelungen, insbesondere im statutarischen Bereich aber folgen sollten. Die derzeitige Fassung des Statuts beschränkt sich insoweit auf – wenn auch – wichtige Aspekte eines Parteienstatuts; eine erschöpfende Regelung enthält sie allerdings nicht.

VI. Bewertung der Finanzierungsregelungen des europäischen Parteienstatuts

Stand bisher der theoretische „Unterbau" unter die statutarischen und finanziellen Regelungen der europäischen Parteienfinanzierung im Mittelpunkt, so soll im Folgenden ein Überblick über die relevanten Einzelregelungen des Parteienstatuts betreffend die Finanzierung gegeben werden.

1. Die Trennung der Fraktionsfinanzierung im EP und der Parteienfinanzierung (Art. 11 Parteienstatut)

An den Anfang sei eine Bestimmung gestellt, die sich völlig zu Unrecht in den Schlussbestimmungen des Statuts findet, dabei aber ein Ausfluss der fundamentalen Ausrichtung des Statuts und der eigentliche Grund zu dessen Ausarbeitung war – die Trennung der Finanzierung der Fraktionen im EP von der Finanzierung der europäischen politischen Parteien. In Art. 11 Parteienstatut findet sich die Regelung, dass jede Art von Unterstützung, die politische Parteien auf europäischer Ebene vom EP erhalten, auf dem Gleichbehandlungsgrundsatz basieren und zu Bedingungen gewährt werden muss, die sonstigen externen Organisationen gewährt werden. Diese Unterstützung erfolgt „auf Rechnung und entgelt-

---

[135] Morlok, Parteiverbot als Verfassungsschutz – Ein unauflösbarer Widerspruch?, NJW 2001, 2931 (2936).

[136] Klein, FS Ress, 546 m.w.N., idS auch schon Lange/Schütz, EuGRZ 1996, 301. Auch in dieser Hinsicht macht die entsprechende Aussage in der Erklärung Nr. 11 zum Vertrag von Nizza (vgl. dazu zuvor IV.) einen gewissen Sinn.

[137] Vgl. dazu oben IV.

[138] IdS etwa Huber, Kommentar zu Art. 191 EGV, Rz. 18.

[139] IdS Thienel, Wehrlose oder streitbare Demokratie?, JRP 2005, 163 (169 f. FN 58).

lich“, wobei das EP die in dieser Weise gewährte Unterstützung in seinem Jahresbericht zu veröffentlichen hat. Im Jahr 2004 wurden den politischen Parteien für diese technische Unterstützung 20.071 Euro in Rechnung gestellt;[140] im Jahr 2005 wurde Unterstützung im Ausmaß von 15.530 Euro gewährt.[141]

Mit dieser Regelung wird dem Trennungsgrundsatz zwischen den Parteien und den Fraktionen des EP ziemlich umfassend entsprochen. Eine Trennung erscheint dabei aufgrund der separaten Finanzierung von Fraktionen und Parteien auch gerechtfertigt, um „Kostenwahrheit“ zu erreichen und unkontrollierte Geldflüsse von vornherein gewissermaßen „unattraktiv“ zu machen. Die bisherige (geldwerte) Überlassung von Infrastruktur seitens der Fraktionen des EP an die verwandten politischen Parteien war eine nicht offizielle Parteienfinanzierung aus Mitteln des EP, welche die bereits genannte[142] Kritik, vor allem des Rechnungshofs der EU provoziert hat.

2. Absolute und relative Obergrenze (Art. 6 und 10 Parteienstatut)

Zuweilen wird nicht nur an den Regelungen des Parteienstatuts Kritik geübt, sondern auch daran, was es nicht normiert. Diesbezüglich steht die Frage einer – durchaus nationale Vorbilder besitzenden[143] – „absoluten“ Obergrenze der europäischen Parteienfinanzierung im Zentrum.[144] Das Parteienstatut normiert in diesem Zusammenhang lediglich insoweit eine „relative“ Obergrenze, als es vorsieht, dass die Finanzierung aus dem Gesamthaushaltsplan der Union 75 % des Budgets einer politischen Partei nicht überschreiten darf, wobei die Beweislast hierfür auf Seiten der Partei liegt (Art. 10 Abs. 2). Eine – in der Regelung des Parteienstatuts festgelegte und damit transparenter erscheinende[145] – absolute Obergrenze würde hingegen auch eine Entscheidung darüber implizieren, welches Maß an öffentlicher Parteienfinanzierung den Kriterien der Effizienz entspricht, d.h. welches Maß an öffentlichen Mitteln zur Erreichung der den Parteien aufgetragenen Ziele notwendig ist.

---

[140] Siehe dazu die Entschließung des EP vom 23.3.2006, EuGRZ 2006, 312.

[141] Nach Art. 11 Abs. 2 des Parteienstatuts hat das EP die einzelnen Beträge im Rahmen dieser Unterstützung in einem Jahresbericht zu veröffentlichen.

[142] Vgl. dazu zuvor V.1.

[143] Siehe dazu § 18 Abs. 2 des dt. Gesetzes über die politischen Parteien dBGBl. I 1967, 773 (Parteiengesetz) idgF: „Das jährliche Gesamtvolumen staatlicher Mittel, das allen Parteien höchstens ausgezahlt werden darf, beträgt 133 Millionen Euro (absolute Obergrenze).“ Siehe dazu auch Morlok, Parteienfinanzierung: Mängel und Reformchancen, in: von Arnim (Hrsg.), Reform der Parteiendemokratie (2003), 155 (167).

[144] Eine solche fordernd etwa von Arnim, NJW 2005, 250.

[145] Die Höhe der den Parteien insgesamt bewilligten Mittel ist in einem Titel des Haushaltsplans festgelegt und damit an weniger prominenter Stelle situiert.

Ein höheres Maß an Transparenz würde auch einen höheren Kontrollgrad durch die Öffentlichkeit bewirken.[146] Damit müsste gegenüber den europäischen BürgerInnen offen gelegt werden, welches Maß an Mitteln notwendig ist, um dem Zweck europäischer politischer Parteien zu entsprechen und inwieweit die Rolle der europäischen politischen Parteien einen monetär quantifizierbaren Rahmen impliziert. Dieser Rahmen scheint sich tendenziell zu vergrößern, da die vorgesehenen Gesamtmittel für die Parteienfinanzierung nach dem Parteienstatut seit dem Beginn der Umsetzung 2004 gestiegen sind und von einer weiteren Steigerung auszugehen ist.[147] So wurden im Haushaltsplan 2004 6,5 Mio. Euro für die Parteienfinanzierung bereitgestellt.[148] Für das Jahr 2005 wurden 8,4 Mio. Euro, für das Jahr 2006 8,594 Mio. Euro an Gesamtmitteln und für das Jahr 2007 10,436 Mio. Euro veranschlagt.[149]

Diese Frage des „Ob" und des „Wie hoch" geht Hand in Hand mit dem „Wie" des Finanzierungsverfahrens selbst: Die Finanzierung erfolgt über das gemeinschaftsrechtliche Haushaltsverfahren,[150] womit auch die diesbezüglichen institutionellen Kräfteverhältnisse, also ein nach wie vor maßgeblicher Einfluss des Rates, aber auch eine relativ starke Position des EP[151] relevant sind. Gefordert wird in dieser Hinsicht überdies ein gewisses Maß an Transparenz hinsichtlich des Budgetpostens „Parteienfinanzierung" („Zuschüsse an europäische Parteien") im Haushaltsplan, die aber angesichts seiner Struktur nur bedingt zu realisieren ist.[152]

3. Materiell-rechtliche und verfahrensrechtliche Aspekte der Finanzierung (Art. 3, 4 und 5 Parteienstatut)

Der entscheidende Kritikpunkt im Rahmen der Finanzierungsregelungen ist jener der materiellen Voraussetzungen zur Finanzierung. Neben dem schon behandelten[153] Problemkreis der Rechtspersönlichkeit in dem Mitgliedstaat, in dem die Partei ihren Sitz hat und der Beachtung der Grundsätze, wie sie auch in Art. 6 EUV enthalten sind, sowie der zumindest intendierten Teilnahme an den Wah-

---

146 Siehe dazu von Arnim/Schurig, Parteienfinanzierung, 85.

147 Dazu von Arnim, NJW 2005, 249 f.

148 Wobei das EP den einzelnen Parteien insgesamt 4.647.157,00 Euro zugebilligt hat.

149 Siehe dazu die Endgültige Feststellung des Gesamthaushaltsplans der Europäischen Union für das Haushaltsjahr 2006, Abl. 15.3.2006 L 78, 219 f.

150 Siehe dazu näher Oppermann, Europarecht, § 11 Rz. 39 ff.

151 Vgl. Art. 272 Abs. 6 und 8 EGV, die dem EP Ablehnungsrechte gegenüber den Entwürfen des Haushaltsplanes einräumen. Im Hinblick auf nicht-obligatorische Ausgaben besitzt das EP nach diesen Regelungen eine Letztentscheidungsbefugnis.

152 Dazu von Arnim/Schurig, Parteienfinanzierung, 85.

153 Vgl. zuvor V.3.

len zum EP[154] sind in Art. 3 lit. b des Statuts „objektive" Zugangshürden vorgesehen: Eine politische Partei auf europäischer Ebene muss in mindestens einem Viertel der Mitgliedstaaten durch Mitglieder des EP oder in den nationalen bzw. regionalen Parlamenten oder Regionalversammlungen[155] vertreten sein oder sie muss in mindestens einem Viertel der Mitgliedstaaten bei den letzten Wahlen zum EP mindestens drei Prozent der abgegebenen Stimmen erreicht haben. Man spricht in diesem Zusammenhang auch – angesichts der derzeitigen Zahl an Mitgliedstaaten (25) – von der „Sieben Staaten-Klausel".[156] Dieses Erfordernis war in früheren Stadien der Diskussion schon einmal höher angesetzt – nämlich bei einem Drittel der Mitgliedstaaten[157] –, trotzdem wird auch an der niedrigeren Schwelle Kritik geübt, weil sie kleinere Parteien, die durch einen auch hohen Anteil in drei oder vier Staaten im nationalen Parlament oder aber auch im EP vertreten sind und dort ein transnationales Konzept vertreten, aus der Finanzierung ausschließt.[158] Zu berücksichtigen ist dabei auch, dass die Unterschiede in den nationalen Wahlvorschriften bei den Wahlen zum EP zu gewissen Verzerrungen führen, da Mandate in einigen Ländern schwerer, in anderen leichter zu erringen sind. Auch werden Wahlerfolge in kleineren Ländern eher honoriert, was dem europäischen Gedanken wiederum generell abträglich ist.[159] Insoweit kommt es zweifellos zu einer Ungleichbehandlung der Parteien. In Rechnung gestellt werden muss in dieser Hinsicht, dass für die Wahlen zum EP der Grundsatz der Gleichheit primärrechtlich[160] und auch im Direktwahlakt[161] nicht normiert wird. Fraglich ist, ob diese mangelnde Gewährleistung auch auf die Vorschriften über die Parteienfinanzierung durchschlagen darf. Dies ist

---

154 Zu dieser Voraussetzung von Arnim/Schurig, Parteienfinanzierung, 35 f.

155 Lokale Parlamente sind in diesem Zusammenhang daher nicht relevant. Aber auch im Hinblick auf die Regionalversammlungen ist zu beachten, dass nicht diese die Vertretung vermitteln, sondern der übergeordnete Mitgliedstaat. Dies hängt mit der Anlehnung an die Wahlrechtsvorschriften im Hinblick auf die Wahlen zum EP zusammen, in dem eben nach wie vor Mitgliedstaaten die Messgröße darstellen.

156 Siehe dazu etwa von Arnim/Schurig, Parteienfinanzierung, 168.

157 Siehe dazu die Vorschläge im sog Tsatsos-Bericht vom 30.10.1996, EuGRZ 1997, 78 ff. (80 Nr. 9), und die Entschließung des EP vom 10.12.1996, EuGRZ 1997, 77 (77 Nr. 3d).

158 Dazu etwa von Arnim, NJW 2005, 251, der darauf hinweist, dass die europäischen „Finanzierungsprämissen" in der Relation um einiges strenger sind als etwa in Deutschland.

159 Dazu von Arnim/Schurig, Parteienfinanzierung, 80. Dabei wird allerdings mit der Hypothese operiert, dass in einzelnen kleineren Staaten kein übergeordnetes und insoweit transnationales Konzept vertreten wird.

160 Vgl. dazu Art. 190 Abs. 1 EGV: „Die Abgeordneten der Völker der in der Gemeinschaft vereinigten Staaten im Europäischen Parlament werden in allgemeiner unmittelbarer Wahl gewählt."

161 Vgl. dazu Art. 1 Abs. 3 des Direktwahlakts, Abl. 1976 L 278, 1 idF Abl. 2002 L 283, 1: „Die Wahl erfolgt allgemein, unmittelbar, frei und geheim."

insbesondere vor dem Hintergrund der Abkoppelung der europäischen politischen Parteien von ihrer Funktion im EP[162] und im Hinblick einer Abkoppelung der Parteienfinanzierung von mit den EP-Wahlen im Zusammenhang stehenden Faktoren zu problematisieren. Misst man diese Ungleichbehandlung am nach der Rechtsprechung[163] insbesondere zu Art. 12 EGV auch im Gemeinschaftsrecht relevanten Gleichheitssatz, dann erscheint diese Regelung in der Tat nicht unproblematisch.[164] Eine mögliche Reform des Parteienstatuts in diesem Punkt könnte die Orientierung an der von den jeweiligen Parteien erreichten absoluten Zahl von Stimmen darstellen.[165]

Erkennbar wird in diesem Punkt auch eine klare Orientierung an der Realität der europäischen Parteienbünde und damit eine „Zementierung" des parteipolitischen Status quo,[166] die es Abgeordneten außerhalb der Bünde – d.h. „echten" Bürgerparteien – schwierig macht, über europäische politische Parteien an der Finanzierung zu partizipieren. Zu berücksichtigen ist dabei, dass die beiden oben genannten Alternativen (Vertretung in nationalen oder regionalen Parlamenten oder im EP) nicht völlig gleichwertig sind, da der Großteil an der Gesamtförderung – nämlich 85 % (vgl. dazu Art. 10 Abs. 1 lit. b des Statuts) – nur durch das Reüssieren bei den Wahlen zum EP lukriert werden kann. Insoweit werden die Zugangsvoraussetzungen des Art. 3 des Parteienstatuts bedeutend relativiert.[167] Die Fokussierung der Finanzierung auf die im EP vertretenen Parteien und das Erfordernis von drei Prozent Stimmenanteil bei den Wahlen zum EP in einem Drittel der Mitgliedstaaten werden im Schrifttum[168] als in Widerspruch sowohl zur Parteigründungsfreiheit als auch zum Grundsatz der Chancengleichheit gesehen. Auch hier wird nur eine Entscheidung durch den EuGH eine endgültige Klärung mit sich bringen.[169]

So sehr die Stoßrichtung des Parteienstatuts auch die Abtrennung der europäischen Parteienfinanzierung von der Finanzierung der Fraktionen im EP war,[170] so sehr parlamentsorientiert sind die Detailregelungen hinsichtlich der Finanzie-

162 Vgl. dazu zuvor IV.

163 Dazu m.w.N. zur Judikatur Oppermann, Europarecht, § 6 Rz. 27 ff.

164 IdS etwa von Arnim, Europa-Komplott, 173.

165 Siehe dazu von Arnim/Schurig, Parteienfinanzierung, 80.

166 Vgl. etwa Huber, Kommentar zu Art. 191 EGV, Rz. 21.

167 IdS etwa von Arnim, NJW 2005, 249.

168 Dazu etwa Huber, Kommentar zu Art. 191 EGV, Rz. 21.

169 Vgl. dazu unten VII.

170 Vgl. dazu V.1.

rung.[171] Sie machen aber deutlich, dass der Legitimationsstrang über das EP der zentrale Aspekt des europäischen Demokratiekonzepts in seiner derzeitigen Ausgestaltung ist, wenn man die Finanzierungsregelungen als einen sinnhaften Teil dieses Gesamtkonzepts erkennt.

Ein anderer Kritikpunkt betrifft die verfahrens- und kontrollrechtliche Dimension der Finanzierungsregelungen: Eine Entscheidung über den Antrag auf Finanzierung trifft das EP (Art. 4 Parteienstatut),[172] ihm obliegt daher auch die Kontrolle über das weitere Vorliegen der Voraussetzungen. Dem EP werden in dieser Hinsicht auch gewisse Sanktionsmechanismen eingeräumt, die zu einer Aussetzung der Finanzierung führen können (Art. 5 Parteienstatut).[173] Dies gilt für die „Sieben Staaten-Klausel" des Art. 3 lit. b Parteienstatut und – mit der Maßgabe eines Antrages eines Viertels der Mitglieder des EP und der Anhörung eines Ausschusses unabhängiger Persönlichkeiten[174] – für das Erfordernis zum Bekenntnis zu den Werten der Union (Art. 3 lit. c Parteienstatut). Angemerkt sei in diesem Zusammenhang, dass die nicht mehr beabsichtigte Teilnahme an den Wahlen zum EP hingegen keinen Streichungsgrund hinsichtlich der Finanzierung darstellt.[175]

Beachtlich ist, dass sich das EP in dieser Frage eigentlich „selbst kontrolliert". Dies erscheint auch insofern bemerkenswert, als im Zusammenhang mit dem Bekenntnis zu den Werten der EU, das eine Voraussetzung für den Anspruch auf Parteienfinanzierung darstellt, etwa im vergleichbaren Verfahren nach Art. 7 EUV durchaus ein Zusammenwirken mehrerer Organe der EU erforderlich ist.[176] Es handelt sich immerhin um eingriffsintensive Maßnahmen, letztlich um die Einschränkung von Mitgliedschaftsrechten eines bestimmten Staates. Im konkreten Zusammenhang wäre eine Kontrolle durch die Kommission denkbar, die in diesem Punkt mehr Objektivität gewährleisten könnte.

Es ist daher ein gewisses Kontrolldefizit zu attestieren, das vorerst nur durch den EuGH im Rahmen des Verfahrens gemäß Art. 230 EGV (Nichtigkeitsklage gegen einen einschlägigen – mit einfacher Mehrheit gefassten – Beschluss des EP)

---

171 Schon vor Erlassung des Parteistatuts zu Recht kritisch in Hinblick auf eine zu starke Verknüpfung von Europäischem Parlament und dem Europäischen Parteiensystem Morlok, Constitutional Framework, 38.

172 Siehe dazu die ausführenden verfahrensrechtlichen Regelungen in den Art. 2 ff. des Beschlusses des Präsidiums des EP vom 29. März 2004 mit Durchführungsbestimmungen zum Parteienstatut, 612/2004 idF des Beschlusses 628/2006, Abl. 2006/C 150/02.

173 Siehe etwa Art. 4 Abs. 3 des Statuts. Siehe dazu auch die Ausführungsregelungen in den Art. 8 ff. des Beschlusses des Präsidiums des EP vom 29. März 2004 mit Durchführungsbestimmungen zum Parteienstatut, 628/2006.

174 Siehe Art. 5 Abs. 2 des Statuts.

175 Vgl. Art. 5 Abs. 3 e contrario des Statuts.

176 Dazu Pechstein, Art. 7 EUV, in: Streinz (Hrsg.), EUV/EGV Kommentar (2003), Rz. 9 ff.

verringert wird.[177] Im Schrifttum[178] werden zu Recht Zweifel an der Effektivität dieses Rechtsschutzinstrumentariums geübt, da der EuGH dem EP bislang einen relativ weiten Ermessensspielraum zugestanden hat.[179] Eine „Legitimation durch Verfahren" in einem höheren Ausmaß als bisher wäre in diesem Zusammenhang wünschenswert.

In verfahrensrechtlicher Hinsicht sei schließlich angemerkt, dass Art. 4 Abs. 1 Parteienstatut eine jährliche Antragstellung vorsieht, womit eine Angleichung der Finanzierungsregelungen an ein Haushaltsjahr der Union vorgenommen wird. Im Sinne einer mehrjährigen Finanzplanung hat das EP in seinem ersten Evaluierungsbericht[180] angeregt, diese Regelung aber entsprechend zu modifizieren. Darüber hinaus finden sich Reformvorschläge[181] hinsichtlich einer Modifizierung des Verfahrens in Richtung einer Zweistufigkeit: Zuerst soll über das Ob der Förderung entschieden werden, erst in einem zweiten Schritt sollte die Höhe der Mittel festgelegt werden.

4. Regelung der Mittelverteilung (Art. 10 Parteienstatut)

Eine entscheidende Rolle im Rahmen der Parteienfinanzierung spielt der Faktor der Verteilungsgerechtigkeit, der auch durch die Erklärung Nr. 11 zum Vertrag von Nizza als Vorgabe für das Parteienstatut nahe gelegt wird, wobei dort aber nur die im EP vertretenen Parteien erfasst werden.[182] Gleichwohl steht das Gebot der Chancengleichheit aller – und nicht nur der im EP vertretenen – Parteien als Vorgabe aus allgemeinen Rechtsgrundsätzen des Gemeinschaftsrechts, insbesondere dem Gleichheitssatz außer Frage.

Vor diesem Hintergrund ist zu beachten, dass 15 % der zur Verfügung stehenden Mittel zur Parteienförderung allen, also nicht nur den im EP vertretenen politischen Parteien zur Verfügung stehen (Art. 10 Abs. 1 lit. a Parteienstatut), sofern sie den anderen Voraussetzungen[183] entsprechen. Eine ausschließliche Förderung der im EP vertretenen Parteien würde die durch das Statut intendierte Trennung der politischen Parteien von den parallel dazu bestehenden Fraktionen im EP in Frage stellen. Daher wird die Aufteilungsregel, die 85 % der Gesamt-

---

177 Siehe dazu Art. 13 des Beschlusses des Präsidiums des EP vom 29. März 2004 mit Durchführungsbestimmungen zum Parteienstatut, 628/2006. Dazu von Arnim/Schurig, Parteienfinanzierung, 88 f.

178 Siehe dazu etwa Huber, Kommentar zu Art. 191 EGV, Rz. 18.

179 So ebenfalls Huber, Kommentar zu Art. 191 EGV, Rz. 18.

180 Bericht über Europäische Politische Parteien vom 27.2.2006, A6-0042/2006 endg., 7.

181 Siehe dazu den Bericht über Europäische Politische Parteien vom 27.2.2006, A6-0042/2006 endg., 7; ebenso die Entschließung des EP vom 23.3.2006, EuGRZ 2006, 313.

182 „Die Bestimmungen über die Finanzierung der politischen Parteien gelten auf ein und derselben Grundlage für alle im Europäischen Parlament vertretenen politischen Kräfte."

183 Vgl. dazu VI.3.

fördermittel den im EP vertretenen Parteien vorbehält (Art. 10 Abs. 1 lit. b Parteienstatut) und damit die etablierten Parteien bevorzugt, zu Recht kritisiert.[184] Zu berücksichtigen ist dabei, dass die im EP vertretenen Parteien sowohl am 15 %- als auch am 85 %-Anteil partizipieren, also auch an jenem Anteil, der grundsätzlich den nicht im EP vertretenen Parteien zukommt.

Fokus dieser Kritik ist das Prinzip der „Chancengleichheit", welches im Sinne eines Grundsatzes „proportionaler" Gleichheit durchaus gegenläufige Tendenzen legitimieren kann. Einerseits muss nach diesem Grundsatz eine Begünstigung der „Etablierten" gegenüber den nachdrängenden Kräften vermieden werden, andererseits gilt es aber ebenso zu vermeiden, dass durch das Eingreifen der öffentlichen Hand bestehende, durch das Votum geschaffene Gewichtsverteilungen konterkariert werden.[185] In dieser Hinsicht ist eine gewisse Bevorzugung der im EP vertretenen Parteien bei der Finanzierung grundsätzlich nicht unsachlich. Fraglich erscheint allerdings, ob sie es auch im extremen Verhältnis 85:15 ist. Anders ist dies zu beurteilen, wenn man in Rechnung stellt, dass die Vertretung im EP keinen „höherwertigen" Dienst an der europäischen Demokratie leistet als Aktivitäten außerhalb des EP, die gerade für die europäischen politischen Parteien in Betracht kommen. In diesem Zusammenhang steht die europäische Demokratie als offener Prozess, der von der Lebendigkeit und vom Parteienpluralismus auch außerhalb des EP lebt,[186] im Mittelpunkt und gibt eine Direktive gegen Retardierungen dieses Prozesses. Insoweit wäre aber jegliche Privilegierung problematisch. Andererseits ist eine institutionelle Teilhabe an den Rechtsetzungsvorgängen im Parlament im Kernbereich der europäischen Demokratie angesiedelt und würde eine entsprechende Unterstützung dieses Aspekts der Tätigkeit politischer Parteien rechtfertigen.

5. Transparenzgebot und Spendenregelung (Art. 6 Parteienstatut)

So sehr die Kontrollmechanismen hinsichtlich der Grundvoraussetzungen sanktioniert sind, so sehr sticht die Sanktionslosigkeit einer anderen entscheidenden Bestimmung des Statuts ins Auge, die mit „Pflichten im Zusammenhang mit der Finanzierung" betitelt ist: Art. 6 Parteienstatut. Mit dieser Bestimmung wird zum einen ein Transparenzgebot normiert: Art. 6 lit. a leg cit verpflichtet die finanzierten Parteien, jährlich ihre Einnahmen und Ausgaben sowie eine Aufstellung der Aktiva und Passiva zu veröffentlichen. Dieses Transparenzgebot,

---

184 Dazu eingehend von Arnim/Schurig, Parteienfinanzierung, 63 f.: „Die 15 zu 85 Prozent-Verteilung bevorzugt die Etablierten. Diese reservieren die 85 Prozent im Wesentlichen für sich allein und teilen sie unter sich auf. Zusätzlich erschweren sie ihren schärfsten Konkurrenten die Arbeit noch dadurch, dass diese die 15 Prozent mit vielen, vielleicht auch relativ kleinen, Parteien teilen müssen (...). Der Abstand der diesen zustehenden Mittel zu dem, was die Etablierten erhalten, wird dadurch noch größer."

185 Klein, FS Ress, 549.

186 Dazu schon oben IV.

das auch ein wichtiger Bestandteil des europäischen Demokratiekonzepts ist,[187] erweist sich sowohl im nationalen als auch im europäischen Kontext als „wichtigstes rechtliches Instrument bei der Regelung der Parteifinanzen".[188]

Im Übrigen werden spezielle Spendenregelungen erlassen. Ein generelles Spendenverbot betrifft dabei anonyme Spenden, Spenden aus dem Budget einer Fraktion des EP, Spenden von Seiten öffentlicher Unternehmen (also jenen Unternehmen, auf die die öffentliche Hand aufgrund der Eigentumsverhältnisse, der finanziellen Beteiligung oder der für das Unternehmen geltenden Regeln unmittelbar oder mittelbar einen beherrschenden Einfluss ausüben kann[189]) und sonstige – d.h. erlaubte – Spenden in Höhe von über 12.000 Euro pro Jahr und Spender. Die zulässigen Spenden zwischen 500 und 12.000 Euro müssen in ein Spendenverzeichnis aufgenommen werden, das ebenfalls veröffentlicht wird. Solche zulässigen Spenden sind damit neben Beiträgen von Privatpersonen und nicht-öffentlichen Unternehmen wohl auch Beiträge von Abgeordneten des EP, die an „ihre" Parteien Geld abführen.

Als spezieller Fall von „Spenden" werden offensichtlich Beiträge von nationalen Mitgliedsparteien von europäischen politischen Parteien, d.h. von Parteibünden qualifiziert, die zwar grundsätzlich zulässig sind,[190] aber 40 % des Jahresbudgets dieser Partei nicht übersteigen dürfen (Art. 6 lit. c Parteienstatut). Wenn man in Rechnung stellt, dass Beiträge der nationalen Mitgliedsparteien in Höhe von 40 % des Budgets der europäischen politischen Partei zulässig sind (die aber im eigentlichen Sinn – im Hinblick auf deren Herkunft – keine „privaten" Geldquellen sind[191]) und 75 % aus EU-Mitteln stammen, ergibt sich, dass das Parteienstatut eine bis zu 100%ige Finanzierung aus öffentlichen Mitteln erlaubt.[192] Jedenfalls für die österreichische Rechtslage würde eine solche Vollfinanzierung als verfassungswidrig angesehen werden.[193] Sanktionsmechanismen gegen die

187 Vgl. dazu Calliess, Optionen, 307 ff.

188 Morlok, Parteienfinanzierung, 164 f.

189 Im gegebenen Zusammenhang dürfte der Begriff des „öffentlichen Unternehmens" insoweit jenem im Kontext des europäischen Wettbewerbsrechts (Art. 86 Abs. 1 EGV) entsprechen, als auf die Einflussnahmemöglichkeit auf die Geschäftsführung abgestellt wird. Zu diesem Begriff vgl. näher Koenig/Kühling, Art. 86 EGV, in: Streinz (Hrsg.), EUV/EGV Kommentar (2003), Rz. 15 ff.; Hochbaum/Klotz, Art. 86 EGV, in: von der Groeben/Schwarze (Hrsg.), Vertrag über die Europäische Union und Vertrag zur Gründung der Europäischen Gemeinschaft Kommentar, Bd. 2^6 (2003), Rz. 6 ff., jeweils m.w.N.

190 Siehe dazu schon oben I.

191 Siehe dazu etwa Drysch, Staatliche Parteienfinanzierung und kein Ende: das neue Parteienfinanzierungsgesetz, NVwZ 1994, 218 (218 f.); aus österreichischer Sicht Stelzer, Parteienfinanzierung und Chancengleichheit in der Rechtsprechung des österreichischen Verfassungsgerichtshofes, FS Tsatsos (2003), 656 (656).

192 IdS etwa von Arnim, NJW 2005, 250.

193 Wieser, Kommentar zum Parteiengesetz, Rz. 81 f. m.w.N.

„Stückelung“ an sich legaler Spenden über die Grenze von 12.000 Euro hinaus gibt es ebenso wenig wie bei einem Verstoß gegen die anderen Spendenregelungen. Auch eine Rückforderung oder Bußgelder in Höhe des Zwei- oder Dreifachen der unzulässigen Spenden, wie sie sich etwa im deutschen Parteiengesetz finden,[194] sind nicht vorgesehen.[195] In diesem Punkt erweist sich das Statut somit in problematischer Weise als lex imperfecta.

Angemerkt sei in diesem Zusammenhang, dass das EP die Möglichkeit für politische Parteien betont hat, aus den zulässigen „privaten“ Beiträgen – also jenen über dem obligatorischen Eigenfinanzierungsanteil von 25 % – Rücklagen zu bilden, um auch in dieser Hinsicht ein Abgehen von der Einjährigkeit der Finanzierungsregelung hin zu einer verstärkten Betonung langfristiger Planung zu ermöglichen.[196]

6. Absolutes Finanzierungsverbot nationaler Parteien aus EU-Mitteln (Art. 7 Parteienstatut)

Ein anderer Punkt betrifft das Verhältnis von europäischen politischen Parteien und den nationalen Mitgliedsparteien von Parteibünden. Während – wie schon angesprochen[197] – relativ begrenzte Geldflüsse von den nationalen zu den europäischen Parteien zulässig sind, ist die Finanzierung der nationalen Parteien aus europäischen Quellen – sei es mittelbar oder unmittelbar – durch Art. 7 des Statuts verboten.[198] Das Statut stellt sich in dieser Hinsicht als Ausführung der primärrechtlichen Erklärung Nr. 11 zum Vertrag von Nizza[199] dar, womit die

---

[194] Siehe dazu § 31c Abs. 1 Parteiengesetz: „Hat eine Partei Spenden unter Verstoß gegen § 25 Abs. 2 angenommen und nicht … an den Präsidenten des Deutschen Bundestages weitergeleitet, entsteht gegen sie ein Anspruch in Höhe des Dreifachen des rechtswidrig erlangten Betrages; bereits abgeführte Spenden werden angerechnet. Hat eine Partei Spenden nicht den Vorschriften dieses Gesetzes entsprechend im Rechenschaftsbericht veröffentlicht …, entsteht gegen sie ein Anspruch in Höhe des Zweifachen des nicht den Vorschriften dieses Gesetzes entsprechend veröffentlichten Betrages. Der Präsident stellt die Verpflichtung der Partei zur Zahlung des Betrages durch Verwaltungsakt fest. …“.

[195] Dazu kritisch daher von Arnim/Schurig, Parteienfinanzierung, 87.

[196] Siehe dazu den Bericht über Europäische Politische Parteien vom 27.2.2006, A6-0042/2006 endg., 7; ebenso die Entschließung des EP vom 23.3.2006, EuGRZ 2006, 313.

[197] Vgl. dazu VI.5.

[198] Interessanterweise wären etwa in Spanien Spenden an politische Parteien durch das Europäische Parlament zulässig; so Frowein/Bank, 61 ZaöRV 2001, 36.

[199] „Die Finanzierung der politischen Parteien auf europäischer Ebene aus dem Haushalt der Europäischen Gemeinschaften darf nicht zur unmittelbaren oder mittelbaren Finanzierung der politischen Parteien auf einzelstaatlicher Ebene verwendet werden.“

Systementscheidung in dieser Frage auf „verfassungsrechtlicher" Ebene getroffen wurde.[200]

Die Andeutung, dass auf diese weiterhin die nationalen Regelungen Anwendung finden, ist nur vordergründig ein kompetenzrechtliches Argument. Es geht dabei um die Umsetzung eines politischen Konzepts, das die Finanzierungsstränge nur in unscharfen Konturen, nämlich einseitig trennt. Die artifizielle Dimension dieser Trennung macht auch ein grundsätzliches Argument deutlich: Sind die europäische und die nationale Rechtsordnung – wie dies in verschiedenen Zusammenhängen schon mehrfach dargelegt wurde[201] – miteinander eng verzahnt, so hat dies auch Auswirkungen auf die Wirkkraft und auf das Tätigwerden der politischen Parteien. Dies müsste in der Praxis eine Kooperation von nationalen und europäischen Parteien implizieren, wie sie in personeller[202] Hinsicht bereits jetzt realisiert ist. Es stellt sich die Frage, ob nicht die Funktionen – wie sie in der schon angesprochenen „verfassungsrechtlichen Erwartungshaltung" des Art. 191 EGV zum Ausdruck kommen[203] – eine solche Kooperation von europäischen und nationalen Parteien erfordern. Die Parteienbünde zeigen diese deutliche personelle Verschränkung zwischen europäischer Ebene einschließlich der des EP und der nationalen Ebene.[204] Eine Trennung für die Finanzierungsfrage erscheint damit als ein Fremdkörper.[205]

Das europäische Demokratiekonzept basiert nicht zuletzt aufgrund des Fehlens einer einheitlichen Rechtspersönlichkeit der europäischen politischen Parteien zumindest derzeit notwendig auf einer Kooperation von Parteibünden und nationalen Parteien.[206] Dies bedeutet, dass der legitimatorische Rückkoppelungs- und Kommunikationsprozess auch und vor allem über die nationalen Parteien läuft.[207] Es erscheint daher in Anbetracht der Realität der europäischen Parteibünde fragwürdig, wieso es ein absolutes Finanzierungsverbot der nationalen Parteien durch die europäischen politischen Parteien gibt. Denn wenn nationale

---

[200] Fraglich ist dabei freilich, warum diese doch bedeutende Einschränkung nicht im Wortlaut des Art. 191 EGV explizit normiert wurde.

[201] Siehe dazu allgemein etwa Öhlinger, Verfassungsfragen einer Mitgliedschaft zur Europäischen Union (1999), 211 ff., 214 f.; aus stufenbautheoretischen Überlegungen Öhlinger, Der Vorrang des Unionsrechts im Lichte des Verfassungsvertrages, FS Ress (2005), 685 (697).

[202] Siehe dazu von Arnim, Europa-Komplott, 162 f.

[203] Siehe dazu oben IV.

[204] Es besteht daher im Rahmen der Europäischen Union bereits ein Mehrebenen-Parteiensystem; vgl. Deschouwer, The European Multi-level Party Systems: Towards a Framework for Analysis, RSC 2000/47 (European Forum Series), 19 ff.

[205] IdS kritisch zur Erklärung Nr. 11 zum Vertrag von Nizza Morlok, Constitutional Framework, 43 f.

[206] Siehe dazu oben V.2. und V.3.

[207] IdS etwa auch Leinen, integration 3/2006, 231.

Mitgliedsparteien auf der ihnen zugewiesenen Ebene in den Dienst der Aufgaben europäischer politischer Parteien gestellt werden und (aufgrund des Nicht-Auftretens der europäischen politischen Parteien auf nationaler Ebene) auch gestellt werden müssen, dann erscheint eine in diesem Zusammenhang erfolgende Finanzierung der „europäischen" Aufgabendimension zumindest nicht ungerechtfertigt.

Die Vermittlung der demokratischen Legitimation im europäischen Zusammenhang erfolgt auf einem gleichwertigen Zusammenwirken der nationalen und europäischen Parteienebene: Durch die Unterschiedlichkeit der Ebenen der europäischen und der nationalen politischen Partei besteht prinzipiell eine Differenz der verschiedenen vermittelten Identitäten. Die verbindende Klammer ist das gemeinsam gewünschte Erreichen von Zielen im gesamteuropäischen Kontext. Einerseits geht es um das Erreichen von Zielen, die im nationalen Kontext nicht erreichbar sind, andererseits geht es um die Funktionsfähigkeit einer „langen Vermittlungskette"[208], die nur durch die Mitwirkung der nationalen Parteien vollständig garantiert werden kann. Damit sei auch angemerkt, dass eine teilweise „Legalisierung" von Geldflüssen zwischen den europäischen politischen Parteien und den nationalen Parteien verhindern würde, dass solche eben illegal und somit intransparent vorgenommen werden.

7. Ausgabendeterminierung durch das Parteienstatut (Art. 8 Parteienstatut)

Neben dem Finanzierungsverbot nationaler Parteien aus EU-Mitteln enthält das Parteienstatut auch Richtlinien für die Mittelverwendung: Die aufgrund des Statuts zuerkannten Mittel dürfen nur für Ausgaben verwendet werden, die unmittelbar mit den Zielen zusammenhängen, welche im jeweiligen – im Erstantrag auf Parteifinanzierung mit einzureichenden[209] – politischen Programm beschrieben sind. In Form einer demonstrativen Aufzählung werden dabei Verwaltungsausgaben sowie Ausgaben für technische Unterstützung, Sitzungen, Forschung, grenzüberschreitende Veranstaltungen, Studien, Informationen und Veröffentlichungen genannt.

Diese Festlegung lässt im Einzelnen Spielräume für die Mittelverwendung und erfüllt den Zweck, eine eindeutige und konzise Determinierung zulässiger und unzulässiger Mittelverwendung vorzunehmen, nicht in jeder Weise. Dies ist allerdings auch nicht die vornehmliche Aufgabe des Parteienstatuts, das in erster Linie jene Ausgaben zu nennen hat, die definitiv unzulässig sind.

Entscheidend ist in dieser Hinsicht wiederum nicht, was das Parteienstatut normiert, sondern das, was es nicht normiert: In der geltenden Fassung des Statuts ist kein Verbot enthalten, Mittel aus der europäischen Parteienfinanzierung für

---

[208] Dazu etwa Morlok, Status, 9.

[209] Vgl. Art. 4 Abs. 2 lit. b des Statuts.

Wahlkämpfe zu verwenden. Ein solches Verbot war in den Entwürfen der Kommission[210] hingegen noch vorgesehen gewesen. Die Streichung dieser Restriktion belegt auch das Interessengeflecht der Parteien, die aus diesen Mitteln auch Wahlkämpfe im Vorfeld der Wahlen zum EP bestreiten möchten. In Anbetracht der schwierigen Abgrenzung zwischen – etwa in Art. 8 Abs. 2 des Parteienstatuts explizit genannter – bloßer Informationstätigkeit und Aktivitäten mit Bezügen zu Wahlkämpfen[211] und des Umstandes, dass die Führung von Wahlkämpfen ein wesentlicher „Daseinszweck politischer Parteien" ist,[212] erscheint der jetzige Regelungsgehalt ohne ein derartiges Verbot unproblematischer.

8. Kontrollregime (Art. 9 Parteienstatut)

Die Finanzkontrolle wurde gegenüber der grundsätzlichen – problematischen[213] – Vergabekontrolle durch das EP „externalisiert" und das in zweifacher Hinsicht: Diese wird aufgrund der Bestimmungen der Haushaltsordnung und vom Rechnungshof der EU übernommen. Diesem sind alle für die Erfüllung seiner Aufgaben erforderlichen Unterlagen und Informationen auf Anfrage von den finanzierten politischen Parteien zu übermitteln. Zusätzlich erfolgt eine Kontrolle auf Basis einer jährlichen Prüfung durch einen externen und unabhängigen Rechnungsprüfer, wobei die Prüfungsbescheinigung dem EP binnen sechs Monaten nach Ablauf des betreffenden Geschäftsjahres übermittelt wird. Die Mittelverwendungskontrolle erfolgt damit sowohl auf internem als auch auf externem Weg.

Es werden demnach nicht nur die Grenzen des EP, sondern auch jene der Organe der EU insgesamt überschritten. Im Unterschied zu anderen Ordnungsvorschriften sind diese Kontrollmechanismen auch sanktioniert, da nach der Bestimmung des Art. 9 Abs. 4 Parteienstatut zu Unrecht aus dem Gesamthaushaltsplan der EU erhaltene Mittel in diesen Haushalt „zurückzuzahlen" sind. Die Details dieses Erstattungsanspruches der Union bleiben allerdings nach der derzeitigen Regelung unklar, insbesondere im Hinblick auf Ausnahmen von dieser Verpflichtung bei Bestehen eines gewissen Vertrauensschutzes einzelner Parteien.

---

[210] Siehe dazu etwa Art. 7 Abs. 1 des Vorschlags der Kommission vom 19.2.2003, KOM(2003) 77: „Mittel, die aufgrund dieser Verordnung aus dem Gesamthaushaltsplan der Europäischen Gemeinschaften gewährt wurden, dürfen nur für Zwecke eingesetzt werden, die unmittelbar mit den in der Satzung beschriebenen Zielen zusammenhängen. Sie dürfen nicht der Finanzierung von Wahlkampagnen dienen."

[211] Vgl. zu dieser Problematik Huber, Kommentar zu Art. 191 EGV, Rz. 22 m.w.N.

[212] So die Ausführungen im sog. Leinen-Bericht (Plenarsitzungsdokument des EP A5 – 0170/2003, 17); siehe zu möglichen anderen Regelungsvarianten Klein, FS Ress, 548.

[213] Vgl. dazu VI.3.

Damit wird dem Gebot der demokratischen Verantwortlichkeit über die ordnungsgemäße Mittelverwendung entsprochen und die Bestimmung erscheint auch ausreichend sanktioniert. Es zeigt sich die Verantwortlichkeit der politischen Parteien gegenüber der europäischen Bevölkerung, weil alle Tätigkeiten dieser Parteien ihrer demokratischen Funktion samt den damit einhergehenden Bindungen zugeordnet werden. Insoweit kann eine durch Transparenz realisierte Kontrolle durch die Öffentlichkeit die mangelnde „interne" Kontrolle bis zu einem gewissen Grad ersetzen. Ein effizientes und transparentes Kontrollregime erscheint unter dem Blickwinkel der Gleichbehandlung sämtlicher Parteien umso wichtiger, insbesondere im Lichte der Regelungen des Statuts, die die etablierten, bereits im EP vertretenen Parteien tendenziell bevorzugen.[214]

Ein wichtiges Element der Objektivität des Kontrollverfahrens wäre mit der Übermittlung der Prüfungsbescheinigung an das zentrale Organ der Kontrolle, den Rechnungshof, gegeben. Diese ist aber in der beschlossenen Fassung des Statuts – entgegen früheren Fassungen[215] – nicht mehr vorgesehen.[216] Dazu kommt, dass die Bestimmung des Art. 9 Abs. 5 Parteienstatut Anforderungen entsprechender Unterlagen nur von den politischen Parteien vorsieht, nicht jedoch vom EP. In diesem Punkt bleibt das Kontrollverfahren fragmentarisch ausgestaltet.

VII. Abschließende Bemerkung

Das europäische Parteienstatut stellt erstmals eine Grundlage für politische Parteien dar, die über bloße Zielbestimmungen hinausgeht. Sie führt die seit dem Vertrag von Maastricht bestehende, aber bis zum Erlass des Statuts nicht effektuierte Grundlage des Art. 191 EGV in wichtigen Punkten aus. Gleichwohl erfüllt sie nicht alle Funktionen eines „europäischen Parteienstatuts" im engeren Sinn, weil sie den Status europäischer politischer Parteien, nämlich eine europaweite Rechtspersönlichkeit, ebenso wenig normiert wie Regelungen über „interne Demokratie", die durch die Länge und Komplexität der transnationalen demokratischen Legitimationsketten umso erforderlicher wären.

Kernpunkt der Verordnung sind die Finanzierungsregelungen, die erstmals die Finanzierung politischer Parteien von zum Teil intransparenten, jedenfalls aber mangels eindeutiger Grundlage und damit rechtswidrig erfolgenden Finanzierungsmodellen seitens der Fraktionen des EP abkoppeln und von diesen emanzipieren. Die Regelungen bringen in gleicher Weise auch eine Emanzipation von den nationalen politischen Parteien mit sich. Darin liegt der eigentliche Fortschritt des Statuts. Das Schaffen einer Grundlage für die Mittelvergabe aus dem

214 Vgl. zuvor VI.4.

215 Siehe dazu Art. 8 Abs. 3 des Vorschlages der Kommission vom 19.2.2003, KOM(2003) 77: „Die Prüfungsbescheinigung wird dem Europäischen Parlament und dem Rechnungshof binnen sechs Monaten nach Ablauf des entsprechenden Geschäftsjahres übermittelt."

216 Kritisch dazu von Arnim/Schurig, Parteienfinanzierung, 86.

Haushalt der Union und die aus demokratischer Sicht essenzielle Finanzkontrolle durch den Rechnungshof, aber auch externe Institutionen ergänzen diesen Transparenzprozess. Kritikwürdig sind allerdings einige Details, die man – unabhängig von den erfolglosen Nichtigkeitsverfahren vor dem EuGH[217] – noch schärfen oder modifizieren kann. Der erste – und in diesem Sinn wichtige – Schritt, welcher der eigentlichen Bedeutung der europäischen politischen Parteien im Rahmen des europäischen Demokratiekonzepts gerecht wird, scheint aber schon mit dem gegenwärtigen Statut getan.

217 Gegen die Verordnung wurden drei Nichtigkeitsklagen gemäß Art. 230 EGV anhängig gemacht, die vom EuGI (siehe dazu etwa den Beschluss des Gerichts Erster Instanz [Zweite Kammer] vom 11. Juli 2005, T-40/04, Emma Bonino und andere gegen Europäisches Parlament und Rat der EU) als unzulässig zurückgewiesen wurden, wobei gegen eines der Urteile ein Rechtsmittel eingelegt wurde. Auch dieses Verfahren endete mit einer Zurückweisung der Klage (vgl. den Beschluss des Gerichtshofes vom 13.7.2006, C-338/05 P, Front national und andere gegen Europäisches Parlament und Rat der EU). Siehe dazu auch von Arnim/Schurig, Parteienfinanzierung, 88 f.; Merten, MIP 2004/2005, 48.

Regensburger Beiträge zum Staats- und Verwaltungsrecht

Herausgegeben von Gerrit Manssen

Band 1 Simone Maria Koitek: Windenergieanlagen in der Raumordnung. 2005.

Band 2 Barbara Reil: Reformüberlegungen zur Richtervorlage. Beitrag zur Funktionenverteilung zwischen Bundesverfassungsgericht und Fachgerichtsbarkeiten bei der Kontrolle des parlamentarischen Gesetzgebers. 2005.

Band 3 André Zorger: Der Beirat für Stadtgestaltung der Stadt Regensburg. Eine Untersuchung zur baurechtlichen und kommunalrechtlichen Zulässigkeit. 2005.

Band 4 Gerrit Manssen / Boguslaw Banaszak (Hrsg.): Religionsfreiheit in Mittel- und Osteuropa zwischen Tradition und Europäisierung. 2006.

Band 5 Markus Tändler: Umweltprüfung und Umweltkontrolle in der Bauleitplanung. Eine Bewertung aus juristischer und kommunalpraktischer Sicht. 2006.

Band 6 Christian Bartsch: Vorbeugender Hochwasserschutz im Recht der Raumordnung und Landesplanung. 2007.

Band 7 Anja Rösch: Das A-Modell im Bundesautobahnbau. Bau, Erhaltung, Betrieb und Finanzierung von Bundesautobahnabschnitten durch Private und Refinanzierung auf Grundlage der Autobahnmaut. 2008.

Band 8 Tanja Böhm: Nicht gemeldete erlaubnispflichtige Schusswaffen in Bayern. Eine empirische Untersuchung unter Sportschützen und Jägern. 2007.

Band 9 Gerrit Manssen (Hrsg.): Die Finanzierung von politischen Parteien in Europa. Bestandsaufnahme und europäische Perspektive. 2008.

Band 10 Stefan Diemer: Die Verantwortlichkeit der Organe öffentlich-rechtlicher Wettbewerbsversicherungsanstalten. Eine Darstellung unter besonderer Berücksichtigung der Versicherungskammer Bayern Versicherungsanstalt des öffentlichen Rechts. 2008.

www.peterlang.de

Judith Rübenkönig

Die Rechenschaftspflicht der politischen Parteien nach Art. 21 Absatz 1 Satz 4 Grundgesetz

Frankfurt am Main., Berlin, Bern, Bruxelles, New York, Oxford, Wien, 2003.
312 S., 21 Tab.
Europäische Hochschulschriften: Reihe 2, Rechtswissenschaft. Bd. 3819
ISBN 978-3-631-51766-6 · br. € 51.50*

Ausgehend von der historischen Entwicklung setzt sich die Verfasserin kritisch mit Art. 21 Abs. 1 S. 4 GG und der darin statuierten Pflicht der politischen Parteien zur Rechenschaftslegung auseinander. Auf verfassungsrechtlicher Ebene untersucht sie u.a. Schutzrichtungen, Umfang und Grenzen der Norm. Im Ergebnis sieht sie Art. 21 Abs. 1 S. 4 GG nicht lediglich als bloße Publizitätsnorm der Parteienfinanzierung, sondern als einen Pfeiler einer lebendigen Demokratie. Gleichfalls wird in der Abhandlung der Frage nachgegangen, ob das Parteiengesetz nach der Achten Gesetzesnovelle aus dem Jahr 2002 im Vergleich zu der vorherigen Rechtslage tatsächlich eine größere Transparenz gewährleistet und die Neufassung den verfassungsrechtlichen Anforderungen des Art. 21 Abs. 1 S. 4 GG genügt.

Aus dem Inhalt: Geschichtliche Entwicklung der Rechnungslegung der politischen Parteien · Entstehungsgeschichte des Art. 21 Abs. 1 S. 4 GG und Erlaß des Parteiengesetzes · Die verfassungsrechtlichen Rahmenbedingungen des Art. 21 Abs. 1 S. 4 GG · Schutzrichtungen, Bedeutung und Geltungsweise des Art. 21 Abs. 1 S. 4 GG · Die Anforderungen an eine einfach-gesetzliche Ausformulierung des Art. 21 Abs. 1 S. 4 GG · Einnahmen, Ausgaben und Vermögen der Parteien · Die Absicherung des Transparenzgebots der Parteienfinanzierung durch das Parteiengesetz

FSC
www.fsc.org
MIX
Papier | Fördert gute Waldnutzung
FSC® C083411

Kolibri 360 GmbH
Ferdinand-Jühlke-Straße 7
99095 Erfurt, Deutschland
produktsicherheit@kolibri360.de

Druck:
CPI Druckdienstleistungen GmbH
im Auftrag der
Kolibri 360 GmbH
Ferdinand-Jühlke-Str. 7
99095 Erfurt